清史史料學

馮爾康 著

臺灣商務印書館 發行

自序

先人走過的歷程，留給後人以經驗，以啓示，因此了解先人的歷史，是人類的本能願望。但是歷史是已經消逝的事物，不會重演，也不能真正復原，所謂再現歷史，是藝術的誇張，乃是不可能真正做到的。後人認識歷史，靠傳承下來的先人社會生產、社會生活方式和傳統意識，靠先人的遺物、遺蹟，還靠歷史文獻。其中文獻最重要，因爲它提供反映古人生活的資料，使後人可以加工這些素材，去做歷史復原工作。資料越豐富，復原工作就會做得好一些，會一步步接近真實。歷史文獻是歷史的見證，研究歷史文獻的史料學是歷史學的最主要的輔助學科。沒有歷史資料便不能說明歷史，沒有史料學便沒有歷史研究，也就沒有歷史學。

我研究歷史，與多數同行一樣，一貫傾注於史料的蒐集，每讀一書，不僅摘錄它記叙的歷史事件、人物、制度的材料，往往還對該書寫一篇文字不多的札記。我的初衷倒不是要搞史料學或文獻學，而是依據利用歷史資料應對資料的保存形式有所了解的要求進行的。及至史書讀得多了一點，札記也寫得不很少了，同時我在清代史教學過程中，深知年輕學子占有史料的願望和困難，遂在八〇年代初期萌生撰著清史史料學的念頭，一九八四年寫出《清史史料學初稿》一書，承南開大學出版社於一九八六年二月出版。

我爲什麼把它稱作「初稿」，有多種原因：一是我把清史文獻當作史料學來研究，還做得很不深入；二是只寫了鴉片戰爭以前的清史材料，此後的清史史料基本没有涉及，很難構成爲有清一代的史料學；三是臺灣學術界對清史史料的整理、出版和研究狀況，雖我很想了解，但宥於條件，所知甚少；四是對外國人著作和收藏的我國清史資料的信息，我也是很閉塞的，掌握的知識極可憐。這些原因，使我把這本小書當作未定稿來出版，並表示我有進一步研究和修訂的志向。拙作出版以後，雖然我的研究範圍遠不限於清代史，也不祇讀與清史有關的歷史文獻，但我仍然留心於清代史料學，這樣日積月累，有了一些新認識。對於原書是本「初稿」，始終有不安的心情，今得南開大學出版社同意，授與臺灣商務印書館在臺灣出版，乃作較大的改動，擴張內容，以完成清史史料學的研究，定名爲《清史史料學》。

這次寫作與初稿不同的地方在於：

⑴對清史文獻在一些方面有了新見解，如學術界對清代史料文獻的匯編、摘編，本世紀，特別是近三十年有了大的發展，比清朝人的成就高得多，這是我近年才知道的。又如族譜的興修、史料價值及清人的有關理論探討，我於近年作了進一步的調查和研究，益知譜牒史料的重要性。我把這些新認識都寫了進來。

⑵對「初稿」的結構作了局部的調整，增加章節，如海外清史文獻的介紹，由原來的一節變爲一章，使原書從十二章增爲十三章；同時增加〈地方政書〉、〈文編中的史料〉兩節；有些節的內

容擴大了，内部結構、子目、標題相應作了修訂，如原書〈宗譜體例〉一節，改爲〈修譜理論的總結和宗譜體例〉，〈類書史料〉易題爲〈類書和史料摘編〉。

⑶增大信息量，盡可能地把圖書整理出版最新消息告訴讀者。凡「初稿」一九八四年夏天脱稿以後清代史料出版的信息，盡所知予以説明，如介紹文獻版本，力求以新版爲尚。附錄二〈清代檔案史料書刊目錄〉原作至一九八四年，現改爲一九九一年。當然，圖書版權頁標注的出版年代，與讀者實際見書，往往有不小的時間差距，少則幾個月，多則一、二年，所以我雖以一九九一年爲限，但標注一九九一年版的書有很多尚未見到，只好缺漏了。又爲了讀者檢索本書介紹的文獻的方便，製作〈書名及著者筆畫索引〉。其實我爲「初稿」就做過這件事（那是簡體字筆畫索引，此次是繁體字筆畫），原出版者南開大學出版社因增加成本、賠本太多未能槧刻，這次如我所願，增補上了。

⑷增寫臺灣學術界和出版界對清史史料文獻整理、出版和研究的概況。我到南開大學圖書館庫本書庫作了瀏覽，將其所藏臺灣出版物的有關内容寫進書中。臺灣政治大學王壽南教授惠贈臺灣出版、收藏信息專著，給了我很大的方便。平時我也留心於臺灣的學術動態，因而多少改變「初稿」對臺灣清史史料研究介紹甚少的疏漏。

⑸增加對鴉片戰爭以後清史史料的説明。我的淺薄的清代後期知識，使我不能把握這個時期史料的特點，從而作不出有系統的交待，但是我有意識地加强這一方面的叙述，如對大陸出版的《中國近代史資料叢刊》、臺灣印行的《近代中國史料叢刊》以及其他近代史文獻叢書，不惜篇幅地予

以介紹，目的即在於此。

現在呈現在讀者面前的拙作，仍然是很不完善的，我也深知在對海外文獻，對滿文、藏文、蒙古文史料的說明上還不像樣子，但基於上述五個方面的改進，遂大膽地取消「初稿」二字，逕直名之曰《清史史料學》，不過我依然期待方家的賜教。

我是在去年蒐集好資料之後，原想用今年一月份一個月的時間改寫完畢，於是日夜操筆不輟，誰知加工量之大超出預料，寫是在這期間寫好了，但是謄清和製作〈書名及著者筆畫索引〉卻占用了二月的上半月。本月初我和家人到深圳團聚過春節，由於我不知節制地爬格子，累得她們陪著我緊張，心中歉然。書此以別作一種紀念。

本書提到的學者，不論是清朝人，近代人，以及健在者，一律直稱名諱，未書敬語，這是爲寫作方便，並非缺乏敬意，尚乞學者諒宥。

最後我要表示對常建華、杜家驥、王壽南諸位教授及所有給我改訂本書以幫助的友人的謝忱，並感謝家人的支持。

著者

一九九二年二月十四日於深圳

目錄

第一章　緒論

什麼是清史史料學，於今尚無專論，自然談不到定論了。陳高華、陳志超等認爲，史料學有兩類：「一類研究搜集、鑒別和運用史料的一般規律和方法，可稱爲史料學通論；另一類研究某一歷史時期或一史學領域史料的來源、價值和利用，可稱爲具體的史料學」①。如按此分類，筆者的《清史史料學》自必屬於後一類型，是專門論述一個歷史時期的具體史料學的。但是，我以爲「史料學通論」與「具體史料學」研究的問題是不能截然分開的，所以首先在本章討論史料學、特別是有關清史史料學的理論和實際問題。

第一節　清代歷史地位和加強清史研究的意義

清史，作爲斷代史來講，始於清朝入關建立全國的統治，終於宣統爲辛亥革命所推翻，歷經二

①《中國古代史史料學·前言》，北京人民出版社一九八三年版，第一—二頁。

百六十八年。清朝入關以前，努爾哈赤、皇太極父子統一滿洲及反對明朝的開國史，與清史有密不可分的關聯。溥儀在辛亥革命後，被馮玉祥驅逐出故宮以前的歷史，也同清史有關。我們說的清史，係指清朝對全國統治時期的歷史。倘若廣義言之，就需要包括在東北的開國時期和在故宮的小朝廷時期的歷史。因此清史史料學研究的時間範圍，亦應同清史的概念相一致。

清代在中國歷史上的地位是很重要的，無論是從中國封建社會長期歷史進程去觀察，或從同時代世界歷史的變化去分析，我們都可以發現清朝具有不同於以往各朝的特徵。

一、清朝是我國統一的多民族國家進一步發展和鞏固的重要時期。我們統一的多民族國家的發展、鞏固，經過了幾千年的歷程，各個朝代的歷史情況相異，對國家的統一、發展、鞏固所起的作用和貢獻也有不同。漢、唐、元、明、清五朝貢獻較多，作用較大，其中尤以清朝爲著。它以少數民族統一全國，促進了中華各民族的融合，鞏固和增進了各民族經濟、文化的聯繫、發展，穩定與加强了對邊疆的統治，奠定了牢固的疆域，實現了我國進一步統一、發展和鞏固的歷史任務，至今仍爲我國多民族大家庭棲息、建設的廣闊土壤。

二、清代是中國封建社會與半殖民地、半封建社會的交替時期。如以鴉片戰爭爲界標，清代可劃作前後兩個時期。在其前期，商品經濟和資本主義萌芽已緩慢發展，地主階級及其國家對社會矛盾尚能作局部調整，仍處於中國封建社會的晚期階段。但這時的西方有一些國家已完成資產階級革命，進行了產業革命，瘋狂地向外殖民，中國成了它們的侵略對象。只是前期的清朝政府，堅持與殖民主義者鬥爭，保持住了國家的獨立；清後期則日益腐朽，被侵略者的炮艦政策轟開了大門，逐步淪爲半殖民地國家。這樣巨大的社會變化，決非偶然，說明整個清代中國封建制度已瀕於衰落時期。

三、清代是文化上有所成就的時期。清代在文學、哲學、史學、地理學、民族學、數學、天文學、建築學、醫藥學和古籍整理等方面都有新的成就，產生了大量的我們引爲民族驕傲的傳世之作，如曹雪芹的小說《紅樓夢》；也出現了諸如黃宗羲、王夫之、顧炎武等著名的思想家。

李一氓說：「在史籍整理與歷史研究上，我以爲更應該著重清史」②。這是很有見地之論，處於中國古代和近代交替時期的清代史，距離今天只有八十多年的時間，它那個時代的一些物質的、精神的東西，仍然存在著或變形地存在著，還不同程度地影響著我國現實生活。因此，研究這個時代對於理論和現實有著雙重意義：即不僅有利於說明中國的過去，中國歷史的發展規律，更有利於認識現實，改造現實。說得具體一點，就是：

第一、了解清代歷史上的成就，人民革命鬥爭的經驗，反對西方殖民主義者的鬥爭及其失敗教訓，以提高中華民族的愛國主義精神。

第二、了解清代封建專制主義中央集權的狀況和特點，以便批判和肅清現實生活中封建主義殘餘，改革不適應當代社會建設的上層建築。

第三、了解清代社會生活中的各種風俗習慣，以便進一步剔除其封建性的糟粕，進一步改變人

②李一氓：《再論古籍和古籍整理》，見《解放日報》一九八三年五月四日。

民精神面貌，發展和樹立社會新風尚，建立高度文明的社會。

第四、了解清代民族關係和清政府的民族政策，以利進一步搞好我國民族大家庭的團結。

第五、了解清朝同世界各國關係史，以便從現狀和歷史兩方面實際出發，發展對外事務，以自立於世界之林。

第六、加强清史研究，也是建設科學的清朝斷代史的需要。在斷代史研究中，清史是新的部門，異常薄弱，空白點太多，同它的歷史地位極不相稱，需要加强建設。同時，後代、隔代爲前代修史，是中國史學的良好傳統。關於清朝一代的歷史，大部頭的只有民國初期編纂的《清史稿》，但尚不足爲一代信史，即此一端，可見加强清史研究的必要性了。

研究清史的理論意義和現實意義表明加强這門學科建設的迫切性，而歷史研究必先從整理史料著手，這就引出下面將要叙述的問題。

第二節　歷史研究必須詳細地占有資料

筆者認爲詳細地、全面地占有歷史資料，在科學的思想指導下，分析材料，從中得出客觀事實所固有的結論，是歷史研究的基本方法、科學的方法，而占有資料是這個方法的必要組成部分，是歷史研究的第一步工作。爲什麼這樣説呢？

搜集資料是調查研究的方法，從實際出發的實事求是的方法。存在决定意識，人的認識來源於客觀存在，來源於實踐，歷史資料是人類歷史實踐的記錄，人們要了解歷史，說明人類的歷史實踐，必須向歷史資料作調查，調查得越充分，掌握的資料越多，就越能恢復歷史的原貌。比如人們對《尚書》就有一個搜集資料加深認識的過程，當秦始皇焚書坑儒之後，《尚書》失傳了，西漢初年根據伏生的記憶，錄出《尚書》（即《今文尚書》）。至漢武帝末年，相傳在孔子住宅夾壁中發現古本《尚書》，加之東晉梅頤獻僞《古文尚書》，與伏生口授的不同，後遂形成經今古文之爭，促進了對《尚書》等古籍及上古史的研究。孔壁藏書的發現，起了增加史料的作用。又如滿洲與明朝關係問題，由於清朝統治全國後，隱諱滿洲曾臣服於明朝的事實，將大量原始資料焚毀，致使記載有明一代歷史的《明史》就極其缺乏這方面的資料。因此只根據比較容易搜集的材料，就很難說明這一問題。不滿足這一狀況的史學家，想方設法擴大資料來源，謀求占有更多的史料。對明清史研究做出傑出貢獻的孟森、吳晗都從朝鮮人的史書《李朝實錄》搜集有關資料。在三十年代前期，北京只有北平圖書館藏有一部《李朝實錄》，年逾古稀的孟森每天步行去閱讀，另一位青年學者吳晗也是風雨無阻，去翻閱同一部著作③，這一老一少從中獲得大量的滿洲開國史的資料，又同中國史料相結合、比勘，孟森藉以形成他的《明元清系通紀》一書，吳晗寫出《朝鮮李朝實錄中之李滿住》論文④，並輯成《朝鮮李朝實錄中的中國史料》資料集。

③參閱鄭天挺：《探微集·有學力、有能力、有魄力的歷史學家》，中華書局一九八〇年版，四五三頁。
④原題名《關于東北史上一位怪傑的新史料》，收入《讀史札記》，三聯書店一九八一年版。

吳晗爲著便利明史的研究，也爲了有利於搞清滿洲與明朝關係史，積極主張和出版了不易見到的陳子龍等人編輯的《明經世文編》。可見真想解決歷史問題的，有成就的史學家，無不著力於調查研究，千方百計擴大資料來源，更多地占有史料。談遷爲撰寫《國榷》，查閱明朝歷代皇帝的實錄，崇禎朝没有實錄可作依據，乃廣泛搜集朝報，摘錄史料，書稿寫成，不幸被盜，毫不氣餒，重新收集材料，並到北京訪問明朝遺民，資料齊全了，著成《國榷》，反映明朝一代的歷史。其史料之豐富，來源於他對歷史文獻的搜集和對遺民的訪問。吳晗充分評價了它的價值，出力將其梓刻。再如同治之死，向有亡於性病之說，光緒之死，久有爲慈禧所害的懷疑，這一類宮闈之謎，很難澄清。近年檔案資料研究者與中醫學家相結合，把現存的同治、光緒就診的《脈案》檔案當作歷史資料，進行研究，得出同治死於天花，光緒死於肺病的結論。這些觀點是否成立，能否爲學術界所公認，尚有待進一步證實，但有一點是可以肯定的，至少他們提出了問題，推動了研究的深入。這些擴展史料來源所取得的成果，同樣表現了詳細占有資料的思想和方法的意義。

詳細地、全面地占有歷史資料，才能對資料本身作去僞存真，去粗取精、由此及彼、由表及裏的分析，揭示歷史的真相。某一種史料，只能反映某一歷史事件的某一側面，或某種表相，據此而得出的結論，很難反映歷史的本質。有的史料作者寫作態度不嚴肅，記事有失實之處，還有的作者故意僞造歷史，有的不同載籍的資料互相牴牾，所有這些都需要研究者詳加調查，以便進行史料鑒別，去僞存真，避免上當。比如李淵太原起兵，《舊唐書》的《高祖本紀》記唐太宗首先倡議舉兵反隋，化家爲國。《新唐書》、《資治通鑑》等唐史主要典籍，也作同樣記載，這都突出了唐太宗的作用，抹煞了李淵及太子李建成的作爲。而不常見的早於這些著作的溫大雅的《大唐創業起居注》，則記李淵早有起兵謀慮，舉兵後李建成與李世民同樣建立功業，據此可知太原起兵，李淵主謀，李建成與唐太宗輔之。對《大唐創業起居注》與「兩唐書」、「通鑑」的矛盾記載，需做認真分析，辨別出反映歷史實際的資料。對這類有差異的文獻，如果不以詳細占有史料的態度來對待，很可能因「兩唐書」、「通鑑」爲名著，也就滿足於它們所提供的資料了，而《大唐創業起居注》知道的人少，書也不好找，沒有詳細占有史料的態度也就難於千方百計去尋找了。所以詳細占有資料既是歷史研究的方法問題，也是研究態度問題。

詳細地、全面地占有資料，才可能克服歷史唯心論和形而上學。唯心論和形而上學最省力氣，隨心所欲，有了一點資料，就可以得出「結論」，或形成什麼史學體系，然而卻是不反映歷史實際的，是非科學的、無益的，甚至是有害的。史學界有些問題的討論，未能取得一致的或接近一致的認識，原因之一，是沒有全面占有資料，大家都根據那幾條史料，用來用去，好像炒米飯一樣，用的佐料不同，名稱不同，但做出來的還是米飯。沒有提高到新境界，也就沒有解決問題。比如關於明代資本主義萌芽問題，常用的資料就是《明神宗實錄》關於蘇州織工的記錄，張瀚在《松窗夢語》中關於他的先人發家史的敘述，徐一夔《織工對》關於杭州織工的描寫，馮夢龍《醒世恒言》中施復發家的故事。如果憑著這點資料，只能把觀點懸在起初提出的水平上，很難深入下去。又如關於清代秘密結社的文獻，屢言會首勸人入會，交納會金，許以將來給官給田，並把這種會費名爲「種福錢」、「根基錢」。有的研究者謂之爲預言給農民平分土地。時至今日，秘密結社史的研究尚處於開展階段，關於它的資料雖然在個別問題上有了搜集，但還很不完備，因此那種均田說至多只能是一種假設，而不能作爲定論。

詳細地、全面地占有史料，是史學研究的科學方法，也是史學工作者的實踐。史學研究者搜集材料，伴之以鑒別，繼續發現新資料，繼續加以審定，再一次擴大資料，又一次進行評論，這樣不斷積累史料，反覆進行研究，不斷修改意見，最後做出結論，這個持續研究的過程，也是史學家不斷實踐的過程。實踐出真知，實踐中改正錯誤觀點，爭取獲得科學的研究成果。實踐，就是付出勞動，就不能怕艱苦，怕麻煩。孟森、吳晗以這種精神去查閱資料，才取得優異的成績。已故明清史專家謝國楨也是這樣的學者，他爲史壇貢獻出《增訂晚明史籍考》、《清開國史料考》、《明清筆記談叢》、《明代社會經濟史料選編》、《南明史略》、《明清之際黨社運動考》、《明末清初的學風》、《明代農民起義史料選編》、《清初農民起義資料輯錄》等大量著作。他到晚年，以八旬高齡尚由北京去江蘇、浙江蒐訪圖籍，寫成遺著《江浙訪書記》。他的史籍考訂和資料匯集，爲後學提供很多方便，他能有如此成就，原因之一就是勤於訪書，勤於閱讀和抄錄。史學工作者從他的身上，可以得到一些關於詳細占有資料的有益啓示。

第三節 清朝修史制度、私人著述與史料之豐富

清史的資料書，有清朝人編纂的，也有清亡後史家撰寫的，不過清人撰著的占主要成分。這裏

主要說明清朝政府的修史制度和史書的寫作。

清朝政府和士人注意編寫史書，有它的客觀需要和充足條件。清朝統治者努力吸收前人統治經驗，彌補其作爲少數民族統治者的文化低、經驗不足的缺陷；它對漢人一方面實行民族歧視政策，一方面又要充分利用，因而在實行文化高壓政策同時，又鼓勵士人按照它的要求從事文化建設，其中重要一項是編修史書；漢族士人在參加政治活動受到一定限制的情況下，有更多的精力從事學術研究，著力著述；清代社會經濟的發展，國家的統一，各民族經濟文化交流的加强，要求文化的相應發展，其中包括歷史學的發展，以鞏固其經濟基礎和政權建設上的成就。經濟的發展，統一的多民族國家的進一步鞏固，也爲文化發展提供了較充分的物質條件，政權的提倡更起了保證作用。正是在這需要和條件相結合的情況下，出現了清代比較繁榮的歷史編纂學。

清朝自建立政權起，就開始了修史工作，努爾哈赤設文館，召通曉滿漢文的達海入直，命翻譯《明會典》、《素書》、《三略》等書。皇太極繼位之初，就於天聰三年（一六二九）命文館分辦兩方面事務：由達海、剛林等譯漢文書籍，當時著手翻譯的有《資治通鑑》、《孟子》、《三國志》、《大乘經》等書；命庫爾纏等「記注國政」⑤。崇德元年（一六三六），改文館爲内三院，即國史、秘書、弘文三院，「編纂國史、收藏書籍」⑥。清朝開國二帝注重翻譯漢文史書、政

⑤《清史列傳》卷四《達海傳》；《清史稿》卷二二八《達海傳》。
⑥《清史稿》卷一四五《藝文志》。

書，同時著手清朝歷史資料的積累、保管和編寫，纂成《滿洲實錄》、《滿文老檔》，正是由於太祖、太宗兩朝的重視檔案文書的收藏整理，今天才能由專家譯成《清太祖朝老滿文原檔》、《舊滿洲檔譯著》（廣祿、李學智等譯）、《天聰九年檔》（關嘉祿等譯）等書。

清朝入關統治之初，即表現出對編修史書的濃厚興趣。順治二年（一六四五），即入關後的第二年，清朝設立明史館，命內三院大學士馮銓、洪承疇、范文程、剛林等人充總裁官，修明史，然限於當時國家初建的不安定環境，未能開展工作。康熙十八年（一六七九）開博學宏詞專科，取士五十人，命學士徐元文、葉方靄爲明史總裁，率領大部分中試者撰寫明史。二十一年（一六八二）命侍讀王鴻緒爲總裁官，藉萬斯同等之力，成《明史稿》。雍正元年（一七二三）又以張廷玉爲總裁，至乾隆四年（一七三九）終於修成三百三十二卷的《明史》。此書修纂長達九十五年，是中國官修史書歷時最久的一部。此書編定用力甚勤，誠如張廷玉等《上明史表》所說：「搜圖書於金石，羅耆俊於山林，創事編摩，寬其歲月」⑦。朱元璋在推翻元朝的同年令編寫《元史》，是後一王朝替前朝修史最早的，清朝在明亡的第二年著手寫《明史》，是次早的。《明史》的撰修過程和特點，表明清朝爲吸取統治經驗而高度重視歷史編纂學⑧。

清朝爲修史，建立常設機構，主要有內廷三館，即國史館、方略館和武英殿修書處。

⑦《明史》，中華書局一九七四年版，第二十八册，八六三〇頁。
⑧業師鄭天挺先生講過《明史的古典著作與讀法》，本處吸收了他的觀點。

國史館，屬翰林院，主要任務是纂寫清朝歷史。康熙二十九年（一六九〇）設「三朝國史館」，編寫清太祖、太宗、世祖前三朝的歷史，書成，該館即行撤消。乾隆元年（一七三六）復開史館，撰修已過之五朝（前三朝加康熙、雍正兩朝）歷史，十四年（一七四九）竣功，史館亦行裁撤。三十年（一七六五）爲寫國史列傳，再設國史館，自此遂爲常設機構⑨，直至清朝滅亡。國史館下設若干機構，不同時期亦有所變化，道光以前，設有翻譯股、纂修股，滿纂修房、漢纂修房、書庫。光緒、宣統年間，設有承發房、長編處、奏議處、文移處、蒙古表傳處、十四志處、四傳處、畫一傳處、大臣傳處、滿堂、蒙古堂、書庫、幣庫等。國史館官員有總裁、副總裁，從大學士、六部堂官中簡任，兼用滿漢官員；有提調官，滿、蒙、漢各二人，從侍讀學士、侍讀中派充；總纂，滿洲四人，蒙古二人、漢六人；纂修、協修，滿蒙漢各若干人，由侍讀學士、侍讀、編修、檢討中選派，清文總校一人，滿洲侍郎內特簡；校對，滿蒙漢各八人，從內閣中書中派任；光緒間增置筆削員十人⑩。國史館修書，完成了許多半成品和成品，撰寫了若干帝王本紀、大臣傳記、傳記長編，大清一統志，積累了很多素材，現在保存在中國第一歷史檔案館的就有四萬二千多册⑪。

方略館，屬軍機處，撰著清朝發生的戰爭專史。康熙時起，每當一次戰爭結束，或者遇有重大

⑨光緒《大清會典事例》卷一〇四九《翰林院》。

⑩光緒《大清會典》卷七十；《清史稿》卷一一五《職官志》。

⑪參閱李鵬年：《國史館及其檔案》，載《故宮博物院院刊》一九八一年第三期。

政事，皇帝命令設專館修書，備記其始末，名曰「方略」或「紀略」，書成由皇帝審定，所以說是「敕修」、「欽定」。方略館設「總裁」，由大學士或軍機大臣兼任，另設提調、收掌、纂修、校對諸職。方略館係有事時開設，事畢即行撤銷，但因屢修方略，使它等於常設機構⑫。

武英殿修書處，屬内務府，負責修書和刊刻圖籍，並以後一任務爲重。武英殿修書處總裁，滿漢各一，由大學士、尚書、侍郎内簡任，下設提調、纂修、協修、筆帖式⑬。設有書作、印刷作等下屬機構，擁有書匠、界畫匠、托裱匠、刷印匠等專門工匠。武英殿印書甚多，刊有經、史、子、集，叢書五九五種，今藏臺北故宮博物院的即達數百種五萬餘册⑭。它棗梨的圖籍，除收輯宋元版本的《武英殿聚珍叢書》、《十三經》、《二十二史》，多刊刻清代著作，諸如政書、方略、皇帝的詩文集、《古今圖書集成》等。它所印製的書稱爲「殿版」、「殿本」。

内廷三館以外，還有一些常設的修書機構，重要的有起居注館，屬翰林院，内設日講起居注官，滿洲十人，漢十二人，由翰林院、詹事府各官簡用，滿漢翰林院掌院學士各兼一缺；主事，滿洲二人，漢一人，以科甲出身官員充任；筆帖式，滿洲十四人、漢軍二人。起居注官侍從皇帝，記

⑫光緒《大清會典》卷三《軍機處》，《清史稿》卷一一四《職官志》。
⑬光緒《大清會典》卷九十八《内務府》；《清史稿》卷一一八《職官志》。
⑭參閱吳哲夫：《清代殿本圖書》，見《故宮文物月刊》，第二十四期，一九八五年。

錄其言論行動，成歷朝起居注⑮。有玉牒館，隸屬於宗人府，掌修《宗室玉牒》和《星源吉慶》。修玉牒時，特設總裁、修纂等官主持其事。正副總裁官，由皇帝從宗人府宗令、宗正和滿漢大學士、禮部尚書、侍郎、內閣學士中點任，用大學士一人領催，以宗人府丞擔任管校官，以府屬理事官、滿漢主事、內閣侍讀、翰林院官及禮部司官任纂修官。書修成功，皇帝閱後，獎勵與事人員⑯，可見皇帝的重視。實錄館，新皇帝必定替前朝皇帝修纂實錄，屆時設館，任用大學士、軍機大臣等爲監修總裁官，另設副總裁官、纂修官，事畢撤館。

清朝臨時性的修書機關更多，是一些「奉旨特開之館」，事竣即行裁撤。其中著名的有蒙養齋館。康熙後期，命皇三子誠親王允祉主其事，館設於暢春園蒙養齋，故名。允祉召集名學者陳夢雷、方苞等人參加工作，派人在京城及廣東、雲南等七省進行天象觀測，撰成《律呂正義》、《曆象考成》、《數理精蘊》三書，康熙帝賜名《律曆淵源》，爲天文、曆法、數學、音樂方面專著。允祉等又從事《古今圖書集成》的編輯工作，至雍正時成書。

四庫全書館，乾隆後期開設，輯成我國最大的叢書《四庫全書》，同時對古籍進行了一次認真的清理，雖然由於政治原因，毀壞了一批珍貴圖書，但整理和保存載籍，仍有其積極意義。

三通館，乾隆時設立，續修「前三通」，撰成「續三通」（《續通典》、《續通志》、《續文

⑮《清史稿》卷一一五《職官志》。

⑯光緒《大清會典》卷一《宗人府》；《清史稿》卷一一四《職官志》。

獻通考》）和「清三通」（《清朝通典》、《清朝通志》、《清朝文獻通考》）。

清朝還根據政府各部門的需要，編寫專門載籍或工作條例，如中央修「會典」，「一統志」，各衙門定「則例」，地方上編方志等。清朝凡編纂會典、一統志，則開設專館，司理其事。各省、府、州、縣地方政府的編纂方志，經常地、反覆地進行，屢次設局聘員，竣功始罷。

清朝後期官方設立一些翻譯機構，民間也有建立的。一八六二年設置京師同文館，在其內部陸續開設英、法、俄、德、東（日）文館，一九〇一年併入京師大學堂爲譯學館。一八六三年上海出現廣方言館，一八六七年併入上海機器製造局爲翻譯館。一八六四年廣州同文館，一八八八年商務印書館編譯局、一八九七年南洋公學譯書院、一九〇五年學部圖書編譯局相繼成立。這些機構編譯外文圖籍，僅上海機器製造局翻譯館到一八七九年就譯出西方書籍九十八種，梓行於世。

清朝政府有時特命編纂一些書籍，如康熙時修成《康熙字典》、《佩文韻府》、《淵鑑類函》、《佩文齋書畫譜》。這類圖籍雖不是史書，但對治史者並非完全没有參考價值。

一些官僚，也以政府的力量，進行圖書的整理和出版，如刑部尚書徐乾學回原籍崑山閒居，康熙命一統志書局隨從他工作，他延聘《讀史方輿紀要》的作者顧祖禹和閻若璩、胡渭等人參與其事，所謂「一堂賓從之賢，皆九等人表之最。」⑰又如曾國藩倡設金陵、蘇州、揚州、杭州、武昌

⑰陳康祺：《郎潛紀聞》卷三。

官書局，張之洞設立廣雅書局，「延聘儒雅，校刊群籍」⑱。

清朝政府經常進行本身歷史的編纂，間亦從事前代史的修輯，這是事實，不必多叙。但是近代史家中有不少人認爲，清朝滿族統治，對漢人實行高壓政策，屢興文字獄，因而造成清代史學的不發達，如史學名家李宗侗所說：「清代以厲行文字獄之故，學者遂不敢研究明史及當代史，故清代史學家只最初有數人，季世有數人，中間只有歷史考證學，而無純粹史學家」⑲。清代史學家對當代史的著作，大部頭的帶有一定綜述性的，僅有魏源的《聖武記》等少數幾部書，不像宋人有李燾的《續資治通鑑長編》，徐夢莘的《三朝北盟會編》，李心傳的《建炎以來繫年要錄》；也不像明人，有何喬遠的《名山藏》，朱國禎的《史概》，陳仁錫的《皇明世法錄》，在這一方面，清代史家確實相形見絀，但是清人對具體的歷史事件、人物、制度的叙述則是繁富的，而從今天保存下來的看，比歷代都多得多。這裏只要舉一個事實即可明瞭，即私家撰著史料筆記的甚多，像《竹葉亭雜記》、《簷曝雜記》、《嘯亭雜錄》、《槐廳載筆》等書，都保存了大量的清史史料，只是不是對某一史事作系統的說明。因此說，清代史家對當代史的著述堪稱爲名著的少，而所保存的社會各方面的資料並非不豐富。清代始終存在著滿漢矛盾，滿族統治者實行民族壓迫政策，不許士人結社，迭興文字獄，又利用編輯《四庫全書》，刪改、銷毀所謂「違礙書籍」，所以姚覲元，孫殿起

⑱《清史稿》卷一四五《藝文志》。

⑲《中國史學史》，臺北中國文化學院出版部印行，一九七九年版，一六三頁。

才能分別編出《清代毀禁書目》、《清代禁書知見錄》，反映清代文網的暴行。這種政策自然影響了史書的創作，尤其是明滿關係，滿漢關係及史論方面的述作，故而真實記載明滿關係的著作簡直沒有，但這樣說，不等於清人沒有明史著作，在戴名世《南山集》案以前，人們寫了一些明史和南明史，莊廷鑨的《明史》銷毀了，可是傅維鱗的《明書》流傳至今，南明史的著作很多，被禁而不絕，即如《嶺南三大家》之一的屈大均（翁山），在其身後，於雍正、乾隆兩朝遭到迫害，他的著作《寅卯軍中集》、《翁山文外》、《翁山詩外》、《翁山易外》、《四朝成仁錄》、《廣東新語》、《登華山記》皆被毀禁，但又多保留下來，繼續傳播，其中的《四朝成仁錄》，是南明史專著，而這一類著很有一批。看來清朝儘管禁止對明史、南明史的寫作，但是經不住人們對文網的衝擊，寫作並保存下來。而且從時間上講，康熙前期以前，是清朝在全國統治初建時期，無暇無力全面控制人們的思想和寫作；康熙後期至乾隆間，是清朝統治最强盛時代，也是文字獄猖獗之時，影響了人們對明史、南明史的研究，但遠沒有影響到全部歷史的寫作。總之，説清代缺乏史著的觀點，雖有一定道理，但沒有反映清代史學的全貌。是否可以這樣認爲，清代保持並發展了中國官修史書的傳統，纂輯出實錄、起居注、列傳、方略、政書和方志，私人也寫作了各種體裁的史書，擁有提供歷史資料的極其豐富的著述，可供後人研究清史利用。

清朝滅亡以後，學術界在研究清史的同時，也有人寫出清史資料專著，或涉及到清史資料的作品，像劉錦藻的《清朝續文獻通考》、朱彭壽的《舊典備徵》、《安樂康平室隨筆》、劉禺生的《世載堂雜憶》等。這一類書籍，充實了清史資料實庫。

從廣義上講，凡社會上發生的事情皆成歷史，有關各種事物的文獻均可作爲史料。這樣理解的話，清史的資料就多得不得了。時至今日，人們還沒有對它們作過徹底的清理，尚弄不清它的底碼。《清史稿·藝文志》作了初步工作，它著錄的清人著作有九、六三三種，武作成爲之作《補編》，著錄爲一〇、四三八種，合爲二〇、〇七一種，除去個別重覆的，約爲兩萬種，但是它遠沒有反映清人文集及清史資料的全部情況，比如清人族譜類圖籍有好幾千種，該書只著錄了數十種，這一項就把幾千部書拒之門外了；又如清代方志有五千多種，該書著錄不足三千種，這一項又少了兩千餘部；至於基本處於無人問津狀態的圖籍，如釋老經典，其數量、收藏就更不清楚了。這還是僅就漢文資料而言，我國尚有滿文、蒙文、藏文、維文、傣文、彝文等少數民族文字的清史資料，我們更不知其究竟了。總之，清史資料之多，説汗牛充棟、浩如煙海，是毫不誇張的。

多的情況雖搞不清楚，但不論已成書了的，還是單篇的，依其體裁，大體上可以歸類，按其類別也多少可以反映清史史料豐富的概況：

⑴編年體、紀傳體清代通史：以中國史學傳統的編年體、紀傳體體裁，撰寫清朝一代歷史，如清歷朝起居注、清歷朝實錄、《東華錄》、《清史稿》等。

⑵政書：政府行政法規、各項政治、經濟、文化政策及其歸宿的載籍。這類圖籍亦稱爲典制體史書。

⑶方志：各種類型的志書，從全國的大清一統志、各省的通志，到府州廳縣志、村鎮志，以及山水、寺院等專志，如果把遊記算上就更多了。

⑷文集：基本上是私家個人著作，文體多種多樣，內容包羅萬象。

⑸傳記：各種體裁的傳記文獻，有專著，有匯編，也有的散見於各種書籍中。

⑹譜牒：關於宗族、家庭的專書，有其特定的體裁，為民間的宗譜、支譜，皇家的玉牒。

⑺筆記：隨筆札記之作，本身也有幾種類型，具有史料價值。

⑻紀事本末體史書：專記一事或數事之始末。此類書清代不是太多，然而「方略」甚多，富有史料價值。

⑼叢書、類書：清朝以來人們編輯的叢書、類書很多，其中不少刊印清朝以前人的著作和言論，但也兼收清人的，亦足資治清史者的利用。

⑽檔案：清代遺留下的檔案極其可觀，分藏於各檔案館。它是最原始的史料，其價值業已引起學術界重視。

⑾資料匯編：這是後人把前人的文字，按專題加以匯輯成書，其形式亦有多種，或是語錄式的輯錄，或是專題文章的匯集，或是區域性內容的匯編。此類文獻，在清代較少，近幾十年學者在史學研究過程中，發展了這種體例。

⑿外國人關於清史的著述：這項分類與以上著重考慮文章體裁的辦法不同，是從圖書作者的國別、著述使用的文字著眼的。這種圖書，有日文的，各種西文的，也有漢文的；而文體講，則紛繁多樣，有編年體的史書，也有隨筆、信札、專著，以及各國的官方文書和檔案。

⒀其他：上述類型的文獻以外，還有很多體裁的，如契據、日記、書札、詩話、戲曲、小說、

歷史演義、書畫、僧道著作、寶卷、諺語等。

以上是文獻資料，清代實物史料也非常豐富，它有實物和遺蹟兩種。清代遺留的實物幾乎到處都可以見到，各項建築、生產工具、生活用品（衣服、器皿、家俱），武器、碑刻、文化用品（文房四寶）等等。遺蹟也不少，著名的有圓明園遺址、柳條邊遺址、乾隆地宮等。實物有傳世的，出土的，還有埋藏在地下待發掘的。

實物和考古發掘的史料，宋元以來的，其受學術界重視的程度，遠不如唐代以前的。後世文字資料豐富，實物作爲史料的價值有所降低，但是它仍不失爲一種史料，對某些方面的社會歷史研究有其不可忽視的重要意義。試以清代實物言之，如搞清代建築史、園林史、農業和手工業生產技術史，離開清代的建築、園林，生產工具當然很難弄得清楚。物質文化史如此，社會科學史也是這樣，如對清朝政府的民族政策和宗教政策的研究，只看文獻記載，可能理解不深，甚至搞不清楚，若到承德參觀了避暑山莊和外八廟，增加感性知識，認識即可深化。在承德觀光，對乾隆大造寺廟的事實，除作政治原因的解釋之外，對其本人是否真信佛的問題，尚有懷疑，但位於遵化的清東陵裕陵的發掘向人們展示乾隆地宮從石門到大理石壁面、券頂，都是佛教題材的雕刻裝飾和經文。地宮是秘密的，不是做給人看的，這個事實只能說明乾隆真信佛。他不只是利用佛教做爲統治人民的工具，若說他不信，是無意中改變了他的思想境界。這就有助於說明統治者與宗教的關係。又如關於香妃，過去有許多傳說，以爲她是乾隆平定大小和卓木之役俘虜來的罕妃，懷念故主，不甘心侍奉乾隆，且欲伺機刺之，爲乾隆母后所警覺而遇害，此說流傳甚廣，後有史學工作者根據文字資料著文加以否定，知香妃即容妃，家在葉爾羌，係出和卓上層，但不屬大小和卓木之支，其家屬未參加叛亂，入宮後受乾隆寵愛，爲實際上的代理皇后，死年五十五歲，係自然亡故⑳。迨後清東陵的容妃墓發掘，其髮中雜有花白色者，證明她年齡和記載也符合，從而搞清了容妃的歷史，對關於香妃的流行說法的澄清很有好處㉑。又如李自成之死問題，爲湖北通山縣鄉民所害之說，不乏疑點，近年湖南石門縣夾山靈泉寺墓志碑的出土，出現李自成在此爲僧隱居病死的說法，它能否成立，尚有待於討論，但它把李自成和南明史的研究引向深入。前幾年屢傳發現曹雪芹的或有關他的文物，如詩詞、肖像、筆山、故居，如果是真的，當然很重要，這對於研究曹雪芹的家世、本人經歷、思想和《紅樓夢》都有關係，甚至關係到對曹的紀念館的建立。倘若北京香山正白旗村三十八號真是曹的故居，豈不可以開闢成紀念館，惜乎不像罷了。所以真正的文物發現是有意義的。有一些清史疑案，也要靠發掘來解除。如雍正之死，被呂四娘刺殺之說流行至今，服道家丹藥中毒而死說，病終說也並存著，如果發掘他的泰陵，這個問題就很容易澄清了。一九八一年，當地有關部門挖掘泰陵，尚未挖到地宮，即被中央有關部門制止，所以並未能見到雍正屍體，可是世間已傳說泰陵打開了，雍正只有屍身，沒有腦袋，從而證明確爲呂四娘所刺。其實要知端底，還得等待打開泰陵地宮。可見某些清史問題的解決，也還是要仰賴於文物和考古發掘的。

⑳蕭之興：《「香妃」史料的新發現》，《文物》一九七九年第二期。
㉑參閱清東陵文物保管所：《考證香妃事跡實物的新發現》，見《光明日報》一九八〇年二月二十六日。

清代實物中，有的亦有文字——題銘，如碑刻，就有很高史料價值。如在理學名臣李光地的家鄉福建安溪，康熙五十九年與雍正十一年給李的祭文碑，一通至今完好保存，一通有殘碑存世，對了解李光地的哀榮很有幫助㉒。一九三六年嘉興圖書館籌辦「嘉區文獻展覽」，從碑刻上摹拓明清嘉興府縣告示、揭帖、民間規約六十餘件，其中屬於清代的三十件，半個世紀以後，碑石毀壞，只有少許殘片遺存，但它的拓片，仍能提供清代社會原始資料㉓。不少學者留意於碑刻資料，做了收集整理工作，並把它們公諸於世，爲史壇佳品，如《江蘇省明清以來碑刻資料選集》、《明清蘇州工商業碑刻集》、《上海碑刻資料選集》、《明清以來北京工商會館碑刻選編》、《北京圖書館藏中國歷代石刻拓本匯編》諸書。

還有口碑史料，亦當留意，流傳在民間的清朝故事是很多的，它可以豐富史學工作者的感性知識，幫助理解文獻資料。當然它的真實性不大，需要考訂使用。如杭州「靈隱寺」，康熙南巡至此，爲題「雲林禪寺」匾額，雲林寺與靈隱寺名稱不一，民間解釋是康熙酒醉誤題了寺名。傳說是康熙喝多了酒，應靈隱寺長老之請題字，提筆就寫，本欲書靈隱寺三字，然一下筆，把靈的雨字頭寫大了，没法收場，得大學士高江村之暗助，就雨字頭改爲雲字，爲與之配合，又將應書之隱字改

㉒鄭金順等《李光地等碑文三則》，《清史研究通訊》一九八九年四期。

㉓任道斌：《嘉興明清碑刻文獻瑣記》，《清史研究通訊》一九八五年二期。

爲林字，寫出雲林寺匾㉔。這只能做故事看，很難符合事實，比如高江村（士奇）從來没有做過大學士，他當時是退職的少詹事。

口碑資料的獲得，來源於調查。如曹雪芹是漢人血統的旗人，他是屬於漢軍旗籍，還是滿州旗籍，記載混亂，學術界莫衷一是。筆者因其爲漢人血統，疑其非滿洲籍，就此問題，在一九七四年與香山正白旗村三十八號房主舒成勛交談，他説其先人屬於滿洲正白旗，而實爲蒙古人，姓舒穆魯氏，是蒙古人而入滿洲旗一例。同年去遵化縣，訪問定小大隊劉雲甫，他於一九二二年擔任溥儀小朝廷東陵領催，據他講，其祖先爲漢民，從龍入關，隸籍滿洲鑲黄旗，有先人任過東陵員外郎，這是漢族血統者而入滿洲籍。經此兩番調查，證之文獻記載，明瞭非滿洲血統者入滿洲籍並不奇怪。曹雪芹的屬籍雖至今尚不清晰，但以漢人血統而否認滿洲籍説的糊塗觀念不復存在了，這就是調查口碑資料的收益。又如筆者曾去薊縣調查清初圈地歷史，獲知青甸大隊有「一馬箭地」等圈地時實況傳説（即清初跑馬圈地，圈地者以一箭所至之地爲圈地範圍），可幫助對王慶雲《熙朝紀政·紀圈地》等文獻的理解。

清代文獻、實物、口碑資料豐富，就有一個如何搜集、整理、利用的問題，其中就有史料學所要解決的事情。

㉔參閱謝然浩：《康熙與靈隱寺》，《中國青年報》一九八一年八月九日。

第四節　清史史料學的任務

前面説過，史料包括文字記載、實物和口碑三種類型，它們也就是史料學的研究對象；但在不同類型史料中，又以文字（包括題銘在內）史料作爲主要研究對象。實物和口碑資料尚有文物學、考古學、民俗學、民族學、文化人類學等學科的研究，它們的研究成果，史料學、歷史學可以利用。

史料學的任務是闡明史料的來源、價值和利用方法。歷史資料是一定社會關係的産物，無論史料的内容還是形式，都是由每一個時代的社會經濟關係、生産關係、政治制度和思想意識的觀點決定的，因此必須對它進行科學的鑒别和説明，以便正確地利用，這就需要有史料學來完成這個任務。具體地説要做以下工作：

第一，確定史料的來源。即要搞清寫作歷史文獻的材料根據和作者寫作情況，比如要了解清代的歷朝實錄，就要弄清它們是在什麽時候，由什麽人編纂的，它的材料依據是什麽，如果依據資料中有清代歷朝起居注，就要追索起居注是什麽樣的書，材料來源又是什麽，以期搞清它的史源。

第二，確定史料的可靠性。史書有曲筆，有誤記，不能盡信，必須加以鑒别，做到去僞存真，這就需要在了解史料來源基礎上，從作者的寫作目的、態度、資料依據諸方面，確定某一著作的真實性程度。以朝鮮《李朝實錄》來説，朝鮮人在很長時間内看不起清朝，大體上講他們在乾隆以前，外恭而內傲，肅宗、景宗、英宗（相當於清朝順康雍時期）的實錄，對亡明尚稱「天朝」、「皇明」、「皇朝」，而對清朝、清人，則謂爲「胡」、「虜」、「胡皇」、「胡國」、「胡使」、「胡敕」，或者直稱爲「清國」、「清人」。在這種思想情緒下，樂於看清朝的笑話，因此在其記載中，難免歪曲事實，過甚其詞。事實上，朝鮮人從清朝得到的有不少是僞情報，因爲有些漢人和滿人知道朝鮮對明清兩朝的態度，投其所好，送假消息，如說南方反清復明的活動如何開展，其實多爲子虛烏有之事。這樣的事發生多了，朝鮮人也發覺上當受騙，但是還是把花錢買來的這類情報載於史籍了。所以《李朝實錄》所載乾隆以前的清朝史事，不盡真實，需要認真分析。

當然史料學的任務是從總體上確定歷史文獻的可靠性，至於史書中每一個具體內容是否真實，那是歷史研究過程中史學工作者考訂的工作，不是史料學所能完成的。如關於軍機處成立的時間，王昶在《軍機處題名記》中說是雍正七年（一七二九）創立的㉕；梁章鉅在《樞垣紀略》中認爲始設於雍正八年（一七三〇）㉖；吳振棫在《養吉齋叢錄》中含糊地說是建於雍正七、八年間㉗；《清史稿》卷一一四《職官志·軍機處》條則謂設立於雍正十年（一七三二）。像這樣衆說不一需要訂正的問題，就是史學研究的任務了。

㉕《春融堂集》卷四十七。
㉖《樞垣紀略·自序》。
㉗《養吉齋叢錄》卷二十二。

第三，明確史料的價值。根據歷史文獻的內容及其眞僞性，可以大體上斷定該文獻對於歷史研究的意義。如係官書，會在哪些方面有成功，那些方面有缺陷；同樣若係私家著述，又會有怎樣的得失，在作具體分析的同時，找出一些規律性來。在這裏還要區分文獻寫作意圖，當時的用途與後人作爲史料來運用的異同。如清朝官員上書議政，是爲制定政策而發表的，如果被採納，就具有實踐的意義，對於後世自然失去了它的現實性，只可作爲研究那個時期的歷史資料了。

第四，要對史料進行分析批評。即要分析歷史文獻作者的世界觀、政治觀和他的政治立場，他賦與作品的感情和寄托，與此相結合分析史書的思想傾向，對重大的歷史事件、階級鬥爭、政治鬥爭、意識形態領域的鬥爭、生產鬥爭及對勞動群衆的態度。清史史料，多出於官員、文人之手，他們的立場和史觀決定其著述必然存在這樣或那樣的問題，即使叙事是按客觀實際進行的，但他們如何叙述它，對史事作怎樣的取捨，都是由作者的觀點決定的，只有分析了作者及其作品的思想性，才能更好地明瞭史料的來源、可靠性和價值，所以進行史料分析批評，是史料學的靈魂，是它的根本任務。

第五，說明史料的利用方法。講求史料的利用方法，是史料學的重要任務，因爲史料學的最終目標是爲歷史研究服務，是被歷史學來利用。史料的利用方法包括較多的內容：史料的搜集和收藏；史料的整理和出版；史料目錄學和工具書；史料被利用的情況，如某項史料被歷史研究利用了，如何利用的，效果怎樣，某項開始引人注意，而某項尚無人問津。史料利用方法的研究，既是方法論的問題，也是向史學家提供史料的信息，以便利史家更快更好地利用史料。

明確了史料學的研究對象和任務，它同歷史文獻學、目錄學、史源學以及歷史學的關係就容易把握了。歷史文獻學，白壽彝認爲應包含目錄學、版本學、校勘學、輯佚學、辨僞學等内容，以及研究歷史文獻的方法㉘。目錄學，是研究關於圖書分類和收藏流傳的學問，它的書籍要著錄圖書名稱、作者、篇數或卷數、版本，還要做到劉向所說的「辨章學術，考鏡源流」，即介紹圖籍作者的學術觀點和流派。史源學是了解歷史文獻的資料來源，從中鑒別真僞。史料學與這些學科在把握史書的基本情況這一點上是相同的，換句話說，它的研究範圍包含這些學科的内容，但是它又有自身的不同於這些學科的特點，它以把握圖書的基本情況爲出發點，以闡明其史料價值和利用方法爲任務和歸宿。而古典文獻學、目錄學、史源學都沒有史料批判的任務。史料學說明歷史文獻，以此爲歷史研究服務，它是歷史學的一個輔助學科。歷史科學要闡明人類歷史的進程和發展規律，不用說這是史料學所不能完成的使命。所以史料學把它自身視作爲歷史學服務的學科，而不是歷史學本體。

具體說到清史史料學的任務，除了上述史料學的五個任務以外，根據清史史料及其研究情況，還應當注意於：

⑴了解清史史料文獻的底數並加以搜集

前面業已說明清史資料豐富，然而底數不清。清史史料，分藏在全國各地，大陸有，臺灣也有，國外也不少，但是究竟有些什麼書，藏於何處，不是很清楚。所以首先要知道關於清史的資

㉘《談歷史文獻學——談史學遺産答客問之二》，《史學史研究》一九八一年第二期。

料，不管是清人的作品，還是後人的，無論是漢文的、滿文的、蒙文的、藏文的、維文的，抑或是俄、法、英、日文的，都有哪些，藏在什麼地方，是國內還是國外，是在哪一個圖書館、檔案館、研究機關、學校，抑或是私人手中。如果有可能加以搜求，則應在可能範圍內集中到應當保存它的機構，以便讀者利用。

(2)對清史史料進行整理

清代文獻因距今較近，而整理的任務較大。這整理就是指校勘、考訂、辨僞、注釋以至出版。書籍的版本不同，或者印刷不精，因之需要校勘。清代史書大多未經過校勘，各種文體差異較大，訛誤甚多，不加校訂就難於使用。中華書局一九五九年出版的蕭奭《永憲錄》記紹興墮民除籍事，令人讀不甚懂，原文是：

> 巡鹽兩浙監察御史鄂爾泰請除紹興墮民籍。疏言：墮民為宋罪臣之遺，宋將焦光贊部落以叛宋故，斥曰墮民，勇帽以拘形狀，女不長衫裙，以橫布區其門曰丐戶。㉙

原文有幾處文字錯誤，因而標點也不準確，致令人無法讀通。奏議人不是鄂爾泰，他從來没有擔任過這個職務，是噶爾泰。「勇帽」應爲「男帽」，「拘形狀」應爲「狗形狀」，原文斷句似應爲「男帽以狗形狀，女不長衫，裙以橫布，區其門曰丐戶。」經過整理的圖籍尚有如此嚴重的錯誤，可見認真的校勘、考訂是多麼的必要。

㉙中華書局一九五九年版，一三一頁。

清代雖離現代較近，但當時的制度，語言習慣，公文格式，風俗習慣有許多已爲今人所不懂，或不易理解的了，因此整理那時的文獻，勢必要作點注釋工作。如在清人文獻中有時可以見到「入八分」、「不入八分」、「賞吃神肉」、「跳大神豬」等類詞彙，是些反映當時有關制度的專門用語，如能在整理文獻時加以注釋，將惠予讀者良多。

有的史籍只有稿本或抄本，可又很有價值，有的史籍雖然已有印本，但其價值之高又需要重新印刷，所有這些都要求在整理的同時，予以出版行世。

(3)製作工具書

工具書，在索引、提要、目錄諸方面，已經有人做了很好的工作。在索引方面，傳記索引有《三十三種清代傳記綜合引得》一書，明代傳記索引搜集文獻八十九種，清代只搞了三十三種，太少了，清人傳記資料那樣豐富，更需要包羅多種文獻的索引。此外，有陳乃乾的《清代碑傳文通檢》、錢實甫的《清代職官年表》、魏秀梅的《清季職官表附人物錄》、楊廷福等的《清人室名、別稱、字號索引》等書。文集索引有王重民等編的《清代文集篇目分類索引》，收錄文集四百四十種，而文集當有幾千種，大部分還沒有編成索引。在提要和研究方面，張舜徽撰《清人文集別錄》，介紹六百種文集。謝國楨在《明清筆記叢談》中介紹四十八部筆記著作，屬於清人的爲二十九部。來新夏著《近三百年人物年譜知見錄》，介紹了八百多種年譜。他們閱讀文集、年譜甚多，但未過目的也還不少，故而來新夏表示要做續編工作㉚。已經出版的索引、提要、年表爲清史研究

㉚《近三百年人物年譜知見錄·後記》。

提供了很大方便，應當感謝它們的編著者。但是這個工作做的極不夠，遠遠不能滿足研究的需要，故極需加强。關於清史各種類型的史料，若不加介紹，幾乎不爲大家所知，更談不上利用。如檔案資料，首先需要有一個完備的目錄。譜牒圖籍的研究和介紹之少，很不適應清史研究的要求。

提要、索引，可以按文獻的體裁來做，也可以按照文獻內容，所反映的事物，分類編寫，以便利專題研究。

第五節　本書寫作目的、內容和敘述方法

筆者近幾年從事清史史料學的教學，有零星的體會，也有搞好這項工作的願望，固將歷年講義加以整理，寫成此書。由於筆者學識淺薄，寫的很不像樣子，今拿出來作爲向方家求教的材料，以備異日的改進。

本書將介紹關於清史的各種史料，它們的體裁、內容和史料價值，重要史籍及其作者，史料的收藏和利用情況，史料的利用方法。

此書以「清史史料學」名之，而不言「清代史料」，筆者之意，「清史史料」包括清代和民國以來不同時代的人們的有關清史的著作，而「清代史料」一語，可能會令人產生清朝人寫的清代史書的誤解。當然清朝人提供的史料多於後人，我們的介紹也是從這個實際出發，力求按其本來面貌，以較多的篇幅用於清人著述的說明，不過要强調指出的，對清朝滅亡後出現的著作，不因其晚

而有所忽視，而是依其史料價值給予應有的重視和交待。要之，是要說明研究清朝歷史的資料，而不管它是在什麼時代形成的。清史載籍太多，筆者限於學識，本書所介紹的史料，將主要是清朝前期的，清朝後期的，開國時期的，溥儀故宮小朝廷的，將適當地涉及。在這裏，還要說明清史史料和清人的歷史著作也不是一個概念，清人的史著要對敍述清史有用，才是清史史料學的研究對象，如果是記載清代以前歷史的，整理清人以前文獻的，對說明清代史學史、歷史文獻學有意義，故對研究清史亦不無價值，但畢竟範圍較小，意義不大。像錢大昕的《二十二史考異》、《十駕齋養新錄》，趙翼的《廿二史劄記》、《陔餘叢考》，王鳴盛的《十七史商榷》，顧炎武的《日知錄》，崔述的《考信錄》，馬驌的《繹史》，顧祖禹的《讀史方輿紀要》、黃宗羲的《明儒學案》，都是比較有名的史學著作。清人整理古籍，尤其是輯佚工作做的很有成就，出現嚴可均輯的《全上古三代秦漢三國六朝文》，官輯的《全唐文》，徐松輯的《宋會要輯稿》，馬國翰的《玉函山房輯佚書》。這些圖籍雖有學術資料價值，然而與清史研究關係微小，故而不作為清史史料學研究對象，本書將基本不涉及它們。至於有關清史的實物、口碑資料，如第三節所說，對於清史研究是有價值的，但它不是清史史料學的重要研究對象，所以本書在已作的說明之外，只對特別重要的史料加以介紹，其餘的不再涉及。史料的利用問題是史料學要解決的任務之一，筆者深知它的必要和意義，對之尤爲注意，力求介紹載籍的整理、保管、利用方法和有關的工具書，就是希望能對讀者在利用上有所裨益。

本書將按清史史料的體裁，適當考慮史料的內容性質，加以分類，作分章的敍述，這些類別是：編年體、紀傳體清代通史，政書，檔案，方志，文集，譜牒，傳記，筆記，紀事本末體，叢書和類書，資料匯編，外國人的載籍，其它體裁史料。依體例分類介紹，有一個很大的缺陷，就是沒有按照社會問題分類，而歷史研究通常是以專題進行的，爲了彌補這一缺失，將依照清代歷史問題製一書目，作爲本書的附錄之一，把它提供給讀者，希望它能起一種索引的作用。不過，筆者的心情是忐忑不安的，清史典籍那麼多，只能從中選出爲數甚少的三幾百種，怎能選擇得精當呢？即該是代表作的應當入選，在可入目與亦可不入目之間的作品，選擇就困難了，入目的未必妥當，未入目的可能卻有代表性，所以附錄中的書目，只是具有一種提示性，即研究該問題有這麼一些類型的書，可供閱覽，希望它能起到舉一反三的作用，筆者就感到欣慰了，可以向讀者作初步的交待了。

古籍分類，要想做得科學，是很難的，因爲它本身的複雜內容和形式，有時很難把它歸入那一類，如《永憲錄》，採用的編年體寫法，但內容龐雜，信手寫來，又像筆記，歸入編年體，或筆記體，都有道理，也都有問題。又如《閱世編》，記松江一地之事，設目亦多同於方志，故可入方志體，然體例又不似方志那樣完善，筆法上也是札記式的，故亦可入筆記體。再說職官表那一類的書，歸入政書職官類或傳記類，皆有一定理由。似此情形，筆者依己之見，歸入一類，以便介紹，但是分得不合理處，就很難避免了。此等處請讀者注意，以求使用的方便。

第二章 編年體、紀傳體清代通史史料

清朝政府注意編寫自身的歷史，皇帝在世時寫作「起居注」，故世後，新皇帝爲前朝編纂「實錄」，這樣代代相因，續修不輟，直到最後一個皇帝。各個皇帝的「起居注」和歷朝「實錄」，均分別按照基本相同的體例撰著，儘管不是出於同一作者（寫作班子），同一時間，但它們在叙事上是銜接的，是記叙清朝一代的歷史資料，又是分年按月逐日編寫的編年體通史史料。在清代，蔣良騏和王先謙先後摘抄清歷朝實錄和其它史籍，分別編出「東華錄」，基本上是「實錄」的節本。民國間，清史館依照舊史紀傳體體裁撰成《清史稿》，也是叙述有清一代歷史的。

概述一代史料的著作，爲探討一朝的全部歷史提供了便利，它是研究者首先閱讀的，也是經常翻檢的。本書在具體評介清史史料時，就從編年體的清歷朝「起居注」、「實錄」和紀傳體的《清史稿》等書開始。

第一節 清歷朝起居注

「起居注」這種史書體裁產生較早，先秦時代已有發端。西漢武帝時有了《禁中起居注》，東漢明帝馬皇后也寫作了《明帝起居注》，兩晉以降，更設起居令、起居郎、起居舍人等專官，負責起居注修撰。僅東晉李軌便著有《晉泰始起居注》、《晉咸寧起居注》、《晉泰康起居注》、《晉咸和起居注》四種六十七卷。隋唐兩代也有《大業起居注》、《大唐創業起居注》等。直至明代，對起居注的修撰，仍受太祖朱元璋、孝宗朱祐樘、神宗朱翊鈞等最高統治者的重視。但是各朝的興修，斷斷續續，不能保持一個朝代的完整的連貫性，而且保存下來的更少，只有《大唐創業起居注》一種。

清代與歷代的情況有所不同，立館設官修起居注的制度建立後，歷朝相因，少有間斷，不似以前各代旋立旋廢；清朝撰著的「起居注」數量最多，保存也比較完整，不似以前各代幾無所存。清代歷朝尚存的起居注，現分藏兩處：一是北京的中國第一歷史檔案館，共計存有三、八六三册（包括稿本、清底和正式本在內）。當然，如果從形成於順治年間的《皇父攝政王起居注》算起，清代起居注存世最早的應是這部著作。作爲帝王的起居注保存最早的是康熙十年十月的，最晚的是宣統三年十二月的。該館已將這些珍貴的史料拍攝成縮微膠卷，供讀者使用，並對其進行了整理校勘工作，《康熙起居注》已於一九八四年由中華書局出版，《雍正起居注》將陸繼問世。二是臺北故宮博物院藏有三、六九九册清代起居注。其數量幾乎與一史館所藏相當，並作了一些整理出版。聯合報文化基金會國學文獻館於一九八三年影印出版《清代起居注册・咸豐朝》、《清代起居注册・同治朝》，一九八八年印就《清代起居注册・光緒朝》。臺北所藏多正本，然乾隆朝有草本二四四册。①北京、臺北兩處所藏的草本、清底本，研究者可用之與正本對照，發現删改的原因，則它的史料價值更高。然因大陸與臺灣分隔數十春秋，彼此不能交流。似此一部古籍分藏兩處的情狀，於大陸和臺灣史學同行均多不便，如能海峽兩岸溝通，使分地而存的國之珍藏，能爲全國清史研究者提供完整的資料，怎能不令人翹首相望和額手稱慶！

清代正式設館撰修起居注，始於康熙朝。在此以前，清太宗曾命庫爾纏等記注政事；攝政王多爾袞在入關初年也用史官爲其作記注，按日記叙其言行，當時形成《皇父攝政王起居注》，黃綾裝，一册，背面鈐有弘文院印，一九三五年北平故宮博物院將它刊印，題名《多爾袞攝政日記》。但明令設「起居注」館，由經筵日講官兼攝記注官的制度，還是自康熙九年（一六七〇）才施行的。擔任「日講起居注官」者，多爲翰林院掌院學士，詹事府詹事，以及他們屬下的學士、侍讀、侍講、編修、檢討等清要官員。出任這個官職的有滿洲人，漢人，人數多少不太固定，多時達二十二人②。起居注館建立四十多年後，康熙於五十七年（一七一八），便以記載不實，泄漏秘密爲

①參閱國立故宮博物院編：《國立故宮博物院清代文獻檔案總目》，一九八二年該院印刷，三一—三五頁。

②《清聖祖實錄》卷一〇七，二十二年二月癸酉條。

由，將其撤銷。數年後雍正繼位，認爲兢兢業業理政，「簪筆侍臣」不可缺，又令照康熙朝舊制恢復起居注館③。自此以後，該館持續工作，直到清末。

起居注官輪值侍從皇帝，逐日記錄，交總辦記注官逐條查核增改，送翰林院掌院學士閱定。按月裝訂，成一册或二册，封面題《起居注册》。第二年初把頭一年的整理好，寫出序跋，送內閣儲存。

起居注官侍值範圍很廣，凡皇帝三大節受賀，舉行大典，處理朝政，如臨雍、大閱、耕耤、祭祀、謁陵、經筵、巡幸、御門聽政等活動，均侍值在皇帝身邊。遇大臣奏事時，記注官移近皇帝，以便聽清諭旨。皇帝除去內廷私生活以外的言論和活動，幾乎都成了起居注記注官的記敘內容。

起居注的寫法有一定的格式，它記載皇帝一天的言行，首先是皇帝的上諭，其次是處理在京各衙門的題本，三是處理由通政司上達的地方大吏的題本（即通本），八旗的奏摺，然後記引見。在上諭部分，也以當日事務大小輕重爲序，若事情關乎壇廟陵寢，則最爲重要，置於首位。當日事記畢，書寫記注官銜名④。這種規格及內容，也就是起居注的體例。

起居注是非常豐富的原始資料，有著很高的史料價值。

第一，它記載的是重要的朝政。康熙朝大學士明珠等說：「起居注皆記載機密事宜，垂諸史

③《上諭內閣》，雍正元年四月十六日諭。
④光緒《大清會典》卷七十《起居注館》。

册，所關重大」⑤。在朕即國家的時代，皇帝發號施令，處理一切政務，他的言論就是法令，以記載皇帝言行爲旨歸的起居注，容納了清朝國家的一切重大政事。

第二，它的記載是最原始的，比較可信。由於起居注的每年文字，最晚成於第二年的年初，或竟是當時的樸質記錄，較少修飾的原文。它不像離事情發生較久而後形成的或屢經改易的史著，更不同那種隨著統治者、著者主觀意向或時尚的需要而恣意修改的作品，而是一經定稿，即不再作更動，記叙與事物的原貌較爲接近，可靠程度較大，可作校正其它史籍，如「實錄」等錯誤的重要依據。

第三，它容納了一些其它史書所没有記載或記載不詳的資料。實錄的卷帙比起居注大得多，在許多方面確實比它詳盡充實，但是起居注有而實錄無的記載也不少。比如《康熙起居注》，五十六年（一七一七年）正月二十四日條，記康熙君臣論辭世不久的左都御史、翰林院掌院學士揆叙的爲人，「上曰：翰林院學士甚屬緊要，自揆叙没後，朕再四思維，并不得稱此職之人。……揆叙學問甚好，爲人甚是謹慎敦厚，殊屬可惜。朕因伊年少，并未當面嘉獎。不特朕惜之，即諸人無有不惜之者。大學士馬齊奏曰：揆叙年少老成，不但學問好，九卿及議政之事亦甚好。伊記性遠勝臣等，不惟皇上深惜，舉朝滿漢大臣官員俱爲惜之，一聞其没，俱往吊唁。」揆叙是康熙第一次廢黜皇太子允礽時積極推舉皇八子貝勒允禩爲儲君的官員，遭到雍正嫉恨，責之爲「不忠不孝陰險柔佞」之

⑤《清聖祖實錄》卷一〇七，二十二年二月癸酉條。

人，故其時撰修《清聖祖實錄》不載康熙、馬齊這番議論，將其良好評價湮没，賴有起居注而得保存。又如康熙與馬齊在四十五年（一七〇六）五月議論甘肅巡撫齊世武的事，實錄不載，起居注卻有之：「上曰：滿洲漢軍漢人大臣内，齊世武居官實好，前嘗躁急，今則甚溫和矣。理事極清，而且有決斷，兵民俱服，朕遍加採訪，無有議其後者。馬齊奏曰：齊世武居官實優，皇上所見極是。」齊世武後爲太子黨，於康熙五十年（一七一一）遭到審處，故而對他的這種優良評價，也被實錄黜而不載了。

爲了説明問題，我們不妨就《雍正起居注》、《清世宗實錄》和《上諭内閣》三書之記載作一比較，其史料價值和可信程度的差異便看得愈加清楚了。《雍正起居注》著作於雍正年間，《清世宗實錄》成書於乾隆六年（一七四一），《上諭内閣》，雍正七年前的部分成書於雍正九年（一七三一），其後半部分與《實錄》同時告竣，它的前半部分當然也晚於《起居注》中雍正六年以前的部分。顯見《起居注》早於《上諭内閣》，而《實錄》是最晚出的。今錄雍正六年以前《起居注》數條，證諸三書，優劣更愈分明。

（甲）二年（一七二四）八月二十二日，雍正講他在康熙廢太子事以前與皇太子允礽（二阿哥）的關係時，《起居注》記爲：「二阿哥得罪之先，朕但遵臣弟之道，凡事敬謹，二阿哥所以反求隙者，因朕受皇考隆恩篤愛，意恐有妨於彼，遂至苦毒備加（於朕）。」（著重號爲引者所加，下同。）云其受允礽迫害非常深重。《上諭内閣》把「苦毒備加」改爲「以非禮相加」這樣受害程度就輕得多了。雍正説這些話，意在表明其處理與允礽關係的正確，可按《起居注》所記，他們間的關係極爲緊張，《上諭內閣》一改，則緩和多了。

（乙）同年同月十七日，《起居注》記雍正說他在藩邸時，因無爭奪儲位之心，故「坦懷接物，無猜無疑，飲食起居，不加防範，生死利害，聽之於命，……」，《實錄》將「生死利害」改作「此生利害」⑥，意思便大有出入。「生死利害」，反映儲貳之爭關乎生死存亡，有生命危險，「此生利害」，則不涉及生死問題。兩字之改，必定令讀者對儲位爭奪的嚴重性產生不同的認識。

（丙）敦郡王允䄉爲廉親王允禩黨人，允䄉被議處，雍正叫允禩發表意見以難爲他，並於二年（一七二四）四月十二日直言不諱地說明了這件事，故《起居注》記錄爲：「允䄉之事交與允禩者，特以難之，並無他意。」《上諭內閣》將此事繫於初八日條，原文是「允䄉之事交與允禩者，特以觀其如何處置，並無他意。」前一記載表明雍正心機太重，後一措詞對他的搞權術就有所遮掩，不是那麼赤裸裸的了。

以上三條，都是關於康雍之際朋黨鬥爭的，清世宗說的太露骨，對他的形象不利，作爲君主，往日備受荼毒，也不是尊貴者所應有過的處境。雍正要掩蓋他參加爭奪儲位的事實，用將「生死」置諸度外來說明，不如不把這個問題看得那麼嚴重爲宜。《清世宗實錄》、《上諭內閣》二書對雍正朝起居注的那些改動，就是爲糾正雍正的失言，以維護他的聖君形象。

（丁）二年七月十六日，雍正發布《御製朋黨論》，《起居注》記他的話有：「歐陽修朋黨論

⑥《清世宗實錄》卷十。

創爲邪說，……朋黨之風至於流極而不可挽，實〔歐陽〕修階之厲也。設修在今日而爲此論，朕必誅之以正其惑世之罪。」對雍正這段論事責人的文字，《實錄》的撰著人已感到有失分寸，需作適當「修改」。於是歐陽修的「邪論」變成了「異說」，「朕必誅之」改作了「朕必飭之以正其惑」。兩書在對這個問題的記載上，《起居注》如實地載錄了雍正當時的言語。《實錄》的改寫，則意在隱瞞歷史的真相了。

（戊）元年（一七二三）四月二十四日，雍正發表論朋黨之害的上諭，《起居注》記錄有贊揚隆科多的話：「今大臣内惟舅舅隆科多孤立無援，深邀皇考知遇。」《上諭内閣》的記載，把這段話删掉了，令人不知其事。編輯者爲何這樣删削原始史料？是因爲後來科隆多出了事，《起居注》裏皇帝還在贊揚他，此類不足道人君「聖明」的記載，很不適宜，故《上諭内閣》的編者將它抹去。

（己）同年十一月二十五日，雍正關於怡親王允祥的上諭，《起居注》記載有一段文字：「怡親王前因二阿哥之事，無辜牽連，一時得罪，皇考隨即鑒宥。」《實錄》載這個上諭時，大概出於爲尊者諱的原因，把這番話也去掉了，似乎不讓後人知道允祥陷入允礽案，丟了貝子爵的事情才好。

以上比較的六條資料，可見在三種書中《起居注》的記載比較接近史實，比較可信。資料充實，也是可信度高的一個標誌。陳捷先在《清代起居注册·咸豐朝》的《景印前言》中强調起居注册史料豐富，是官修史書的基礎：「大抵言之，除部分雍正朝以後的軍機事務外，實錄都取材於起居注册，而内容則遠不如起居注册詳盡，例如若干帝王起居、頒降諭旨、臣工題奏以及官員引見任命等等，起居注册中所記的資料比實錄都要豐多美備」。「清歷朝起居注」過去不太爲人所知，運用者少。如今已加整理，它作爲清代歷史的基本史料之一的價值日益爲人認識，應充分利用，以利於清史研究的開展。但是對清代起居注的史料價值需要有全面的認識，清朝前期修纂的起居注，統治者和記注官都比較認真，可信度高，史料價值也高，後期纂著的，往往作爲例行文書來對待，史料價值就比前期大爲不如了。

第二節　清代歷朝實錄

實錄作爲一種編年體的史籍，產生的也很早，南北朝時就有周興嗣、謝吳分別撰寫的《梁皇帝實錄》兩部書。唐朝以來，官方將實錄作爲重要史書加以編纂，至清代尤爲重視。

㈠ 實錄的編纂

清代實錄，基本上是下一代繼嗣之君給上一代皇帝撰修的。天聰元年（一六二七），清太宗下令撰寫太祖實錄，順治九年（一六五二），世祖命修太宗實錄，康熙六年（一六六七）開始編纂世祖實錄，康熙故世幾個月後，世宗即命興修聖祖實錄，雍正死的當年，嗣子乾隆即下令編纂世宗實錄。乾隆於嘉慶四年正月死，嘉慶於二月即敕命慶桂等修纂高宗實錄。道光也是在乃父駕崩一月之際，命修仁宗實錄。順康兩朝處於統一全國的不穩定時期，爲前朝修纂實錄搞的稍晚一點，其它朝就抓得早。

爲貫徹纂修實錄的命令，設立實錄館，指定高級官員，一般是親信大臣，大學士領銜主持編寫事務。如《清高宗實錄》的監修總裁官爲文淵閣大學士、領侍衛內大臣慶桂，總裁官是文華殿大學士管刑部尚書事、內大臣、户部尚書德瑛和太子太保、工部尚書曹振鏞，副總裁是吏部左侍郎玉麟，總纂爲原工部左侍郎吉綸，總校是禮部侍郎初彭齡。具體纂寫人員多是翰林院官員。領銜人職務很高，便於這個機構開展工作。

實錄館的資料來源很豐富。康熙在《清世祖實錄序》中說世祖實錄的纂修官，「發秘府之藏，檢諸司之牘」，看來皇帝給了他們使用各種資料的權力和方便的。咸豐六年（一八五六），文慶等《進清宣宗實錄表》，說他們：

「紀事則載筆載言，史佚之搜摩敢懈，啟批章三十櫝，朱心傳心性之微，檢記注八百篇，綠字纂動言之則，如絲如綸如綍，按簿籍而兼訂史書，其事其義其文，提綱維而並稽御集，聞見極三生之幸，……」。

這段表文說明修撰實錄的史官們確實是窮搜秘府的各種文獻，以進行寫作的。具體說來，內閣和皇史宬的各種檔案，國史館的資料和著作，各部院衙門的則例和檔案，皇帝的文集和御筆，都是向實錄館開放了的。只有搜集了這些資料，實錄的文章才好做得，寫出來的作品方可能有具體內容和一定的質量。

在寫作實錄過程中，皇帝不時親身干預修撰工作。史官寫出一部分文稿，就進呈御覽，皇帝有不滿意的，發回重寫。乾隆自己就講過鄂爾泰、張廷玉修撰的《清世宗實錄》，曾「次第進呈」，其「齋肅披閱」⑦。由此可見他確實是非常認真地來對待這件事情。實錄撰成，都要以皇帝的名義寫出序言，表示他是始終關心這件事的。不過這樣的文章很難爲纂修官，他們要處處揣摩皇帝的意思，難得秉筆直書，勢必影響到實錄內容的可靠性。

實錄定稿，抄成滿、蒙、漢三種文本，各寫五份，依其裝潢和開本大小的不同，可分爲大紅綾本（二部）、小紅綾本（二部）和小黃綾本（一部）。分藏在內廷、乾清官、皇史宬、盛京崇謨閣及內閣實錄庫。

清代的實錄，清時修成的有太祖、太宗、世祖、聖祖、世宗、高宗、仁宗、宣宗、文宗、穆宗等十朝的，德宗「實錄」是清亡後一九二七年修成的，宣統遜位，沒有人再給他修「實錄」了。除以上實錄外另有《滿洲實錄》一書，原爲四卷，後分爲八卷，記事起萬曆十一年（一五八三），止天命十一年（一六二六），敘述清太祖起兵和天命一朝的歷史，用滿、蒙、漢三種文字書寫，繪有戰圖八十三幅，據說有四種本子，第一部約成於天聰末崇德初，剛林等進呈清太宗，第二、三部繪寫於乾隆四十四年（一七七九），第四部在乾隆四十六年（一七八一）問世，分藏於大內、盛京和避暑山莊⑧。乾隆在繪寫成後，爲之題名《太祖實錄戰圖》，又名《清太祖武皇帝實錄》。它有多種印本，最早的是一九三〇年遼寧通志館影印盛京藏本，一九三四年的《遼寧叢書》本，以及《清

⑦《清世宗實錄·序》。

⑧參閱中華書局版《清實錄·影印說明》。

歷朝實錄》、《清實錄》等影印本。

加上《滿洲實錄》，清朝官修的「實錄」，共有十二部，如把它們合在一起，也可以視爲一部，其簡單情況見下表。

《清歷朝實錄》簡表

書名	卷數	撰人	完成時間	備注
滿洲實錄	八	官修	天聰末、崇德初	即《清太祖武皇帝實錄》，乾隆題《太祖實錄戰圖》
太祖實錄	十	覺羅勒德洪等	康熙二十五年	崇德元年始修，乾隆四年鄂爾泰等又改定。基本保留康熙本形態。
太宗實錄	六十五	圖海等	康熙二十一年	始修於順治間，乾隆四年鄂爾泰等再改定。
世祖實錄	一四四	巴泰等	康熙十一年	乾隆四年鄂爾泰等改定。
聖祖實錄	三〇〇	馬齊等	雍正九年	
世宗實錄	一五九	鄂爾泰等	乾隆六年	
高宗實錄	一五〇〇	慶桂等	嘉慶十二年	
仁宗實錄	三七四	曹振鏞等	道光四年	
宣宗實錄	四七六	文慶等	咸豐六年	
文宗實錄	三五六	賈楨等	同治五年	
穆宗實錄	三七四	寶鋆等	光緒五年	
德宗實錄	五九七	世續等	一九二七年	

㈡ 實錄的史料價值

清代各朝的實錄，記事項目雖有多寡之別，但主要類別是相同的。《清高宗實錄・凡例》羅列它的記載範圍是：登極典禮，傳位典禮，上帝后尊謚，上皇太后徽號，祀天、地、太廟、山陵、日月、社稷，太廟奉先殿升祔配享，祭堂子、年神、月神、列祖誕辰、忌辰，詣壽皇殿、恩佑寺、安佑宮、雍和宮、恩慕寺、元靈宮、永慕寺、永佑寺行禮，皇太后懿旨，詣皇太后宮問安侍膳，封皇太妃，皇太后聖壽節、萬壽節、皇后千秋節、除夕、元旦、上元、冬至及大慶賀禮儀筵宴，升殿視朝、御門聽政，册立皇后、封貴妃、册立皇太子、封太子妃、皇子、王妃、公主，皇子生，大喪禮儀、奉安地宮禮儀、聖德神功碑文，恭詣山陵禮儀、巡視河工、海塘、省方、行圍、駐蹕，祈穀、耕耤、詣學、臨雍、經筵、大閱，謁陵、巡幸、命諸皇子隨駕、幸諸皇子、王園第，詔旨、敕旨、上諭，聖製詩文、有關文教、武功、民生、國政者，纂輯實錄、聖訓、玉牒、國史、方略、欽定各種書籍，宗室封爵，公主下降、授額駙、異姓王公侯伯子男封授襲替及升降黜革、外藩王貝勒貝子公封授襲替及升降黜革，文武大臣加三公、三少及宮銜，九卿布按總兵以上文武官員除授，文武官員奉使外國外藩及奉差直省，觀風整俗，宣諭化導、巡察、巡漕等官增設裁汰，除授駐新疆、西藏的將軍、辦事、參贊、領隊大臣，疆吏陛見，大臣充經筵講官，翰林入直南書房、上書房及充日講起居注官，京察、大計、軍政，大學士、協辦大學士病卒，文武內外大臣老疾乞休、加銜、獎賚、慰留、起用、緣事休致、降革，滿漢文武內外大小官制、添設、更改、裁併，衙署移駐，文武選法品級考及考課則例的更定，開拓疆土，設立邊鎮，府州縣衛所之改設、分置、裁併，立學定額，每歲人丁戶口、田地稅糧之數，開墾軍屯、丈量地畝、圈撥地土、編審人丁、折徵漕糧、蠲除賦役、停罷歲辦諸物並漕運、錢法、茶鹽、關榷、俸祿、廩餼、軍糧則例有更定者，增給百官俸祿、行伍錢糧、士子廩餼，恩詔蠲免、特旨免徵、發粟賑荒、截漕、平糶及常例外之普免、減賦、緩徵，日食、月食、星變、地震、慶雲見、黃河清、麒麟生、芝草茁所頒諭旨，頒朔，頒詔天下，每歲祭歷代帝王、孔子、先農、太歲及在祀典諸神，遣官祭長白山、嶽、鎮、海、瀆、歷代陵寢、先師闕里，敕封山川神號，釐定加崇祀典，授衍聖公及先賢先儒後裔五經博士世襲，王以下大臣賜章服、賜宴，優禮高年，特開叟宴，欽賜品秩職銜及進士、舉人、副貢，各省鄉試、文武會試、殿試、傳臚，特開恩科，增廣鄉會試中額，加增取進府州縣衛學文武生員，御試博學鴻詞，大考翰詹，欽賜舉人、中書、進士一體會試、殿試，選庶吉士、派教習、散館、授職，特命荐舉賢良方正、保舉經學諸科，揀選新進士人才及大挑舉人、拔貢，國子監及學校條例、科場條例有更定者，外國遣使進貢，賜號、給敕印，外藩來朝及遣人入學，請通市、定年貢則例，三品以上官員恤典，賜謚及特恩優恤，邊疆軍營文武大小官員及軍士蒙恩予恤，更定恤典條例，旌表孝子、順孫、義夫、節婦、烈婦、烈女，賞恤出征弁兵及百歲壽民、一產三男、四男，諸臣條奏奉旨允行及飭駁者，彈劾有當允行者，命將出征、調兵籌餉、一切指示方略，軍中奏捷、獻俘、納降及凱旋迎勞，山海賊寇地方剿撫平定，紫禁直宿兵丁、侍衛等賞賚，出征大員以軍功加銜、賞授世職及失誤軍機、降革問罪，文武大小官員軍功議叙、特恩升賞者，邊遠地方土司酋長歸化投誠，宣撫、宣慰等使授職、襲職，外藩之編設佐領、安插人衆，八旗增設佐領甲兵及各省增置駐防兵弁，各省水陸標營兵制及驛傳烽堠添設、裁減、歸併，綠營軍士奉特恩及特旨頒賞，出征戍防軍士於常例給餉外加賞，文武大臣犯罪、拘禁、遷謫及正法，特恩赦免，官民犯叛逆大罪正法，肆赦、停刑、榜示，律例有駁正更定者，修葺壇廟，營建山陵，修建闕里文廟，創立辟雍、先賢廟宇、書院，建設功臣專祀，賜御書聯匾，重建乾清宮、交泰殿，修葺前代陵寢，經理南北兩河，疏浚各省及邊疆地方河渠、水利，建築城垣、隄岸及一切工役，等等。舉凡政治、經濟、文化、對外關係及自然現象等各方面內容，無所不包。

已修成的十二朝實錄，分量不等，有幾朝很大。按正文計（序例、目錄的卷數不算）《滿州實錄》八卷，太祖朝十卷，太宗朝六十五卷，世祖朝一四四卷，聖祖朝三〇〇卷，世宗朝一五九卷，高宗朝一、五〇〇卷，仁宗朝、穆宗朝各三七四卷，宣宗朝四七六卷，文宗朝三五六卷，德宗朝五九七卷，共計四、三六三卷。這個總數，較擁有二、九二五卷的《明歷朝實錄》（「明實錄」）要多一千四百餘卷。

清代歷朝的「實錄」體例相同，把前後朝的聯綴一起，時間銜接，除宣統無「實錄」外，清朝各個時期都有史料記載。由於「實錄」是編年體的史書，歷史事件發生的時間記載清楚，便利讀者查索；它依凡例確定的內容，逐一撰寫，結構較爲規範嚴謹；它敘事按發生發展變化的時間進程，分別記於不同時日，乃至不同卷目，但有起始歸結，比較完整。

清朝「實錄」作爲歷史資料的長編，分量大，內容多，體例嚴謹，提供了清朝一代社會生活主要方面的歷史資料，是研究清史的基本讀物之一。

㈢ 實錄的缺失

《清歷朝實錄》均是官書，最大的缺陷是受政局影響，皇帝干預，失實之處較多。「實錄」係後朝爲前朝纂修，從皇帝到史官，常因現實政治的需要，趁撰寫之機，屢有篡改歷史的事情。即使「實錄」修成之後，發現有了問題，重新改寫，加以掩飾，也屢有發生。據了解，《太祖實錄》改動四次，在它於崇德元年被修成後，多爾袞攝政時、清世祖親政後、康熙間、雍乾之際，均對它作了修改。《清太宗實錄》成書後，被三度改寫，《世祖實錄》也在雍乾間被校改，這都是大修大改。每次改寫，都照皇帝意志進行。雍正十二年（一七三四）命「校對」前三朝「實錄」，至乾隆四年（一七三九）完成。乾隆爲其作序，說乃父「孝切崇先，敬加披覽（實錄），以前後字句之未盡畫一也，復命臣工校對，而躬爲閱定」⑨。這是他們父子夥同總裁官鄂爾泰、張廷玉等人篡改三朝「實錄」的證據。對此孟森指出：「改《實錄》一事，遂爲清世日用飲食之恒事，此爲亘古所未聞者。」「《清實錄》爲長在推敲之中，欲改即改，並不似前朝修《實錄》之尊重，亦毫無存留信史之意」⑩。筆者認爲，清歷朝「實錄」的改動，情況也有所不同，初期的，特別是前三朝的嚴重，後期的卻要少些；大規模地改寫並不方便，也不是清代各朝均有此舉，小範圍的改動當必有之，但不好說「實錄」總在改寫之中；改寫的內容並非什麼都改，以政治鬥爭方面的內容居多，其

⑨《清太宗實錄》卷首。

⑩《明清史論著集刊》，中華書局一九五九年版，第六一九—六二一頁。

它方面篡改的必要性不大，亦少有改動或没有改動。如能更多了解此等與其它清史史料的異樣情形，實錄仍不失爲研究清史的重要史源之一。

清朝實錄另一缺點是因政治緣故，有意不載某些史料。《雍正起居注》二年十一月初九日載：怡親王允祥、舅舅隆科多面奉上諭，明年撫遠大將軍年羹堯來京前，吏部通知兩江總督查弼納、閩浙總督覺羅滿保等督撫來京會議。同月二十二日記禮部侍郎三泰失寫迎接年羹堯儀注，降一級處分。次年五月二十二日記雍正爲年羹堯事自責：「（對年）寵信太過，愧悔交集，竟無辭以謝天下，惟有自咎而已。」這些都是「實錄」所應書寫的內容，可是都没有，不用說這是爲隱諱雍正寵信年羹堯的過失。應載而失載，可見實錄史料並不完備。實錄篡改事實，屢見不鮮，如噶爾丹之死，《清聖祖實錄》記爲被康熙打敗，窮途末路，喝毒藥自殺——「飲藥自盡」。然而經專家研究，這是實錄作僞，因爲撫遠大將軍費揚古康熙三十六年四月初九日滿文奏摺，明言噶爾丹係「三月十三日晨得病，至晚即死，不知何病」⑪可知噶爾丹爲病死，而非自殺。

㈣ 出版與利用

「實錄」藏諸祕閣，清時自不會有印本。僞滿國務院自一九三三年起影印全部十二種「實

⑪莊吉發：《故宮檔案述要》，臺北故宮博物院一九八三年版，六十八頁。

錄」，至一九三六年竣工，連同目錄和《宣統政紀》⑫，分裝一二二〇冊，一二二函。總共印了三百部。它與《宣統政紀》配合，成爲完整的清代通史資料長編。一九六四年，臺北華文書局影印《清實錄》，精裝一八〇冊，《宣統政紀》精裝二冊，《清實錄總目》，精裝一冊。臺北華聯出版社、大通書局、文海出版社大約也影印了《清歷朝實錄》。遼寧省社科院於八〇年代，也據僞滿本作了影印。僞滿本以瀋陽清故宮崇謨閣所藏的爲底本，印時作了一些挖改，據魏連科、何英芳的核對，在光緒二十年（一八九四）、二十一年（一八九五）的十二卷書中，竟改動了一百六十處，有的是文字變異，有的改變了原意，所以它並非善本。清歷朝實錄的當年五份抄本，除崇謨閣藏本外，一部完整的今藏中國第一歷史檔案館，兩部不完整的分藏於故宮博物院和「一史館」，還有一部不知下落。中華書局和中國第一歷史檔案館、北京大學圖書館，北京故宮博物院圖書館爲恢復清實錄的原貌，選擇京、瀋所藏的善本作爲底本重加影印，其所採取的穆宗以前的實錄，多用一史館大紅綾本、故宮博物院小紅綾本，兼亦採用一史館小黄綾本，遼寧檔案館大紅綾本，《德宗實錄》則用北大圖書館藏定稿本；並印《宣統政紀》，亦以北大圖書館藏七〇卷本爲底本，統一題名曰《清實錄》，總計正文四、四三三卷，目錄四十二卷，十六開本精裝六十冊，於一九八六年至一九八七年影印問世。這個本子的出版者還爲全書編了簡目和分冊總目，每冊另有分冊目錄，加印中

---

⑫七十卷，編年體，記事自光緒三十四年（一九〇八）十月至宣統三年（一九一一）十二月，金毓黻等編，有一九三四年奉天遼海書社印本，此次影印爲四十三卷本。

縫，注明朝代、年代、卷數。故而這個本子底本精，使用方便，爲清實錄的最好印本。該書局尚擬出版《清實錄補編》，將收入太祖、太宗、世祖三朝實錄的異本，研究清實錄的論文，附錄有關資料⑬。讀者期待它的問世。另外，一九三一年，故宮博物院照内閣實錄庫藏本排印了《太祖高皇帝實錄》，筆者將之與僞滿本《清太祖實錄》稍事核對，亦發現有不同之處：故宮本在《凡例》之後，就是乾隆的序，次康熙序，又次鄂爾泰等進實錄表，這是强調乾隆朝對它的改定作用；僞滿本開篇就是康熙的序，而後爲《凡例》、覺羅勒德洪等進實錄表、纂修官名單、乾隆序、鄂爾泰等表文，這是表明以康熙朝爲撰稿，乾隆朝修定的。諸如此類的不同，說明在現存本中選擇一個好本子重印，實屬必要。

三十年代影印本函套封面題作《大清歷朝實錄》，而人們習慣於把它稱作《清實錄》。認真說起來，這個《清實錄》書名不妥切，因爲並沒有這部書，有的是清歷朝「實錄」的合印本，所以把它稱爲《清歷朝實錄》才是合適的。自從影印本問世以來，較多的研究者才可能見到它，但是真正能夠利用它的人並不很多，一則是卷帙浩繁，難於通閱，再則是印數少，藏家有限，閱讀仍不方便，近來由於清史研究的開展，利用者日益增多，特別是中華書局版的問世，爲使用者提供較大便利，實錄的使用價值亦必隨之提高。

按說實錄的撰寫、謄抄都是非常鄭重的，不應有手民之誤，但是它分量太大，編寫、繕錄過程

⑬何英方文，見《古籍整理出版情況簡報》，第一九八期。

中難免不發生誤書，其中日期、官職、人名等方面的錯誤尤多。錢實甫著文《讀清史隨筆——清代歷朝（實錄）的錯字》⑭，摘謬甚多，即可爲證。所以在閱讀實錄時，要在注意它的內容的真實性同時，不要放過它的文字之誤，避免誤信。關于清實錄的介紹，多是就漢文本而言。滿文本少有人問津，可喜的是陳捷先著有《滿文清實錄研究》一書，臺北大化書局一九七八年印行，可供讀者參考。

第三節　東華錄

《東華錄》也是編年體的資料長編，它有「蔣錄」與「王錄」二種。

蔣良騏，字千之（一七二三—一七八九），廣西全州人，乾隆十六年（一七五一）進士，官編修，充國史館纂修官，參加《名臣列傳》的撰寫，官至通政使。他因任史官，閱覽了歷朝實錄、題本和各種官書，以及私家提供給國史館的傳記資料，他邊閱讀邊摘抄，把資料逐年編排，遂成一書，因國史館在東華門內，以之取名，叫《東華錄》。

「蔣錄」敘事自清太祖天命起，到世宗雍正止，中間包括五個皇帝，六個年號（天命、天聰、崇德、順治、康熙、雍正），世間有以一個年號代表一朝的，故俗稱《六朝東華錄》。

「蔣錄」只有三十二卷，但有實錄所不載或載而不詳的內容。蔣良騏不只摘抄「實錄」文字，

⑭《中華文史論叢》第一期。

還搜集了其它資料融會書中。第二十卷康熙四十五年六月條，錄川陝總督博濟疏奏貫徹官頒斗斛出現的問題，講到「陝甘滿漢十餘萬兵丁」，此事較重要，而《清聖祖實錄》未載。陝甘駐這麼多軍隊，難怪總督是滿缺。同年七月御史袁橋轉呈平遙民郭明奇控告山西巡撫噶禮事，云及該撫多收耗羨、借訟索賄、家伶打秋風、匿災不報的具體情況，生動地揭露了封疆大吏的作惡，《清聖祖實錄》也記了這件事，但比它簡略。第十四卷康熙二十七年（一六八八）二月條，記錄了御使郭琇參劾大學士明珠的奏疏原文，此爲《清聖祖實錄》所缺載，內閣也沒有保存原檔，蔣良騏從郭琇《華野集》中檢出而補充進來，從而方便讀者見到這個有名的章奏。第三卷天聰八年（一六三四）四月條，記取中滿、蒙、漢舉人事，下作注釋：「此設科取士之始」，有助讀者明瞭清朝科舉制度源流。第十一卷康熙十八年（一六七九）三月條記博學鴻詞科，將中試者的授官一一敘明，使事情有首有尾，即有結局，此爲「實錄」所欠缺的。所以「蔣錄」在補充史事，考訂史實上，有較大的史料價值。

「蔣錄」問世一個世紀後，王先謙又作《東華續錄》以賡續蔣著。王先謙（一八四二—一九一七），字益吾，湖南長沙人，同治四年（一八六五）進士，授編修，歷官中允、日講起居注官、國子監祭酒、江蘇學政。一生做文字工作，撰著《漢書補注》、《虛受堂詩文集》。王先謙也利用在國史館工作的方便，輯錄資料，「病蔣氏簡略，復自天命至雍正錄之加詳。」⑮成《東華錄》，一

⑮《東華錄序》。

九四卷，續寫乾隆、嘉慶，道光三朝，與前六朝合，俗稱《九朝東華錄》，又陸續寫成咸豐、同治兩朝，與前九朝合，又俗名《十一朝東華錄》，天聰、崇德皆爲清太宗一帝的年號，故有的刻本名曰《十朝東華錄》。王錄的正式名稱，雍正以前部分爲《東華錄》，乾隆以下爲《東華續錄》，全部共六二四卷。

王先謙摘抄「實錄」，與蔣良騏一樣不限於「實錄」，他講：「凡登載諭旨，恭輯『聖訓』、『方略』；編次日月，稽合『本紀』、『實錄』；制度沿革纂『會典』；軍務奏摺取『方略』；兼載『御製詩文』，旁稽『大臣列傳』」⑯。所以他也是以實錄爲主，又編進了實錄所缺載的資料⑰。「王錄」資料比較豐富，以前六朝講，卷數比「蔣錄」大五倍，全書六百多卷，實是一部巨著。它也是編年體資料長編，爲清史基本資料匯集。清史研究者如果在時間不足，利用《清歷朝實錄》不方便的情況下，不妨以「王錄」作爲基礎讀物，從這裏搜集最基本材料，初步了解清史，然後擴展開去，從各種史籍尋覓資料，進行深入研究。

「蔣錄」、「王錄」都有數種刻本。前者有同治十一年（一八七二）聚錦堂刊本，一九八〇年中華書局的點校本；後者有長沙王氏原刻本，光緒十年（一八八四）上海廣百宋齋校印本。還有分朝梓行的本子，如光緒十四年（一八八八）的道光朝本，光緒十五年至十六年（一八八九—一八九

⑯《東華續錄·跋》。

⑰參閱郭松義《清史史料》，見《中國古代史史料學》，北京出版社一九八三年版，四四一頁。

〇）的咸豐朝本，光緒間的同治朝本。

在王先謙的「咸豐朝東華錄」成書之前，潘頤福撰《咸豐朝東華續錄》，六十九卷，內容豐富。

汪文安輯《十一朝東華錄攬要》，一一四卷，汪為把握清史概要，對蔣、王、潘三錄均不滿足，於是「增蔣氏之略，減王氏之詳，刪潘氏之煩，合三錄而得一書。」⑱他從天聰朝起，作到同治十三年（一八七四）。該書有光緒二十九年（一九〇三）商務印書館本。

「王錄」只到同治朝。宣統元年（一九〇九），朱壽朋按《東華錄》體例輯成《光緒朝東華錄》，二二〇卷。它成書在《清德宗實錄》以前，當然不是實錄節本。朱氏取材於邸抄、報刊，許多內容為《德宗實錄》所無，陳恭祿謂其「價值在其他《東華錄》之上」⑲，可見評價之高。它有成書時的排印本。臺北文海出版社於一九六三年將王錄與朱錄合在一起棗梨，名曰《十二朝東華錄》。

---

⑱《十一朝東華錄攬要自序》。

⑲《中國近代史資料概述》，中華書局一九八二年版，六十六頁。

第四節 清史稿

《清史稿》是按照紀傳體的傳統體例纂修的史著。本書將概略地介紹它的纂修、資料來源、得失評價及版本等情況，以期對這部既重要又多誤失的史籍有個正確的了解，以便較好地利用它來研究清史。

(一)《清史稿》的纂修

民國伊始，北京政府國務院欲循歷代爲前朝修史的成例，於一九一四年向總統袁世凱呈請設館纂修清史。當時袁篡奪辛亥革命果實不久，欲以文事飾治，便立即允准設立清史館，並以總統名義，派祕書賫文至青島，延聘在做寓公的前清大官僚趙爾巽爲史館總裁（後改稱館長），趙欣然應聘赴京就任，並主張重金聘請纂修人員，爲袁世凱所接受。是時，館設總裁，修史者設總纂、纂修、協修、徵訪等職，執事者設有提調、收掌、科長、校勘等職。撰史者先後延聘的有柯紹忞，繆荃孫、王樹枏、吳廷燮、夏孫桐、馬其昶、朱師轍、張爾田等百數十人外，尚有名譽職聘約三百人。趙爾巽（一八四四—一九二七），漢軍旗人，同治進士，歷任編修、國史館協修、盛京將軍、東三省總督，是清朝遺老。柯紹忞（一八五〇—一九三三），光緒進士，官編修、侍講、京師大學堂總監督，著有《新元史》、《譯史補》，擔任清史館總纂，趙爾巽死後爲代理館長。繆荃孫（一八四四—一九一九），光緒進士，爲目錄學家，著《藝風堂藏書記》、《藝風堂金石文字目》，輯

《續碑傳集》。他們依照舊史紀傳體例，尤其是《明史》體例，於一九二〇年寫出初稿，一九二七年修訂工作尚未全部完成，即張羅出版，並於次年出齊。自知未爲定稿，仿王鴻緒《明史稿》之例，取名《清史稿》。此書編寫了十四年，在軍閥混戰條件下寫就，份量又大，能夠修成出版，亦屬不易。

(二)《清史稿》的資料來源和取材

清史館成立，接收清朝國史館資料和清宮的一些檔案文書、圖籍，以備利用。《清史稿》的取材，大體上來自兩個途徑，一是作者自行搜集資料，撰寫成文；一是摘抄、綜合前人成著，敷衍成篇。它所以出得快，質量上問題多，與後一種方法的採用有很大關係。

《清史稿》的著者們從「實錄」、「會典」、「方略」、《國史列傳》、各種檔案文獻私人著述中取材，選擇的範圍還是比較廣泛的。如張爾田（采田）爲它寫了《樂志》八卷，《刑法志》二卷，《地理志》江蘇一卷，《圖海、李之芳列傳》一卷，均爲廣徵博採之作。其《后妃傳》草稿，雖未被採用，自編成單行本《清列朝后妃傳稿》二卷，僅參考書籍便九十餘種，其中有內閣檔案、「玉牒」，「御製集」、「起居注」，「聖訓」，「實錄」，《東華錄》，《碑傳集》，則例，文集，筆記等。這位嚴肅的史學家作了大量的搜集資料和整理工作。但是《清史稿》作者衆多，治史態度及史法不一，利用資料多寡各異，所以各人成品的質量頗顯高低之分。

《清史稿》移取其他著作和文獻，在列傳部分表現得相當明顯。有一些列傳是據《國史列傳》、《清史列傳》、《滿漢名臣傳》、《國朝先正事略》、《碑傳集》、《耆獻類徵》加工而成的。筆者將《清史稿》的撲叙、鄂倫岱、阿靈阿、阿爾松阿、覺羅滿保、拉錫、顧琮、查弼納等人傳記與《清史列傳》的、《滿名臣傳》的作一比較，發現它們大體相同，惟《清史稿》的較簡略，有些連在叙述人物事跡的次序上也都是相同的，是抄錄這些書而成的，只是作了不同程度的壓縮和改寫工作。

(三)《清史稿》的得失及評價

《清史稿》行世，傅振倫即撰《清史稿評論》一文⑳，予以猛烈批評，指出它有十九條罪狀。一九三〇年國民政府以它犯有反對民國罪列爲禁書，後來學者孟森、容庚等著文，認爲《清史稿》的錯誤是學術問題，無需作政治性的處理，得以開禁。這是一部問題百出的書，學術界對它的看法大同小異。大同者都是否定它，小異者在批評分寸上有出入。因它是紀傳體史書，人們把它同二十四史比較，覺得它不是一部好書。張宗祥説它「蕪雜紊亂，僅足供資料之用，未可謂之史也」㉑。認爲它不能列入二十四史之林。章太炎評論説：「《清史稿》寫了很多無關重要的事情，體系極不整齊，因遺老所作，議論往事一定不會公允，……《清史稿》比《宋史》、《元史》較好，尚無一人兩傳的，比《明史》則遜一籌」㉒。他比張宗祥肯定得多一點，認爲《清史稿》可以進入二十四

⑳載《史學年報》第一卷第三期；又見朱師轍：《清史述聞》卷十五，三聯書店一九五七年版。
㉑見《清史述聞》，三頁
㉒李希泌：《章太炎先生論史學三題》，見《史學史資料》，一九八〇年第六期。

史之列，只是質量不高。《清史稿》究竟有哪些成功的和失敗的地方，還是作點稍微具體的檢查爲好。

《清史稿》值得肯定和重視的成分是：

第一，內容豐富。《清史稿》有五二九卷，其中本紀二十五卷，志一三五卷，表五十三卷，列傳三一六卷。這個卷數，在加上《新元史》的二十六史中它是分量最大的一部。比它稍少的《宋史》四九六卷，次少的《明史》才三三二卷，不足它的三分之二。它對清朝一代的重要史事作了一定反映，匯集了大量的資料。

第二，對一些史事作了初步整理，敍述了一些事件的始末，制度的源起和演變，人物的梗概。它的一些傳記有成功之處，如卷二九五《隆科多傳》，雖是根據《清史列傳，隆科多傳》節寫的，但也增加了一點內容，如在指出隆科多爲佟國維之子後，緊接著加「孝懿仁皇后弟也」之句；《清史列傳》未提隆科多與雍正繼位的關係，《清史稿》添了「聖祖大漸，召受顧命」的話。其所加文字雖少，然對了解隆科多的歷史很是重要。不講他是皇后弟弟，不提他受顧命，對他在雍正前兩年飛黃騰達的歷史就難於説清了。

第三，爲翻檢清史的一般資料提供了方便。《清史稿》的紀傳體體裁是史學工作者所熟悉的；兼且大致有體例可循，何事應入何種類目，易於讀者按類尋找，所以它可作爲清史研究者查找基本資料的索引，有利於資料的搜集。

《清史稿》不能令人滿意的地方甚多，概括講來有以下幾點：

第一，政治觀和史觀落後。清朝已經滅亡，可是作者中的許多人還站在清朝統治者的立場，來敘述清代的歷史。最突出的表現是不承認民主革命，如對辛亥革命武昌首義記爲：「革命黨謀亂於武昌，事覺，捕三十二人，誅劉汝夔等三人」㉓。記選舉孫中山爲臨時大總統事，《清史稿》不屑於提孫中山姓名，只記「各省代表十七人開選舉臨時大總統選舉會於上海，舉臨時大總統，立政府於南京，定號曰中華民國」㉔。至於太平天國等群衆的反抗運動，則一律被書爲「盜賊」、「土匪」。與此相對照，則是對清朝統治者的歌功頌德，如《同治紀》論云：「國運中興，十年之間，盜賊剷平，中外乂安」㉕。顯示慶幸清朝消滅太平天國、捻軍的態度。又如對鴉片戰爭喪師辱國的道光帝，在其本紀論中說：「宣宗恭儉之德，寬仁之量，守成之令辟也。遠人貿易，構衅興戎，其視前代戎狄之患，蓋不侔矣。當事大臣先之以操切，繼之以畏葸，遂遺宵旰之憂，所謂有君而無臣，能將順而不能匡救」㉖。把失敗的責任推給了包括林則徐等禁煙抗戰派在內的諸臣身上，而頌道光帝爲賢君。書中宣傳封建倫理，鼓吹忠孝節義，稱頌反對辛亥革命的死硬頑固派端方、趙爾豐、恩銘、陸鍾琦、松壽等人，「或慷慨捐軀，或從容就義，示天下以大節，垂絕綱常，庶幾恃以

㉓《清史稿》卷二十五《宣統紀》，中華書局一九七六年版，第九九六頁。
㉔《清史稿》卷二十五《宣統紀》，一〇〇三頁。
㉕《清史稿》卷二十二《同治紀》，八四八頁。
㉖《清史稿》卷十九《道光紀》，七〇九頁。

復振焉」㉗。

第二，受舊體例的限制，已反映不了變化發展的清代歷史。《清史稿》是按傳統的紀傳體編寫的，雖新立了交通、邦交、交聘等表志，但在體例上沒有大的增損，未從清代歷史的實際需要出發，增立新的傳目，以容納更爲廣泛的歷史材料。形成這種矛盾的原因，很重要的一個方面，在於它的一些秉筆者站在「圖報先朝厚恩」的立場上，固執舊史體例，「以先朝之欲想爲取捨」，硬是不給反清反帝的太平天國、義和團和參加舊民主革命的愛國志士以應有的歷史地位，如只將洪秀全與吳三桂並列於列傳之末，視其爲「叛逆」，這那裏還談得上司馬遷爲項羽、陳涉立「世家」那種秉筆直書的勇氣和精神呢？

即使依舊體例，《清史稿》也有許多不合規範的地方：列傳同一類人物編排，應依時間爲序。然而這部史籍裏乾隆時期的顧棟高，嘉道時期的唐鑑均立傳於四八〇卷《儒林傳一》；明末清初的顧炎武、張爾岐卻立傳於四八一卷《儒林傳二》。陶澍生卒均先於林則徐、琦善，陶立傳於三七九卷，後林傳卷三六九達十卷、後琦善傳九卷。分類亦有不當，王國維是我國近代的一位著名學者，史稿不取其學術成就立傳「文苑」，只用其「悲不自亂」自盡於「昆明湖」的複雜原因，硬謂之殉清而死，塞在《忠義傳》內：唐甄本應於「儒林」設傳，史稿卻爲其置傳「文苑」。

立傳標準不太明確，像侍郎趙殿最、太監李蓮英、豪奴劉全等人都是有事情可以叙述的人，應

㉗《清史稿》卷四六九《陸鍾琦傳》，一二七九〇頁。

該立傳而未給立。

至於「一人二傳」的現象，並非像章太炎所說，不是不存在，重傳的就有九人㉘。如藍鼎元，卷四七七《循吏傳》有本傳，卷二八四《藍廷珍傳》有附傳。又如王照圓傳在卷五〇八《列女傳》，在四八二卷其夫郝懿行傳中亦作介紹。

第三，繁簡失當。該寫什麼，不該寫什麼，這是作者的史識問題，是衡量一部資料著作的重要標準。卷二九五《年羹堯傳》講到年議處青海善後事宜十三條，簡單一提，然而這是重要事情，需要多著筆墨，可惜作者識不及此。卷四八二《王先謙傳》，不講傳主編纂《東華錄》，這也是分類不合理造成的，因把他置於《儒林傳》，就介紹他的《尚書孔傳參正》、《荀子集解》等書，若放在《文苑傳》可能就不會有這種遺漏了。不提「王錄」，還是《清史稿》不重著述的表現。卷三八〇《賀長齡傳》在論中譏其「儒而不武」㉙。可是並沒有介紹他的著作（特別是未及他與魏源輯的《皇朝經世文編》），因之也就不能表達它的論斷了。

第四，史實錯誤。時間、人名、地名、事件、制度的敘述中錯誤極多，大多是小錯，有的易於辨認，有的似是而非，不易發現，誤信了就出漏洞。關於軍機處建立的時間，卷一一四《職官志・軍機處》說：「雍正十年（一七三二），用兵西北，慮儤直者泄機密，始設軍機房，後改軍機

㉘《清史述聞》卷五，第一〇六—一一三頁。

㉙《清史稿》卷三八〇卷《賀長齡傳》，一一六一九頁。

處」[30]。同卷《内閣》條則云：「雍正時，青海告警，復分其（指内閣——筆者）職，設軍機處」[31]。如衆所知，青海告警是在雍正五年（一七二七）。《内閣》條的説法則是含糊的。卷一七六《軍機大臣年表》復謂：「雍正七年（一七二九）己酉六月，始設軍機房」[32]。是認定在雍正七年（一七二九）。一件事，同一部書中有三個説法，令讀者相信哪一種？關於康熙十八年（一六七九）博學鴻詞科的考試地點，卷六《聖祖紀》作保和殿[33]，卷一〇九《選舉志》書爲體仁閣[34]，自相否定。卷二五六《董衛國傳》，記其康熙二十一年（一六八二）任湖廣總督被劾，下廷議，月餘死[35]，然《清史列傳》卷七本傳云二十一年（一六八二）調湖廣總督，二十二年（一六八三）遭廷議，十一月命他進京，十二月卒於任。顯然是《清史稿》爲簡略，誤把他的卒年記的提前一年了。卷六《聖祖紀》將吳三桂反叛的時間寫成康熙十二年（一六七三）十二月[36]，實應爲十一月二十一

㉚《清史稿》第三二七〇頁。
㉛《清史稿》第三二六九頁。
㉜《清史稿》第六二二九頁。
㉝《清史稿》第一九九頁。
㉞《清史稿》第三一七六頁。
㉟《清史稿》第九七九七頁。
㊱《清史稿》第一八五頁。

日，這又是時間誤失的一例。卷七《聖祖紀》說敏妃死，「誠郡王胤祉其所出也，不及百日薙發，降貝勒」㊲。胤祉的生母是榮妃，敏妃是怡親王允祥的生母，《清史稿》的作者並未考察究竟，以爲胤祉守孝不敬得處分，必是敏妃的兒子，這是猜度之誤。卷一一四《職官志》謂禮部下屬有「典制司」，實應爲「儀制司」。第四十卷《災異志》錯誤百出，據禤銳光、夏曉和校閱，從中選出十六條資料，竟有十二條錯漏之處㊳。

第五，疏漏。《清史稿》還有因疏忽大意而產生的毛病，如卷一一五《職官志》，目錄中有太僕寺，正文中卻沒有它的內容。這種不負責任的態度，是不可原諒的。

《清史稿》的著作者中有一些桐城派古文家，作古文尚可，史法則不通，對時間、地點、人物、情節等作史要素理解不深，用力不勤。他們雖是史書的撰稿人，但卻不是史家。這部書也沒有名副其實的主編，沒有通稿，體例不一，首尾失去照應，缺漏、失實等毛病不能發現和彌補，加之倉卒印刷，它的錯誤百出，就不難理解了。

《清史稿》不是一部好的史料書籍，但是不妨礙我們利用它。中華書局在《清史稿出版說明》中認爲《清史稿》「把大量的資料匯集起來，初步作了整理，這就使讀者能夠得到比較詳細系統的有關清代史料的素材。……這部書仍有它的參考價值。」這樣說是中肯的。《清史稿》畢竟是第一

㊲《清史稿》第二五二頁。
㊳《〈清史稿〉中幾條隕石資料的錯漏》，《歷史研究》一九八〇年第三期。

部比較詳細的大部頭的清代通史著作，能夠提供大量的清史資料，這就成爲它可被史學工作者利用的第一個理由；第二，說它不是好的史書是從質量上講的，這要與它的使用價值分開。因爲它是到目前爲止的唯一的紀傳體清代通史，在它問世半個多世紀以後，還沒有代替它的同類著作，這樣，人們就只好利用它了，所以孟森說：「欲治近代史，捨此奚由？」㊴研究清史，還是要讀《清史稿》的。

㈣版　本

《清史稿》的版本較多，人們也很難都見得到，因此根據某些文字介紹，並不能獲得全部實情。筆者所見亦少，參考幾種不同說法，略事說明。

關外本（或曰關外一次本）。一九二八年在北京印刷，五三六卷，當時資助清史館的黑龍江將軍袁金鎧方面的金梁擔任「校對」，他利用負責刊印之便，私下給自己加了「總閱」的名義，附刻他的《清史稿校刻記》，又修改了某些文字，如朱師轍撰擬的《藝文志序》。這一次印刷了一千一百部，金梁運到東北四百部。運出關的就是所謂「關外本」。後來這個本子經過修改重印，所以又管它叫「關外一次本」。

關內本。一九二八年印的一千一百部中，留在關內的七百部，當即被清史館的一些人發現金梁的篡改，又把它改回來，並取消金梁的「校刻記」和《張勛傳》、《張彪附傳》、《康有爲傳》，

㊴《清史傳目通檢》，載《北平圖書館館刊》六卷，二、三號。

這就是所謂「關內本」。其實關內、關外本是同一次印刷的，只是關內本在局部上作了點抽調，從發行上講關外本在先，從原稿講，關內本恢復了金梁私改前的原貌。

金梁重印本（關外二次本）。一九三四年，金梁在東北刊印，絕大部分依關外本，惟去掉志卷二十九—三十四的《時憲志》六卷，《公主表·序》等部分，增加陳黌舉、朱筠、翁方綱三傳，總卷數爲五二九。

上海聯合書店影印本。一九四二年出版，對關內、關外兩本的不同處加以選擇，多處地方採用了關內本。它同二十四史，《新元史》合爲「二十六史」，故亦可稱爲「廿六史本」。

日本印本。據說有兩個本子，一爲大本二册，一爲小本二册，從關外一次本翻印㊵。

香港文學研究社印本。一九六〇年出版，依關外一次本梓刻。

中華書局本。中華書局組織史學工作者，以關外二次本爲工作本，將《清史稿》作了標點、分段，他們審查了關內本、關外一次本、關外二次本三種本子的篇目，内容上的不同，作了附注，錄出異文，以儘量反映各種本子的長處；對史文的脱、誤、衍、倒和異體、古體字等作了校改；清朝的避諱字，儘量改回；對已發現的由於行、段錯排造成事理不合的地方，進行了查核校正；對於史實錯誤及同音異譯的人名、地點、官名、部落名稱等，一般没有改動，但也作了一些統一的工作。

㊵以上參閱《清史述聞》卷五《竄改更正第九》；李之勤《關於〈清史稿〉的版本》，《史學史資料》一九八〇年一期。

它於一九七七年出版，分裝四十八册，其中目錄一册。這是《清史稿》最好的一種本子，讀者利用起來較爲方便。

臺北新文豐出版公司印本。一九八一年印行，二大册。係據關外二次本鑄版，五二九卷，有金梁校刊記。該公司在《清史稿出版內容說明》云全書五三六卷，志一四二卷，給人以據關外一次本排印之感覺，及校對目錄和內容，實非。

另外，張其昀、蕭一山、彭國棟等人組成的清史編纂委員會，以《清史稿》爲藍本，「正其謬誤，補其缺憾」㊶，修成《清史》，由國防研究院於一九六一年刊印，十六開本八册，六二七八頁，五五〇卷，計本紀二十五卷，志一三六卷，表五十三卷，列傳三一五卷，補編南明紀五卷，明遺臣二卷，鄭成功載記二卷，洪秀全載記八卷，革命黨人列傳四卷，附錄《革命黨人列傳撰修後記》、《清史綱目索引》、《清史人名索引》。它不同於《清史稿》，主要在於增加了南明史和民衆運動、辛亥革命領袖的傳記，彌補了《清史稿》編纂人史識上的缺失，也是對《清史稿》的一種完善。

(五) 關於《清史稿》的書籍

《清史稿》問世後，陸續出了一些評論文章，還出現了叙述它產生過程的專著。前述傅振倫的

㊶張其昀：《清史·序》。

評論外，當時出了一批，其中有王伯祥的《讀清史稿述臆》㊷，陳登原的《讀清史稿偶記》㊸，徐一士的《關於清史稿》㊹，范希曾的《評清史稿藝文志》㊺，孟森的《清史稿應否禁錮之商榷》㊻，容庚的《清史稿解禁議》㊼，還有史館人員的如金梁的《答哀靈君論清史稿》㊽，海珊的《清史稿邦交志原稿自序》㊾。五十年代後，李瑚作的《清史稿食貨志錢法篇校注》㊿，李鼎文等《〈清史稿·張澍傳〉箋證》51。日本學者在三四十年代發表了一些文章，有中山久四郎的《閱讀

㊷《民鐸雜誌》，十卷一期，一九二九年一月。
㊸《國聞周報》，十四卷十六期，一九三七年四月。
㊹《逸經》，七期，一九三六年六月。
㊺《史學雜誌》，一卷三期，一九二九年七月。
㊻北京大學《國學季刊》，三卷四號。
㊼《行素雜誌》，一卷一期，一九三五年一月。
㊽《逸經》，十五期，一九三六年十月。
㊾《北平晨報藝圃》，一九三二年三月二十一日。
㊿《山西師範學院學報》，一九五八年第二期。
51《甘肅師大學報》，人文科學版，一九六四年第一期。

〈清史稿〉》52，小竹文大的《清史稿正誤表》53，松崎鶴雄的《關於清史稿各部分編纂的分工》54，河崎章夫的《關於清史稿的各版本》55，等等。

朱師轍是《清史稿》的撰著人之一，釐定《藝文志》，費力頗勤。一九二八年發現金梁對原稿的篡改時，他適照料保管館中資料，與到館理事諸人議定恢復原稿事宜，是有關內本之出。朱師轍留心並熟悉館中之事，有志於撰寫《清史稿》編纂史，史稿成後，於輔仁大學開設《清史研究》課程，以《清史稿》爲範圍，講述修史方法，終經三十年的努力，於一九五五年編著成《清史述聞》，一九五七年三聯書店出版行世。該書十八卷，內容可分爲三大部分，一是史稿纂修經過，從發凡起例，搜羅史料，到撰著人及寫作，以至出版的全過程。二是與《清史稿》有瓜葛的人員擬議史稿體例及纂著方法。三是選刊史稿問世後的重要評論文章。不用說，在叙述中，作者也發表了他對史稿的評價，斷言它是不可廢之作，研究清史必讀之書——《清史稿》之價值，縱以後有良史重撰，亦將如《舊唐書》、《舊五代史》而不可廢，是可斷言。況復有世界各國圖書館爲之保存乎，

52《收書月報》，七十二期，一九四二年一月。
53《支那研究》，第四十八期，一九三八年十二月。
54《書香》，十五卷三期，一九四三年三月。
55《石濱先生古稀紀念東洋學論叢》，一九五八年十一月。

故人欲知清一代事，則不能不讀《清史稿》(56)。《清史述聞》是一部關於《清史稿》的歷史專著，欲了解《清史稿》的編著及其出版初期的評論，它可以提供資料的幫助。

《清史述聞》所收評論《清史稿》的文章很少，大陸清史研究者認爲有進一步開展和總結《清史稿》評論工作的必要，遂把關於它的論文、資料，匯編成《關於〈清史稿〉的纂修與評論》一部書稿(57)。內容包括《清史稿》的纂修和對《清史稿》的評論兩大部分，讀者盼望它能公開出版。

臺灣學者許師愼、張惠珠編輯《有關清史稿編印經過及各方意見匯編》，於一九七九年印出二輯，一九九〇年刊出第三輯，還將有四輯、五輯的出版。該書匯編關於《清史稿》編纂、印刷及各家的評論文章，分出類目，如清史館之設置，編撰人員之延聘，修史體例之商榷、史料之採擇、清史稿之急遽付印、關內本與關外本、各方對清史稿及清史之意見等，頗便於讀者閱覽。

批評《清史稿》的文章雖屬不少，但零碎難於利用，臺北國史館與臺北故宮博物院合作，用十年功夫，檢核原北洋政府清史館存檔紀、志、表、傳原稿，清國史館歷朝國史，硃批奏摺，宮中檔，實錄，東華錄等史料文獻千餘種，勘訂得《清史稿》謬誤或待商榷的地方六萬餘條，編著成《清史稿校註》，一九九〇年出版完竣，計十六巨册，一、五〇〇萬言，是對《清史稿》評注做了總結性工作，集糾謬之大成，有裨讀者利用《清史稿》。

---

(56)《清史述聞》，四三二頁。

(57)參閱秦寶琦《〈關於清史稿的纂修與評論〉簡述》，見《清史研究通訊》一九八二年第一期。

《清史稿》本身差強人意，學者總有寫一部新清史的願望，大陸清史學界醞釀有年，尚未能正式展開工作。臺北國史館在完成了《清史稿校注》之後，立即著手《新清史》（「定本清史」）的編寫，可望於九〇年代中期竣功。一九九二年九月下旬大陸清史和清代檔案學專家多人到館訪問並座談，學者建議海峽兩岸清史專家合作，以便高質量的新清史問世，無愧於二十五史之林。

第五節　其它編年體、紀傳體有關清史的史料

貫穿有清一代的編年體、紀傳體史籍，主要是上述那些，此外，還有以編年、紀傳體裁記載清代一段時間，或局部歷史的著作，這裏介紹其中有較高價值的幾部。

王夫之著《永曆實錄》。原著二十六卷，存二十五卷。記南明永曆朝事，爲紀傳體，包括《大行皇帝紀》（即明永曆帝記），瞿式耜、何騰蛟、金聲桓、高必正、李定國、李來亨等一百零八人的傳記。它記敘了永曆十六年間的政治、軍事史，爲清初及南明史的研究提供了寶貴資料。它有同治四年（一八六五）金陵書局《船山遺書》本，一九八二年岳麓書局本。

楊英著《先王實錄》。楊英爲鄭成功户科官員，據親身經歷和檔案資料寫成此書。它以編年體記叙鄭成功的活動，起自永曆三年（一六四九）九月，止於永曆十六年（一六六二），是關於鄭氏集團歷史的可靠史籍。一九三〇年歷史語言研究所作爲《史料叢刊》之一予以印行，題名《延平王户官楊英從征實錄》，近年陳碧笙爲作校注，以《先王實錄》爲名出版。

弘旺著《皇清通志綱要》。弘旺爲康熙孫、廉親王允禩子，雍正初受賜貝勒銜(58)，後因乃父之事而入獄，乾隆初放出，是康雍間政治鬥爭的參預人和見證人。弘旺於乾隆十四年（一七四九）作序，謂其閱讀了「聖朝五世諸書，敬纂一册」基本採取編年體寫法，叙事起天命前的庚辰年（一五八〇），迄於乾隆十四年（一七四九）。全書五卷，卷一太祖朝，卷二太宗朝，卷三世祖朝，卷四分上下兩部分，爲聖祖朝，卷五闕，顯然應爲雍正朝。其寫作程式，先列皇室帝系，次列功勛名臣，接下去按年月書寫大事，若遇大臣授職及亡故，則叙其小傳，對皇子歷史亦有所説明。其記事雖説止於乾隆十四年（一七四九），實則不然，在人物小傳中，撫遠大將軍允禵寫到乾隆二十年（一七五五），其子弘晭至二十三年（一七五八），愼郡王允禧小傳亦書其卒於此年。本書揭示允禵原名「允禎」，引起王鍾翰的注意，據以進行允禵歷史和康熙傳位問題的研究，作《胤禎西征紀實》一文(59)。弘旺在書中記雍正被釋放事，暗示他在康熙廢太子事件中被關押過。這部書對康雍間政治鬥爭史提供了珍貴資料。該書只有抄本，原爲鄧之誠所藏，燕京大學據以抄錄，今藏北京大學圖書館。

蕭奭著《永憲錄》。此書與《皇清通志綱要》一樣，基本上屬於編年體，按年叙事，不過對於典章制度，人物歷史的注釋更多，所以亦有人將它列入筆記類。筆者主要從其繫年書事考慮，於此

(58)《皇清通志綱要》，卷四上。
(59)收入《清史雜考》，人民出版社一九五七年版。

介紹。蕭奭，江都人，自稱「草澤」之臣，當爲没有功名的讀書人。其書成於乾隆十七年（一七五二），共四卷，並有續編，記康熙六十一年（一七二二）至雍正七年（一七二九）八月間事，這正是儲位鬥爭以及阿其那《允禩）、塞思黑（允禟）、年羹堯、隆科多、汪景祺、查嗣庭、蔡珽、李紱、謝濟世及曾靜、呂留良諸大獄迭起之時。後世的官書，對此多未如實叙述。蕭奭記事多取材於邸鈔、朝報、詔諭、奏摺等原始資料，可糾正官書的誤失。鄧之誠爲之作序，説「每恨官書所記，與事實相去恒遠，使多得類此之作，史之徵信爲不難矣。」又云其「於當時人物，美惡並陳，可謂直筆。」給予很高評價。此書收在繆荃孫編的《古學彙刊》中，但只節印了一部分。一九五九年中華書局印行了標點本。這個本子訛誤甚多，已在緒論章中提到，這裏不贅。另從李世瑜的《有關〈永憲錄〉的幾個問題》一文獲知，該書北京大學圖書館藏有原爲李盛鐸保存的抄本，內容比中華書局本多十幾萬字，主要是記清代典章制度的，這樣，這部書也可以視作政書了，它的價值就不僅是反映雍正朝史事了。該書作者應名蕭奭齡，原題蕭奭，有脱字⑥⓪。經此介紹，讀者愈益思見它的原貌，惟願北京大學的這個藏本能早日梓印問世。

⑥⓪《中國歷史大辭典通訊》，一九八三年第三期。

附　民國初年清代編年體史書

清朝滅亡，一些人熱心於總結它的歷史地位和興衰經驗，匆匆忙忙地進行寫作，一時之間，出了多種清朝全史著作，其中有幾部編年體的。這些圖書的作者，不受清朝的統治思想束縛，與清代史官的拘謹不同，然而時間短促，功力不深，史實缺略。它們既沒有提供新鮮資料，又未能將前人資料作大規模的綜合彙輯，所以可採摘的甚少。這裏作爲附錄，介紹其中幾部。

吳曾祺輯《清史綱要》。由商務印書館編譯所校訂，一九一三年梓行。全書十四卷，起順治朝，止宣統退位。此書是民國初年撰輯的清代編年史最早的一部，資料來源據說是奏報公牘。作者認爲人民抵抗官吏是由政治不良引起的，故對民衆運動不書爲寇賊。它叙事詳書月日，時間清楚。但它只寫了清代一些大事件，不能反映清史全貌。

許國英撰《清鑒易知錄》。一九一七年成書，上海朝記書莊印行。一九三一年沈文浩爲之重編，題《重編清鑒易知錄》，由大成書局印行，臺灣文源書局於一九八一年重爲影印，並附《十朝大事表》。作者認爲「易知錄」體裁叙事不繁不難，故採取它，以「羅有清一代史事[61]」。書中依年繫月，標明綱與目，且有眉注，提示重點，異常醒目。所據史料，爲《東華錄》、《聖武記》、

[61]《清鑒易知錄·序》。

《滿漢名臣傳》和各種政書。全書分前編、正編兩大部分，前編敘太祖、太宗兩朝，正編爲世祖以下各朝。每一帝王之始，錄《東華錄》關於該帝王即位前的傳記，或其他圖籍的有關文字。在敘事中，遇古地名，注出今地名，或方位。對一些歷史人物、事件，用雙行小注引敘後人評論，或作注釋，或以當時人的著述作證明。全書篇幅不大，史實容量卻較多。但是許國英作史態度不夠嚴肅，以己意妄作事實，爲孟森所批評。書中疵漏也多，如康熙六十一年（一七二二）十二月甲子條，云命「白演爲文華殿大學士」眉注亦書「白演」，其實「演」是「潢」字之誤，應爲白潢。

文明書局編輯《清鑑輯覽》，該書局於一九一八年發行。體例一遵朱熹之綱目。二十八卷，始自太祖，終於宣統朝。內容詳於《清鑑易知錄》。

《清史攬要》，日本人增田貢原著，浙江遂安人毛淦補編，仁和人汪厚昌、錢塘人顧梓田訂。敘事起於太祖天命十一年（一六二六），迄於同治十三年（一八七四），共八卷。其爲「攬要」，就是不以繁富爲務，欲令人得到清史的要旨。但是這部簡略的書中，史實錯誤太多。

第三章 政書類史料

政書是清代比任何時期都發展的一種載籍，提供的史料異常豐富。這種體裁不像紀傳體、編年體爲人熟悉，先有簡單交待的必要。

政書，是政府各部門規章制度本身的記錄，各項政治、經濟、文化政策和它實行情況的著作，比較集中地提供了社會政治、經濟資料，是重要類型的史籍。

以「政書」爲名，將圖書加以分類，在中國目錄學史上並不很早。明人錢溥《秘閣書目》分有政書一類，但很少有人作這樣分類，乾隆初完成的《明史·藝文志》就沒有政書類，而將這一類的圖書，如《大明會典》、《大明會要》、《御製永鑒錄》（朱元璋）、《帝后尊謚記略》（何三省），《萬曆會計錄》（張學顏），《皇明兵志考》（史繼偕），《鹽政志》（朱廷立）等書，歸入史部「故事」類（卷九十七）。乾隆後期，編輯《四庫全書》，認爲「故事」一名概括不了這類書籍，遂將記載「國政朝章六官所職考」的圖書歸爲一類，用《秘閣書目》的「政書」一詞爲之命名。《四庫全書總目》又依據書籍所反映的社會內容，把政書分爲通制、典禮、邦計、軍政、法令及考工六小類。通制類，《四庫全書總目》的解釋是：「纂述掌故，門目多端，其間以一代之書而兼六部之全者，不可分屬，今總而彙之，謂之通制。」就是把綜述政府各部門所管理的事務並通叙一代典章制度變化的書籍，歸爲一類。邦計類，是記載户部管轄範圍的錢穀度支事務的。兵部所管的業務，其在軍事制度方面的著作，納入軍政類；關於戰爭史的，則不入此類。法令類的書籍，是官方定爲律令的，是執行過的司法文獻；諸家對此問題的評議著作爲子部書，不列進這一類。典禮類和考工類分别是禮制和工程制度方面的述作①。自此之後，張之洞著《書目答問》，史部闢政書一類，師承其法，然因其書目較少，故其下只分通制、古制、今制三小類，並指出：「今日官書，如品級，處分，賦役，漕運，鹽法，税則，學政，科場，樞政，軍需，刑案，工程，物料，臺規，儀象志，各部則例之屬，各有專書，所司掌之，『四庫』皆不著録。」他主張擴大政書著録範圍，是對政書認識的發展。及至《清史稿·藝文志》的編纂，亦立政書之目，不過它在《四庫全書總目》的六類之外，加了「銓選科舉」一類，大約是考慮到《四庫全書總目》的通制類之外，其它五類反映的事情爲中央政府六部中户、禮、兵、刑、工五部所掌管的，而缺少吏部的，遂加由其所執掌的銓選一類。孫殿起《販書偶記》别加《掌故》一目，把「筆記」體的政書歸爲此類。

《四庫全書總目》將記叙社會經濟、政治制度的圖籍歸爲史部政書類，比散在史部故事、職官等類爲好，它更能反映這類著作的性質、作用，也便利讀者按類查找利用。《四庫全書總目》這樣分類，也反映人們對關於政治經濟制度方面書籍價值認識的提高。《史記》有「八書」介紹各種

①《四庫全書總目》卷八一—八二《史部·政書》。

制度，《漢書》作「十志」，增加了對制度的評介。迨後杜佑《通典》，鄭樵《通志》，馬端臨《文獻通考》等專著相繼出現，表明人們對經濟、政治制度的重要意義認識得越來越清楚，隨著這方面著述的增多，目錄學的研究也在發展，終於劃分出「政書類」。

政書體亦稱典制體，白壽彝主編的《史學概論》說，典制體，「是紀傳體史書中書志的發展，從紀傳體中分離出來，成爲獨立的體裁」②。筆者同意這種觀點。政書有其體裁，就是紀傳體史書中的「志」，不過是它的擴大和發展。

《四庫全書總目》史部還有「職官類」，將官制方面的著作列入。筆者爲集中介紹反映清代政治、經濟制度的史部圖籍，以政書類的爲主，附及職官類的，又基本按照政書類的分目，對清代政書作分項的說明。

第一節　通制類的清三通、清會典

通制類的政書有兩個特點，就是「通」和「全」，它們敘述的是全面的社會經濟、政治、文化制度，時間上又不限於某一王朝，即使某一朝的，也不囿於某一皇帝。即或者是斷斷續續編纂的，就一部書講是記載某一個特定時期制度的，但續修的書，就把它們聯輟起來，成爲通貫的了。清代

②《史學概論》，寧夏人民出版社一九八三年版，一二六頁。

合於這個條件的政書，是乾隆朝修的《清朝文獻通考》、《清朝通典》、《清朝通志》和民國初年完成的《清朝續文獻通考》，五次撰寫的《清會典》。

《清朝文獻通考》。馬端臨的《文獻通考》叙事止於南宋寧宗嘉定（一二〇八—一二二四）年間，乾隆認爲到他統治的時候，時間相隔已久，需要續寫，遂於十二年（一七四七）命設館修書。開始是要編一本書，從南宋直寫到清朝，撰寫過程中，發現有體例不能劃一的地方，就是叙述前朝舊事，一律都用平書，及到清代，凡遇到國號、年號、廟號、詔諭，都要出格跳行。前代帝王不用，獨尊清帝，於理不順，統尊前代，顯不出本朝的崇高神聖，爲了免除這種體例的不一，於乾隆二十六年（一七六一）決定分編兩部書，一爲《續文獻通考》，一爲《皇朝通考》（《清朝通考》）。開始續修通考，體例遵從馬氏，列二十四門，其中「宗廟考」包括「群廟」，附入致祀歷代帝王及清朝臣下家廟。乾隆見此，很不以爲然，認爲臣子祠廟與帝王宗廟會於一個門類，尊卑混雜，於禮不順，雖然馬端臨將「祀先代帝王賢士」、「諸侯宗廟」、「大夫士庶宗廟」歸入宗廟考，但他只是「儒生之識，於大典未克折衷盡善」③，不能作爲準的，應將它們析出，別立「群廟」一門，同時又從郊社門内分出群祀一門，於是共成二十六門。由此可見，皇帝重視編纂通考，並極力貫徹封建倫理觀念。在細目上，「清通考」撰寫人從清朝實際制度出發，作了一些增刪。田賦門添八旗田制，錢幣門增銀色、銀直及回部普兒，户口門加八旗壯丁，土貢門增外藩，學校門增

③《清朝文獻通考·凡例》。

八旗官學，宗廟門增崇奉聖容之禮，封建門增蒙古王公，市糴門刪去均輸、和買、和糴，選舉門裁汰童子科，兵考去掉車戰。看來，「清通考」增加的是清朝特有的八旗等制度，刪掉的是清朝已不復存的事項。有的保存了馬氏書的綱目，但內容上已不盡相同，如「封建」一門，清朝是「封而不建」（即止存封爵），「封建門」就只能敘述這一部分的內容了。此書三百卷④，其中田賦十二卷，錢幣六卷，户口二卷，職役五卷，徵榷六卷，市糴六卷，土貢一卷，國用八卷，選舉十六卷，學校十四卷，職官十四卷，郊社十四卷，群祀二卷，宗廟十二卷，群廟六卷，王禮三十卷，樂二十四卷，兵十六卷，刑十六卷，經籍二十八卷，帝系七卷，封建十卷，象緯十二卷，物異一卷，輿地二十四卷，四裔八卷。

《清朝通典》。乾隆三十二年（一七六七）下令纂修，體例遵從杜佑《通典》，分食貨、選舉、職官、禮、樂、兵、刑、州郡和邊防九門。細目方面，亦依清朝制度之有無，作了相應的增除：「諸門細目，今昔沿革不同，如食貨典榷酤、算緡之類，禮典封禪之類，凡昔有今無者一併從刪。」《通典》九州與清朝疆域情況不合，故不以九州爲綱，「凡直省新疆各地名因廢增省，悉以見在者登載」⑤。該書一百卷。

《清朝通志》，與《清朝通典》同時修纂，體例從鄭樵《通志》，亦有所變通。《通志》有紀

④此卷數據商務印書館「十通」本，《四庫全書總目》卷八一作二六六卷。

⑤《清朝通典·凡例》。

傳，《清朝通志》以紀傳載於「實錄」和「國史列傳」諸書，本書略作叙述，而以《通志》的二十略爲綱目，作重點說明，全書一二六卷⑥，爲氏族十卷，六書三卷，七音四卷，天文六卷，地理八卷，都邑四卷，禮十二卷，謚法八卷，器服六卷，樂二卷，職官八卷，選舉三卷，刑法六卷，食貨十六卷，藝文八卷，校讎八卷，圖譜二卷，金石七卷，災祥三卷，昆蟲草木二卷。所寫內容則是清朝實況，如氏族略書八旗氏族，六書略載清、蒙古、藏、托忒、維吾爾文。

以上三書爲「清三通」，它統由清三通館纂修，總裁爲大學士兼翰林院掌院學士嵇璜、吏部尚書劉墉等，纂修兼總校爲翰林院侍講學士曹仁虎，纂修兼校對官爲侍講學士陸伯焜。撰稿人多是翰林院編修、庶吉士。這些人多係書生，仕途閱歷不豐，不像杜佑，歷任地方高級官員和宰相，富有從政經驗，有政見要發表，著書以明志，所以不但創造新的史書體裁，還有豐富的有見地的內容。清三通館的撰修者較諸杜佑，則史識不高，但是他們學習杜佑的精神，卷首多作序言，或言本卷目的重要，或述本問題的梗概，或介紹其他典籍對此事的載叙，或發表一些評議，準確及中肯與否姑置不論，然亦可助後世讀者理解清朝的制度。

「清三通」的編纂處於清代考據學盛行之時，作者們勤於搜集資料。如爲寫「清通典」，與其內容有關的圖籍彌不披覽，故其《凡例》說它對《大清會典》、《大清通禮》、《皇朝禮器圖式》、《律呂正義》、《中樞政考》、《大清律集解》、《大清律例》、《皇輿表》、《大清一統

---

⑥此卷數據商務印書館「十通」本，《四庫全書總目》卷八十一作二〇〇卷。

志》、《盛京通志》、《熱河志》、《皇輿西域圖志》，以及「八旗則例、各部院則例及諸家著述，亦並廣爲徵採。」它有衆多的史料來源，並經過細心整理，所謂「舉要提綱，務期簡而不遺，核而不冗。」當然繁簡適當，很難做到，原則是可取的。

「清三通」皆成於乾隆五十一、二年（一七八六、一七八七），其敘事，均起自清太祖的建國，止於乾隆五十年（一七八五），惟在個別地方延至五十一年（一七八六）。其內容，則涉及到經濟、政治、文化、風俗習慣、民族、對外關係等社會生活，而又特別著重於經濟和政治制度。在「清通考」三百卷中，田賦、錢幣等食貨部分爲四十六卷，占總卷數的百分之十五，職官、選舉、學校、帝系、封建、兵、刑、輿地和郊社、群祀、宗廟、群廟、王禮、樂等部分是國家制度及其派生物，共二〇五卷占總數百分之六十八。「清通典」九門全部是食貨及中央與地方行政制度的。總之，「清三通」著重介紹了清朝經濟、政治制度和政策，以及它們的演變。「清三通」的史料價值也正在這裏。

「清三通」內容上多有重複。「清通考」修纂開始早，另兩部書有的部分就根據它的文字進行加工，但是這三種書也很有不同，《清朝通志·凡例》中說，「大抵通典主於簡要，通考主於周詳，」它自身「行文叙事與通典、通考兩書實互相發明。」「清通考」內容詳細，特別是在食貨部分，爲另二書有關部分的近三倍分量。職官、選舉、學校部分比「清通典」多一倍以上，爲「清通志」的四倍。因此，「清三通」之中以「清通考」史料最豐盈，價值最高。

「三通」有如紀傳體史書中的「志」，它叙述的内容又是採取編年體的，有首有尾，交待清晰。鄭天挺講到學習明朝的歷史，主張閱讀《明史》，强調先從「志」的部分開始讀起，即高度重視「志」的內容和它的表現方法。筆者從這裏得到啓發，認爲若閱讀清史資料，因《清史稿》不能作爲精讀的史書，自不能重點看它的「志」，不若將《東華錄》（如條件允許可換爲《清歷朝實錄》）和《清朝文獻通考》作爲精讀的書籍，兩書互爲補充，以了解清史的基本資料。

「清三通」成書後，即由武英殿修書處刊刻，後有光緒二十二年浙江書局刊本，本世紀三十年代中，商務印書館將「前三通」、「續三通」、「清三通」和《清朝續文獻通考》（即將説明）合印，成「十通」，並附有二種索引：一爲檢字索引，將十通所載的制度名物、篇章節目，凡成立一名詞，或可特立爲一條目的，指出它初見之處，論列最詳細的地方，或者它的興廢沿革爲參考者必須檢到的地方；二爲十通分類詳細目錄索引。這樣大大方便了讀者的利用。

《清朝續文獻通考》，劉錦藻著，四百卷⑦。劉錦藻，清末進士，官侍讀學士，爲續修《清朝文獻通考》寫成此書。記事起乾隆五十一年（一七八六），終宣統三年（一九一一）。體例基本從「清通考」，然多增綱目，加外交、郵傳、實業、憲政四門，合前二十六門爲三十門，徵榷考增釐金、洋藥，國用考增銀行、海運，選舉考增貲選，學校考增書院、圖書、學堂，王禮考增歸政、訓政、親政、典學，兵考增長江水師、海陸軍、船政，職官考「因官制全更，難沿舊例」，遂書其始

⑦此卷數據商務印書館「十通」本，一九〇五年烏程劉氏堅匏庵印本爲三二〇卷，叙事止於光緒三十年。

末⑧。其目一三六個，添加的綱目，完全是從實際出發，使乾隆以降新的事物得以容納進去，這正是它的價值之所在。陸潤庠爲作《序》云：「網羅考訂，一朝典章制度，燦然大備，而於新舊兑嬗之際，尤三致意。」評得中肯，它確是資料豐富，與《清朝文獻通考》合爲有清一代經濟、政治制度的基本資料典籍。

《清會典》。清朝會典先後五次纂修，它包括會典、則例（事例）、圖説等部分。會典記載政府各部門的職掌、百官奉行的政令，以及職官、禮儀等制度，乾隆講它：「凡職方、官制、郡縣、營戍、屯堡、覲享、貢賦、錢幣諸大政於六曹庶司之掌，無所不隸」⑨。它所記載的政府機構及其職掌、施行法令，是那個時期的現行政策，反映那個時代的行政、司法、經濟政策以其歸宿，而這些內容是社會生活的主要方面，所以它的資料對於研究那個時代的歷史非常重要。

會典的寫法，是「以官統事，以事隸官」，即以政府機構爲綱，實以各樣政事，如光緒朝《大清會典》分立下列綱目：宗人府，內閣，軍機處，吏部，户部，禮部，兵部，刑部，工部，理藩院，都察院，通政使司，大理寺，翰林院，詹事府，太常寺，太僕寺，光祿寺，順天府，奉天府，鴻臚寺，國子監，欽天監，太醫院，侍衛處，奏事處，鑾儀衛，八旗都統，前鋒、護軍、步軍諸營，內務府，總理各國事務衙門。在每一官衙項下，敘其內部構成、官員、職掌以及它們的變化，

⑧《清朝續文獻通考·凡例》。
⑨乾隆《大清會典》卷首《御製序》。

這樣的表現手法，使讀者查閱方便，按綱目尋找，能迅速獲得所要的資料。

法令會因社會情況的變化而修改、添增、刪併，這就要求會典隨著它的變化來改寫、重寫，清朝前後五次纂修，都成功了。康熙《大清會典》，成於二十九年（一六九〇），一六二卷，記事起於崇德元年（一六三六），止於康熙二十五年（一六八六）；雍正《大清會典》，成於十一年（一七三三），二五〇卷，記事下迄雍正五年（一七二七）；乾隆《大清會典》，成於三十一年（一七六六），一百卷，叙事基本止於乾隆二十七年（一七六二）；嘉慶《大清會典》，成於二十三年（一八一八），八十卷，記事迄於嘉慶十七年（一八一二）；光緒《大清會典》，成於二十五年（一八九九），一百卷。不斷地興修，就能反映清朝一代制度的變化。閱讀會典，要視研究目標，尋找那個時期的會典，如研治乾隆朝歷史，則需看乾隆和嘉慶兩部會典，若研究有清一代，則要統觀五部會典了。

康熙、雍正兩部會典，把具體實行的事例附載於法典條下，至乾隆下命撰寫會典時，要求把法典與事例分開，於是在會典之外，另外撰成乾隆《大清會典則例》，一八〇卷。嘉慶中修會典，將乾隆的「則例」更名爲「事例」，成九二〇卷，又別立「圖說」，一三二卷。光緒間寫會典，遵從嘉慶之例，成「事例」一、二二〇卷，「圖」二七〇卷。「事例」按照會典綱目，依年繫事，說明某一機構在不同時間的狀況，比較集中地反映政治制度的嬗變，所以紀昀等說會典「具政令之大綱」，則例（事例）「備沿革之綱目」，「互相經緯，條理益明」⑩。會典圖，繪製禮制器物、樂

⑩《四庫全書總目》卷八十一《史部·政書·大清會典則例》，中華書局一九六五年版，六九八頁。

器、冠服、輿衛、武備、天文，輿地等圖，並附說明。爲研究清代皇帝和官員服裝、典禮器皿、皇帝儀仗器物、武器裝備、全國及分省地圖、天文儀器等問題所必讀之書。會典、事例、圖說三者互相補充，會典爲綱，事例、圖說豐富其內容，形成「會典」這類政書的完整體裁。會典有清內府刻本，然少有流傳。乾隆朝《清會典》收入《四庫全書》，隨著「全書」的刊印，相對好找。可喜的是一九九一年中華書局影印光緒朝《大清會典事例》，精裝十二册，《大清會典圖》，二册。同年遼寧省社會科學院也影印了光緒朝會典事例，同時印制光緒朝《大清會典》、《大清會典圖說》，都便利了讀者。

《皇朝掌故匯編》。鄞縣張壽鏞、張存祿等爲講求經世致用之學，於光緒二十八年（一九○二）編輯。編者仿會典體例，略加變通：以官衙爲綱，分爲內外兩編。內編六十卷，記內政，卷首帝系，然後按六部職掌，分出綱目，取編年體例作出說明。其敘事上溯清朝開國，下迄截稿之年。外編記外政，首敘外務部，「凡西政之」「見諸施行者，皆隸焉」⑪。是書由求實書社刊印。它略晚於光緒《大清會典》、《大清會典事例》，在體例上分出內外編，注意對外事務，是一進步。

會典記事主要在職官方面，它比「三通」詳細的也在這裏，但是在經濟制度、政策方面的敘述遠不及「三通」。《清會典》、「清三通」所敘之事，就其每一部講均不是清朝一代的，令人不易融會貫通，而歷次會典、事例、圖說，及清通典、通志、通考、續通考共有十幾部，數量多，同一綱目的事散在各處，致使搜檢不簡便。這種缺陷應該由「會要」體政書來作彌補。會要以斷代爲

⑪《皇朝掌故匯編》，孫仲華：《序》。

限，分門立目叙述一代的典制沿革和掌故，它的綱目可以分的很細，便於反映客觀歷史和讀者查閱。會要已有《唐會要》、《宋會要輯稿》、《明會要》、《西漢會要》等書，清代的還沒有。會要既叙一朝之事，當時人勢必不能做全，是需要後人纂修的。清代資料的整理工作甚多，尚付闕如的會要應爲其一。故世不久的商鴻逵有鑒於此，發出編纂清會要的倡議，並擬定體例、綱目，提出三點設想：「一、總一代典章制度務求做到簡明精覈，詳略得宜，條理清晰，不煩不漏，使於一職一爵，一事一物，獲得確切知識。二、範圍擴展，包羅廣泛，凡屬一代中的政治、經濟、文化等重大措施涉及制度因革變化者，根據文獻記錄，撮舉原委，使一目了然。三、博採評議，廣輯故事，以補充官書之不足，從而得使窺悉各項制度的實施及廢除始末情況」⑫。商氏業已故世，王鍾翰爲完成友人宿願，繼續主持此項編務，盼望這部書能夠修成，並早日同讀者見面。

第二節　銓選與科舉類史料

清朝政府對科舉、官員任免考核作了許多規定，並據以執行，把這些規則匯輯起來，就成了專書。清代這一類的書是很多的。

《吏部則例》。吏部工作條例，不斷地修改。雍正三年（一七二五）命改《吏部則例》，十二

⑫《光明日報》，一九八二年三月一日。

年（一七三四）書成，五十八卷。才過了四年，乾隆三年（一七三八）御史陳豫朋條奏，認爲雍正則例中的一些條例書寫不清楚，有的前後互相矛盾，還有的條例遺漏未載，爲彌補這些缺失，請求修訂，獲得乾隆批准。七年（一七四二），重修竣工，六十六卷⑬。乾隆四十八年（一七八三）又由大學士管吏部事阿桂等改定《吏部則例》，成六十八卷。以上都由武英殿修書處刊印。光緒間修的《吏部則例》，五十二卷，臺北成文出版社於本世紀六十年代梓行。《吏部則例》包括三部分內容：銓選滿、漢官員則例，滿官、漢官品級考，處分則例。銓選部分是關於開例、月選、升補、除授、揀選、雜例的規章。有的官職，由滿人、漢人擔任，但品級卻不一樣，因此備書滿漢官品級考，處分則例在《吏部則例》中占的分量最大，是關於官員自身的任職和管理刑名錢穀諸事務的條例，它分吏、户、禮、兵、刑、工六例。類例，乾隆七年則例開列有十四項：升選、降罰、舉劾、考績、赴任、離任、歸籍、本章，印信、限期、曠職、事故、營私、書役，對官員從選授、到任、政績與考核，以及離職的全過程都作了規定。要了解清代官員的任用、職掌、考核，必須利用「則例」這一類專書。

關於吏部條例，還有更具體的專書，如《吏部銓選則例》，十七卷，嘉慶十年（一八〇五）敕撰。《吏部處分則例》，五十二卷；《驗封司則例》，六卷；《稽勳司則例》，八卷，均爲道光十年敕纂。

⑬乾隆七年《吏部則例》張廷玉奏摺。

官員的來源、任用與教育、科舉有極其密切的關係，清代的漢人官僚大部分來自科舉。清朝政府對此定有章程，也有人對科舉實況做過專門總結。茲列幾部專著，以備讀者檢索。《學政全書》，八十卷，乾隆三十九年（一七七四）敕撰；《欽頒磨勘簡明條例》，二卷，敘事起順治，止乾隆二十五年（一七六〇）；《科場條例》，六十卷，光緒十四年（一八八八）敕修；《奏定學堂章程》，光緒二十九年（一九〇三）敕纂；《登科記考》，三十卷，徐松著；《國朝貢舉考略》，三卷，黃崇簡作。

地方官如何做官？清代有很多專書傳播經驗，如趙殿成的《臨民金鑒錄》，徐棟的《牧令書》，曾國藩的《勸戒淺語》，倭仁的《吏治輯要》，順治帝的《人臣儆心錄》，乾隆敕撰《州縣提綱》等，這裏介紹下述兩部著作，對研究地方官制和吏治頗有價值。其一是《欽定訓飭州縣規條》，又名《欽頒州縣事宜》。雍正以新任官員沒有從政經驗，需要搞個「手册」性的東西，以便他們遵循，七年（一七二九），命「外任多年，甚諳練吏治」的河東總督田文鏡與浙江總督李衛撰擬⑭。田、李遵命迅速寫就。田文鏡搞的包括下列條目：到任、交盤、關防、宣講聖諭律條、放告、催科、借糶倉穀、彌盜、驗傷、聽斷、堂事、防胥吏、慎延幕賓、待紳士、免行户、謹欽下鄉、勸農桑、嚴禁獄，講讀律例、操守等。把一個州縣官應注意的事都講到了，而重點是在交待如何交盤、催科、驗傷、靖盜、詰吏。雍正對他們的著述很滿意：「條理詳明，言辭剴切，民情吏

⑭《朱批諭旨·田文鏡奏摺》，七年八月初三日摺朱批。

司，罔不兼核，大綱細目，莫不備舉，誠新進之梁津，庶官之模範也。」賜名刊印，頒給州縣官每人一部，「俾置之几案，朝夕觀覽」⑮。光緒間許乃普又將它收入《宦海指南》（五種）。另一爲王士俊編輯的《吏治學古編》，雍正十二年（一七三四），王在河東總督任上，選錄前代名宦一二九人的言論和業績，成二卷。上卷記「政治弘綱」，下卷記「居官鉅節」，他與田文鏡一樣，把地方官應做的和應注意的事項，一一說明，他的辦法是先叙述這一問題的重要性，次錄前人言行，後及雍正有關政令，並予闡發。

關於清代的吏治，具有資料性的，有伍承喬編輯的《清代吏治叢談》，涉及文字獄案、貪污案，官僚癖好和生活，一九三六年出版，臺北文海出版社將它收入《近代中國史料叢刊》第二輯。

第三節　軍機處和軍政類史料

軍機處設立之初，協助皇帝處理軍機事務，後來職權發展，部分取代內閣的權力，成爲近似於中央政府的衙門，但它始終沒有這個名義，人們把它比作五代、宋的樞密院，視爲中央軍事機構，筆者不改變這個習慣，把記載其歷史的著作，與其他軍政類圖籍一併介紹。清代軍隊建置、軍事行政、武器裝備、軍馬供給以及保甲制度都有專著，八旗制度是清代所特有的，有關它的述作也不

⑮《清世宗詩文集》卷八《欽定訓飭州縣規條序》。

少。這類著作在圖書分類上都歸入軍政類。

《樞垣記略》，梁章鉅撰。梁章鉅（一七七五—一八四九），嘉慶七年（一八〇二）進士，二十三年（一八一八）至道光二年（一八二二）任軍機章京，入直方略館，傳直中抄了很多資料。後外任，官廣西巡撫，署兩江總督。有從政經驗，又有文字水平，一生著述很多。軍機處的經歷更是他完成這一著作的有利條件。他於道光三年（一八二三）把在方略館抄錄的資料加以排比，分七門，十六卷，勒成一書。同治間恭親王奕訢命朱智續之，光緒元年（一八七五）成，合前爲二十八卷。這是一部關於軍機處的專書，記敘有關軍機處的上諭，軍機大臣的除授，軍機處的規制，歷任軍機大臣和軍機章京名單，清人關於軍機處的詩文，以及有關軍機處及其人員的軼事。

《中樞政考》，是關於八旗、綠營軍政規章的書。因事情總在變化，新問題要解決，新章程就隨著出現，清朝決定《中樞政考》每十年一修。筆者所見順治間修撰的手寫殘本，黃綾封面，分忠、孝、廉、節四部，每部的每一個子目上方，都蓋有「中樞政考」印信，可能是當日兵部所收貯的，鈐印表示那些條目都是官定的，若無印者則是私人僞作，沒有法律效用，可見它是用於實踐的東西⑯。今存完備的《中樞政考》是嘉慶間的，嘉慶十年（一八〇五）兵部以「積年欽奉諭旨及內外臣工條奏事件，並臣部隨時奏改章程奉旨允准遵行而未經載入例册者，逐年增多，均須編纂入

---

⑯該書藏南開大學圖書館。

例，以昭法守」⑰。請准開館纂輯，由大學士管兵部事務保寧、大學士管兵部事務明亮主持其事，至十二年（一八〇七）綠營部分修成，二十二年（一八一七），八旗部分漢文本亦行告竣，由武英殿修書處刊刻，全書七十二卷，其中八旗三十二卷，綠營四十卷，對武職官員的品級、補放與銓選，官員相見禮儀與服制，俸餉，漕運，營伍，官員考核，巡警，牧馬，驛遞等方面的規定都作了記載。道光十二年（一八三二），長齡等續作成《中樞政考續纂》，四卷，其中八旗一卷，綠營三卷。《中樞政考》提供軍政資料外，還有其他珍貴材料，如不准剛剛除籍的賤民報捐封典：「放出家奴、削籍樂户、丐户、花鼓賣唱之三世孫，概不准報捐封典，其四世孫亦止准身膺綸褒，仍不得請封贈祖父母、父母」⑱。

《八旗通志》（《八旗通志初集》），二五〇卷。雍正五年（一七二七）敕撰，乾隆四年（一七三九）成書，由和親王弘晝和大學士鄂爾泰監修。專記八旗制度和八旗人物。當時正在纂修一統志，八旗制度方面缺少有分量的書籍，因而纂輯此書。另因爲：其一，旗下襲爵、任職、需要弄清他的準確家世，要看取結鈐印的家譜，因此不能没有八旗通志這樣的書。其二，統治者認爲八旗制度「規模宏遠，條理精密，超越前古，豈可無以記述其盛？」爲鞏固這一制度要修書。其三，認爲滿族「偉人輩出，樹宏勛而建茂績，與夫忠臣孝子、義夫節婦，潛德幽光，足爲人倫之表範者」，

⑰《中樞政考》，卷首兵部奏。

⑱《中樞政考續纂》卷三。

不可勝數，需要表彰⑲。它採取方志的體例，作志、表、傳。志分八類，爲旗分、土田、營建、兵職、職官、學校、典禮、藝文等志。表亦分八類，爲封爵表、世職表、選舉表、八旗大臣、直省大臣、宗人府、內閣大臣、部院大臣等年表。傳分宗室王公、名臣、勛臣、忠烈、循吏、儒林、孝義、列女等傳，也是八類，它「以兵制爲經，而一切法令、典章、職官、人物條分而爲緯，鴻綱細目，體例詳明」⑳。表、傳記載的不是政書的內容，然因這部著作記叙八旗的建制、經濟、教育、禮儀、職官等制度，所以把它列在政書中。研究八旗制度，在現存的有關古籍中，以該書的內容最爲完備㉑。它有乾隆內府刻本、臺北學生書局一九六八年印本。李洵等點校本，於一九八五年由東北師範大學出版社梓行，八册，另附八旗方位圖。另外，乾隆間福隆安等奉敕撰成《八旗通志》，三五四卷，有嘉慶間刊本。

《八旗則例》。《中樞政考》中有處理八旗事務的內容，但不完善，雍正三年（一七二五），命彙輯過去有關八旗旗務的規則，並將他所辦理的八旗事務及降旨改定事件，另立一册，以爲事例㉒。乾隆間楊西成、吳廷等撰成《欽定八旗則例》，十二卷，有乾隆七年（一七四二）武英殿刊

⑲《八旗通志·奉敕纂修八旗通志諭旨》。
⑳《四書全書總目》卷八十二《史部·政書》，七一一頁
㉑李洵等：《八旗通志·點校説明》。
㉒《清世宗實錄》卷三十，三年三月癸卯條。

刻本。

軍政類的書籍，較重要的還有《綠營則例》，十六卷，是關於綠營軍的規則。《軍器則例》，二十四卷，嘉慶十九年（一八一四）敕撰。《馬政志》，一卷，蔡方炳著。《保甲書》，四卷，徐棟著。此外，八旗駐防各地，還有專書，如張大昌輯《杭州八旗駐防營志略》，二十五卷，光緒十九年（一八九三）浙江書局刊行。希元、恩澤等著《荊州駐防八旗志》，十六卷，首一卷，光緒五年（一八七九）荊州將軍署刊印。長善作《駐粵八旗志》，二十四卷，光緒五年刊。錫珍撰《八旗駐防考》，四卷。八旗軍除駐首都外，分駐全國各要地，入關後八旗實分京師、駐防兩部分，所以反映駐防八旗制度、狀況的著述，很有史料價值。

《年大將軍兵法》一書，世傳爲年羹堯所作，記叙攻城、水戰、火攻的兵器及用兵的戰略戰術。有學者將之標點披露，認爲它反映明清時期的兵器史和年羹堯軍事思想。又有學者認爲該書是僞託年羹堯之名的僞書，內容上抄襲前人之作，並無創造發明。這一方面說明《年大將軍兵法》一書是有爭議的史料，另一方面告訴我們使用史料要進行鑑定，不可輕信。

第四節　法律類史料

法律類的資料書可以歸納爲兩種，一是法律，法令條例，是據以實行法令的文獻。二是解釋律例的專著，其中包括案例的匯集。法律是統治階級意志的體現，是政府施政的根據和準則，每一個時代的法令，都反映那個時代統治階級的需要，由此可以看清統治者的面貌；法律是上層建築的組成部分，爲經濟基礎所決定，並爲它服務，透過法律可以了解經濟基礎；法律是各種人之間、民人與政府之間的關係的規定，由它可以了解人們的身分地位和社會生活。特別是法律文獻中，那些把人們的經濟、政治、文化狀況反映得特別具體、生動的案例，是其他文獻很難具備的，所以它有獨特的史料價值。清代法律類文獻需要特別留意的有以下幾種。

《大清律集解附例》。順治初年，刑部尚書吳達海奉飭制訂法律，基本上沿襲明朝律令。康熙中頒布《現行則例》，按之執行，而對清律條文未作變動。雍正初以《現行則例》有擬罪輕重不一，事同而法異的弊病，命吏部尚書朱軾爲總裁修訂法律，三年（一七二五）告竣，命名《欽定大清律集解附例》，三十卷，圖一卷，總類六卷，五年（一七二七）由武英殿刊成。它分三十門，有律文四三六條，附例八二四條，卷首有《六贓圖》、《五刑圖》、《獄具圖》、《喪服圖》、《納贖諸例圖》等。律有正文和注釋，文字上對舊律多所改易。它刪除舊律七條，都是過時了的，如婚姻門的「蒙古、色目人婚姻」條，清代已不存在這一問題；合併舊律的一些瑣碎條文，如將「邊遠充軍」條歸入「充軍地方」條內；對舊律一些條文作了修改，如《名例》律內，「應議者犯罪」、「職官有犯」諸條，作了改動；增加新條文，如《名例》律加「犯罪免發遣」、「軍籍有犯」等條。這次律文制成之後，再有變化，只是增置條例，而律文本身的變動，到清末才進行過㉓。清朝

㉓《清世宗文集》卷六《大清律集解序》；《清史稿》卷一四二《刑法志》；《清朝文獻通考》卷一九七《刑考》。

司法，實際以律例爲準，因此條例經常改訂增添。乾隆初批准尚書傅鼐的請求，考訂案例，由大學士三泰等制成《大清律例》，四十七卷，輯入定例一千餘條，卷目爲律目、諸圖、服制、名例律、吏律、户律、禮律、兵律、刑律、工律、總類、比引律條。

《大清刑律》。光緒末年設立憲政編查館，制定刑律，主其事的實際是法部右侍郎、修訂法律大臣沈家本，聘請外國律師爲顧問，兼取中西之法，於宣統元年（一九〇九）撰成，次年批准施行，時名《現行刑律》，三年（一九一一）刊行。它分一、二兩編，上編十七章，講立法原則，下編三十六章，規定各種犯罪的刑法。這部法律，基本上以中國的古老封建刑律爲藍圖，首列《服制總圖》，「以重禮教」㉔，就是明證。它刪去一些强烈反映封建等級制度和人身控制的舊章，如良賤爲婚姻、私越冒渡關津、私出外境及違禁下海，增闢外國人在中國居住的條文。它無論在形式上和内容上都吸收了一些西方資本主義立法。

《督捕則例》。這是關於旗下逃奴的法令。清初有六大弊政，即剃髮、易服、圈地、投充、逃人和遷海。逃人問題很嚴重，滿洲貴族占有很多奴僕和投充人，以奴隸、農奴制的方式壓迫剝削他們，激起他們的反抗，相繼逃亡。清朝政府特設督捕衙門，隸屬兵部，由侍郎主持，專司捕拿逃人。爲堵塞他們的亡命道路，又以殘酷的刑法懲治窩藏逃人的人，爲此而制定《督捕則例》。該則例始撰於順治朝，康熙十五年（一六七六），大學士索額圖、熊賜履等補纂，成一一三條。乾隆八

㉔《清史稿》卷一四二《刑法志》。

年（一七四三），大學士徐本等根據新情況，重加釐訂，爲一〇三條，分上下兩卷，對八旗逃人及其家屬、窩家及其鄰居的治罪，官吏承辦逃人事務的獎懲，作了具體規定。它有單行本，另有胡肇楷等輯的《大清律例通纂》等書的附刻本。

《大清律例增修統纂集成》，四十卷。這是一部經過不同時代的人多次撰寫，最後匯輯而成的書。始撰人爲沈之奇，是浙江秀水人，作幕賓三十餘年，每到撫院、臬司、府、州、縣看刑事審判案件文獻，覺得審判官對律文通曉的很少，這樣判案易犯失出失入的毛病。爲使人加深對法律的理解，他就以雍正朝《大清律集解》律文爲準，把自己的和前人的認識加以匯輯，約於嘉慶十六年（一八一一）書成，題名《大清律例統纂集成》。十幾年後，「精研律學、曉暢吏事」㉕的山陰人姚潤，仿沈著之意，增補新例及注釋，成《新增律例統纂集成》。同治六年（一八六七），「邃於法學」的會稽人任彭年又爲釐訂，增歷年修改新例，逐條講解，題書名《大清律例新增統纂集成》。同治九年（一八七〇），清政府又頒布一些新律例，會稽人陶駿、陶念霖又行續補，不過他們所做甚少，而改題《大清律例增修統纂集成》，同治十二年（一八七三）刊。此書棗梨甚多，每次行世，頗受歡迎。沈之奇等的寫法是全文抄錄雍正律正文四三六條，加以文字的疏通，或內涵的說明，有的借用前人的研究成果，有的引用案例加以發揮。經過他們的注釋，人們可以比較正確地理解清律條文。

㉕《大清律例增修統纂集成》，常德：《新修律例統纂集成序》。

《大清律例按語》。一〇四卷，官修。它把雍正、乾隆、嘉慶、道光四朝對律例的改定部分一一書出，並加以議論，以便利官員的理解。它原藏諸秘閣，外間抄錄，難得全豹，道光二十七年（一八四七）潘氏海山仙館予以印行，共一二〇冊。

《駁案匯編》，包括《駁案新編》、《駁案續編》和《秋審實緩比較刑案新編》三書。全士潮官刑部主事，律例館纂修，見乾隆君臣讞獄，每駁一案往往定一新例，遂將督撫原題本與諭旨抄錄，匯成《駁案新編》，三十二卷，所收題本爲乾隆元年至四十八年間的。後有《駁案續編》，七卷，案例止於嘉慶十五年（一八一〇）。光緒五年（一八七九）刑部尚書桑春榮，取咸豐、同治、光緒三朝成案，和前代同類案件比較，以見擬罪是否恰當，書名《秋審實緩比較匯案新編》，二卷。光緒九年（一八八三）山陰人朱梅臣把上述三書合爲《駁案匯編》印行，是書匯刻案例，有犯罪情節，督撫、刑部及皇帝的處理意見，使讀者透過各種凶殺案件了解社會各方面情狀和司法執行情況。

薛允升著《讀例存疑》，五十四卷。薛爲咸豐進士，歷官刑部郎中、山西按察使、刑部尚書，司刑政近四十年，精研律例，著有《唐明律合編》、《服制備考》等書。他鑒於清代已有例二千條，是隨事纂定，並非出自一人之手，彼此牴牾、前後歧異之處甚多，因而加以疏證，幫助司法者知道「某條之不可輕用，某條之本有窒礙，熟識於心，臨事庶不致迷於嚮往」㉖，書於光緒二十六

㉖《讀例存疑·自序》。

年（一九〇〇）寫成。他也是以雍正律文四三六條爲綱目，一一錄出，加以疏通，同時錄出條例，說明此例制定過程及如何理解應用。光緒二十九年（一九〇三）刑部將其書上奏，謂其「擇精語詳，洵屬有裨刑政」㉗。這是一部注釋律例條文的專著，反映了清代以條例爲法律的司法狀態。它有光緒三十一年（一九〇五）京師刊本。

沈辛田撰《名法指掌》，把刑法按事分類，每類用圖說明，繪圖二五五幅，乾隆八年（一七四三）書成。董南厚、鈕大煒先後增作，遂共有圖三六〇幅。將律文用圖表來表示，使人一目了然，如《承審限期圖》，對什麼性質的案子歸那個衙門處理，限期多少，一覽便知。

第五節　財政類史料

清朝政府經濟制度和政策的文獻，涉及到經濟領域的各個方面，即土地制度，田賦丁役，蠲免錢糧，漕糧和漕運，鑄幣與錢法，鹽政，關稅，救荒，對外貿易等。

《户部則例》。是户部錢糧成例案件匯編，經常修輯，乾隆四十一年（一七七六）至咸豐元年（一八五一）的七十多年中，纂輯十三次，平均五、六年一次。同治三年（一八六四），大學士倭仁、户部右侍郎兼實錄館副總裁董恂又一次編輯，得一百卷，分十六類，爲户口，田賦，庫藏，倉

㉗見《讀例存疑》卷首。

庾，漕運，鹽法，茶法，參課（人參採挖與交易），錢法，關稅，稅則，廩祿，兵餉，蠲卹，雜支，通例。登載關於户口、各項稅收、開支的上諭，統計數字。它不僅提供有關清代的錢糧資料，還因賦役與户口關聯，尚能提供各種人户的身分及其變化的資料。

《賦役全書》。清承明制，清朝統一之初，即宣布廢除明末加派，恢復萬曆初年的稅法與稅額。順治十四年（一六五七）制成《賦役全書》。它是把各省的《賦役全書》彙總而成，内分户部錢糧總册，各省分册，備載中央和地方各項錢糧收入和支出。各省寫明每年額定徵收、起解存留實數。賦役是項目繁多，異常複雜的事情。如田賦據田畝而定，而田地有新開墾的，有沙坍水淹的，這樣稅田數字或增或減，不時地發生變化，因而稅糧也在變動。又如各地土貢不一，亦時有變異。因此需要不斷續修。順治修後，各地重纂，没有定則。到雍正十二年（一七三四）規定，以後每十年續修一次。各省的賦役全書，首爲布政司總册，開列丁糧額辦總數，次爲各府總册，復次爲各縣分册，縣册載該縣丁糧額辦之數，全國的《賦役全書》就是各縣收支的匯總。要了解清朝政府及地方政府的財政狀況，政府的各項收入、支出及它們的變化，非借助於《賦役全書》不可。

《孚惠全書》。這是關於清朝政府蠲免錢糧和賑濟的專書。清朝政府爲示其慈惠愛民，從不增加土地正賦，而且不時蠲免錢糧，康熙、乾隆兩朝尤多。協辦大學士、工部尚書彭元瑞於乾隆六十年（一七九五）把乾隆一朝關於蠲免賑貸的諭旨、御製詩章，分類分事，按年月編成《孚惠全書》，進呈乾隆，被批准爲「欽定」之書。該書六十四卷，卷目爲普蠲錢漕，減除舊額，巡幸蠲免、差役蠲緩、偏隅賑借、截撥裕食、平糶減價、京廠常賑、蠲除積逋。該書有據其進呈副本剞劂的印本。

《户部漕運全書》。雍正十二年（一七三四）命纂輯漕運全書，並定十年續辦一次的制度，書成，存於户部。其所屬衙門使用不便，至嘉慶中付梓，發給有關部門。道光十九年（一八三九），大學士管户部事務潘世恩領銜續纂，書成，得九十二卷，一四三目，五七一〇條，二十四年（一八四四）刊。其大綱目錄爲漕糧額徵、徵收事例、兑運事例、白糧事例、通漕運艘，督運職掌、選補官丁、官丁廩糧、貼費雜款、計屯起運、漕運河道、隨漕解款、京通糧儲、截撥事例、撥船事例、採買搭運、奏銷考成、輓運失防、通漕禁令、盤壩接運、海運事宜、灌塘渡運。清朝政府爲供給皇室、在京八旗和文武百官的食糧，每年從江蘇、安徽、浙江、江西、湖北、湖南、河南、山東等省徵收四百多萬石米、麥、豆等食糧，通過運河，輸送北京，這就是漕政問題。《漕運全書》匯載漕政各項事宜，反映清代漕運制度和歷史。

鹽爲民生必需品，又是官賣，乾隆時起清朝政府每年從鹽業獲銀約七百萬兩，成爲僅次於田賦的重要財政來源。主要鹽場有兩淮、長蘆、浙江、河東以及四川井鹽，與此相適應，關於鹽政的書，有《長蘆鹽法志》二十卷，附編十卷，珠隆阿等修，嘉慶十年（一八〇五）刊；《河東鹽法志備覽》，九卷，張元鼎等修，光緒八年（一八八二）刊；《兩浙鹽法續纂備考》，十二卷，楊昌濬編，同治十三年（一八七四）刊；吳大廷輯《福建票鹽志略》，二卷；李如枚編《重修山東鹽法志》，三十二卷；《四川鹽法志》，四十卷，首一卷，丁寶楨等纂，光緒八年（一八八二）刊。兩淮是大鹽場之一，清朝由此得益最饒。康雍乾三朝均修輯兩淮鹽政書籍，嘉慶七年（一八〇二）兩淮鹽政佶山奏准重修，十一年（一八〇六）纂成《兩淮鹽法志》，五十六卷，卷首四卷，共六十卷。卷首記康熙、乾隆對兩淮鹽區的巡幸、詔諭，正文部分，包括歷代鹽法源流表，古今鹽議錄要，轉運（行鹽疆界、引目、配運、制驗、緝私），課程（課則、商課、灶課、成本、經費），場灶（草蕩、灶丁），職官（官制、名宦）等，備載鹽商轉運課則、灶丁煎曬各項內容，是關於清代鹽政的典型資料。此書由淮南書局於同治九年（一八七〇）刊成。

關稅是清朝政府第三大項財政收入，僅次於田賦和鹽課，所以對清朝政府至爲重要，同時它反映了清朝的重農抑末政策，影響工農業的發展，所以是值得注意的問題。清朝重要的稅關有臨清關、淮安關、滸墅關、蕪湖關、北新關（杭州）、粵海關等，許多稅關有志書，記其歷史。淮安地處運河及高郵、洪澤等湖交匯地帶，是水上交通要道，其榷關爲清朝重要的稅關之一。它的關志初修於康熙二十五年（一六八六），重纂於乾隆四十三年（一七七八），至嘉慶十年（一八〇五）稅關監督李如枚續修，成《續纂淮關統志》，次年由該關鐫刊，另有光緒三十二年（一九〇六）刊本。全書十四卷，記載淮關的建置沿革、管轄範圍和關口、稅關則例以及稅關官員的歷史。清稅關有陸路、河道、海岸之別，「淮關志」提供的是河道稅關的資料。許夢閎撰《北新關志》，十六卷。廣州是對外貿易口岸，豫堃等編的《粵海關志》，三十卷，道光間刊刻，提供了海外貿易資料。具有較高史料價值。

《荒政舉要》，三卷，戴曼卿作，成於咸豐三年（一八五三）並刊行，光緒二十年（一八九四）重梓。救荒本是官府的事，由紳士耆老協助辦理。紳耆出入衙門，既有借以結交父母官謀利的一面，也有幫助鄉鄰度過難關的真誠的一面。救荒歷來重在散賑，而忽視生產自救，戴曼卿有鑒於此，編《荒政舉要》，「兼及農政、瘟疫、義倉、保甲、開財源、去敝俗」㉘。此書之外，汪志伊撰《荒政輯要》（十卷），較爲著名。

《石渠餘記》，六卷，王慶雲撰。王爲道光進士，服官翰林院編修，久任戶部侍郎，「通知時事，尤究心財政，窮其利病，稽其出入」㉙。他利用工作之便，得覽財政方面的檔案資料，輯錄成八十七篇，加諸按語述評。書成，初名《熙朝紀政》，更名《石渠餘記》。其版本甚多，有湖南黃氏刻本，龍氏長沙印本，光緒二十七年（一九〇一）上海天章書局石印本。王慶雲在書中，記叙賑貸、蠲免、丁額、賦册、丁隨地起、耗羨歸公、歲入歲出、倉儲、漕運、屯田、圈地、旗人生計、鑄錢、鹽法、關稅、市舶以及科舉、銓選、考核等項經濟、政治制度，資料詳實。湯壽潛爲該書作序，云其「足裨通考之闕」㉚，可爲定評。

㉘《荒政舉要》，戴世文序說。
㉙《清史稿》卷四二六《王慶雲傳》。
㉚《石渠餘記》湯序。

第六節　禮制類史料

封建專制制度的實質，通過封建禮制表現得尤爲明顯。作爲封建專制制度代表的統治者最重禮法。道光曾說：「安上全下莫大乎禮」㉛，表示得極明白。清代的禮樂制度包涵衆多的方面，如各種祭祀（宗廟社稷等）、巡幸、聖壽、宮內、避諱、文廟、賜謚、爵秩等制度。記錄它們的文字非常多，重要的有：

《大清通禮》，五十卷。乾隆元年（一七三六）下令撰修禮書，其論禮法之重要性稱：「整齊萬民，而防其淫侈，救其彫敝也。秦漢以後，粗備郊廟朝廷之儀，具其名物，藏於有司，時出而用之，雖搢紳學士，皆未通曉，至於閭閻車服宮室飲食嫁娶喪祭之禮，皆未嘗辨其等威，議其數度，是以爭爲侈恣，而耗敗亦由之，將以化民成俗，其道無由。」因而須制禮書，令民遵守。並闡明編寫禮書的原則：「萃集歷代禮書，並本朝會典，將冠婚喪祭一切儀制，斟酌損益，滙成一書，務期明白簡易，俾士民易守。」㉜撰修時間甚長，到二十四年（一七五九），大學士來保等上表宣

㉛《續纂大清通禮·序》。

㉜《清高宗實錄》卷二十一。

告竣工㉝。它首先記載朝廟大典及頒布重要詔書的儀式，然後挨次敘述五禮，即關於祭祀的吉禮，冠婚的嘉禮，賓客的賓禮，軍旅的軍禮，喪葬的凶禮。它只說明當時實行的禮儀是什麼，至於它是怎樣變化來的，因《大清會典則例》已經交代，不作重複。典禮的儀式及用物，以圖表示最易明瞭，由於另有專書，故未繪圖。所以通禮與會典是互爲補充的姐妹篇。道光四年（一八二四）禮部尚書穆克登額等輯成《續纂大清通禮》，擴爲五十四卷，當即棗梨。以上二書還有光緒九年（一八八三）江蘇書局刊本。這兩部著作，展示了清代禮制的基本狀況，爲研究清代五禮者所必讀。

《皇朝禮儀圖式》，乾隆二十四年（一七五九）敕修，三十一年（一七六六）又令廷臣校補。二十八卷，分祭器、儀器、冠服、樂器、鹵簿和武備六類，繪出器物的圖形，並加以說明。它給人以形象的感受，便於人們認識禮器、服飾及它們的運用形式，從而理解禮樂制度和人們的衣著。

《禮部則例》，有數種：乾隆二十九年（一七六四）敕修，三十五年（一七七〇）告竣；乾隆四十九年（一七八四）修，一九四卷；嘉慶九年（一八〇四）敕纂，二百卷，十一年（一八〇六）印刷；道光二十一年（一八四一）特登額等奉命興修，二〇二卷，二十四年（一八四四）刊成。並有臺北成文出版社二十世紀六十年代重刊本。禮部分儀制、祠祭、主客、精膳四個清吏司，則例按司分爲四門，每門下分若干細目。以乾隆四十九年的爲例，儀制門內分九十二目，有朝賀通例，皇

㉝有嘉慶二十三年內府刻本。

帝、皇太后、皇后三大節朝賀，常朝，登極朝賀，頒詔，進實錄、聖訓、玉牒，上皇太后尊號徽號，冊立皇后、太子、冊封妃嬪、王公，各色人等的婚禮，冠服，鹵簿，親征，命將，獻俘，鑄造寶印，祀名宦鄉賢，旌表孝義貞節，鄉飲酒禮，鄉約，官學，科舉，內監禁令。祠祭門內分八十五目，有祭祀通例，壇廟通制，常雩，方澤壇，堂子，耕耤，頒朔，陵寢祭祀，加上尊謚，列聖大喪，僧官，道官，醫官，陰陽學。主客門內分二十一目，有朝貢通例，各國朝貢。精膳門內分成二十二目，有太和殿筵宴，皇太后宮筵宴，大婚筵宴，臨雍筵宴，修書賜茶，會試筵宴，恩榮筵宴，祭祀牛羊等等。皇家的、官僚的乃至民間的各種禮儀都談到了。

《國朝宮史》（《清宮史》），是反映清代宮廷制度和皇室家法的著作。乾隆七年（一七四二）令鄂爾泰、張廷玉修宮史，及成，乾隆審閱，嫌其「多草率缺略之處」，於二十四年（一七五九）令重寫，至三十四年（一七六九）于敏中等修成，共三十六卷，其中訓諭四卷，典禮六卷，宮殿六卷，經費三卷，官制二卷，書籍十五卷。記載宦官的職責及皇帝對他們的駕馭，皇帝、皇太后、后妃相見禮節，冊封后妃禮儀，后妃冠服、儀節，皇帝外朝內廷之宮殿、苑囿，宮中費用，宮中藏書及刻書。此書成後，抄錄三份，無刻本，至一九二五年東方學會交由天津博愛印刷局棗梨，一九八七年北京古籍出版社根據這個本子，由左步青校點，重加印行，並在出版說明中指出：竇光鼐等奉敕編纂《日下舊聞考》，其中苑囿等門，參考了這部書，乾隆以後的清會典、會典事例的編寫，有關宮廷事務、典章制度，也是依據這部書，所以它是「把康熙、雍正、乾隆三朝有關宮廷史料匯集在一起，使人們能夠得到比較詳細、系統的素材，因此，對研究清史有一定的參考價值。」

嘉慶十一年（一八〇六）大學士慶桂等纂成《國朝宮史續編》，一百卷，敘事自乾隆二十七年（一七六二）起，止於嘉慶十五年（一八一〇）。此書初未剞劂，一九三二年，故宮博物院圖書館據懋勤殿所藏抄本排印，題名《清宮史續編》。

《南巡盛典》。清朝皇帝常有東、南、西方的巡幸和北向的「秋獮」。其中康熙、乾隆最多，南下江浙就各達六次。乾隆第四次南巡後，兩江總督高晉於三十五年（一七七〇）爲他纂成《南巡盛典》，一二〇卷，專記南巡途中所辦之事，如蠲免錢糧，視察河工、海塘，祭祀神廟，褒獎官紳俊秀，閱武，以及上諭和臣工的有關奏議、詩詞。有官刻本。

《萬壽盛典》，一二〇卷。康熙六十壽辰（在一七一三年）大慶，內臣把有關詔諭、慶祝典禮、賞賚、蠲免、皇帝及臣工的詞章薈爲一編。《八旬萬壽盛典》，一二〇卷，這是紀念乾隆八十壽辰的，乾隆五十七年（一七九二）修成。

《皇朝謚法考》，五卷，鮑康編，刊於同治三年（一八六四）。鮑康，安徽歙縣人，官軍機處，與修國史，常代人爲已故大僚草擬謚號，熟於此中典故。是書先述謚號字義，次列清代王公大臣及有特殊恩賞的小臣、婦女的謚號，至同治三年止，共一、五一八人。其後又作續編，止於同治八年（一八六九），共得一、六二八人。天津徐士鑾自同治八年九月官侍讀，亦爲人擬謚，至十一年（一八七二）八月止，得四十人，作《皇朝謚法考續補編》，附於鮑著之末。若查清人的謚號，此書提供了很大方便。

《吾學錄初編》，吳榮光作於道光十一年（一八三一）。吳歷官監察御史、道員、按察使，看到清朝立國近二百年，山鄉僻壤的冠婚喪祭之禮，多沿襲明朝舊制，而清朝禮制雖經會典刊載，知之者少，即道光四年（一八二四）頒的《續纂大清通禮》，雖比會典簡約，但人們讀不太懂，理解不一，他即常爲此與人討論，因產生作書的願望，乃於湖南巡撫任上寫成此書㉞。是書分十四門二十四卷，門類爲典制、政術、風教、學校、貢舉、戎政、仕進、制度、祀禮、賓禮、婚禮、祭禮、喪禮、律例。它主要是抄錄清會典、事例、圖說及清通禮，兼亦從《學政全書》摘抄，按綱目編排，加以按語解說，並就當時婚葬習慣進行評論。作者把他的作品視爲「移風易俗之書」㉟，今日讀者則可從中了解當年朝儀、士禮，特別是官民的婚喪禮節制度和習俗。此書寫成，當即棗梨，同治九年（一八七〇）江蘇書局重爲梓刻。

第七節　詔令奏議類政書史料

在《四庫全書總目》分類中，史部有詔令奏議類，即皇帝詔書、臣工奏議類書目。這些詔令奏議有的付諸實行，有的雖是議論，也因涉及政治、經濟、文化制度，可視爲政書內容。又因本書分類不細，就在本節作一說明。

㉞曾與《歷代職官表》的作者黃本驥研討。

㉟《吾學錄初編·凡例》。

《宮中檔康熙朝奏摺》和《康熙朝漢文硃批奏摺匯編》。奏摺是清代的一種重要官文書，興起於康熙中，此後成爲定制，故清代形成的奏摺多，保留的也多。臺北故宮博物院藏有康熙朝奏摺二、九八六件，加以整理，於一九七六年影印出版二、〇七〇件，這就是《宮中檔康熙朝奏摺》一書，計九册。中國第一歷史檔案館收藏康熙朝奏摺一、〇四九件，將館藏及《宮中檔康熙朝奏摺》所收的文件匯合在一起，依奏摺年代編輯成《康熙朝漢文硃批奏摺匯編》，由檔案出版社於一九八五年開始印行，十六開本精裝八册，係按原奏影印，内文套紅，雙色膠版印刷，保持原摺面貌。它共收三、一一九件奏摺。具摺人是高級官僚和康熙親信，康熙多於摺上寫上硃批，與臣工密商政事及了解下情。同時由於具摺人與皇帝是作秘密筆談，可以交流私房話，所以上述二書保存了康熙朝政治、經濟、文化、社會風情諸方面的第一手珍貴資料。

《硃批諭旨》、《雍正硃批諭旨索引稿》和《宮中檔雍正朝奏摺》、《雍正朝漢文硃批奏摺匯編》。皇帝在臣工奏摺上寫字，等於是下諭旨，所以這種奏摺與上諭是不可分離的一種結合體，不過爲突出上諭，把這種含有硃批的奏摺稱爲「硃批諭旨」。雍正十年（一七三二），選編經過雍正過目且用硃筆批示的二二三個疆吏的奏摺，約七千件，依具摺人歸類，成《硃批諭旨》一書，次年（一七三三）刊布於世，乾隆三年（一七三八）續出新刻本。它所匯集的奏摺和硃批雖是根據原始文獻刊刻的，但在編選時，雍正和他的助手對原文作了一些改動，影響了它的史料價值。不過雍正朝改革頻興，政治鬥爭激烈，這部書有多方面的反映，仍是異常寶貴的資料集。安部健夫、宮崎市定等日本學者極其重視這部著作，認爲雍正一代史料之粹，獨推《硃批諭旨》，爲此舉行研讀班，發表專著、論文，同時從書中摘出索引卡片十二萬張，於一九八五年編成《雍正硃批諭旨索引稿》，影印五份，原卡片藏於京都大學人文科學研究所。另有《雍正硃批奏摺選輯》，鄭喜夫輯，臺北大通書局印刷，爲《臺灣文獻史料叢刊》第四輯之一種。主要選閩粵疆吏和閩粵監察御史的奏摺，多涉及臺灣史事。雍正選編硃批奏摺時，把它們分爲三類，一是收進《硃批諭旨》一書的，只占奏摺總數的十分之二三；二是不錄奏摺，北平故宮博物院於一九三〇年出版的《雍正硃批諭旨不錄奏摺總目》，部分地反映這類奏摺的情況；三是「未錄奏摺」，即可以公布而沒有披露的。臺北故宮博物院收藏有雍正朝奏摺二二、三五七件，具摺人約一千人，匯輯成《宮中檔雍正朝奏摺》一書，一九七七年至一九八〇年出版，分裝三十二冊。一史館將其所藏雍正朝奏摺一萬多件，與《宮中檔雍正朝奏摺》所收之文，合編成《雍正朝漢文硃批奏摺匯編》，收有一千二百餘人的約三五、〇〇〇件奏摺。《硃批諭旨》已收入的，若原文有改動，則用檔案原件，並將改動稿作爲附錄印出。這次編排，與《硃批諭旨》以人歸類不同，不分具摺人，而依具摺歲月編輯。一史館存有五千餘件雍正朝引見單，上有硃諭及被引見人履歷，酌量收入此書，附於卷末。該書由江蘇古籍出版社於一九八九年至一九九一年印行，彩套色影印法，十六開本，精裝四十冊。

《宮中檔乾隆朝奏摺》。臺北故宮博物院藏有乾隆朝奏摺五九、四三六件，該院圖書文獻處將之按年月編輯，無月日的放置在該年之末，由該院影印出版，計劃六十冊，一九八二年至一九八五年出版三十四冊，筆者在南開大學圖書館見到前三十四冊，後續出情況不詳，想是按計劃進行，可能已全部出齊。乾隆朝奏摺保存的比康熙兩朝多，但硃批少，故該院出版時未套色影印。

《宮中檔光緒朝奏摺》。臺北故宮博物院藏有光緒朝奏摺一八、四八六件，一九七三年至一九七五年印行，計達二十六輯。

臺北故宮博物院還藏有嘉、道、咸三朝奏摺，各在一二、〇〇〇件以上，總計為一五三、二一五件㊱。

清代歷朝皇帝與臣工議政的硃批奏摺非常豐富，從一史館和臺北故宮博物院所出版的資料，可知它有內政、外交、軍務、財政、農業、水利、工業、商業貿易、交通運輸、工程、文教、法律、民族事務、宗教事務、天文地理、民衆運動、帝國主義侵略各方面的內容㊲。

《上諭內閣》。是雍正諭旨的輯錄。雍正從內閣發出的諭旨：由莊親王允祿主持編輯，至雍正九年（一七三一）完成前七年的，後改由和親王弘晝負責，至乾隆六年（一七四一）全部竣工。按年月日編排，每月一卷，共一五九卷。由內府刻印。允祿還完成同類性質的書籍《上諭八旗》。

《上諭條例》，係乾隆所發上諭，起於雍正十三年（一七三五）八月的繼位，止於乾隆五十九年（一七九四）冬季，共八百九十三卷，嘉慶元年（一七九六）江蘇布政司刻印。

㊱《國立故宮博物院清代文獻檔案總目》第六一二—六一六頁。

㊲參閱中國第一歷史檔案館編：《中國第一歷史檔案館館藏檔案概述》，檔案出版社一九八五年版，第六十一—六十四頁。

《聖諭廣訓》。康熙發布「聖諭十六條」，作爲教導約束民人的規範，雍正將它加以演繹，成萬言書，刻印發至民間，進行廣泛宣傳。它的印本很多，即以筆者所藏爲宣統二年（一九一〇）印本，它所依據的是貴州學政嚴修於光緒二十一年（一八九五）的刻本。

《皇清奏議》。內外臣工的奏疏，史官負責整理，順治元年（一六四四）至乾隆六十年（一七九五）輯出六十八卷㊳，嘉慶前十年的續成四卷。清朝一代，史官所輯成的奏章，從順治到光緒間共抄了八百九十冊，後來佚失甚多，如缺順治朝三至十二年，康熙元年至十年，五十七年至六十年，嘉慶五年至十年，十二年至十三年，十五年至十六年，十九年。一九三六年，羅振玉鑒於它的史料價值高而流傳稀少，出版《皇清奏議》六十八卷，《續編》四卷，其中屬順治朝的十六卷，康熙朝八卷，雍正朝八卷，乾隆朝三十六卷，嘉慶前十年的四卷。朝內外大臣和言官的奏疏，涉及的社會生活很廣泛，內容相當豐富。如順治三年（一六四六）監察御史衛胤周上《謹陳治平三大要》一疏，講到收人心，說京畿「財賦未清，田地多占，婦子流離，哭聲滿路。」「五百里內派草、派豆、派車、派牛，供應已苦，而圈地占房，生氣索然。且滿漢文移，一事兩行，而滿兵踵至」㊴。大膽地議論滿漢矛盾，指責圈地，反映了順治初年的社會衝突。順治六年（一六四九），給事中魏裔介上《請求救時實政疏》，指出當時最需要注意的是「上下之情未通，滿漢之氣中格」，而不是

㊳它有可能是道光間國史館的刊本，題名《皇清名臣奏議》。

㊴《皇清奏議》，卷二。

那些尚未平定的地方問題㊵。既道出社會矛盾，又表示了處理意見。這類奏議，都有其史料價值。

《皇清奏議》是選集衆人的奏疏，個人奏議的單刻本更多，著名的有：

靳輔著《靳文襄公奏疏》，八卷，由其子靳治豫編輯。靳輔先官安徽巡撫，繼任河道總督，治理黃河，爲清朝一代的治河名臣，此奏疏即匯集了他爲治河而上奏的題本，敍述了他治河的意見，河工實行情況。研究清代治河，不可不讀此書。它有靳氏家刻本。

《林文忠公政書》。林則徐（一七八五—一八五〇），謚文忠，歷任東河河道總督、江蘇巡撫、湖廣總督、欽差大臣、兩廣總督、署理陝甘總督、雲貴總督，在各任上的奏疏，匯聚成集，爲東河奏稿一卷，江蘇奏稿八卷，湖廣奏稿五卷，使粵奏稿八卷，兩廣奏稿四卷，陝甘奏稿一卷，雲貴奏稿十卷，共三十七卷。它的內容，除著名的禁煙以外，有水利方面的蘇松河道、海塘、江漢河堤工程，鹽政和錢糧。此書有林氏家刻本，臺北文海出版社《近代中國史料叢刊》第六輯本。林則徐在江蘇巡撫任上的上司兩江總督陶澍亦極留心鹽、漕、河工諸事，並有《陶雲汀奏議》，五十二卷，始於道光八年（一八二八）梓行，亦被收入《近代中國史料叢刊》。

《劉襄勤公奏稿》。劉錦棠，謚襄勤，隨左宗棠入新疆平定阿古柏之亂，繼左氏爲欽差大臣，並爲新疆第一任巡撫。「奏稿」爲其在新疆十二年的奏疏，記載平亂及設立行省、建置官衙、開墾屯田、制定稅則等建設新疆的故事。該書有光緒間刊本，一九八五年北京中國書店影印本。

㊵《皇清奏議》，卷三。

《袁世凱奏議》（《養壽園奏議》）。天津市圖書館、天津社科院歷史所編，天津古籍出版社梓行，收入袁世凱於光緒二十四年至三十三年的奏稿八百篇。

個人奏疏不再多說，茲採《販書偶記》、《販書偶記續編》詔令奏議類所著錄的一部分，列表於次：

書名	卷數	作者	刊本
鄂少保公奏疏	一	鄂爾泰	雍正十年
孫文定公奏疏	十	孫嘉淦	乾隆間
黎襄勤公奏議	六	黎世序	道光七年
趙襄忠公奏疏存稿	六	趙良棟	康熙間
黃少司寇奏議	二十	黃爵滋	底稿本
平番奏議附輿圖	五	那清安	咸豐三年蘭垣阿公祠刊
耐庵奏議存稿	十三	賀長齡	光緒八年
吳宮保公奏議	六	吳其濬	光緒七年江蘇節署本
駱文忠公奏議	二十八	駱秉章	光緒四年
沈文肅公政書	八	沈葆楨	光緒六年吳門節署本
郭侍郎奏議	十二	郭嵩燾	光緒十八年
卞制軍奏議	十二	卞寶第	光緒二十年
左恪靖侯奏稿初編、續編	一一四	左宗棠	光緒間

岑襄勤公奏稿	三十	岑毓英	光緒二十三年武昌督糧官署本
李肅毅伯奏稿	十三	李鴻章	光緒間
王侍郎奏議	十	王茂蔭	光緒二十五年
端忠敏公奏議	十六	端　方	一九一八年
撫浙疏草	五	朱昌祚	康熙五年
總督奏議	四	李蔭祖	康熙十九年
孟忠毅公奏疏	二	孟喬芳	道光二十一年
方恪敏公奏議	七	方觀承	咸豐元年
奏議稿略	一	夏之芳	乾隆二十二年向日堂刊
那文毅公奏議	八十	那彥成	道光十四年
王藝齋奏疏稿	一	王家相	道光十八年
西藏奏疏	十	孟　保	道光間

臺北故宮博物院藏有順治至光緒間的奏議，達一千一百九十三册、包，其中以光緒朝最多，爲一千零七十一册、包。

十九世紀七十年代後，中國出現了電報。光緒二十四年（一八九八）宣布，以後明發諭旨，由電報局通知督撫，即通過電報下達，官員上奏亦用電報，於是有電報文書的出現。它以叙事簡明扼要、篇幅短小爲特點。官員的電報稿，成爲一種史料，可資利用。李鴻章的《李文忠公全集》、張之洞的《張文襄公全集》均收有他們的電稿，是與奏疏有同等意義的資料文獻。

上述種種史籍，有共同的特點：

第一、它們是政府施政的法規，即或是私家的著述，也是總括政策及其實行情況的。方針政策隨著客觀條件的變化而調整、改定，所以這些典籍是多次制訂的政策的總輯。

第二，政策的制訂當然從實際出發，是爲著實踐的，雖然它們不可能全部付諸實現，即使在條文中也有一些不合實際的，無法實現的，有一些是過時的而没有及時的删削，這是認識跟不上變化了的形勢所造成的。儘管有這些問題，它們本身是真實的東西，不是虛擬的，不是作僞的，因此作爲史料，它們的真實性是比較高的。它們多是官書，卻不同於「實錄」那一類的大量篡改史實，這一點需要分清楚。

第三，它們所反映的社會生活非常廣泛，幾乎涉及政治、經濟、文化的所有方面，但重點在户籍和賦役制度，職官制度，禮樂制度（即服色、婚姻、喪葬、祭祀制度），研究這些方面的歷史，最好向它們索取資料，其史料價值也正在這裏。這類書中，通制類的「清三通」和《清朝續文獻通考》，五次修撰的《清會典》，事例、圖説，又最爲重要，那些反映社會生活某一個側面的專書，則各有其用了。

第八節　地方政書

地方官員在施政過程中，發布告示、規諭、教令、判案批文、向上級的報告、給皇帝的奏疏都成爲地方政治文獻，有的地方官員、幕客、士人留心此類文書，予以匯輯，刊刻行世。這類政事文獻，同時反映該地區的經濟、文化、社會狀況，並在一定程度上反映全國的狀況和地區特點，所以應當引起史家的重視，把它作爲寶貴的史料加以運用，但是筆者過往注意不夠，所知甚少，今勉強特闢一節，予以紹述，雖內容簡略，用表自勵及提醒讀者注意之意。

「省例」類型的圖籍，以省爲單位匯編政府公文成册。今知者有江蘇、湖南等省的「省例」，據瞭解此類文獻的學者講，浙江省亦當有之。

《江蘇省例》，同治己巳江蘇書局刊刻，匯集同治二年（一八六三）至七年（一八六八）江蘇省實行的非往常所有的條規，使之成爲「成案」，以便日後遵循。其編排分爲藩政、臬政二類，其類下按年份分編，每年內又依月日先後爲序。《江蘇省例續編》，光緒乙亥江蘇書局梓刻，彙集同治八年（一八六九）至光緒元年（一八七五）間之藩臬二司之可以成爲案例的文書。《江蘇省例三編》，光緒癸未棗梨。《江蘇省例四編》，光緒庚寅印刷。同光兩朝的成案，收在「省例」四編之中。

《湖南省例成案》，匯集湖南地方施政文書，依六科分類設卷，有清刻本，日本東京大學東洋文化研究所有藏本，中國社會科學院經濟研究所據之攝製膠片複製。所收文獻，有州縣官詳文，經布政使和巡撫商議後答覆，指示應辦事宜，反映地方性政策的製作過程，如岳州府同知陳九昌，在湖南先後任澧州知州、寶慶同知，至乾隆二年（一七三七），已歷時八年，了解當地政情民情，因向巡撫高其倬提出興修堤防、禁止喪鼓和霸佃三項建設，巡撫交屬吏討論，次年布政使張璨、按察使嚴瑞龍、糧儲道謝濟世等提出處理意見，巡撫張楷作出批示：接受陳九昌的前兩項建議，至於第三條，反對霸佃同時，禁止田主勒索佃户，俾使兩者相安於事。該書反映地方行政的內容相當廣泛，且具地方特色，如湖南有洞庭湖，湖河的堤岸需要經常維修，地方上也有修築章程，陳九昌的建議即爲就此而發。這是湖南的一項要政。又如湘西多苗民，苗漢雜處，產生一些社會問題，清朝政府加强控制，康熙間將沅州鎮移至鎮筸，添設乾州同知、鳳凰營通判，雍正間實行改土歸流，設立永順府。乾隆十一年（一七四六）道州知州段汝霖以在湘服官十年的經驗，提出多項施政辦法，其中有一條是在苗鄉周圍的州縣，設立團練鄉勇，協助營兵，防範苗漢民的接近，嚴禁借貸苗債，不許苗人鐵匠入漢境。其團練方法是，十人設一什長，百人設一練長，互相甘結，不許爲非。反映社會經濟、民俗民情的史料尤其珍貴。《刑律訴訟》類載乾隆二十二年（一七五七）永定縣的稟文，涉及婚喪、租佃、社會救濟各項內容，如婚姻中的賣妻現象嚴重，所謂「楚民貪利忘義，於夫婦一道乖離異常，或因債負未楚，被逼無措，或因家室貧寒，夫妻反目，遂不顧廉恥，將妻嫁賣，氏之父兄從而主婚分財。迨至半年三月，本夫人去財空，復思翻悔，不以謀奪先妻，即以奸占誘拐，唆使伯叔兄弟，或串通氏家親族，出名妄告，是以賣休之案，多發於事成之後。」盜占他人田地作爲墳地的現象亦復嚴重。租佃關係中，湖南實行押租制，佃户交銀才能租賃到耕地，而田主撤佃又不願退還押金，所以佃農受盤剝慘重：「楚南俗例，凡召佃耕種，必須進莊銀兩，少則十餘金，多則四五十金，雖宗族戚友，未有無佃銀而能承耕者。」窮民承佃之後，貪得無厭之田主，「或因年歉薄收，或乘佃户事故，租息稍有不足，輒思漁利另佃，……而原出莊銀，田主復勒不退給，懦夫含忍不言，情極而自盡者有之，強者抱忿不平，踞莊而力爭者有之，小則告官詰訟，大則糾眾肆毆，往往致斃人命，實爲地方積弊。」關於社會公益事業，像育嬰堂，養濟院，書院，凡不動用公帑，由民間捐助的，即應歸紳士經理，官府不必過問，以免生事，妨礙這些事業的發展。《刑律訴訟》類還載有乾隆十年（一七四五）巡撫楊錫紱發布勸戒文，講到湖南童養媳婚姻的弊病，溺嬰情節的嚴重（不僅溺女嬰，有的也溺男嬰），春祈秋賽的盛行和匪徒乘機打降勒索、荒年的搶糧。財產繼承方面，無後之人遭到家族的迫害，是後世之人難於想像的：「楚南習俗，遇有繼嗣之事，若其人家道頗豐，則不管本人情願，不論是非親愛，祇以分屬親房，即以子弟強令承繼。其尤可駭者，倘有親支數人，則人人稱系應繼，彼此爭奪，甚至搶穀居莊，本人現在，而目擊財產屬之他人，莫敢誰何，雖欲賣產自贍而不能自主，人亦不敢承買，以致爭繼之案竟承鉅件，經年累月，弗獲歸結，亦有因此別釀事端者」。至於要以異姓爲後，族人更是不依，竟將義男誣指爲僕，以致他們在科舉中不能報考，別人不敢與他們結爲婚姻。租佃關係中押租之外，田主收取正租，又向佃户索要很多附加地租，所謂「每畝納租，自一石及一石幾斗、二石不等，此外更多雜派，有新米一項，每畝自一升至二三升不等，又有新雞一項，每一十畝自一只至兩三只不等，更有需勒雞鴨蛋、柴薪、糯米、年節肉，以及收租人執盪小利等項，層層盤剝。又收租之斛不照官斛，另有一種租斛名色，每石較官斛大二三四升不等。」這些記載呈現了一幅清代湖南社會生活畫面，是有很高的史料價值。這裏不厭其詳地加以介紹，其篇幅超過比它重要的史書，不惜自破體例，即在自勵今後搜訪此類史籍。

第九節　關於政書的工具書

在本章行將結束的時候，筆者介紹幾部關於清代政治經濟制度史籍的工具書，想來讀者能利用得上。

馬奉琛編輯《清代行政制度參考書目》，原發表於北京大學《社會科學季刊》第五卷第三、四兩期，有抽印單行本。編者爲研究清代行政制度史，從北京大學、北平圖書館、清華大學三圖書館閱覽資料，約五百種，深感有編寫參考索隱的必要，因就所寓目的五百種編成此書。他把它們分爲六類，即總類、中央行政、地方行政、特殊行政、清末之行政改革、雜著，每大類又分若干子目。對每一部著作寫出簡單介紹，包括卷數、著者、版本，收藏單位及書號，内容提要。對清代行政制度缺乏了解或所知甚少者，持此一本，按其提要，可自行選擇圖籍進行閱讀。若作者再能對史籍作一二評語，則更有助於初學者了。

張德澤編著《清代國家機關考略》，一九八一年中國人民大學出版社棗梨。張氏根據清代國家機構的特點和變化，分成三編，第一編敘述中央機關，將各機構分爲三類，分別説明，即中樞性質的有關機構，分掌國家各項政務的各機關，掌管皇族和宮廷事務的各機關；第二編介紹地方機關，又分二類，即一般地方文武官衙門及管理少數民族事務特設的官員衙門；第三編是説清末新設與改革的各機構。對各機關説明其性質、沿革、職掌、職官人數及其内部機構的分工，並依照各個機構的重要性，作詳略有別的介紹，內閣、軍機處、內務府則給予了較大篇幅。

李鵬年等編著《清代中央國家機關概述》，黑龍江人民出版社一九八三年梓刻。與前述書不同的地方它只敘說清朝中央機構，不及地方政府。分上下兩編，分述中央機關的演變、設置，另有附編：清代中央機關文武職主要官員品級一覽表。上述二書說明清代國家機構；官制史的價值之外，讀者可用作工具書，以便研究、利用清代政書的參考。

錢實甫編著《清代職官年表》，一九八〇年中華書局印行，四巨册。這是以官職爲經，官員（人物）爲緯製成圖表的書籍，用它去查檢某人某時任何官職甚爲便利，以此可入於傳記類資料的參考書目，但它的作用還不只這一點，誠如編者《例言》所說，它對於了解清代「重要職官的設立、裁撤、合併、分置等變化情況」，頗有意義，也是一部關於職官制度的工具書。它以清代歷朝「實錄」和《宣統政紀》爲資料，根據清朝官制和它的變化，制作了四十九種年表，這就是：大學士年表，軍機大臣年表，部院大臣年表，部院滿侍郎年表，部院漢侍郎年表，滿缺侍郎年表，內閣學士年表（附翰林院掌院學士年表、詹事府詹事年表），京卿年表（附順天府尹、奉天府尹、宗人府府丞年表），總督年表（附漕運、河道總督年表），巡撫年表，布政使年表，按察使年表，駐防大臣年表（附青海辦事大臣、西藏辦事大臣年表），提督年表（附九門提督、海軍提督年表），學政年表（附提學使年表），會試考官年表，軍事統帥年表，特派使節年表，總署大臣年表，出使各國大使年表，新設各部侍郎年表，新設各部部丞年表，新設各部參議年表，修訂法律大臣年表，司法衙門大臣年表，編擬官制及纂擬憲法大臣年表，資政院職官年表，弼德院職官年表，內閣屬官表，歷次練兵大臣年表，專司訓練禁衛軍大臣年表，軍咨大臣年表，海軍衙門大臣年表，籌辦海軍大臣年表，邊務大臣年表，路礦大臣年表，督辦鐵路大臣年表，商務、商約大臣年表，電政大臣年表，財政處大臣年表，土藥統稅大臣年表，稅務大臣年表，禁菸大臣年表，鹽政大臣年表，福建船政大臣年表，禮制大臣年表。從年表名稱可知，它包括了貫穿有清一代的官銜，也有鴉片戰爭以後產生的機關。是否制作年表，有嚴格的標準，一方面考慮衙門的地位，另一方面視該衙門的社會影響，因此中央官制多，文職部門多，與「正途」出仕有關係的機構多，滿漢不同缺分的也注意到了，它確實反映了清代官制及其變化。不僅如此，它對這些變化還有文字說明。另有諸多附錄：《清代內閣重要變化概況》，《清代部院組織重要變化概況》，《清代總督重要變化概況》，以及河道總督、巡撫、布政使、按察使、提督、駐防將軍的重要變化概況，描述了這些衙門和官職變化的概貌。本書作者認爲領侍衛內大臣品級雖高，政治影響不大，故未立年表，大約同樣道理，亦未立宗人府大臣年表，但是卻有宗人府府丞年表（附見《京卿年表》）這就有點本末倒置了，筆者認爲宗人府、內務府大臣是需要立表的，此外八旗都統亦可考慮立表。總之，這是一部有功力的有價值的工具書。錢實甫原編有《清季重要職官年表》、《清季新設職官年表》，由中華書局一九五九年、一九六一年先後出版。是反映道光以後官職及其變化的。《清代職官年表》已把它們的內容吸收進去了。

魏秀梅輯《清季職官表》（附人物錄），臺北中央研究院近代史研究所印，有一九七九年序言。該書以清季職官爲經，歷任官員爲緯，按時代排列，將乾隆後期至宣統間中央職官侍郎及正卿以上，弼德院正副院長，京外的督、撫、布、按、學政、將軍、正副都統、辦事大臣、參贊大臣、盛京五部侍郎、倉場侍郎、盛京及順天府尹、丞，皆一一立表，註明職官上任、離任的時間。

章伯鋒編《清代各地將軍都統大臣等年表》，中華書局一九六五年梓行。它包括將軍都統年表，副都統年表，參贊辦事大臣年表，盛京五部侍郎年表，製表的時間斷限是嘉慶元年（一七九六）至宣統三年（一九一一），所以它僅反映嘉慶以後的情況，不過它以都統年表爲主，可補《清代職官年表》的不足。

清官修《滿漢六部成語》、清佚名《六部成語註解》、李鵬年等《清代六部成語詞典》。清朝以滿文爲國文，官文書常用滿漢二體文，六部處理公文，經常要滿漢對照，爲把漢文語詞準確譯成滿文，官方編輯了《滿漢六部成語》，但只列語詞，沒有釋意。所列詞目二、五七二個，以六部分類，每部一卷。乾隆七年（一七四二）出版，道光二十二年（一八四二）文盛堂重梓。因爲它沒有註釋，使用不便，有人（可能是俗吏）爲作詞語解釋，成《六部成語註解》一書，釋語詞二千七百七十個，光緒間出書，一九四〇年日本京都弘文堂依據抄本整理刊行，一九八七年浙江古籍出版社據之標點印行。該「註解」多有不準確處，李鵬年等爲彌補其缺陷，編成《清代六部成語詞典》，天津人民出版社一九九〇年印刷。它依《六部成語》立目，一一說明其詞性、含義、用途。上述二書說明清代官衙用語及其意義，有利於讀者了解清朝的典章制度。

《清史滿語辭典》，商鴻逵、劉景寬等編著，上海古籍出版社一九九〇年印行。主要解清代史籍中出現的滿名漢字音譯的衙署、職官、封爵賜號及部分地名、部族名稱的詞彙，兼及清籍中常見的漢字音譯蒙古族職官名稱，計一千四百餘詞目，以漢語拼音字母次序編排。

劉廣京著文《近代籌議變法政論書目》。筆者從信息中獲知此文，想來對研究晚清政治變革的歷史問題和史料一定有其參考價值。

第四章 檔案史料

我國古代歷來注意檔案的保管，自兩漢起有石渠閣、蘭臺、東觀，至明清有皇史宬，都是保存檔案的地方。我國史學有利用檔案作爲史料的好傳統，司馬遷著《史記》，大量利用金匱石室之藏，引用檔案文獻，如抄錄官文書寫成《秦本紀》。班固任蘭臺令史，憑藉閱讀檔案文獻的方便條件，進行了《漢書》的寫作。他們的經驗，爲後世沿用。清人也注意利用檔案資料，前述歷朝實錄、《東華錄》的寫作，便是明證。

清朝在統治全國期間，實行的政治、經濟、文化、外交政策及其歸宿所形成的官方文書，保存於皇宮、中央政府及其職能部門、地方政府，就成爲清代檔案。官文書的撰寫，有的出自衙門，有的出自個人。個人中包括皇帝和朝內外各級官員。

清代的官文書有各種形式、有户口錢糧的黄册，科舉的試卷、金榜，中外交往的國書，盟會，官修的史書，私家提供的傳記，反映我國疆域形勝的輿圖，帝后功臣的畫像等，達百餘種之多。文字上，絕大多數爲漢文，滿漢合璧、滿文的占一定數量，蒙古文、藏文也有一些，還有英、法、俄、日、拉丁文等外文檔案。

清代的檔案浩如煙海。北京的中國第一歷史檔案館（以下簡稱「一史館」）藏有明清檔案約一千二百萬件、册，其中明代檔案三千餘件，只占藏檔的萬分之三，比重很小，所以那樣巨量的檔案主要是清代的。遼寧、四川、曲阜等地方檔案館、文管會，也藏有數量可觀的清代檔案。

如此豐富的珍貴的清代檔案資料，爲其他朝代所不及，自應引起清史研究工作者的重視。事實上，清代檔案史料的整理和利用，已經出現兩次興旺時期，一次在本世紀二三十年代，一次是七十年代開始至今，目前仍處在方興未艾的階段。

清代檔案已爲近世史學家所徵用，借以説明清史，而介紹它的學術文章，比利用它的論著出現得還要早。中國史料學的專著多設立專章專節，敘述檔案的收藏和史料價值，陳恭祿著《中國近代史料概述》，以《公文檔案》爲題，用四分之一的篇幅説明清代檔案史料，可見他對檔案史料的重視。《中國古代史史料學》的《清史史料》一章中，也特立《檔案資料》一節。檔案史料是第一手材料，而且是最原始的資料，其本身的價值，應當引起史家的高度重視。前面説到它已經爲學者所注目，但重視的程度尚需提高，忽視它的學者也不乏人，同時利用檔案也確有花時間、精力、財力的不便當的方面，而令人卻步。

古人利用檔案文獻，主要是抄錄資料，尚不懂得利用它説明歷史，今天我們利用檔案資料自應有高一步的要求。爲提高對檔案史料的認識和講究利用方法，筆者特立專章，介紹清代檔案資料的發現、保管、整理和利用。由於清代檔案主要保存在中國第一歷史檔案館，故而對它的館藏著墨較多。

第一節　內閣大庫檔案史料的發現和「一史館」對清代檔案的搜集、保管

㈠ 內閣大庫檔案的發現

清代皇家所藏檔案，供給經過特許的史官利用，本不存在發現與否的問題。所謂發現，指被私人發覺其史料價值和予以利用。它的發現是在本世紀二十年代初，是當時轟動社會的一件大事。學術界把與它差不多同時發現的殷墟甲骨、敦煌經卷、戰國秦漢竹簡，合稱爲四大學術發現。

清朝內閣有兩個大庫房，一存書籍表章，一存紅本。光緒二十五年（一八九九），爲修理牆壁倒坍的庫房，把一部分檔案移置於大庫附近的文華殿兩廡，宣統元年（一九〇九）又一次修葺，批准大學士管學部事張之洞的請求，將移出的書籍設立京師圖書館（今北京圖書館前身），內閣會議又議決將其餘的檔案焚毀，學部參事羅振玉因見乾隆朝大學士阿桂攻打金川時的奏摺，認爲有史料價值，商諸張之洞，因免焚銷之劫。一九一三年袁世凱北洋政府設立歷史博物館籌備處，移出大庫的剩餘檔案歸該處管理。一九一六年，該館遷至午門辦公，它所管的檔案經過初步分檢，完好的存於午門樓上，其他的裝成麻袋，存放在端門門洞內。一九二一年，教育部與歷史博物館因經費短絀，以四千元價格，把端門的檔案賣給北京同懋增紙店十五萬斤（或說八千麻袋，九千麻袋，沒有準確數字），同懋增轉賣出去作再生紙。事爲羅振玉所知，於一九二二年以三倍價格將之購買。隨

後他選留六萬件，把大部分以一萬六千元賣給李盛鐸。

這批檔案自移出大庫後，特別是「八千麻袋事件」之後，由不可窺視之物逐漸爲人所目睹，它的神秘莫測的底蘊，爲人議論，人們揣測其中包括多少宋版書，甚至於還有什麼妃子的繡鞋。北洋政府的官員，凡有機會與它接近的，多竊而藏之。這樣人們議論紛紛，競談大庫檔案，開始認識它的史料價值，從而予以重視。羅振玉的收購，使它免遭紙漿之厄，得以保存於今日，是有貢獻的，雖然他當時是保皇派，後來是漢奸，拿檔案作買賣，但在保存和整理檔案事業上功不可泯。就這樣內閣大庫資料被發現了。當然，它也付出了不少代價，損失了許多檔案，誠如目睹其被竊情景的魯迅所說：「中國公共的東西，實在不容易保存。如果當局者是外行，他便將東西糟完，倘是內行，他便將東西偷完，而其實也並不單是對於書籍或古董」①。

(二)大內檔案保管機構的設立及其變遷

辛亥革命後，根據優待清室條件，溥儀仍盤據宮中，大內所藏各種檔案，外人無由知之，仍不能作爲史料。一九二四年馮玉祥將溥儀逐出故宮，組織「辦理清室善後委員會」，清點故宮物品，陸續發現宮內各處所收藏的檔案。次年成立故宮博物院，下設圖書館，內分圖書、文獻二部，文獻部負責收集、保管大內檔案，存於內閣大庫檔案沒有遷出的部分亦由它接收。

故宮文獻部成立後，機構名稱及主管部門時有變動，業務範圍亦時有擴大，由於涉及清代檔案

①《魯迅全集》第三卷，《談所謂大內檔案》，人民文學出版社一九八一年版，五六七頁。

歸屬及讀者對其利用等重要問題，在此略事說明。

一九二七年，故宮博物院改組，文獻部隨之改稱掌故部，一九二九年易名文獻館。一九五一年，故宮博物院爲了加强對檔案的管理，把文獻館改名爲檔案館，將原來保管的宮廷歷史文物，如圖像、册寶、錢幣、兵器、樂器、儀仗等物，移交館內其他部門，以便它專管明清檔案。一九五五年，故宮檔案館脫離故宮博物院，改歸國家檔案局領導，成爲第一歷史檔案館，暫時結束了它隸屬故宮的三十年歷史。一九五八年，第一歷史檔案館更名爲明清檔案館，次年併入新成立的中央檔案館，改稱明清檔案部。十年後，即一九六九年，它又回歸故宮博物院領導，仍名明清檔案部，又十年後，即一九八〇年，再次歸入國家檔案局建制，定名中國第一歷史檔案館。近六十年來，一史館的隸屬名稱雖屢經變化，但它作爲明清檔案專業機構的性質和業務始終如一，它是保管和提供清史檔案資料的主要基地。

一史館現設在故宮西華門內北側，一群金黃色屋頂的五六層的高樓，就是它的庫房、辦公室和讀者利用廳。它有近一萬平方公尺的庫房，採用比較現代化的保管技術設備，有恒溫、恒濕、防光、防塵及防火等設施，並有縮微照相、靜電複印等技術裝備，以便複製和保護檔案原件。該館下設檔案整理保管、編輯、研究、滿文編譯、複製、修復等業務部門，有一定數量的業務骨幹隊伍，其中有保管、編輯、研究、滿文專家，有專業技術力量。它有專設部門接待讀者，前往利用檔案的日益增多。

(三) 清代檔案資料的搜集與集中

內閣大庫移出的檔案及其他檔案幾經輾轉流移，然最終由一史館集中保管。

大庫搬出的檔案，羅振玉轉賣給李盛鐸的部分，李於一九二八年賣給國民政府中央研究院歷史語言研究所，一九三三年、一九三六年史語所兩度將部分檔案運到南京，一九四八年運往臺灣。史語所未運部分存在午門、端門，名義上歸北京大學文科研究所，一九五二年爲故宮明清檔案館接管。羅振玉自留部分，於一九三四年運往旅順，一九三六年交奉天圖書館，一九五二年歸故宮檔案館。大庫搬出而未賣部分的檔案，一部分由歷史博物館保管，一部分於一九二二年移交北京大學研究所國學門（後改稱文科研究所），到一九五二年亦移歸故宮。這種複雜的流徙情況，鄭天挺曾作一表②，使讀者一目了然。今略作改動，移入本書：

內閣大庫檔案播遷保管表

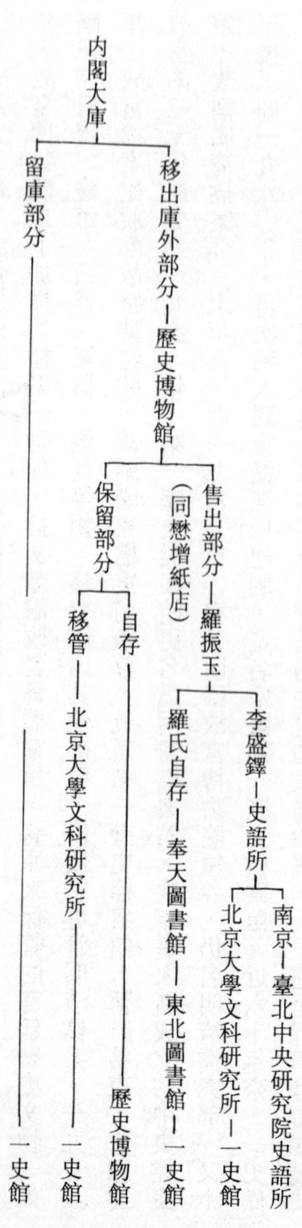

②見《探微集》，中華書局一九八〇年版，二九三頁。

對內閣大庫以外的清朝檔案的搜集，一史館及其前身也頗下了一番力量。一九二六年接收軍機處檔案。

一九二八年，接管清史館檔案。

一九二九年，接收刑部檔案。

一九三五—一九三七年，購買清末湖廣總督端方的檔案。

一九四六年，接管溥儀檔案。

一九五六年，接收蘇聯政府歸還我國的八國聯軍時帝俄劫掠去的檔案，即黑龍江將軍衙門、寧古塔副都統衙門、阿勒楚喀副都統衙門、琿春副都統衙門檔案。

一九六三年，接管醇親王府檔案，這是抗日戰爭前故宮博物院南運的檔案，未被運往臺灣的。這時由南京史料整理處移交過來。

一九六三年，由山東博物館移交來趙爾巽檔案。

還有長蘆鹽運司檔案，由食品工業部鹽務總局移交過來。

這樣清代從開國時期到溥儀小朝廷的檔案陸續發現，收集，由分散到統一歸一史館保管。統一管理，便於整理和公布，便於讀者研究利用，對檔案本身的保存也有好處。

這裏附帶說一下這批清代檔案的名稱問題。清代檔案引起人們重視，在於內閣大庫檔案的發現，因此人們很自然地把清代檔案稱爲「內閣大庫檔案」，又由於故宮文獻部早期收藏的多是宮內檔案，故又稱「大內檔案」。這類名稱在它們發現之初的二、三十年代，「大體上是正確的」③，但隨著清代檔案的不斷發現和集中，它擁有內閣、宮中以外的檔案，即中央各職能部門、地方政府以及私人的檔案這種實況，已不是「內閣大庫檔案」、「大內檔案」的概念所能包含的了。一史館館藏內閣檔案有近二百七十萬件冊，僅占該館藏檔的四分之一强。一九四九年以前故宮文獻館藏檔五百萬件冊，也只有今日的一半的數量。所以那樣的名字不符合實際。事物在發展，舊名當須捨棄，徑謂清代檔案，始爲妥貼。

這裏詳述內閣大庫檔案發現的過程及其檔案播遷史，意在說明檔案史料發現的不容易，收集、保管也頗費力量，應當很好地珍視和利用④。

第二節　「一史館」檔案的史料價值及整理

㈠「一史館」的檔案分類法

檔案文獻不同於書籍，應當有它自身的分類方法，以便科學地歸檔保管和讀者的諮詢利用。

③參閱韋慶遠：《明清史研究與明清檔案》，見《歷史檔案》一九八一年第二期。

④本節主要參考徐中舒：《內閣大庫檔案之由來及其整理》，見《明清史料》甲編，第一本；鄭天挺：《〈明末農民起義史料〉序》，見《探微集》；單士魁：《中國第一歷史檔案館》，見《歷史檔案》，一九八一年第一期；朱金甫：《故宮明清檔案部所藏檔案的過去和現在》，見《清代檔案史料叢編》第三輯。

內閣大庫檔案發現之初，故宮文獻部開始整理，毫無經驗可循，首先由陳垣提出《整理檔案八法》：一爲分類，或照檔案種類分，或依文字分，或按形式（紙樣格式，成本的，零散的）分。二爲分年，即在分類後，再把檔案依形成年代分類。三爲分部，即按檔案所屬部門歸類。四爲分省。五爲分人，即依文獻撰寫人分類。六爲分事，即以事歸類。七是摘由，把一個文件的事由寫出來。八爲編目，就是搞個總目⑤。讀者一看即可明瞭，這都是檔案分類學的內容。北京大學文科研究所對明清檔案的整理在一九二二年就開始了，它採取「形式分類及區別年代」的分類法：「形式分類則分譽黃、敕諭、誥命、實錄、試卷、表、題本、報銷冊……等類。年代則分天啓、崇禎、順治、康熙、雍正、乾隆……等朝」⑥，即按照檔案文獻的文字體裁和形成年代加以分類。拓荒者們邊幹邊總結經驗，終於創造了現在一史館的分類法。筆者以在該館利用檔案的體會，感到它是以檔案原來的收藏部門或個人，檔案文獻的體裁，檔案形成的朝代和年份，檔案內容和它所反映的社會歷史爲分類依據，把它們分爲全宗、文種、朝年、社會性質等綱目。

檔案文書具有實踐性，它同政府機關相聯繫，是屬於某一個部門的，或某一位政府要人的，它也是由行政部門分別保管的。政府各部門各司其事，其所屬檔案，即反映其主管的事務，所以按照原保管部門對檔案進行分類最易查找，比較科學。今一史館檔案分類的第一大部類叫「全宗」，就

⑤《陳垣學術論文集》第二集，中華書局一九八二年版，三三七—三三八頁。

⑥《探微集》，二九三頁。

是按照它原來收藏的部門和個人來區分的。清代檔案分爲七十四個全宗，爲：內閣、軍機處、內務府、宗人府、宮中、吏部、户部、禮部、兵部、刑部、工部、度支部、陸軍部、法部、外務部、學部、農工商部、民政部、巡警部、郵傳部、理藩院、樂部、責任內閣、弼德院、都察院、資政院、方略館、翰林院、大理寺、會議政務處、督辦鹽政處、總理練兵處、清理財政處、管理前鋒護軍等營事務大臣處、侍衛處、禁衛軍訓練處、尚虞備用處、京城巡防處、京防營務處、京城善後協巡總局、禁煙總局、順天府、會考府、軍咨府、憲政編查館、修訂法律館、國史館、太僕寺、太常寺、光祿寺、鴻臚寺、神機營、健鋭營、火器營、欽天監、國子監、大清銀行、近畿陸軍各鎮督練公所、京師高等審判廳、檢查廳、長蘆鹽運使司、鑾儀衛、八旗都統衙門、步軍統領衙門、山東巡撫衙門、黑龍江將軍衙門、寧古塔副都統衙門、琿春副都統衙門、阿勒楚喀副都統衙門和醇親王府、溥儀、端方、趙爾巽。其中屬於機關的有七十個，主要是清朝中央政府文武各衙門。還要説明的是，「宮中」不是機構，宮中全宗的檔案是從皇宮中各處收集起來的，如硃批奏摺，存於懋勤殿，故入「宮中」全宗，然就其形式和內容，亦可歸入軍機處全宗。

全宗下一級的分類，是依文種進行的，如內閣全宗的分類是：詔書，金榜，硃諭，題本，奏本，表，箋，黃册，鄉試錄，殿試卷，諭旨匯奏，副件，啓本，揭貼，塘報，移會，手本，片行，咨，移副，具呈，具稟，內閣檔簿，史書，大事記，實錄館稿本，會典館稿本，起居注，修書各館檔簿，其他檔案。軍機處全宗分如下十類：錄副奏摺，檔簿，來文，在京各衙門、督撫給軍機處的文書、照會（外國來的公文），電報，函札，清册，輿圖，奏表，雜件。內務府全宗分類是：簿冊，呈稿，來文，事簡，月摺，題本，題稿，奏案，奏底，奏稿，堂諭，堂交，輿圖，下屬機構文件。依文種分類，在大文種下有的還要以小文種再次劃分，如軍機處全宗檔簿類，又分上諭檔、明發檔、廷寄檔、諭旨檔、議覆檔、交議檔、交事檔、交片檔、交發檔等。內閣全宗題本類，又以六科給事中所分工抄發的加以區別，分吏科、户科、禮科、兵科、刑科、工科六科題本。

文種下的分類，主要是按朝年，如六科題本，每一科的依朝年進行分類，「朝」係指某一皇帝在位時之年號，即順治、康熙、雍正、乾隆、嘉慶、道光等，年是指某朝具體年頭，如咸豐元年、二年、三年等，這就是說把題本按六科分爲六類，每一類又分出朝代，在同一朝代裏又照時間順序分類。

一些全宗的檔案件數太多，分到朝年依然不便歸類和利用，於是在其下又按照檔案內容性質分項，如順治朝題本分爲如下四十三類：叛逆、屯墾、刑罰、漕糧、災荒、河工、糾參、賊匪、敷陳、田賦、鹽務、隱匿、糧餉、例行、銓叙、兵馬、鼓鑄、茶馬、遺民、倉穀、科舉、考核、差派、驛遞、征伐、賑卹、明藩、貢進、通商、採買、雜課、邊防、關税、户口、錢法、蓄髮、庫藏、撫綏、印信、推荐、織造、圈地、貪污、奏銷、俸銀、未分類。又如刑科題本，嘉慶朝的，下分七個屬類：秋審朝審、命案、盜案、貪污、監獄、稽捕、其他。命案又分土地債務、鬥毆、婚姻姦情等目。

依文種、朝年、性質立卷，有其好處，但歷史檔案，主要是爲歷史研究利用的，而歷史研究者更是從檔案文獻的內容著眼，感到這樣分法，沒有突出文獻性質，查檢有不便之處。爲解決這個問題，檔案館於一九五八年作了變更的嘗試，把軍機處奏摺，完全按照其內容性質，重新分類，於是分爲內政、外交、軍務、財政、農業、工業、商業、文教、法律、民族事務、宗教事務、革命運動、帝國主義侵略戰爭等十八大類。每一大類下再分若干屬類，如民族事務類，下面又依地區劃分屬類。這樣內容性質突出了，有其優點，但多年來使用結果，人們感到它的弊病也不少，因爲奏摺叙述的事務複雜，有的一摺涉及諸方面問題，分起類來，並不那麼好分，歸入這一類，則那一類缺失，因而有的分得不科學，反倒無法尋找。再說分類以後，使原來便於檢索的也複雜化了。如一個人的奏摺，本來是集中的，找到他的屬類，可以全部拿出來閱讀；可是分類以後，他的奏摺散到各類裏去了，需要從許多類中一一去查，就頗費事。由於這些緣故，令人對這種分類法產生懷疑。

分類學是一門科學，檔案分類有許多問題需要深入研究，按性質分類，就是屬於研究過程的事情，問題就是要很好地進行總結。事實上，一九四九年以前，北京大學文科研究所的檔案整理者就是不斷總結經驗的，一九二三年他們檢查分類上的缺點，一是「太重形式，只知區別名稱，排比時代，而忽略檔案的內容。」二是「只知注意檔案本身，而忽略衙署職司文書手續之研究，遂使各類檔案，均失掉它們的聯絡性」⑦。認識到只重視檔案形式不夠，還要注意檔案內容。第二點的認識更重要，檔案有價值，如同出土文物，不知它出土情況，在地下的狀況，它與其他埋藏物的關係，他的主人，等等，再有價值的東西，也只能成爲傳世文物，而大大降低它的光彩，檔案要保持它原

⑦《探微集》，二九五頁。

有的價值，要和它的收藏狀況相聯繫，須了解它的主管機關，它形成的過程，它同社會實踐的關係，該機構保存檔案的手續，離開對這些問題的把握，瑰寶檔案也將大爲失色。五十年代初期他們又總結經驗，作出新的規定：「過去整理題本，全按內容分類，有許多混淆不清，現在改按機關的職掌重新分類」⑧。在分類上他們經歷了這樣一個過程：檔案形式——檔案內容——檔案原藏機關的職掌，它不是簡單地按原單位分類，還要考慮原單位內部的分工，依其所屬而分類。人們在這個過程中對檔案認識一步步深入，分類一步步合理。陳垣在分類時提出「秤不離砣」的原則，他的意思是：檔案文件寫著時間，它的包裝紙、盒、箱，不能隨意與檔案原件分開，檔案一旦與它的包裝分離，好多事就說不清，可能就不知它的作者，它的主人，它的形成時間，它的用途。陳垣提的原則很重要，它有利於把檔案依機關職掌來分類的實現，是科學的要求。

保管和利用檔案，有了分類還不夠，尚需要做出細目，給每一件檔案作摘由，即用簡括的語言說明該件檔案的內容。這是一件繁重的、細致的工作，一史館已經做了一些，軍機處全宗錄副奏摺二十八萬五千件，業已逐件作了摘由，有的做得較好，茲舉農民運動類反清鬥爭項內嘉慶朝幾件檔案摘由爲例：第三二三一號，「百齡等奏報鎮壓松江等地災民周福觀等抗糧抗官之文件」，第三一八七號，「衡齡審擬聚衆抗糧之絳州民人王元勛等人件」，第三〇五二號「保寧等審明陳德等於神武門刺殺皇帝一案並失職官員懲處件」，第三〇五三號，「刑部奏報審辦民人持械闖進神武門二案

⑧《探微集》，二九七頁。

件」，第三三四七號，「成齡奏報查明溫州後幫糧船水手在通州毆傷巡役一案」，都把事件發生的地點、當事人、性質交代了，以備讀者索閱。做這項工作，與分類一樣是很艱苦的，但這是造福於學術界及利用者的大好事。

㈡「一史館」的檔案內容與史料價值

一史館所藏的一千萬件的檔案，在各個全宗中分布的極不平衡，擁檔最多的内閣全宗，約有二百七十萬件，其次是内務府全宗，約爲一百九十萬件，軍機處全宗七十六萬多件，宮中全宗只比前者少萬數件，刑部全宗六十三萬件，溥儀全宗、長蘆鹽運司全宗均在四十萬件以上，宗人府全宗三十萬件。國史館全宗，方略館全宗檔册都不太多，分別爲五萬餘件、不及一萬件。

立檔案部門的職掌，決定了檔案的内容，也決定了它作爲後人利用的史料意義。一史館所藏檔案，包括了清朝政府在政治、經濟、文化、民族、對外關係各方面的政策、制度，它們的實行及這些社會方面的狀況，還包括了清朝時期山脈河流、天文氣象和自然災害的情況，以及上至宮廷下及民間的生活狀態。在這裏，清代社會生活的各方面的資料雖非應有盡有，更非是系統完整的，但卻是包羅萬象的，極其浩瀚的，可供史學工作者採集、加工。

内閣全宗的户科題本，軍機處全宗的一些奏摺，户部全宗的清册、黄册，長蘆鹽運司檔案等，記載户口、田賦、丁役、漕糧、商税、鹽政與鹽課、倉儲、貨幣、農田水利、手工藝、礦業、商業等方面的事情，反映清朝財政和社會經濟情況。

軍機處全宗錄副奏摺農民運動類的檔案，是官員報告鎮壓農民運動情形的奏摺，它記錄民間的秘密組織，抗糧鬧堂活動及武裝暴動，大規模起事，清朝政府鎮壓措施和活動，民衆運動的結局。清代民間的秘密結社非常活躍，組織繁多，吸引了各階層群衆，特別是貧苦農民和手工業者，他們活動頻繁而隱蔽，多次暴發起事，如川楚陝白蓮教起事，天理教李文成、林清起事，林爽文起事，可是叙述其歷史的資料卻不太多，檔案文獻恰恰彌補了這個缺陷，它記錄一〇七個秘密宗教的活動情形，說明它們的創立、組織源流和組織機構，宗教儀式，經卷、咒語、口號和歌詞，傳徒的方式和信徒的義務，與清朝政府的關係及被破壞、鎮壓的情形，尤其是對幾次著名的起事提供了大量的資料⑨。太平天國、捻軍、義和團的被鎮壓，檔案也有紀錄。特別需要指出的是檔案中有民衆運動本身所形成的文獻，如起事者的布告，更彌足珍貴。

關於清朝民族事務和少數民族歷史的文件也很多，它記載了瑤族、傈傈族、傣族、景頗族、佧瓦族、哈尼族、阿昌族、納西族、怒族、拉祜族、彝族、羌族、苗族、布依族、僮族、高山族、鄂倫春族、索倫族、赫哲族、哈薩克族、維吾爾族、土族、回族、藏族等少數民族社會經濟、政治、文化風情的狀況，同中央政府的關係，邊疆少數民族反對外國侵略者的鬥爭，反抗清朝殘暴統治的運動，少數上層分子的叛亂、分裂活動。

清朝政府對外事務的檔案，是清代中外關係史的記錄。清朝政府與鄰國亞洲國家印度、錫金、尼泊爾、不丹、緬甸、越南、泰國、老撾（寮國）、菲律賓、日本、朝鮮、阿富汗、馬來亞、印度

---

⑨參閱劉子揚：《清代秘密宗教檔案史料概述》，《歷史檔案》，一九八六年第三期。

尼西亞，與歐洲國家英國、俄國、法國、德國、義大利、挪威、瑞典、丹麥、荷蘭、奧地利、奧匈帝國、比利時、葡萄牙，與美洲國家美國、加拿大、古巴、墨西哥、巴西、智利、巴拿馬、秘魯、危地馬拉（瓜地馬拉），以及與澳大利亞、剛果有外交往來，或通使節，或有貿易，或勘定邊界，或有事件交涉。鴉片戰爭開始的西方殖民主義者對我國的侵略戰爭，檔案裏都有記錄，殖民强盜的暴行，投降派喪權辱國的罪行的資料，至今仍是教育人民的資料素材。

清代的各項政治制度、吏治狀況、禮樂制度、教育科舉制度、司法行政、武備狀況，在吏科、禮科、兵科、刑科題本和六科史書、軍機處奏摺中多所記敘。吏科題本，反映官員任免、考績、獎敘、懲處、襲替、撫恤等內容。禮科題本多屬於典禮、學校、科舉方面的事情。兵科題本是防務、戰爭、馬政、軍需、驛站諸方面文件。刑科題本、內務府愼刑司檔案記載關於各種命、盜案件的審判，監獄、緝捕等刑政事項。這些檔案內容，才使人看到社會生活形形色色的各個方面。

宮廷和皇室生活是人們很感興趣的歷史問題，內務府全宗、宗人府全宗、工科題本，可以提供宮內興建、皇族繁衍、龍子龍孫的生活、皇莊地租、上用緞匹的織造、御用工藝品的製造諸方面的資料⑩。

一史館所藏地方政府的檔案，爲地方史的研究提供資料。

至此，集中說一下一史館檔案的史料價值。

⑩以上參閱李鵬年：《故宮明清檔案部所存重要檔案述略》，見《清代檔案資料叢編》第三輯。

(1)一史館是清史研究第一手資料的寶庫

鄭天挺說：「歷史檔案在史料中不容忽視，應該把它放在研究歷史的最高地位，就是說離開了歷史檔案無法研究歷史。」又說：「歷史檔案是原始資料的原始資料，應該占最高地位」⑪。他作爲大內檔案第一批整理者對檔案史料價值的評論，無疑是精闢的。我們通常把一些史書視爲第一手史料，如清歷朝實錄、清三通、各種方略、國史館傳記，但是它們也有其資料來源，這就是官方文書，即檔案。所以最原始的資料是檔案，應當放到史料的最高地位。檔案文件是自然形成的，官文書是處理政務的實踐及其結果，它不同於追記的著述，也不同於據之編寫的史書，它不僅材料最原始，而且可信程度高，即使最反動的政權，也因文書的實踐性所決定，願意它是真實的，所以檔案文書準確性比其他史料要高。

一史館所藏清代檔案數量之多，價值之高爲其他收藏處所無法比擬，而我國所存歷史檔案，其在清朝以前者數量有限，也根本不能同一史館的清代檔案相比。所以一史館成爲清史研究的原始資料的供給基地。

(2)清代檔案文獻是編寫清朝通史的不可缺少的資料

不運用清代檔案文獻也可以寫出清代史，事實上已經出的一些就沒有怎麼利用，但這都是內容比較簡單的著作。寫作內容豐富的清代通史就不同了，這就需要反映社會各方面生活的巨量的原始

⑪《清史研究和檔案》，見《歷史檔案》一九八一年第一期。

資料，否則就綜合不起來。像《清史稿》這類著作，還是多少使用了一些檔案資料，但倉促成書，利用得極不充分，所以不能成爲好的資料書。正如韋慶遠所說：「《清史稿》没有編好……其中有一個因素也是很重要的，那就是，清史館在其編書的全過程中，並未能充分利用清王朝遺留下來的極其大量的歷史檔案文件，在史料來源上就存在先天不足」⑫。

(3)**充分利用檔案資料，才可能對清史某些領域的研究有所突破**

有一些清史問題，不靠檔案資料就不能解決，如宮廷史，皇族史，最上層的政治鬥爭史。還有一些問題，非檔案資料不能突破，筆者現時所能認識到的，是在經濟史、階級關係史和家庭關係史方面。司法方面的檔案，往往把涉訟者的身分（功名、官職、貴族、平民、賤民、旗人等）、土地占有狀況（數量、買賣、田價）、雇佣關係（雇主、雇工、工價、東夥身分關係）、租佃關係（數量、地租、附加地租、雙方身分）交待得非常具體，對經濟史和階級關係史的研究，能夠以生動事例供作典型剖析，還能以大量的資料供作綜合考察。檔案以外的文獻也能提供這方面的資料，但有經濟數字的則很少，更缺乏典型人家的情況。筆者曾在文集、方志、族譜的傳記中查找這方面的資料，所得甚微，及至看一史館刑科題本，資料具體生動，立即耳目一新。李文治編《中國近代農業經濟史資料》第一輯就搜集了部分刑部檔案資料，爲它的利用開了頭。中國社會科學院歷史研究所與一史館合作，從乾隆朝刑科題本中挑選了三千八百多件，編成《清代地租剝削形態》一書，一九

---

⑫《明清史研究與明清檔案》，見《歷史檔案》一九八一年第二期。

八三年由中華書局出版。它一問世，即受到學術界的歡迎，認爲它「提供了研究中國封建地租形態的重要資料」⑬。可見這種檔案材料的寶貴了。八〇年代上半期筆者數度組織南開大學歷史系教師、研究生、本科生去一史館，與該館合作，將內閣全宗嘉慶朝刑科題本土地債務類檔案檢閱一遍，摘錄社會史的內容，擬編輯「嘉慶朝社會生活資料選編」一書。山東大學歷史系黃冕堂組織力量查閱道光朝刑科題本。如果嘉道二朝的選編也能問世，乾嘉道的刑科題本就可以爲學術界廣泛利用了。惜乎出版困難較多，筆者所擬編之書因出版事務未得解決而擱置下來。

(4)利用清代檔案資料糾正史學研究中的某些錯誤觀點

有一些清史資料圖籍和清史論著，對清史的某些側面作了錯誤的論述，令人產生誤解，很需要糾正過來，這就要全面把握史料，其中必不可少的要利用檔案資料，多年來史學工作者的實踐證明了這一點。如關於努爾哈赤四世孫蘇努的歷史，西方教會史，如《燕京開教略》說他是親王，其父子獲罪於雍正是因信仰、庇護天主教和謀廢皇帝，陳垣先生運用檔案文書，指出蘇努最高世爵爲貝勒，得罪原因是在康熙間支持皇八子允禩爲皇太子，而其子勒什亨、馬爾陳在被囚禁之後才信奉天主教，顯然得咎與信教並無《燕京開教略》所說的那種因果關係⑭。清代文字獄嚴重，長期以來，

⑬赫治清：《關於中國封建地租剝削形態及其演變》，《光明日報》一九八三年七月十三日。

⑭《陳垣學術論文集，雍乾間奉天主教之宗室》，中華書局一九八〇年版。

人們把它看作是滿漢矛盾問題，然而要深入研究文字獄檔案，不難發現它出現的原因和性質並不那麼單純，階級矛盾、統治階級內部政治鬥爭也是它產生的社會因素。秘密結社清邦中的「安清邦」，直到現在還有人著文說它是「保安清朝」的，是反動組織，可是檔案資料揭示，它是漕糧運輸者的團體，是爲解決漕運中爭水道的問題而成立的。曹雪芹家庭被查抄的問題，許多研究者以爲曹家是康熙親信，是允禩黨人，因而遭到政治迫害，不相信史書記載中曹頫因虧空錢糧遭到抄家的說法。這種觀點，多年來在紅學界占著上風，近年一史館發現刑部關於曹頫案件的滿、漢文檔案，提供的是「曹頫因騷擾驛站獲罪」的資料⑮，如把它與曹頫虧空錢糧的文獻一起研究，曹家被抄的經濟原因越來越明顯，而政治抄家說本來就沒有像樣的材料，看來應當被否定。有的學者就根據檔案資料的不斷發現，進行新的研究。如胡文彬認爲紅學研究者「有必要根據新的材料對以往的研究成果作出新的補充或提出新的研究結論」，他以前相信「政治原因抄家說」，後來「重新系統地看了一遍有關檔案材料，經過一番研究之後，覺得過去的看法有片面性，且材料根據不足。現在倒覺得曹家『因虧空罷任，封其家資』的說法更可信，更符合歷史實際」⑯。他隨著對檔案資料認識的加深而深化了自己的研究，取得新的進展，適足說明檔案資料對於正確說明歷史的意義。

⑮《新發現的有關曹雪芹家世的檔案》，見《歷史檔案》一九八三年第一期。
⑯《清代檔案與〈紅樓夢〉研究》，見《歷史檔案》一九八二年第二期。

㈢「一史館」檔案資料的編輯與公布

檔案的價值體現在被利用上。檔案的收集、鑒定、整理、保管都是爲了利用，檔案的編輯也是利用的不可缺少的重要環節。檔案也不都是有用的，這就有個選擇問題。把有價值的史料文件輯錄成集，其選編目的不外是三個方面，一是根據政府需要，編輯資料作爲制定內外政策的參考；二是公布於世，爲歷史研究提供史料；三是按專題編輯，以便利檔案館閱讀者使用。

內閣大庫檔案史料發現七十年以來，編輯出版專集約二百種，成就顯著。

羅振玉買到檔案以後，即從事整理，於一九二四年出版《史料叢刊初編》，以後他又選輯出版了《大庫史料目錄》，六編；《清史料拾零》，二十六種；《清太祖實錄稿》，三種。

北京大學與羅振玉同年出版它的編輯成果：《整理清代內閣檔案報告》（要件）三册；《整理清代內閣檔案報告》（題本）一册；《整理明清史料要件報告》一册。抗戰前它又刊行了《嘉慶三年太上皇起居注》，《順治元年內外官署奏疏》，《洪承疇章奏文册匯輯》等書。

中研院歷史語言研究所編輯《明清史料》，一九三〇年出版甲編，乙編、丙編於一九三六年行世。一九五一年出版了丁編。史語所於五、六十年代在臺北繼續印出戊、己、庚、辛、壬、癸六編，前後計達十編。每編線裝十册，計爲一百册。甲編有蔡元培序，云歷史有直接、間接材料兩種，檔案爲第一種，傳記體史書爲第二種，應當以第一種爲信史，給予該書資料以高度評價，同時刊有傅斯年的《明清史發刊例言》，徐中舒的《內閣檔案之由來及整理》。該書所編選的爲具有重要內容的檔案，抄錄原文，一篇連綴一篇，不按時間順序，也不依文獻內容，雜亂地匯在一起，然而它披露的檔案史料價值較高，所以這是一部重要的檔案資料匯集。甲編收入明清之際的資料，有明季邊情、清初戰爭及朝鮮史料。乙編也收入明季邊情資料及清初浙、閩、粵、雲貴土司檔案。丙編收有瀋陽舊檔、洪承疇奏稿、順治年奏章。丁編多鄭成功及三藩之變史料。戊編選收關於臺灣的史料，時間上起明季，下迄道光年間。己編收入東南沿海及閩、粵地區的題本、揭帖及六部題本。庚、辛兩編收入清朝與西洋、亞洲各國往來文書及國內民族關係題本、奏本。通觀該書所收之檔案，多爲明清之際和清朝前期形成的文書，編者對有關沿海地區的內容尤有興趣。北京中華書局將戊編起的臺北印本影印出版，把線裝改爲精裝，又將甲編之蔡、傅、徐等文移置在戊編之前，至一九八七年已印出戊、己、庚、辛四編，各上下兩册。

一九四九年以前，編輯出版成績最大的是故宮博物院文獻館。當它的機構名字叫「掌故部」時，編輯出版了《掌故叢編》，一九二八年一月至一九二九年十一月，共出十輯，把檔案原件分出專題，連續刊載，如《英使馬戛爾尼來聘案》、《宮中現行則例》、《仁宗遇刺案》等，發行後極受歡迎。故於一九三〇年、一九三四年重新印刷。《文獻叢編》是改稱「文獻館」後的出版物，性質與《掌故叢編》相同，一九三〇年三月至一九四二年一月，共出四十六輯，絕大部分爲抗戰前印行。《史料旬刊》，一九三〇年六月至一九三一年七月發行，共四十期，蘇州織造李煦奏摺最初是通過它同讀者見面的。這些刊物之外，編輯專題檔案匯集，如《清三藩史料》、《清代文字獄檔》、《康熙與羅馬使節關係文書》，出版保存在宮中的未刊稿，如汪景祺《讀書堂西征隨筆》、譴責錢名世的《名教罪人》等。圖像也有出版，如《清代帝后像》、《歷代功臣像》、《清乾隆銅版地圖》。還出版了檔案目錄，《軍機處檔案目錄》、《清季各國照會目錄》、《雍正不錄奏摺目錄》，《內閣大庫現存清代漢文黃冊目錄》，與北京大學合編了《清內閣舊藏漢文黃冊聯合目錄》。故宮還出有《文獻專刊》、《文獻特刊》，登載介紹檔案和使用檔案資料的研究論文。

一九四九年以後編輯出版的檔案，有一個顯著的特點，就是與歷史研究緊密結合，史學界討論的問題，檔案中的相應資料，往往被匯編成資料集問世，幫助史學研究的深入開展。編選方法上強調資料的專題性，它或者以人物劃分，如一九七五年中華書局出版《關於江寧織造曹家檔案史料》，次年印行《李煦奏摺》，一九五九年曾編印《宋景詩檔案史料》。或者按歷史事件歸類，如鄭天挺等輯《明末農民起義史料》。屬於近代史上歷史事件的檔案資料專輯或揉合其他文獻的資料集子更多，如《戊戌變法檔案史料》、《清末籌備立憲檔案史料》。或者選輯某一方面社會問題的檔案資料，如一史館編《清代地震檔案史料》，水利電力部研究院編《清代海河、灤河洪澇檔案史料》，一史館與中國人民大學清史研究所合編《天地會》（預計分八册，前七册已由人民大學出版社印行），故宮博物院明清檔案部編《清代中俄關係檔案史料選編》，從一史館五千餘件檔案中選出，按朝年分爲五編，即順康雍的第一編，乾嘉道之第二編，咸豐第三編，同治第四編，光宣第五編。內容包括使節派遣、來往路線、接待與護送、遞國書、談判及相關禮儀制度，中俄邊界問題及訂約，邊界管理及邊民的流動，沙俄對我國的侵略及中國的反侵略，俄國東正教士及留學生在華活動等。第三編於一九七九年由中華書局印行，全三册。《康熙統一臺灣檔案史料選輯》，一史館與廈門大學臺灣研究所合編，福建人民出版社一九八三年棗梨。選編一六六二年——一六八四年有關清朝、鄭氏集團檔案史料一八四件，其中一〇三件爲首次公布，且有二十五件滿文密檔。《鴉片戰爭檔案史料》，一史館朱金甫等編，第一册由上海人民出版社於一九八七年印行。已出版第一、三兩編。一史館還不定期地出版《清代檔案史料叢編》，以公布檔案。它從一九七八年起，每年出版一或二輯，至一九八五年後所出漸少。它按專題出版檔案史料，第一輯爲《太平天國革命時期清政府的財政狀況》、《辛酉政變》等專題。第二輯基本是李沅發起義專號，第三輯爲《清茶門教》、《有關清初鎮壓明宗室反抗的史料》等專題，第四輯是順治間加派練餉、清查起科明藩田產、圈地和投充資料，第五輯是關於康熙、乾隆兩朝社會經濟的，第六輯爲明末和清初的資料，第七輯包括順治驛遞、制錢的鼓鑄、承德布達拉廟等八個專題，第八輯選錄趙爾巽全宗檔案資料。第九輯公布了順治朝朱諭、李光地奏摺、雍正朝朱筆引見單、乾隆末年白蓮教活動的文獻。第十輯含《順治年間茶馬之制》、《乾隆四十八年節次照常膳底檔》、《毅軍紀略》、《北洋練兵案》等六個專題資料。第十一輯有八個專題資料，爲《崇德七年奏事檔》、《乾隆年間修改雇工人條例史料》、《清末京師醫局檔案史料拾零》等。第十二輯收入乾隆朝陶磁、乾隆朝內地與新疆絲綢貿易、大學堂經費、朝陽金丹道教起義四個專題檔案資料。第十三輯匯集《順治親政後漢官被劾案》、《光緒二十四年渦陽起義》、《清廷收撫馮麟閣史料》等六個專題。第十四輯收有《盛京滿文逃人檔》、《咸豐八年順天鄉試科場案》、《出國游學生致端方函札》等七個專題資料。這個叢刊從第三輯起不定期地登載《清代歷史檔案名稱解釋》、《明清誥敕命文書簡述》等介紹檔案及如何利用檔案的文章，幫助讀者了解一史館所藏檔案。這個叢刊已經得到學術界的歡迎，惟是在擬定專題，分出公布先後問題上，尚可進一步考校。一九四九年以來，檔案資料的編輯相對史學界的需要來說還不是太多，但有關部門能努力工作，並注意編輯質量，這是非常可喜的。

整理出版的檔案資料集還有一些，不再介紹。欲了解該館及其他檔案收藏機構出版物的讀者，請參閱本書附錄二《清代檔案史料書刊目錄》。

第三節 「一史館」以外的清代檔案史料

清代檔案，除一史館保管的以外，還有相當數量散存在各省市檔案館和其他機關。茲就收藏較多的幾處略作說明。

㈠ 遼寧省檔案館清史檔案

盛京，作爲清朝的故都、東北地區的行政中心，在清代始終有著特殊地位，這裏除奉天府、盛京將軍衙門以外，還有盛京五部、盛京内務府等特設機關，因而這裏會有自然形成的檔案。清朝又有向這裏送貯圖籍的制度，如歷朝實錄、玉牒，均分藏盛京崇謨閣一份。現今的遼寧檔案館合併了原東北檔案館，容納了東北檔案館保管的明、清、民國時期東北地區的歷史檔案和「滿鐵」檔案資料。所以遼寧檔案館有比較豐富的清代檔案的來源，又加上原東北檔案館的搜集，因而集中了東北地區的清代檔案。

遼寧檔案館内設歷史檔案部，擁有舊時代歷史檔案一百二十二萬卷、册，其中有唐代的六件，明代的一千餘件，而清代的則多達二十萬卷、册，以地方檔案館所藏則頗爲可觀，更重要的是清代檔案的內容廣泛，價值甚高。它包括清朝開國直至滅亡各個時期的圖籍、公文，其中崇謨閣的藏書，如歷朝實錄、歷次纂修的玉牒，爲石室金匱之秘。以實錄講，今行之於世、由僞滿影印的，即以崇謨閣所藏爲底本。玉牒，今一史館保管的有所殘缺，遼寧之藏有順治十八年至光緒三十四年間興修的，恰可使爲完璧。這類有關整個清史的文獻資料爲他處所難有，至爲寶貴。黑圖檔，係康熙至咸豐間，盛京內務府、盛京五部和北京內務府及中央各部的來往滿漢文書。滿文老檔（天命前九年至崇德年間）、順治朝檔，反映後金時期的女真社會、明清關係和清朝初期東北地區的民族，政治、經濟、莊田、軍事、邊防等方面的史料。三姓、寧古塔、雙城堡、阿勒楚喀、富克錦等副都統、總管、協領衙門的檔案，是乾隆至同治年間的文獻，包括旗務管理、屯田墾荒、邊疆民族事務、民衆運動和帝俄入侵等方面內容。盛京軍都部堂和奉天交涉檔案，提供了東北地區在義和團運動、甲午戰爭、日俄戰爭、辛亥革命等歷史事件中的反響資料。總之，遼寧檔案館的清代文獻，對清代皇室、八旗制度、東北地方史的研究，具有很大價值，值得高度重視和好好利用。

遼寧檔案館正在進行館藏檔案的整理，與遼寧社會科學院歷史研究所合作編輯了《東北義和團檔案史料》，業已由遼寧人民出版社作爲《東北文史叢書》專集發行。另外編輯了《辛亥革命在遼寧檔案史料選編》⑰。

⑰本處寫作參閱了孫景悦：《遼寧檔案館》，見《歷史檔案》一九八一年第三期。

㈡ 四川省檔案館所藏清史資料

四川省檔案館於一九五九年籌建，一九六六年正式成立，收藏六百多個全宗的檔案，是全國保存檔案較多的省館之一。內設歷史檔案處，其保管的清代檔案，有布政司等八個全宗的，還有巴縣縣署的。清代布政司、川東兵備道、重慶府全宗有檔案十一萬四千多卷，其中川滇邊務大臣自光緒三十二年至宣統三年間的文件一千多卷，對研究清末加强邊境地區的統治、民族經濟和社會發展概況，有較高參考價值。

四川檔案館保管的原巴縣（重慶府首縣）縣署所藏檔案是令人注目的實物，它是我國現存時間最長、內容較完整的一部地方檔案⑱。由巴縣縣署與上級機關、其他州縣往來的公文、户口薄册、民間的訴訟狀等構成的，在乾隆二十二年（一七五七）⑲至一九四一年間形成，檔案內容豐富，擁有地方行政、外事、軍事、司法、財政、工業、交通、郵電、農林水利、文化教育、社會團體、宗教等方面的內容，中間有太平天國在四川戰鬥的資料；清政府鎮壓李藍起事、劉義順起事、黔江教案、酉陽教案、白蓮教起事、彝族起事、藏族工布朗結起事的告示、札飭、稟文；封建土地租佃、行邦的文件；反對洋教事件的文獻；密查革命黨的訊案、供詞；工商業發展、物價、幣制變動的資料；捐輸夫馬、田賦費用的文件；開辦礦務、鐵廠、爐頭、硝廠的材料；記載旱、水、火、雹、地

⑱《清代乾嘉道巴縣檔案選編·序言》。

⑲或云最早形成於乾隆十七年（一七五二），見楊林《關於巴縣檔起始時間》，《歷史檔案》一九九〇年第三期。

震災害的材料；各種民事、刑事訴訟，如借貸、貿易、地權、家庭、婚姻、財産繼承、鬥毆、盜竊、賭博的狀紙、傳票、口供、判詞和結狀；興辦中小學堂、管理官員子弟的資料；團練保甲組織機構、牌頭、甲長、保白、鄉約、客長、監正、場頭一系列的組成狀態；晚清在川推行新政、預備立憲的資料；交通運輸及其組織——船邦的狀況等等。該檔案有幾個顯著特點：其一，一個縣的檔案，保存數量這樣多，時間這麼長，而且比較完整，是很罕見的。其二，因爲它是縣一級檔案，具有清代縣及其下屬機構、知縣及其屬員狀況的大量資料，足資研究清代地方基層政權和行政歷史的利用，而這是其他資料所不詳備的；其三，它關於地方農業、商業、手工業的資料，有利於地方經濟史的研究；其四，因爲巴縣是重慶府所在地，所以對研究清代重慶史也具有重要的史料價值。四川省檔案館對館藏檔案進行了整理編目，編輯《四川保路運動檔案選編》（附《四川保路運動大事月表》），四川人民出版社一九八七年印行。輯錄《四川教案與義和拳檔案》，亦由四川人民出版社棗梨。四川大學歷史系、四川省檔案館合編《清代乾嘉道巴縣檔案選編》，四川大學出版社於一九八九年梓刻了它的上册。此外，還編輯出版《重慶教案》、《酉陽教案》、《黔江教案》、《王家沱租界案》等檔案資料集。

巴縣檔案之外，四川其他地方也藏有不少清代檔案，如新都縣保存嘉慶至宣統間的地契一九六件，匯編成《清代地契史料》一書，由新都縣檔案局、館刻印。內江市藏有康熙至宣統間的清代檔案三十三卷，具有當地社會經濟和社會風俗的資料。

四川自古井鹽業發展，這是一個很值得研究的問題。有的地方也保存了一些井鹽業的資料，自貢市檔案館收藏鹽業檔案三萬餘件，其中契約三千件，自貢鹽業歷史博物館、自貢房地產管理局均有不少檔案，尤其是檔案館同北京經濟學院吳天穎、四川大學冉光榮等學者結合，匯編成《自貢鹽業契約檔案選輯》，一九八五年中國社會科學出版社梓刻。收有契約七八五件，文書六十五件，計八五〇件，分六輯；鑿井，日份、火圈買賣及合夥，日份、火圈租佃，置筧，房產、車爐及借貸、分關，井、灶、筧專約，附釋名及井名索引。文獻年代爲一七三二—一九四九年。「選輯」是研究清代井鹽史的不可忽缺的資料。

四川是一個大省，有清一代，許多全國性的重大事件在該省有强烈的反映，該省也出現過獨特的事件，它的檔案館所保藏的檔案資料，對說明四川地方史和清代史都有參考意義⑳。

(三) 曲阜孔府和山東省檔案館的清史檔案

宋、元以來，孔子後裔被封爲衍聖公，清朝尊孔子爲「大成至聖先師」，追封孔子五世先人爲王，裔孫世襲衍聖公。貴族曲阜孔府在其同官府往來及內部關係中形成大量的文書，並被保留下來，今經整理的檔案有八千九百餘卷，此外還有一些未加整理的散檔，每卷有檔案少則一件，多的達五、六十件，所以總數量也相當可觀。這些檔案於一九五六年開始整理，現保存在曲阜市文物管

⑳本處寫作參考了程啓昌：《四川省檔案館》，見《歷史檔案》一九八三年第二期；李衍發：《巴縣檔案及其整理近況》，見《清史研究通訊》一九八三年第一期；楊修武：《四川省內江市檔案館》，見《歷史檔案》一九九〇年第三期；《清代乾嘉道巴縣檔案選編·序言》。

理委員會。

孔府檔案，追敘前代之事的不計外，最早的是明朝嘉靖十三年（一五三四）的，最晚是一九四八年形成的。多數屬於清代。它分成十二大類，即襲封、宗族、屬員、刑訟、租稅、林廟管理、祀典、宮廷、朝廷政治、財務、文書、庶務等類。它原是私家檔案，以曲阜孔府爲中心，記載與它有關的事情。

「與國咸休安富尊榮公府第，同天並老文章道德聖人家」。這個孔府大門兩旁的對聯準確地道出孔府與清朝政府存亡與共的關係，襲封、屬員、祀典、宮廷、朝廷政治等類檔案，既反映衍聖公府的內部結構及特權，也表明它對清朝政府的依賴關係。

孔府是擁有六千頃土地的大地主，有著衆多的佃户、灑掃户、廟户，進行地租和高利貸盤剝。租稅類的大量檔案，對此反映得非常具體、細緻。

宗族類檔案，收有各種《孔氏族譜》，還有「祖訓」、「族規」，規定選擇族長、户頭、户舉以及他們職權的文書。孔府是宗法家族的典型，它的那些檔案對此作了具體的描繪。

安富尊榮的孔府主人的生活狀況，檔案文獻也有生動的記載。

曲阜孔府檔案，提供中國歷史上唯一歷代世襲的貴族家族史，它有與政府關係史的資料，對了解清代政治、租佃關係、貴胄生活有重要參考價值。

曲阜孔府檔案史料，爲中國社會科學院歷史研究所楊向奎等所著手整理，他們於一九六三年去作選材工作，抄錄四、三五三件，後來寫出《封建貴族大地主的典型——孔府研究》一書，一九八一年由中國社會科學出版社印行。同曲阜文管會合編《曲阜孔府檔案史料選編》，一九八〇年由齊魯書社印行。

山東省檔案館藏有清代山東布政使司、督糧道、河防總局、運河兵備道、山東善後釐稅總局等衙門的檔案。它們大多形成於道光至光緒年間，對研究清朝後期山東財政、河流治理、農民賦役負擔史有參考價值[21]。

(四) 獲鹿等地檔案資料

獲鹿縣編審册。歷代封建王朝爲進行賦役剝削，都很重視户口編審，清代也是這樣，因而留下了有關文獻。近年發現的河北省獲鹿縣編審册便是它的遺物。經過清理立卷的有四五百册，其中完整的有二百三十多册。這些編審册中，成文最早的是康熙四十五年的，形成最晚的是乾隆三十六年的。這些册簿按户按丁登記民間占有土地狀況和丁銀負擔，提供該地康乾時期户籍賦役制度和農村經濟的可靠資料，具有典型意義。該檔案現存北京市檔案局。中國人民大學清史研究所的學者已對它作初步的研究。

獲鹿行政上屬河北省。河北省檔案館藏有清代和民國時期檔案三十三個全宗，十六萬多卷。其中清代檔案，爲獲鹿、正定、井陘、寶坻等縣的錢糧、户口、地契、賬册[22]。

---

[21] 參閱雲海：《山東檔案館》，見《歷史檔案》一九八四年第二期。

[22] 參閱寇發光等：《河北省檔案館》，《歷史檔案》一九八八年第一期。

廣東海關檔案，廣東省檔案館藏。廣東作爲清代主要對外貿易地區，形成了有關的檔案。今日保存的是咸豐元年（一八五一）起到一九四九年止的各海關的中外文檔案，這些海關是粵海關及其屬下的九龍海關、瓊海關、潮海關、江門海關、拱北海關、雷州海關㉓。

黑龍江省檔案館收有光緒十三年（一八八七）到宣統三年（一九一一）的檔案，計四十一個全宗，兩萬餘卷，反映清季該省政治、經濟、軍事、外交情況㉔。

安徽省檔案館藏有明清時期的歷史檔案，其中有紅白契約、稅票、執照、告示、學堂堂稿、狀紙、案件、魚鱗册、黄册、清田册、會簿、帳簿、雍正和乾隆的諭旨、光緒時期的誥封以及太平天國的詔諭等，爲研究明清史和安徽地方史的可貴資料㉕。

㈤ 臺北故宮博物院和中研院史語所檔案資料

前已介紹，抗日戰爭前夕，北平故宮博物院的一部分檔案、文物南遷，始於一九三三年運到上海，繼於一九三六年運到南京，有一三、四九一箱，抗日戰爭時期，幾經輾轉，分藏貴州安順、四川樂山、峨眉和巴縣等處，一九四七年運回南京，一九四九年將其中一部分運往臺灣臺中，一九六五年遷到臺北士林外雙溪，由臺北故宮博物院保管。該院採取科學的方法，精心進行整理和保存。

㉓參閱李揚程：《廣東省檔案館》，見《歷史檔案》一九八三年第一期。
㉔參閱關維、衛民：《黑龍江省檔案館》，見《歷史檔案》，一九八四年第二期。
㉕參閱濮德祥：《安徽省檔案館》，見《歷史檔案》一九八四年第三期。

這批檔案有四十餘萬件，該院將它們分爲軍機處檔、宮中檔、清史館檔、實錄、本紀、起居注、詔書、國書等八類。一九八二年，該院編輯出版《國立故宮博物院清代文獻檔案總目》一書，將所藏漢文檔案，分宮書、史館檔、軍機處檔、雜檔和奏摺五大類著錄。趙爾巽清史館的檔案共有七十七箱，其中五十六箱歸入該院。該院做了大量的整理工作，對十五萬餘件的宮中檔硃批奏摺，逐件做出摘由，製成目錄，便利讀者檢索。該院公布了一大批檔案，前述康、雍、乾硃批奏摺出版之外，於一九七〇年印行《袁世凱奏摺》，八册，次年梓行《年羹堯奏摺》，三册。該院自一九六九年創辦《故宮文獻》季刊，先是公布宮中檔，即前述那些專集的一部分檔案資料，後來改刊軍機處「月摺」。臺灣學者參加該館檔案的整理出版，如中研院近代史所編輯《教務教案檔》，於一九七四年—一九八〇年出版六輯，十九册。取材於總理各國事務衙門的教務教案檔，一〇、〇九〇件，文獻形成在咸豐五年（一八五五）至光緒二十五年（一八九九）之間。分類編輯，基本上以行省爲單位，如第一輯分十九類，爲通行教務類、京師教務類及直隸、山東等十七省的分別立類，又如第六輯，分二十六類，比第一類增加日僧傳教等類，每輯別製附表㉖。

㉖以上參閱臺北故宮博物院編輯《中國文物圖說（國立故宮博物院手册）》，一九八三年印；莊吉發：《故宮檔案述要》，臺北故宮博物院一九八三年版；戎笙：《臺灣故宮博物院出版宮中檔述評》，見《清史研究通訊》一九八三年第三期；作哲：《明清檔案在臺灣的整理利用和出版》，見《歷史檔案》一九八二年第二期；《國立故宮博物院清代文獻檔案總目》。

中央研究院歷史語言研究所藏有一九四九年運臺的内閣檔案三十餘萬件。該所進行了除蟲、整理和出版工作，前述《明清史料》戊集以下六集即爲該所在臺整理出版的成果。又得《聯合報》的資助，出版整理物二二八册，還將繼續出版。

㈥滿文檔案史料

以上介紹的全是漢文檔案史料，然而滿文檔案産生的早，數量也多，現在保存下來的主要藏在一史館、遼寧省檔案館和臺北故宮博物院。整理、譯成漢文的工作有所進行，但比漢文檔的整理要差，利用狀況也與此相彷彿。惟近年檔案界、學術界對它的重視程度大爲提高，相信整理、譯漢、利用都會有發展，它的史料價值將日趨明顯。

一史館保存滿文檔案一百六十萬件（或説二百萬件），約占全部管藏的六分之一，其中有各修書館著作，如康熙至宣統各朝的滿文起居注册六、四七九册，還有滿文實錄、本紀、聖訓及玉牒；有編年體匯抄檔簿，如内務府檔簿一、一七八册，軍機處檔簿四三七册。文種很多，有《滿文老檔》，《滿文木牌》，《滿文俄羅斯檔》，滿文月摺檔二、四二三册，滿文上諭檔一、〇三五册，滿文議復檔八三九册，滿文寄信檔二八〇册，軍機處滿文錄副奏摺，滿文朱批奏摺。内閣、軍機處、内務府滿文檔案皆多。地方上，遼寧省檔案館藏有大量滿文檔案。

一史館和遼寧館所保存的滿文檔案，本世紀上半葉翻譯較少，近年譯作陸續出版。一九八六年日本神田信夫在《〈三姓副都統衙門滿文檔案編譯〉評介》一文中説：「最近在中國，滿文檔案的漢譯及其他種種著作出版得不少，這是一件非常可喜的事情」㉗。事實是，季永海等譯《崇德三年滿文檔案譯編》，遼瀋書社一九八八年出版。劉厚生譯《清雍正朝鑲紅旗檔》，東北師範大學出版社一九八五年刊刻，收有滿文檔案五十三件。關嘉祿譯《雍乾兩朝鑲紅旗檔》，遼寧人民出版社梓行。《鄭成功滿文檔案史料選譯》，一史館滿文部譯，廈門大學臺灣研究所編輯，福建人民出版社棗梨，選有順治間滿文題本一一〇件。佟永功等編譯《三姓副都統衙門滿文檔案譯編》，遼瀋書社一九八四年梓刻。《黑圖檔》是盛京內務府與北京內務府、盛京五部的往來文書，康熙一朝皆爲滿文檔冊，關嘉祿等將康熙四年至十年有關莊園的內容譯出，刊登於《清史資料》第五輯㉘，反映清初盛京皇莊的生產水平和人身依附關係。《錫伯族史料選編》，新疆人民出版社印行。此外，出版的有社科院民族所、新疆社科所譯的《滿文土爾扈特檔案譯編》，人大清史所譯的《盛京刑部檔》。由這些譯著的名稱，可以略知它們反映的歷史問題和史料價值。

臺北故宮博物院藏有滿文實錄、本紀、聖訓、起居注及奏摺，其中本紀二一〇冊，由清朝國史館撰寫，成書在實錄、聖訓之後。陳捷先對它作了專題考察，著《滿文清本紀研究》一書，明文書局於一九八一年印行，介紹了滿文本紀修撰及收藏概況，本紀滿漢文本之間的關係，指出它的學術價值：可以證明《清史稿》本紀的誤失，了解滿族語文漢化的情形，滿族傳統文化與習俗。該院收

㉗見《清史研究通訊》一九八七年第二期。

㉘中華書局一九八四年版。

藏滿文奏摺二、八〇〇件，材料真實性高過其他著述。本書第二章曾述及「實錄」對準噶爾部首領噶爾丹之死，作了「仰藥自盡」的錯誤記載，原來揭發這個誤失的莊吉發是從康熙三十六年四月初九日撫遠大將軍費揚古的滿文奏摺中獲知，噶爾丹是「晨得病，至晚即死，不知何病」㉙。清聖祖在征討準噶爾部時預料過噶爾丹的結局，只有投降、自殺、被俘三種可能，而其既未投降，又未被俘，竟然病故，出了皇帝的預言範圍，顯不出皇帝聖明，因此纂修「實錄」的史官作僞，說噶爾丹服毒自殺就不足爲怪了。顯見滿文奏摺叙事真實，糾正了實錄的錯誤。

提供清朝開國史資料的《滿文老檔》、《老滿文檔》的譯著已有數種。廣祿、李學智等專家的研究成果和滿文老檔的原件表明，清太祖時期開始用老滿文記載歷史，清太宗時改用帶圈點滿文書寫，至乾隆時把它們加以整理，用當時通行的滿文重抄，取消圈點。抄出兩部，每部一八〇册，其中太祖朝八一册，天聰朝六十一册，崇德朝三十八册。一部藏内閣大庫，一部貯盛京崇謨閣，現分別由一史館和遼寧檔館保存。本世紀三〇年代在内閣大庫發現没有圈點的老滿文檔四十册，現藏於臺北故宮博物院。人們爲區別這部書的不同情況，稱乾隆本爲「滿文老檔」，保持太祖、太宗時期原貌的爲「原檔」、「舊滿洲檔」。日人内藤虎次郎於一九一二年來華，將崇謨閣藏「滿文老檔」用曬藍法影印歸國，並撰文《清朝開國期之史料》加以介紹㉚。金梁於一九一八年注意到這部著作

㉙莊吉發：《故宮檔案述要》，第六十四—六十九頁。
㉚刊登在《藝文雜誌》第十一、十二號上。

的重要性，組織人員翻譯老檔，一九二九年以《滿洲老檔秘錄》爲題，發表譯出的一部分，但所譯質量不高，遭到孟森的批評。三〇年代日人藤岡勝二將內藤虎次郎的影印本譯爲日文，未完成死去，一九三九年其手稿影印公布。其後神田信夫等全部重譯成日文，以《滿文老檔》爲名，於一九五五年—一九六三年分七册出版。臺北故宮博物院所貯的原檔，於一九六九年分十册印刷，題名《老滿洲檔》。廣祿、李學智作漢譯的工作，出版《清太祖朝滿文原檔》、《舊滿洲檔譯注（清太宗朝一）》等書。在臺北故宮出版的《舊滿洲檔》中，有三册是記載天聰九年發生的事情，神田信夫等將這一部分內容用羅馬字拼音譯成日文，於七十年代上半期梓刻。關嘉祿等據神田信夫本的羅馬音標還原成滿文，再譯成漢文，成爲《天聰九年檔》，一九八七年天津古籍出版社印行。編譯者還把它與漢文版《清太宗實錄》作了對照比較，發現其叙事詳細，少諱飾與虛美，史料價值高過實錄。一九五九年王鍾翰爲崇謨閣老檔作羅馬字母譯音，一九七八年遼寧大學歷史系參照其文，漢譯並出版《重譯滿文老檔·太祖朝》，又刻印《滿文舊檔》一册，實即《天聰九年檔》，當時頗受清史界歡迎。學者們認爲對滿文老檔的譯註還應下功夫，一史館與社科院歷史所合作，由周遠廉等進行譯註，成《滿文老檔》，中華書局一九九〇年印行，並附人名索引、地名索引。《滿文老檔》、《老滿文檔》是兩部著作，也可以說是一部書：前者經過乾隆時期的整理，有所失真；而後者保持原著面貌，但不是完璧，所以各有其存在價值。它用編年體例，記叙萬曆丁未（一六〇七）至崇德元年（一六三六）清朝開國史的歷史。它寫作時間早，接近歷史真實；記事在許多方面比實錄詳細，所以對清朝開國史的研究有極其重要的價值。

第四節 檔案史料的利用方法

檔案資料史料價值高，非常寶貴，然而如何利用好它，大有摸索經驗的必要。筆者的體會，可注意這幾方面：

第一、要懂得檔案分類法。熟悉圖書分類的人，到了檔案館，立刻就會發現它同圖書館不一樣，它既沒有書名目錄、作者姓名目錄，也沒有內容性質分類目錄，有的則是按全宗、文種、朝年、性質綜合而成的目錄。而這種分類目錄，不到檔案館見不到。因此，要想利用檔案，筆者的體會是到檔案館首先是要學習它的分類法，以便在管理人員幫助下，迅速找到所需要的檔案。又由於每一個檔案館所藏檔案不同，在分類上就會有區別，如省一級的檔案館的歷史檔案，一般是以省級衙門和少量道、府衙門爲全宗的，因此要對每一個檔案館的分類目錄進行學習。

第二、要懂得清代職官制度。檔案全宗是以原收藏機關劃定的，這就要求要懂得清代的職官制度，中央有哪些衙門，地方又有哪些機構，它們的職掌各是什麼，職官制度有無變化，新產生了哪些部門，哪些部門職能發生了變化，這些問題都要有所了解，查找檔案就方便多了，如若研究海保的歷史，知道他做過蘇州織造，而他的衙門是屬於內務府管的，內務府全宗又是按照內部機構來分類的，因此徑可查閱內務府全宗下屬機構三織造局類別內檔案，調查有無他的資料。又如清季設立了許多新機構，有它的全宗，有關它的歷史檔案，要到該全宗去找。了解機關職掌的變化很重要，如軍機處成立後，內閣的地位降低，它的文書多是處理日常政務的，而重大的、機密的事情由軍機處來辦理，軍機處的文書才能反映這些事情。因此有了研究題目以後，要根據設檔機構的職掌及其變化情況，估計它的檔案的價值，以便向那一個全宗去作調查，避免浪費精力和時間。

第三、檔案按文種分類，就向讀者提出把握清代文書體裁知識的要求。每一個時代都有它獨特的文書形式，有的同於前代，但不同者盡多。清代文書種類繁多，每一種體裁、形式，有其特殊的作用和相應的內容。如皇帝的文書，有詔書，登極、立后及重大政事用玉璽鈐印公布的文書；謄黃，詔書的印刷件；誥命，封贈五品以上官員及世襲罔替者的證明文書；敕命，封贈六品以下官員及世爵有襲次者的證明文書；敕諭，給外任官員的訓詞；硃諭，皇帝親自用硃筆或命人代草而親自過目的給臣工的文書；諭旨，按照皇帝口諭書寫的發給內外臣工的文書，這種文獻甚多，也極重要，它又分成多種，皇帝主動發出的叫「內閣奉上諭」，因臣下請示而發出的叫「奉旨」，皇帝在臣下奏章上所作的硃筆批示，叫「硃批諭旨」，它發出的方式也不同，通過內閣轉發的稱「明發」，由軍機處抄發的，給京官的曰「寄信」，給疆吏的叫「廷寄」。官員給皇帝的，通常用的是題本，就是報告公事而書寫的奏疏，中央各部門題本交內閣進呈，又稱部本，而地方官員的得由通政司轉呈，故稱通本。官員若爲本人私事而寫奏章，則爲奏本。雍正以後，奏摺制度正式形成，它不分公私事，官員秘密奏事的文書，就叫奏摺；這種文書數量很多，皇帝不時可能要看，秋獮、巡幸時也可能要用，故而抄有副本，這就是所謂「錄副奏摺」；奏摺一般是一事一摺，要奏其他的事，另紙說明，附於奏摺，稱爲「夾片」、「附片」；軍機大臣向皇帝請示、報告用的便箋，叫做

「奏片」。此外，官員向皇帝祝賀聖誕，大的節令的文書叫做「表」，給皇后的喚作「箋」。「黃册」，是隨題本而進呈皇帝閱覽的文書，因册衣用黃色，故名，其內容以賦役方面的爲多。「大進黃册」，户部匯報一年收入庫存的册子，而按年進呈的登載支出銀兩數字的，則爲「大出黃册」。平行衙門的文書，有移會、咨、知照、知會。下級官員向上級官員報告的文書叫具呈、具稟。文書的種類還多，如大金榜，亦稱黃榜，是殿試錄取進士文告，而傳臚用的榜文，則爲小金榜。史書，六科將由它抄發的題本，另外抄錄成册，送內閣，供史官利用，故名。等等。明了文書體裁，有兩方面作用，一是可以大體上判斷它的內容和史料價值，以便在決定是否利用該檔案時作參考；二是以便知道檔案的分類，按類索檔，如表、箋是例行公文，沒有多大價值，一般不去看它，但若研究乾隆八旬聖壽問題，不妨讀點賀表，看看有無新東西，這就要到內閣全宗表箋類去尋找了。

第四、認識檔案資料的局限性。公文是處理政務過程中形成的，這就決定了它敘述事情的零散性和瑣碎性，也就是說它反映的事實很具體，但缺乏概括性；清代檔案保存雖多，卻不是每一件事都是完整反映的，它往往有首無尾，有尾無頭，從而不能說明事件的全貌；檔案資料反映的社會生活包羅萬象，卻不可能是應有盡有的，有的問題很重要，因種種緣故，並沒有關於它的檔案。這些局限性告訴我們，不能指望檔案提供一切歷史資料。

第五、檔案資料的真實性亦需鑑別。檔案資料最原始，可信程度高，但它同任何事物一樣，都不是絕對的。有的官員寫報告不敢如實反映情況，如諱盜，是官場通常的事情，不能根據他們的治安報告，說明封建社會秩序的穩定。又如關於糧價的報告，也有不真實的。中央政府的政策法令的公文，只說明政策本身，至於它們是否貫徹施行了，則是另外一回事。有的檔案公布時，被公布者篡改，也有失實之處，如雍正公布的《硃批諭旨》，有的改動得面目全非。檔案形成過程中也有作僞的，如訴訟文書，有的官員不如實書寫，致令情節失實。所有這些告訴我們，對檔案資料，也要同任何其他史料一樣進行鑑別，避免輕信上當。

第六、利用檔案資料要與文獻資料相結合。因爲檔案資料不完整，許多事情單靠檔案資料弄不清，而與文獻資料結合起來，可以彌補各自的缺略，把歷史搞清楚。所以在閱讀檔案文書的同時，也要盡量搜集相關的其他文獻資料，至於何種文字資料的閱讀在先，則是具體安排的問題。檔案資料出專集很好，只依據它作史學論著則不夠了。

第七、閱讀檔案之先或同時，要對清史有所理解。檔案資料零散，又太豐富，讀它一時難於抓到要領，等到把事情弄明白，費時太多，如果先對清史有一定理解，知道所研究的問題在清史中的大概地位，再看檔案資料會接受得快一些，多一些。比如，讀過《清世宗實錄》，或者分量很小的《清史稿·世宗本紀》，大體知道他那個時代的重大事情，重要的官員，再看檔案中他的「硃諭」，就方便多了，儘管每一份「硃諭」都不署年代和接受諭旨的人，可是由於對這個時代歷史的大體了解，可以分析乃至斷定那個硃諭是給誰的，大致是在什麼時間寫的。這樣那份硃諭的史料價值就明顯了，就可以利用了。反之，若對雍正史缺乏必要的知識，一下拿到這些硃諭，時間、受諭旨人都不清楚，茫無頭緒，就看不出眉目，難於獲知它的史料價值了。所以基本了解清史，將使檔案資料的利用效果大大提高。

第八、利用工具書。要了解清代檔案情況，特別是貯藏在一史館和臺北故宮博物院的，有三部著作可以當作工具書來利用。一史館編著的《中國第一歷史檔案館館藏檔案概述》，一九八五年檔案出版社印行。該書介紹一史館館藏檔案的內容和成分，它以全宗爲單位，分類編寫。其類別爲：輔佐皇帝的中樞機構檔案，掌管文官任免的吏部檔案，財政金融的，禮儀祭祀的，軍事的，司法監察的，工交農商的，民政警務的，文教的，民族的，外交的，皇族、宮廷事務的，地方機關，個人及王府，輿圖匯集。莊吉發著《故宮檔案述要》，一九八三年臺北故宮博物院印行。這是具有研究性的著作，但可把它用作了解臺北故宮博物院藏檔的工具書。該書介紹宮中檔，軍機處月摺包、軍機處檔冊的種類及它們的史料價值，還說明內閣部院和史館的設置及其現存史料。至於《國立故宮博物院清代文獻檔案總目》，前已交待，不再贅述。

第五章 地方史志史料

歷史地理學家史念海認爲：「方志學的纂著啓始於兩漢，盛行於唐宋，至於明清更顯得登峰造極。」①現存全國地方志八千二百多種，其中清代的約五千六百種，占百分之七十。清代堪稱地方志的大發展時期，古代史上的全盛時代。方志繁多，就意味著史料豐富。清代地方志是清史研究的史料來源之一，應給予必要的重視。

第一節　地方史志的名稱和種類

什麼是地方志，唐代張銑說：「方志，謂四方物土所記錄者。」②按他的理解，方志是記叙地方上地理和物產的。他基本上概述了唐代以前人們對地方志的認識。元明以來，方志不僅寫物，更

①《論歷史地理學和方志學》，見《中國史志通訊》一九八一年五、六合期。
②《六臣注文選》卷五，左思《吳都賦》張銑注。

注意人事，即寫地方上的歷史和人物傳記。因此，所謂方志，是以地方行政單位爲範圍，綜合記錄地理、歷史的書籍。

敘述地方歷史的著述，不僅有地方志，還有地方史，這兩種類型的書籍都講地方的歷史，有共同點，但也有些差異。地方史主要記載地方上人類社會活動，諸如地方上的人物、大事、風俗；它包括生產和政治方面的內容；地方志的記載則是自然與社會雙方並重。這兩者在內容上有交叉，又各有所側重。地方史與地方志幾乎是同時產生的，但發展的情形大不相同，地方志要比地方史多得多，清朝的情形也是如此。地方志與地方史因同是記載地方史事和自然環境，提供的資料有類似之處，故而我們一併介紹。

地方史志的種類相當多：

(1)**一統志**：分省記錄全國的自然與社會情狀。正式用「一統志」名稱，始於元代的《大元大一統志》，明清沿襲之。方志是一地方的志書，一統志總括各地的方志，故可視爲志書，不過是「總志」罷了。

(2)**通志**：省一級的地方志，在明代稱「總志」，清代則稱「通志」。也有的地方，把縣志稱爲「通志」，不過這種情形極少。

(3)**府**、**州**、**縣志**：府、縣級的志書，通稱爲「某志」，根據行政單位而命名。如府志、直隸州志、州志、縣志。

(4)**廳志**：清代在邊疆地區，或新設行政單位的地方，所建立的行政機構有的叫做「廳」，因此該地的志書稱「廳志」。

(5)**衛、所志**：衛所爲軍事單位，後有變爲地方行政單位的，故其志書稱作「衛志」、「所志」。

(6)**土司司所志**：少數民族地區的「志」，大體相當於縣志。

(7)**合志**：原爲一縣，而後分爲二縣，聯合修志，是爲「合志」。

(8)**鄉鎮志**：縣以下單位的志書，爲鎮志、村志、屯志、關志。

(9)**識略**：縣及其以上單位的志書，多爲官修，稱爲「某志」，已如上述，也有少數方志是私人編寫的，則不能稱爲志，於是有種種不同的名稱，如「識小錄」，「待徵錄」、「備乘」、「小識」、「志略」、「聞見錄」、「鄉土志」等等。

地方志和地方史中有一種專志，它不同於前述方志以行政範圍來區劃，而是專記地方上的某一事物，或某一類事物，這中間有：

山志：專記一山，特別是名山。

水志：是記河流的專書。

湖志：關於湖泊的書籍。

堤志：專記江、海的堤岸。

水利志：記河流的修治。

鹽井鹽場志：治鹽業發達地方的專志。

宮殿志：關於皇宮、行宮、苑囿的專書。

寺觀志：佛道等教寺宇的記錄。

祠宇志：關於祠祀機構的著述。

陵墓志：帝王、名人的墓葬記載。

名勝古蹟志：專記地方名勝古蹟。

風俗志：記一地之風俗、人情、習慣。

雜志：雜記一方之事。

第二節　清代地方史志的修纂

清朝政府，從中央到地方都重視編寫方志，大規模地進行這一事業。中央政府是爲修一統志，而命令地方提供資料，撰寫方志。清朝統一三十年之際，即在康熙十二年（一六七三），下令各省編纂通志，以備將來修一統志的需要③。十二年後，即康熙二十四年（一六八五），正式下令撰修一統志。各地修成的志書已達一千三百多種，但一統志卻未竣工。雍正六年（一七二八），一統志總裁官、大學士蔣廷錫以各省志書提供的本朝名宦傳記，有的採訪不實，有的冒濫，有的又缺略，向雍正建議，命各省大吏將本省名宦、鄉賢、孝子、節婦一應事實，詳細核對，送一統志館備用。

③同治《新城縣志·卷首》，周天德：康熙十二年縣志序。

雍正見後，認爲「志書與紀傳相表裡，其登載一代名宦人物，較之山川風土尤爲緊要，必詳細確查，慎重採錄。」因命各省鄭重而從速辦理，在二、三年内完成。「如所纂之書果能精詳公當而又速成，著將督撫等官交部議叙，倘時日既延，而所纂之書又草率從略」，「即從重治罪」④。命令下達後，一些疆吏抓緊進行，一面編修省志，一面飭令所屬府州廳縣各修志書，所有地方都是官府設立修志局，延聘士人寫作。八年（一七三〇），浙江總督李衛開設通志館，雍正告訴他：「志書乃大典攸關，應舉行者」⑤，表示贊許。同年，廣東布政使王士俊報告聘請修省志人員一事，雍正指出：「修輯志書一事，直隸各省殊覺過於遲延，當速行辦理爲是」⑥。縣州府志是省志的基礎，省志又是一統志的基礎，而州縣繁多，在短期内同時完成，實非易事，所以儘管雍正催促再三，只是有十六個省修了通志，而一統志仍未竣工。乾隆初繼續工作，至八年（一七四三）始告完竣。這是清朝的第一部一統志。乾隆間，準噶爾、大小金川等少數民族問題徹底解決，邊疆安定，需要重修一統志，乾隆因命修纂。他對此事甚爲關注，親自審閱文稿。四十七年（一七八二）見一統志館官員進呈的松江府清朝人物傳，内有康熙朝尚書王頊齡、王鴻緒等人，而官至尚書又是書法家的該地人張照卻不見著錄，因此乾隆說：張照是本朝有過失的人，但王鴻緒等人又何嘗沒有過錯，不要

---

④《上諭内閣》，六年十一月二十八日諭。

⑤《硃批諭旨·李衛奏摺》，八年四月十五日摺硃批。

⑥《硃批諭旨·王士俊奏摺》，八年二月十六日摺硃批。

因爲張照是我處分過的，就不給他寫傳⑦。他過問得很細，可見他想把一統志搞好。兩年後，即四十九年（一七八四）書成，是爲清朝的第二部一統志。嘉慶十六年（一八一一）又命重修，未成，道光十六年（一八三六）敕命續撰，至二十二年（一八四二）告竣，是爲清代第三部一統志。它敘述的内容截止於嘉慶二十五年（一八二〇），所以通常稱爲「嘉慶志」，正式名稱爲《嘉慶朝重修一統志》，有進呈寫本，一九三四年商務印書館根據這個本子影印，並編有地名、人名綜合索引，線裝二百册，收入《四部叢刊續編》。一九八六年中華書局影印商務的本子，加作統一頁碼，精裝三十四册，索引一册，計三十五册。一統志的一再編修，充分表明清朝皇帝對於撰寫志書的高度重視。

地方官對於編寫志書，除了應付中央政府的命令，還有他本身的需要。地方官要統治好轄區，能久任，且能升遷，就要懂得本地物產，户口，田畝和賦役，民間風俗，士宦之家，以及本地的歷史。這些情況，可以通過訪問了解，但訪問需要時日，新官到任，刻不容緩地需要知道這些情況，查看地方志書，可以滿足這種需要。但是地方情形在不斷變化，因而志書也要不斷地編寫。再者，地方上修志，向例由地方官主持，要由他撰寫序言，他的事情，志書也要記載，他可以名垂千古，何樂而不爲，所以一般講，地方官對編寫方志是頗感興趣的。如乾隆九年（一七四四），河南布政使趙城命所屬各府州縣興修志書。他説許多州縣志書是康熙初年撰成的，幾十年以來，情況有了很多變化：「户口繁多，教化日興，風俗移易，土田則有墾闢之殊，疆域則有改隸之異，其人才疊

⑦光緒《大清會典事例》卷一〇四九翰林院職掌。

見。」因而需要重新編寫方志⑧。

地方上編寫志書，由官府主持，設立志書局，地方主官出任總裁（主修）；由他聘請學者、文士擔任總纂、纂修，負責編寫；當地生員、耆碩出任採訪，提供素材。如乾隆元年（一七三六）成書的《浙江通志》，原任浙江總督李衛，大學士兼浙江巡撫嵇曾筠爲總裁，侍讀學士沈冀機等爲總修，名詩人、《國朝詩別裁》的編者沈德潛爲撰修。雍正末成書的《河南通志》，總裁是河東總督田文鏡、王士俊，經學家顧棟高、編修孫灝爲撰修。乾隆中編成的《蘇州府志》，由知府覺羅雅爾哈善等倡修，侍讀學士習嶲等主纂，著名經學家惠棟等協修。嘉慶間成書的《松江府志》，知府宋如林主其事，名學者孫星衍爲總纂。同時成書的《揚州府志》，主修爲當地最重要長官兩淮鹽政阿克當阿，嘉慶四年（一七九九）狀元姚文田爲主纂。清代學者多參加方志的編寫，顧炎武、毛奇齡、陸隴其、張爾歧、錢大昕、戴震、章學誠、洪亮吉、李兆洛、俞樾、李慈銘、馮桂芬等著名學人都編有方志。方志質量的高低，往往決定於撰寫人，總纂由學者出任，他們有學術水平，編出的志書總能保持一定的質量。總纂是本地人好，還是外地人好，也各有利弊。聘請外地學者修志，他了解情況少，未必能周到，這樣寫出的史書難免有缺略之處，如果請本地人寫，雖然掌握情況容易，但又難免受親朋故舊等各種關係的影響而出現不合實際的記載。甚至有些地方，當地人的地方主義觀念嚴重，不允許外地人給他們修志，如常州無錫人錢泳打算寫蘇州府的《虎邱志》，蘇州一

⑧乾隆《確山縣志·卷首·憲牌》。

個縉紳說：「錢某並非本地人，何勞涉筆耶？」錢泳聽了這話只得取消自己的設想，他感慨地說：「夫虎邱一區，無關緊要，而尚遭人謗，其他可知。」[⑨]修志是官僚、紳衿的事情，也是他們的權力。

志書的編纂者搜集資料主要從三個方面著手：一是由採訪員向本地人或到事件的發生地點作調查，寫出報告，提供素材；二是搜集縣裏檔案，特別是關於户口、賦稅、旌表孝義、節婦、科舉方面的資料；三是從官書和私家的各種類型的著述中爬梳資料，方志的雜記、風俗諸部分，其中一些注錄來自何書的內容，就是這樣搜集來的。經過這幾方面的工作，便占有了比較完備的資料，就能比較順利地完成修志工作，並能向後人提供經過一番整理的地方史資料。

州縣的志書寫成，由地方官呈報省裏的學政，得到批准後，方行出版，所以它是官書，正式冠以「××府志」、「××縣志」的名稱。有的雖也是地方官主修，但內容不合格，也會不被承認，如嘉慶間平江縣政府編輯的縣志，湖南省長官以其「舛謬滋訟」，把它「作爲廢書」[⑩]，逐出志林。有的地方上修好的書，等不及學政批准，先行出版，就不能作爲定稿的書，而只能標以《××縣志稿》，表示尚待審查。

個人把編寫方志當作一種治學目標，或者以本地人對鄉土有感情而樂於撰輯方志，這樣的人也不少。他們不應官府之聘，私人進行材料搜集而寫出志書。乾隆前期，無錫縣編纂縣志，縣人黃

⑨《履園叢話》，中華書局一九七九年版，六〇九頁。

⑩同治《平江縣志·例言》。

印，秀才，屢試不舉，教書爲生，不滿意縣志的簡陋，費十六年心血，寫出《錫金識小錄》（十二卷），作爲縣志的補充。書名「識小錄」，是因爲私人寫的不能成爲官定的志書，只能屬於「野史」，不能定名無錫縣志。同縣人周有壬，也是讀書人，曾爲陶澍、林則徐等人幕賓，著有《錫山文鈔》、《勾吳金石志》等書，他於道光末年撰成《錫金考乘》（十四卷），立目同於一般志書，其用意在考核縣志，以補其遺漏，糾其謬枉。常熟人鄧琳，擔任金壇縣學官，暇時調查本貫資料，於道光二十年（一八四〇）著成《虞鄉志略》（十二卷），其體例一本志書，名「志略」，以免與官修的混淆。吳江人費善慶著《垂虹識小錄》，垂虹係吳江一橋名，這是反映吳江局部地區史事的志書。柳樹芳作《分湖小識》，分湖也是吳江縣的屬地，清時設有巡檢司，柳樹芳也是寫家鄉的歷史。江寧人甘熙，道光間進士，官知縣、主事，不忘其故里，著作《白下瑣言》，白下爲江寧別稱，甘熙作此書，是爲已成的府縣志作補充，也是給將來官修志書提供素材。浙江仁和人孫同光，在永嘉縣擔任教諭多年，對這裏有了感情，把當地名勝古蹟一一考核清楚，又調查了地方上的風俗人情，著成《永嘉聞見錄》，官僚文人梁章鉅給予很高評價，在《浪跡續談》卷二《永嘉聞見錄》條中寫道：「捃摭墜簡，辨章舊聞，與夫山川之顯晦，祠廨之興廢，旁及方言物產，靡不廣記而備言之，余粗爲披尋一過，已如獲異寶」⑪。私人編纂的多爲縣志，府以上的志書，是個人難於勝任的，故而成篇極少。

方志的纂著，還有一個特點，就是它有連續性，不斷地續修。有的地方志書，僅清朝一代就重

⑪《浪跡叢談·續談·三談》，中華書局一九八一年版，二百頁。

修了數次，乃至十幾次。如《蘇州府志》，清代前後修了七次，康熙間出了兩種，乾隆、嘉慶年各寫一部，道光中兩次興修，同治時又完成了一部。該府的《常熟縣志》修的亦勤，康熙間兩修，雍正、乾隆、同治、光緒諸朝各修一次，共六部。安徽涇縣，清代有七部方志，順治、嘉慶、道光朝各一部，康熙、乾隆兩朝各二部。

清代臺灣府志及類似府志的志書，多次修纂，今據《中國地方志聯合目錄》資料列表於下：

寫作朝代	編纂者	書名	卷數	版本
康熙	蔣毓英	臺灣府志	十	康熙間刊
康熙	林謙光	臺灣府紀略	一	一六九〇年刊
康熙	高拱乾	臺灣府志	十	一六九六年刊※△√
康熙	周元文、陳璸	重修臺灣府志	十	一七一二年刊、一九五九年油印本※△
乾隆	劉良璧	重修福建臺灣府志	二十一	一七四二年刊※
乾隆	六十七、范咸	重修臺灣府志	二十六	一七四七年刊※√
乾隆	余文儀、黃佾	續修臺灣府志	二十七	一七七四年刊、一八七二年、一八八八年刊※
乾隆	尹士俍	臺灣志略	三	乾隆間刊
嘉慶	李元春	臺灣志略	二	嘉慶間刊、一八三五年刊※
道光	林棲鳳、石川流	臺灣採訪册	不分卷	道光間刊△
光緒	龔柴	臺灣小志	一	一八八四年刊
光緒	唐景崧、薛師轍	臺灣通志	不分卷	一八九五年刊※

注：表中凡帶※號者爲臺北出版的《臺灣文獻叢刊》所收入；帶△號者收入臺北版《臺灣方志彙編》中；帶√號者收入中華書局版《臺灣府志三種》。

清代方志學的發達，不僅在於興修的數量多，還表現在方志學理論的發展上。修志多，勢必引起對志書性質和修志方法的探討。它主要體現在章學誠對方志學的研究上。章學誠不僅是史學理論家，還是方志學者，著有《和州志》、《永清志》、《常德府志》、《荊州府志》、《湖北通志》等志書，他通過親身的實踐，總結纂寫志書的十條經驗：⑴議職掌，即主纂、總纂、協纂、採訪各人職務要明確，各司其事，他的意見是「提調專主決斷是非，總裁專主筆削文辭，投牒者敘而不議，參閱者議而不斷，庶各不相侵，事有專責。」⑵議考證，即要把本地的史實搞清楚，以便寫成信史，爲此要大量搜集資料，要閱讀歷代正史，一統志、清會典、賦役全書以及本地區的材料，地方人士撰寫的野乘、私記、文編、稗史、家譜、圖牒之類都要「博觀約取」，至於「六曹案牘、律令文移、有關政教典故風土利弊者」，也要搜求。⑶議徵信，關於人物傳記的資料，尤其應核對準確，去僞存真，凡是本家子孫爲其祖先投送傳記資料，一定要開列實事，寫明「曾任何職，實興何利，實除何弊，實於何事有益國計民生」，若只作官方考語文字的，因空無內容，就不收納。以此努力使人物傳記的資料翔實有用。⑷議徵文，即論方志中藝文志的取捨標準，章學誠批評當時方志只錄詩文記序的做法，認爲應開列邑人著作目錄和辨別學術源流。⑸議列傳，以蓋棺論定爲原則，不爲生人作傳，唯節婦例外。至於離任之官，有業績當記者，亦不避嫌隙，逕爲記載。⑹議書法，即講求體例，詳略適當，不令記事重覆，一人數處見傳。⑺議援引，著書引用前人文字，勢所必然，然而如何恰當，章學誠的意見是：「史志引用成文，期明事實，非尚文辭；苟於事實有關，即胥史文移，亦所採錄，況上此者乎？苟於事實無關，雖班、揚述作，亦所不取，況下此者乎？」爲證史而引文，不是爲援引而援引。(8)議裁制，這是處理素材的方法，如何就便加工，合於史志體例。(9)議標題，即評論分卷設目如何適宜，主張從實際出發，不可因立目不當而不能反映史實。(10)議外編，有的瑣屑之事，需要記載，則以《外編》或《雜記》記錄之⑫。章學誠根據當時修志體例不一的現狀，就方志的體例、取材及作者的分工，作了全面的規劃，對明清以來志書的寫作，是一個很好的總結，也爲志書的纂修作了規範。

地方志與歷史學、地理學的關係，清人在創作方志的實踐中，注意探討這個問題。與修《汾州府志》和《汾陽縣志》的戴震認爲方志的任務，就是考定地理沿革，他說：「夫志以考地理，但悉心於地理沿革，則志事已竟。」他把方志限於地理學的範圍，反對志書記載地方史。章學誠不同意他的看法，當面與他辯論。他認爲弄清地理沿革只是方志的一個任務，他說：「方志如古國史，本非地理專門。」他退一步說，即使搞清地理沿革，也需了解該地方的歷史。戴震所以重地理沿革，因爲他看到行政區域在歷史上經常有變化，現爲此府此縣，而歷史上可能有的地方隸屬於他府他縣，若不把區域變化弄清楚，就會把別府、別縣的事算到本府本縣裏了，就發生錯誤了，用他的話說是「沿革苟誤，是通部之書皆誤也，名爲此府若州之志，實非此府若州也而可乎？」章學誠認爲不至於因沿革之誤造成全部錯誤，誤也是部分的誤失，而且是可以考核出來的。章學誠從方志遠則百十年一修，近則數十年一續修的事實出發，認爲修志，並非把古今一切史實從頭搞起，主要是記

⑫《文史通義·外篇·修志十議》。

載續修一段時間的事，它的價值也在這裏，因此關鍵不在地理沿革，而在時事。若方志但考沿革，則沿革清晰的府縣就不用修志，這不是取消了方志學嗎？⑬戴震重地理沿革，實即主張保持漢唐方志的面貌，他忽略地方史，降低了方志的任務，所以史念海說他的觀念相當狹隘⑭。章學誠主張既有地理沿革，又有地方史，使方志成爲地方的全面歷史，就比戴震看得開闊，同時使方志能夠容納更多的社會資料，反映地方歷史，對後人有更多的用處。林衍經在《方志學綜論》裏說：「章學誠便在以往方志理論的基礎上，進一步論定了地方志屬於歷史學範疇的基本性質，改變了歷來把地方志歸入地理書類的舊觀念，辨明了方志在史學上所處的地位，奠定了方志學的理論基礎。」⑮基於章學誠的貢獻，施丁也認爲他「是我國方志學的奠基者」⑯。筆者覺得，章學誠的方志理論標誌清代方誌學的重大發展。

總起來說，清朝官府和私人都重視編修方志，從中央到村鎮，寫出幾千部志書，其繁盛狀況爲前代所未有。同時也要看到，志書的纂輯在各個地方是不平衡的，江蘇、浙江、江西等省出現得多，西北、北方、東北則少，開發較晚的邊疆就更少了。這是因爲修志要有條件，要有財力，要有

⑬《文史通義·外篇·記與戴東原論修志》。
⑭《論方志中的史與志的關係》，見《北京師範大學學報》一九八二年第五期。
⑮華東師範大學出版社，一九八八年版第七十八—七十九頁。
⑯《章學誠的史學思想》，見《史學史研究》一九八一年第三期。

文化人，要有資料，還要有修志的傳統，所以條件充足的地方，一修再修，寫的很多。條件不足的地方，則難於持續不斷地興修了。

第三節　方志體裁

從一統志到縣志、鎮志，各有自身的體裁。

一統志。以《嘉慶重修一統志》爲例，它匯載全國各地情況，以省和特別地區爲單位立卷，首先是京師，其次是直隸，再次分別爲江蘇、安徽、山西等省，接下去是新疆、蒙古各部，最後是附錄有外交關係的世界各國。這樣以省爲單位，敘述各省情況，反映全國面貌。在每一省下，設有《統部》，概述一省基本情況，如地理環境，建置沿革，户口田賦，職官和名宦；主要敘述各府廳直隸州，以它們爲單位，記載所屬州縣。各省府的載筆內容，包括地圖、表、疆域、分野、建置沿革、形勢、風俗、城池、學校、户口、田賦、稅課、職官、山川、古蹟、關隘、津梁、隄堰、陵墓、祠廟、寺觀、名宦、人物、流寓、烈女、仙釋、土產，共二十七門。

清代的各省通志，有兩種寫法，一是以府、直隸州爲單位，分述其各項制度和人物傳記；一是以志傳爲綱，下面分述各府州縣的情況。後一種分類，便於把握全省各種情況的概貌，但一個府州的事散在各處，對於了解它們卻不方便；而前一種方法，有利於檢查府州情況，寫作起來，綜合府州縣即可，比較捷當，所以採用這種方法的較多，其分門別類，大體與一統志相同，不過它要依照本省情況，有所增加，如李衛等修的《浙江通志》，卷首爲清帝有關浙江的諭旨、詩詞，正文分：圖說、星野、疆域、建置、山川、形勝、城池、學校、公署、關梁、古蹟、水利、海塘、田賦、戶口、蠲恤、積貯、漕運、鹽法、榷稅、錢法、驛傳、兵制、海防、風俗、物產、祥異、封爵、職官、選舉、名宦、人物、烈女、祠祀、寺觀、陵墓、經籍、碑碣、藝文、雜記等五十四門。田文鏡等主持的《河南通志》類目中有禮樂，爲浙志所無，浙省文化發達，故有經籍、碑碣諸門，爲豫志所缺。

府州縣的志書體例大致相同。縣志是志書中最多者，嘉慶間洪亮吉總纂的《涇縣志》是一部評價甚高的志書，它內容豐富，材料翔實，是幾乎可以使該縣前此所修的志書成爲廢品的著作。它的作者對修志也有自己的看法，在《序言》中說：「撰方志之法，貴因而不貴創。信載籍而不信傳聞，博考旁稽，又歸一是，庶乎可繼踵前修，不誤來者矣。」，「貴因而不貴創」，遵守前人的成法，即不僅吸收本地以前志書體例，還包括前人志書的一般體例，因此，它的分類法反映了大部分州縣志書的情況。其分類爲：圖；沿革：星野、疆域、形勝、風俗；城池：故城、街巷、坊表、鄉都、市鎮、橋梁、津渡；山水：山、水、陂澤、湖池、井泉；食貨：捐賑、恩賚、田賦、雜稅、戶口、徭役、積貯、鹽法、馬政、屯田、囚田、物產、兵防；學校：學署、學田、書院、書院田；壇廟；官署、倉庫、公館；古蹟、冢墓；金石；職官表；選舉表：荐辟、例仕、吏仕、武選舉、武職、封贈、蔭襲、戚畹、鄉賓；名宦；人物：名臣、宦業、忠節、孝友、儒林、文苑、武功、懿行、尚義、五世同堂、百歲、隱逸、藝術、寓賢；列女：烈婦、貞女、旌表節婦、壽婦、孝婦；寺觀、仙釋；藝文；雜識：紀事、災祥、軼事、異聞；辨證；舊志源流；詞賦。再如同治間修纂的《南海縣志》，分圖說、輿地、建置、經政、江防、職官、選舉、藝文、金石、列傳、耆壽、節孝及雜錄十三類。

一統志，通志（省志），府縣志，這些官修的志書，因為記錄的範圍不同，各有自己的體例，不過通志與一統志相近，一統志近於各省通志的混合體，縣志與府志相類，前者是後者的具體化。這些志書都有基本的共同點，就是都採用志、傳、圖、表的表達方式。各類志書都有圖，至少有疆域圖（行政區劃圖），有的還有衙署圖、某些典禮圖。表的種類很多，建置沿革可以用表的形式表現，歷任職官、科舉人員都可以製表說明。志、傳是方志的主體。志載地方行政、職官、賦役、武備、教育制度、自然條件和地理面貌、以及風俗習慣，輿地、建置、職官、食貨、學校，這些是方志的基本門類。風俗並非物產、制度，可是在前述洪亮吉《涇縣志》置於地理沿革中，這是把它同地理聯繫在一起，因為當時人認為風俗同山川自然條件有關，故而置諸其下。也有的把風俗突出來，作為志的重要內容，如道光《懷陵縣志》將風俗獨立成卷，作者說：「民生天地之間，其剛柔緩急，繫水土之風氣，謂之風；好惡取捨，隨君上之情欲，謂之俗，風俗之美惡，視乎政教之得失」⑰。他不僅看到自然的條件，還重視人的因素，才做了這樣的措置。傳是各種類型人物的傳記，這些人物，從名宦（在本地做官的有業績的人），名臣（本地出的有業績的大臣），到三教九

⑰《卷首·例言》。

流的和尚、道士，信守三從四德的婦女，在各種志書中都可能有傳記，只是有的志分類分得細，有的分得比較粗。

志、傳、表、圖是方志的基本體例，它來源於正史，如嘉慶《松江府志·凡例》所說「志仿史例」。不過它們仍有所不同，因爲它們要反映的內容有寬狹、詳略之別，還有此有彼無，此無彼有的不同，所以立目有繁簡的差別。

私人撰寫的府縣志和村鎮志，其體例亦呈多種狀態，有的大體同於縣志，如鄧琳的《虞鄉志略》分類爲：建置、沿革、星野、山水、城鄉、學校、賦役、祀典、祠廟、寺觀、古蹟、第宅、園林、冢墓、風俗、物產、雜記。志的部分基本同官修縣志一樣，只是少戶口、職官等志。有的與縣志體例距離較大，如金鰲的《金陵待徵錄》，叙事分五類，爲志地、志人、志事、志言、志物。又如董汝成輯《石埭縣採訪錄》，不分卷，多記職官事，沒有食貨、建置等方面的內容。村鎮志都是私人撰輯的，其體例卻遵依縣志。《璜涇志稿》，塾師施若霖作於道光十年（一八三〇）。璜涇屬於太倉州，該書欄目是：鄉域（沿革、田賦），營建（街巷），風俗（方言、物產），選舉，人物（孝友、義俠、雜傳），水利，兵警，舊跡，藝文，瑣綴志（災祥、逸事、稗說、叢談）。元和縣周莊鎮，由陶煦作成《鎮志》，目錄爲：圖、界域、物產、公署、橋梁、祠廟、風俗、人物、烈女、流寓、雜記。這些村鎮志書，都採用志、傳體，與縣志大同小異。

專志的體例與方志有所不同，它要反映其自身的特定內容，需要相應的類目，如寺志記錄寺觀的歷史，其體例則不能全同於府縣志。如乾隆初厲鶚等著《增修雲林寺志》，分八卷，類目爲：宸恩，山水、梵宇、古蹟，禪祖、法語，梼越，藝文，詩詠，遺事，雜記。道光間問世的沈鑅彪撰《雲林寺續志》，也是八卷，類目與厲鶚志相近，爲宸音，重修：梵宇，梼越，禪祖，語錄，藝文，墨跡，詩詠，題名，遺事，糾誤。⑱二書之類目表明，寺志側重反映寺院的興修，僧侶的傳記，與寺院有關係的帝王和信徒。

總之，清代各種方志，體例完善，便於反映地方上千變萬化的情況。

第四節　方志的史料價值

清代方志數量大，體例精嚴，內容豐富。它記載的範圍極廣，有自然現象，地面概貌，地下礦藏，有農業和手工業的生產，商品交換和貨幣的流通，有社會組織，政權機構，有生產關係和社會關係，有人們物質的、精神的生活，社會的風俗習慣，可謂上至天文、下至地理，中及人事，包羅萬象，無所不有。這種資料的廣泛性，就爲研究各種學科的歷史提供了豐富的資料，對歷史學、地理學、經濟史、自然科學史、科學技術史、文學藝術史、地方史有特殊重要意義。方志是一種百科性的資料寶庫，它的史料價值自是極高。方志學專家朱士嘉曾著《清代地方志的史料價值》一文，從政治、經濟、文學和科學技術四個方面論述了清代方志的史料意義，甚爲精到，僅節錄關於科技

⑱二寺均有成書時單刻本，並爲一九八〇年臺北出版的《中國佛寺志》所收。

方面的內容於下：

天文學史料：如同治《竹溪縣志》關於極光有所反映：「同治元年（一八六二）八月十九日，東北有星火如月，色似爐鐵，人不能仰視。初出聲則凄凄然，光芒閃爍。頃之，向北一瀉數丈，欲墜復止，止輒動搖，直至半空，忽然銀瓶乍破，傾出萬斛明珠，濱紛滿天，五色俱備，離地丈餘沒，沒後猶覺餘霞散彩，屋瓦皆明。」這一段記載不但真實生動，具有科學研究價值，也是一篇優美的文學作品。

地圖史料：地圖史料包括以下各種內容：地形、關隘、城鎮、山川、湖泊、潮汐、公署、書院、堤壩、海塘、寺廟、形勝、交通等。康熙《湖廣通志》地圖有四十七頁。乾隆《浙江通志》地圖有一百五十一頁。光緒《繁峙縣志》有歷代疆圖邊關圖。乾隆《鄞縣志》有「天一閣」圖。

氣候地震史料：已故科學家竺可楨在利用地方志氣候史料進行歷史氣候研究方面，取得了卓越的成績，可參考《五千年來中國氣候的變遷》。現在中國地理研究所已組織人力在竺可楨研究成果的基礎上繼續前進。

水利史料：清代許多地方志都有水利門。乾隆《淮安府志》運河篇，嘉慶《揚州府志》河渠篇，《丹陽縣志》水利志，對於我們了解運河的開發、變遷、管理、利用，都有參考價值。長江兩岸各府州縣地方志水利史料，對於我們了解長江和沿江城鎮的建設變遷與水利資源的關係是有幫助的，對於編寫《長江志》，也有參考價值。

醫藥學史料：關於中草藥，物產門有記載。《雲南通志》的物產門所記尤詳。至於醫理、醫案、醫方以及名醫的高尚品德，在方技（人物）有所反映⑲。

方志關於科學技術的內容，有時讀來覺得怪誕不經，以爲是無稽之談，但讀者增加科學知識和閱歷，就能夠理解得多一些，而不必一定認爲方志記錄不可信。如筆者早年讀過的江南有的方志記敘空中掉下一頭牛的事，下血雨的事，今天認爲並不奇怪。八十年代見報載，湖北某人被風颳到空中，降到另一地方，這大約是龍捲風的作用。現代大氣受污染，降酸雨的事時有發生。筆者過去不理解，今天覺得認識了，對方志有關自然現象的記載所持的態度較過去端正了。唯其有正確的態度，相應的自然科學知識和社會閱歷，才能很好地發掘和利用方志載筆中的這方面資料。當然，方志記載中也有一些神鬼迷信的內容，也有對自然與人類社會現象的關係不能理解而加以歪曲的描述，我們也應褫去其愚妄的成分，以便正確把握它所反映的人類社會的歷史。

科技史料之外，需要重視的是：第一，地方志資料對經濟史的研究有特殊價值。它提供生產力中最活潑的因素人的資料，即人口、勞動力的狀況及其變化；提供農民農業生產狀況及經驗的資料；提供賦役制度、地租、高利貸及其與生產的關係的材料；提供手工工人和手工業生產、商人和商業貿易的資料；提供經濟發展的一般狀況的資料；它還提供與人類生產密切相關的自然地理、經濟地理，即自然資源、自然災害、氣候、水文的狀況、變化及其規律的材料。這些都是研究經濟史必不可缺少的資料，所以清代方志是清代經濟史的重要資料寶庫。第二，清代方志是地方史的資料

⑲《文史知識》，一九八三年第三期。這裏大段利用，特向作者致謝。

來源之一。地方史的資料有實物資料、口碑資料、正史、本地人及外地人作品中涉及本地史事的資料，本地志書資料。其中方志是地方專史資料，材料最豐富、最重要，因此方志對於地方史的研究有特別的意義。第三，方志是社會史研究的必讀之物。方志中的户口、氏族、祠宇等專門反映社會史內容的卷目不説外，其風俗一門、雜記一門保存的社會史資料尤多，風俗門專記各地的時令節氣及屆時人們的活動，平時人們的衣食住行、婚嫁喪葬、社交往來、宗教信仰、文化娛樂等風俗習慣，它是方志中的珍品。

以上各方面資料不必多舉事例，僅就筆者爲考察清代後期閩粵華僑問題搜集方志資料所得，羅列二三條。我國最早的機器繅絲廠是南海人歸僑陳啓沅創辦的繼昌隆繅絲廠，宣統間修的《南海縣志》對它作了記載，並叙述了該縣機器絲織業概況、與土絲業之矛盾及外銷情況。其卷二十六《雜錄》云：「機器繅絲，創於簡村堡陳啓沅，名曰絲偈，以其用機器也；又名鬼絙，以其交洋人也。絲比用人絙更細滑光潔，售價亦貴三之一。每間絲偈大者女工六七百位，小者亦二三百位，每日每工得絲三兩、四兩不等，造於光緒壬戌[20]之歲，期年而獲重利，三四年間南、順兩邑相繼起者多至數百十家，獨是洋莊絲獲利，則操土絲者亦少，辛巳歲蠶繭欠收，土莊絲愈寡，至市上無絲可買，機工爲之仃歇，咸歸咎於絲偈之網利，群起而攻之力。機器工人素性浮動，一倡百和，糾合數千人，毀拆絲偈，先毀學堂鄉一間，次將及於簡村與陳啓沅爲難，幸得官兵彈壓、解散，由是各絲偈

[20]案，應爲同治十一年壬申（一八七二）。

閉歇，年餘始復舊業。計每絲傷以五百位爲率，每年發出女工銀約二萬六七千員，遠近胥蒙其利。復設小機器，每人一具，攜歸家自繅，繅出之絲無多寡，市上均有店收買之，其利更薄。」卷四《輿地略》講到絲的銷售：「銷路則各國均有，而以美國、法國、英國商家爲大宗。」廣東嘉應人的謀生之道在海上貿易和華僑出洋，光緒《嘉應州志》卷八《禮俗》說過去州人靠讀書發家，「今日則謀生愈艱，所幸海禁已開，倚南洋爲外府，而風俗亦漸侈靡，非若昔日之質實勤儉矣。」道光間編纂的《廈門志》特立《番市略》一卷，敘述與海外各國貿易的歷史，其序言寫道：「閩南瀕海諸郡，田多斥鹵，地瘠民稠，不敷所食，故將軍施琅有開洋之請，巡撫高其倬有南洋之奏，所以裕民生者非細：富者挾資販海，或得捆載而歸；貧者爲傭，亦博升斗自給。廈門專設海關，爲專販南洋要區，故載通市例禁及東西南各洋之海道、外島諸國山川風土步頭、物產，其商賈不通者附之。雖似非廈門志所宜載，實亦足資賈舶之參考。」這幾條資料，提供了清代對外政策、海外貿易、機器絲織業、華僑、歷史人物、粵閩經濟等方面的史料。

第五節　方志的收藏和利用

了解一切形式的文獻的最終目的，是爲了利用它的資料。爲此，懂得方志本身及其史料價值還不夠，尚需要知道它的保存情況，以便去索求，更需要從它本身特點中去尋求利用方法，以期獲得理想的效果。

清代地方志作為現存全部方志的主要部分，其收藏情況也應當大致如此。全國各大圖書館對方志的收貯，基本上也是清代方志貯藏的狀況。方志收藏最多的機構是北京圖書館，約有六千種。其次是上海圖書館，有五千四百餘種，近一萬册。南京圖書館、天津市圖書館也名列前茅，各有四千種以上，北京大學、南京大學、北京師範大學等校的圖書館，均擁有三千餘種，南開大學圖書館亦達二千種以上。我國方志流出到外國的很多。美國國會圖書館藏有中國地方志四千餘種，內有我國絕版的一百多種㉑，猶他家譜學會的收藏更多達五、一九三種㉒，哈佛大學、芝加哥大學、哥倫比亞大學圖書館所藏中國方志皆在一千種以上。日本、英國、法國都有相當多的中國志書，且有不少稀見本㉓。藏方志較多的單位還有它的收藏特點，如上海圖書館努力搜集本地區的方志，使它的各種版本匯於一所。把握方志的保存處所及該所的收藏特點，利用者可能較方便地找到所要閱覽的志書。這也是利用方志所必須具備的知識。

官修方志寫成後，大多及時印刷，有的還獲得了再版的機會。私人的志書，剞劂不一。未刊者的價值日益為後人所認識，逐漸得以槧刻行世。一九四九年後，一些出版社和書社做了志書的印行工作。北京出版社和北京古籍出版社自六十年代初開始刊行有關首都的地方史志，已出了一批，明

㉑光明日報一九八四年四月二十四日報導：《美國國會圖書館的中文部》。
㉒徐文譯：《美國猶他家譜學會圖書館及所藏的中文資料》，見《歷史檔案》一九八一年第一期。
㉓本段參閱朱士嘉：《中國地方志的起源、特徵及其史料價值》。

人的《宛署雜記》、《長安客話》等書不説外，清人的或輯錄清人的史志，行世的有于敏中等編的《日下舊聞考》，潘榮陛的《帝京歲時紀勝》，富察敦崇的《燕京歲時記》，吳長元編《宸垣識略》，勵宗萬撰《京城古蹟考》，楊米人等著、路工編選《清代北京竹枝詞（十三種）》，孫殿起輯、雷夢水編《北京風俗雜詠》，張崧等輯的《百城煙水》，朱一新著《京師坊巷志稿》等書。另外，書目文獻出版社印行的北京圖書館藏清代民間藝人畫稿《北京民間風俗百圖》，一九八二年經世。南京、揚州、杭州、貴州等地重印和抄寫了一些地方史志。南京十竹齋於一九六三年彙刻《金陵瑣志（八種）》，包括陳作霖的《風麓小志》、《炳燭里談》、陳詒紱的《石城山志》、《鍾南淮北區域志》等書。揚州廣陵刻印社刻印《揚州名勝（十種）》，揚州古籍書店重抄康熙《儀徵縣志》。杭州古籍書店複印丁丙輯的《西湖集覽（二十六種）》、天津古舊書店抄錄喬紹傳撰的《古胸考略》、梁永祚的《保安州志》、李東旭的《保安縣志》。貴州省圖書館於六十年代油印了一批該省志書，其中有夏修恕等的《思南府續志》，嘉慶《黔西州志》，冉晸等的《興仁縣志》、李臺等的《黃平州志》，雍正《安南縣志》，李其昌等的《南籠府志》，朱嗣元等的《施秉縣志》，王華裔等的《獨山縣志》，王佐等的《息烽縣志》，陳昭令等的《黃平縣志》，計數十種。北京民族文化宮圖書館複印王全臣的《河州志》，鍾秀的《古豐識略》，姚學鏡的《五原廳略》，文睿華的《公主府志》等等。鉛印、油印、抄寫、靜電複印，所在多有，使得一些稀見本、珍本、抄本志書，問行於世。讀方志者，須隨時密切注視志書的出版動態，以便及時找到所要瀏覽的書籍。筆者有時欲讀某些地方某時間修的志書，一查《中國地方志綜錄》獲知其藏處甚少，且遠離筆者工作的地區，限於條件，遂打消了閱讀它的計劃。待後在本地圖書館查找其他書籍目錄時，無意中發現有了過去要看的志書，原來這部書有了新印本，遂使本地圖書館得以收藏。斯時見到，爲之一喜，但已經過了研究那個問題的時候，於是也失去了迫切學習它的興趣。閱讀與否是小事，關鍵是影響了對問題的研究。由此可見，及時掌握志書出版行情，對個人研究的進展是有很大關係的。

把握清代方志的基本情況，它的出版、收藏與利用，需要借助方志學的工具書。現有的志書工具書最值得稱述的是朱士嘉編的《中國地方志綜錄》和中國科學院北京天文臺主編的《中國地方志聯合目錄》二書。朱錄初由商務印書館於一九三五年印行，一九五八年出版增訂本，它著錄了當時作者所知道的七、四一三種方志。作者調查了北京、天津、上海、南京、浙江、湖北、大連、中國科學院、北京大學、北京師範大學、中央民族學院、故宮博物院、南京大學、武漢大學、中山大學、廣州華南師範學院、復旦大學、東北人民大學等省、市、高等院校和文化單位的圖書館，以及上海市歷史文獻圖書館、上海徐家匯天主堂藏書樓、寧波天一閣、財政經濟出版社上海辦事處圖書館等單位收藏方志的情況。以圖表的形式介紹志書及其收藏地，其表的左邊部分的表頭是關於方志情況的，即書名、卷數、纂修人、版本，右邊是收藏機構，即上述二十二個單位，每家一欄，注明有無某書的符號。另有備注一欄，有需要說明的填寫於此。其著錄志書的方法，是以現行省區爲單元，一省的志書，統於一省項下，在一省以內，先列通志、然後按清代各府的先後次序逐一介紹；一府之中，先府志、次縣志；縣志中先列首縣，次一般縣；一縣之中，先縣志，次該縣的村鎮志，一縣的縣、鎮志完了，才是另一縣的；同一地的不同種志書，按時間先後排列。這樣的著錄，對讀者的查詢極其方便，如果要想了解其地情況，對清朝的行政區劃又比較熟悉的話，會很迅速地查到該地有那些志書，各藏於何處，就可以根據自己的需要和條件去借應閱的圖書了。該書還有《國民黨反動派劫運臺灣稀見方志目錄》、《美國國會圖書館掠奪我國稀見方志目錄》兩個附錄，又有《書名索引》、《人名索引》，以供檢索。這本書的增訂本行世後，又發現了數以百計的新方志，所以它就不完善了，需要有新的綜錄出現。七十年代，中國科學院北京天文臺聯合全國有關單位，對近二百家圖書館的方志收藏情況作了調查，在朱錄的基礎上，編輯了《中國地方志聯合目錄》，著錄方志八千二百多種，一九八五年由中華書局出版。其編輯方法與朱書有很大不同，它不以「表」的方式來作表達，而以一部部方志爲單位說明它的基本要素（編者、書名、卷數、版本）和各收藏機構。它以現行行政區劃爲框架，填以各種方志。它所收錄的書籍，包括通志、府州廳縣志、鄉土志、里鎮志、衛志、所志、關志、島嶼志等，具有方志初稿性質的志料、採訪册、調查記等均在著錄範圍之内，而山、水、寺廟、名勝志等不收錄。所著錄方志，以一九四九年以前成書爲限，一九四九年以後的著作擬另編《新編中國地方志目錄》。它所著錄的地志收藏機構多達一九〇家，爲公共、科研、大專院校、博物館、文史館和檔案館，很便利於讀者查索。「聯合目錄」比朱書所增方志不過八百種，但對方志版本和收藏單位的著錄，比朱書前進了一大步。

南開大學圖書館古籍組編印了《南開大學圖書館線裝書目錄·史部·地理類分册》，將該館所藏方志一一著錄，介紹書名、卷數、作者、版本、册數，以及該館的索書號，甚便讀者利用。這類方志目錄書，一些大圖書館都就館藏方志做了出來。

綜錄是簡單的目錄性圖籍，對志書本身介紹很少，特別是它的內容和價值全無評價，給讀者的東西有限，因此需要有提要和考錄類的目錄書。這方面有幾本專著。瞿宣穎編《方志考稿》，一九三〇年天春書社印行，它對八個省的志書，除說明書名、著者、版本，還介紹作者小傳、書的主要內容、體例、版本源流，以利讀者認識該書的價值。張國淦編《中國古方志考》（中華書局上海編輯所一九六二年出版），洪煥椿編纂《浙江地方志考錄》（北京科學出版社一九五八年刊印），張維編《隴右方志錄》（一九三四年北平大北印書局刊）。這些書的作者調查了散佚的地方志，著錄它的作者、著作年代、書名、卷數和版本，對研究方志學發展史有一定參考價值。

令人興奮的是北京大學古文獻研究室與津滬等地協作，開始編纂《中國地方志傳記人名索引》，它將把縣級以上志書中的有傳記的人物，製成索引（內容包括人物姓氏、本名、別名、字、號、其他異稱、所屬時代、里籍），以饗讀者。方志中保存了大量的歷史人物傳記資料，其中有許多是其他載籍所不見的，但是這些資料分散在各書之中，沒有索引，檢索甚爲不便，因而很難爲研究者充分利用。這部索引的編纂將大大便利讀者，有利於方志資料的利用和科學研究的開展。

把方志的資料加以分門別類的輯錄，匯成專集，亦將有利於對方志資料的運用。全國各單位協作的《中國地震歷史資料匯編》，在唐山地震後開始收集資料，它的編纂加深了人們對方志保存自然科學史資料重要性的認識。趙景深、張增元從方志中輯錄戲曲家的資料，編成《方志著錄元明清曲家傳略》一書，中華書局一九八七年出版。該書共收元明清三代曲家六五八人的方志載籍的傳記，其中半數以上是清代人。它把曲家分爲戲曲作家、散曲家和戲曲理論家三類，僅戲曲作家就有清人二五八人。

《臺灣公藏方志聯合目錄》，臺北中央圖書館編，一九五七年正中書局印行。著錄方志約三千種，是分藏於中研院史語所、臺北故宮博物院、中央圖書館、臺灣大學等十一處的方志目錄的集結。按省區編排，附目錄索引。陳光貽建議編輯《中國地方志集成》，即從現存每種方志中選擇一萬多字，圖五幅，表三件，共選一億多字，五萬多幅圖，三萬多件表，編成一萬卷的大類書㉔。這是一個浩大的工程，然而是極有意義的工作。此外，還有人建議整理方志中的自然科學史資料。這些設想都是有益的。

方志的著作既然具有連續性的特點，因此在利用它時，要充分注意它的成書年代。因爲某個時代的作品，只反映本時代以及前時代的事物。如要了解道光時某縣某人的歷史，查該縣嘉慶以前修的志書，當然不會有什麼積極的效果。如用著作時間表示，可使讀者明瞭它是什麼時候的作品，便可知其用處何在。因此不論在收藏編目時，還是在引用方志資料注明出處時，最好注明寫作年代，諸如乾隆《三河縣志》、康熙《保定府志》，而不一定寫出它們的作者。

方志中的私家著述，是利用中不可忽略的。官修志書，忌諱甚多，失實之處不少，尤其令人遺憾的是該寫而不寫的事太多。私家撰輯的，當然也有隱諱，也有誤失，但是要少一些，補充的資料要多一些。這一點，黃卬著《錫金識小錄》即爲明證。黃卬有自己的史志觀，他對「志乘之例，書

㉔見北京師範大學《史學史資料》一九七九年第一期。

善不書惡」，對縣志人物傳根據縉紳提供的諛墓之詞表示不滿，他指斥說：「（傳記）憑於家傳，揚微隱匿，考核斯難，況循於子孫之請囑，震於權位之焯赫，未必盡無曲筆」㉕。他作書採取善惡並書的原則：「……間有紀惡之條，或犯人所忌者，亦並書無隱。招怒取怨，有所不辭。」㉖他還主張資料要充實，反對公文式的虛詞套語，他說：「人物傳但宜叙一生事實，不必虛作諛詞。」他尤注意於反映國計民生的大事，《備考》兩卷，「補（縣）志之缺，訂志之訛，於民生艱窘之故，尤惓惓焉。」在這種思想指導下，使他的著作資料豐盈，展示了官府和紳衿的陰私。他記載了無錫明清社會經濟史資料，關於土地占有、地主、佃農、奴僕、地租、米價、棉織，都有具體的內容。他揭露清代地方吏治的敗壞，幾乎逐個評述了無錫知縣，斥責他們殘酷貪墨。如記李繼善任內，與卸任的徐永言、紳士秦某勾結，形成「一縣三官」局面，李作惡多端，被人告發，呈詞上有「十三年奇貪極酷，億萬民負屈含冤」的話，及李被革職，縣民高興，「多擔水潑縣庭，謂之洗堂。」這些內容，是官修志書所沒有的，這樣的私人志書，價值在官書之上，雖然不是所有的私家著述都能如此，但它們的價值是有的，因此在查檢方志時不要遺漏。

利用方志，要提高效率，必須目的明確，方法得當。爲什麼要閱讀方志，一定要有具體的科研題目。方志種類多，又很龐雜，漫無目的地去翻不行，方向模糊也不行，有了確定的問題，要閱讀

㉕《錫金識小錄》卷四《綜考》。
㉖《錫金識小錄·例言》。

的志書就好選擇了，從而可以少浪費時間和精力。

第六節 清人邊疆史地著述

邊疆史地，特別是西北史地，是清代興起的學科，成就頗大。它的著述與一般的方志不同，不過它也是記述一方的歷史和地理，因而性質與方志有近似之處，故而在本節作一簡略的說明。

(一) 邊疆史地學的興起

邊疆史地，是在清代統一的多民族國家進一步鞏固和發展的基礎上產生的。清朝中央政府對邊疆地區的控制大大加强了，邊疆少數民族同內地民族的聯繫空前地頻繁了，這種形勢就提出了研究邊疆史地的迫切要求，也爲它的實現提供了可能，特別是居於當時北方和西北的蒙古族，一度勢力强大。身爲少數民族的清朝皇帝，既要利用北方的蒙古族作爲統治全國的幫手，又要同西北的蒙古族作鬥爭，這種了解它的助手和對手的需要，就促成它提倡研究邊疆少數民族的歷史，如康熙在平定噶爾丹之亂後，命大學士溫達等撰寫這次戰爭史，從而有《親征平定朔漠方略》一書的出現。乾隆時徹底解決新疆蒙古人（厄魯特）的問題，清朝政府要鞏固在內外蒙古、新疆、西藏、青海等地區的統治，感到對這些地區了解不夠，而有關文獻也太少，於是下令拿出檔案，撰修《蒙古王公功績表傳》、《西域圖志》等書，翻譯《蒙古源流》。清代的中國東北、北方、西北同俄國鄰界，沙俄野蠻地向我國擴張，勾結我國邊疆少數民族中某些上層叛亂分子，因此研究三北地區的少數民族史必然涉及到中俄關係問題，故而有些學者將視線傾注到中俄關係史上，如刑部主事何秋濤，「以俄羅斯與中國壤地連接，宜有專書資考鏡，始著《北徼匯編》六卷」，繼而擴充到八十卷。咸豐帝覽後，認爲很有參考價值，就把該書命名爲《朔方備乘》㉗，並將何秋濤晉升爲員外郎。所以說西北史地學的形成，是清朝統治者由於內政外交的需要而倡導的結果。

邊疆史地學的形成，與學者對元史的研究有一定關係。一些有成就的學者從事元史以及遼金史的研究，碩果累累。如錢大昕著《元史氏族表》、《補元史藝文志》、《宋遼金元四史朔閏表》、《遼金元三史拾遺》，汪輝祖撰《元史本證》（五十卷）、《元史證誤》（二十三卷），魏源撰《元史新編》（九十卷），洪鈞作《元史譯文證補》（三十卷）。清人對元史的研究促進了西北史地學的形成，其成果也是西北史地的一個內容。

邊疆史地學的創立，一些學者做出很大貢獻，他們辛勤工作，有的是在極其艱苦的條件下進行的。如編修祁韻士，參加《蒙古王公功績表傳》的撰寫，積八年之功，翻檢紅本、黃册檔案、清歷朝實錄及蒙古文著述，「凡有關外藩事跡者，概爲檢出，以次覆閱詳校，每於灰塵坌積中忽有所得，如獲異聞」㉘。如此爬梳，才得竣工。嘉慶間，祁韻士因經濟案件的牽聯，被發戍伊犁，在蒙受屈辱的情況下，他利用這種意外的條件，從事他西北史地的研究，形成大量的著作：《皇朝藩部

㉗《清史稿》卷四八五《何秋濤傳》。
㉘《清史列傳》卷七十二《祁韻士傳》。

程記》、《新疆識略》(徐松續成)、《西域釋地》、《西陲要略》、《萬里行程記》、《西域行程記》。嘉慶間編修洪亮吉以上書言事獲罪，亦遣戍伊犁，他雖至新疆天數無多，但著有《天山客話》、《伊犁日記》二書。林則徐被謫新疆，亦著《荷戈紀程》一書。這些邊疆史地學的有心人，在艱難困苦中不忘著述，其志可嘉，其精神可傳，其學術上的貢獻將爲人們永遠紀念。

(二) 邊疆史地的作品及其內容

據《清史稿藝文志及補編》一書史部地理類邊防和雜志兩項所載，下列諸書是邊疆史地中反映清代歷史的一些作品：

《西域圖志》	五十二卷	劉統勛等撰
《蒙古遊牧記》	十六卷	張　穆撰
《皇朝藩部要略》	十八卷	祁韻士撰
《西陲要略》	四卷	祁韻士撰
《西陲總統事略》	十二卷	松　筠撰
《西域聞見錄》	八卷	七十一撰
《衛藏圖志》	五十卷	盛繩祖撰
《西藏通考》	八卷	黃沛彪撰
《金川瑣記》	六卷	李心衡撰
《朔方備乘》	八十卷	何秋濤撰

《洋防輯要》二十四卷　嚴如熤撰

《雲緬山川志》一卷　李榮陛撰

《臺灣紀略》一卷　林謙光撰

《澎湖紀略》十二卷　胡建偉撰

《澳門紀略》二卷　印光任　張汝霖撰

《防海輯要》十八卷　圖一卷　俞昌會撰

《海防述略》一卷　杜臻撰

《西域南八城紀要》一卷　王文錦撰

《藏鑪述異記》一卷　王我師撰

《藏鑪總記》一卷　王我師撰

《輪臺雜記》二卷　史善長撰

《三藏志略》二卷　沈宗衍撰

《邊疆簡要》三卷　李慎儒撰

《吉林勘界記》一卷　吳大澂撰

《廣東海防匯覽》四十二卷　盧坤等撰

《新疆大記》六卷　闞鳳樓撰

《嶺南雜記》二卷　吳方震撰

《嶺南風物記》　一卷　吳綺撰
《滇黔土司婚禮記》　一卷　陳鼎撰
《滇小記》　一卷　倪蜺撰
《西北邊界圖地名譯漢考證》　二卷　例言一卷　許景澄撰
《異域錄》　二卷　圖理琛撰
《衛藏通志》　十六卷　著者不詳
《西藏考》　一卷　著者不詳
《西藏志》　不分卷　著者不詳
《出塞紀略》　一卷　錢良擇撰
《龍沙紀略》　一卷　方式濟撰
《塞外雜識》　一卷　馮一鵬撰

這些著作中有幾部名著：

《藩部要略》，祁韻士利用他做史官的條件撰成此書，十八卷，分內蒙古、外蒙古喀爾喀部、厄魯特、回部、西藏五個要略，另有藩部世系表四卷，爲內蒙古、外喀爾喀、河套以西各部、不列外藩各部表。祁韻士採取編年體與紀傳體結合的辦法，記事繫年按歲月先後，分部敘述則是紀傳體寫法，這樣敘述該部落與清朝中央政府的關係，包括歸附、叛服、封爵等內容。把蒙古諸部的歷史及其與清朝的關係作了較好的說明。學者李兆洛閱覽後，說「如讀遼皇之書，睹鴻濛開闢之規模焉，烏可不令承學之士聞所未聞，見所未見，瞭然於天人之故哉」㉙，說明這部書開創性的價值。它有道光二十六年（一八四六）刊本，光緒十年（一八八四）浙江書局重印本。

《衛藏通志》，作者不詳，有人疑爲乾隆末年赴藏的欽差大臣和琳所撰㉚。先有户部主事龍繼棟的校刻本，光緒間徽寧池太廣兵備道袁昶輯刻《漸西村舍匯刊》，收入該書，並於光緒二十年（一八九四）作《刻衛藏通志後敘》。筆者所見爲據《漸西村舍匯刻》本排印的《叢書集成》（初編）本。《叢書集成》本卷首爲《御製詩文》，下有十六卷，卷目是：考證、疆域、山川、路程、喇嘛、寺廟、番目、兵制、鎮撫、錢法、貿易、條例、紀略、撫恤、部落、經典。此書資料來源甚爲廣泛，凡涉及漢唐以來西藏事務的歷史文獻，各種西藏舊志，西藏保存的藏文檔案文件，乾隆時對廓爾喀用兵及處理西藏善後事務的各種公文，歷代的各種碑文，無不採摭。該書除敘述漢唐以來西藏和中央政府的關係史外，著重記載清時中央政府與西藏地方政府的關係，西藏社會的各項制度，生產、經濟、風俗情況，如中央駐藏官員職權、駐藏官兵分布、藏中各部落名稱、各地山川形勢、金奔巴掣簽制度，蒙古人赴藏熬茶制度，達賴與班禪遣人到中央的制度，藏民信仰，生活狀況，入藏道路，西藏地方部隊，等等。這是一部關於西藏史地的重要圖籍。

㉙《養一齋文集》卷五《外藩蒙古要略序》。

㉚見《中國叢書綜錄》第一册二三五頁；《西藏研究》編輯部編輯，西藏人民出版社一九八二年出版的《西藏志》和《衛藏通志》合刻本，題爲松筠撰。

《朔方備乘》。作者何秋濤研究中俄關係史，廣泛搜集資料，遍閱正史、官書及圖理琛、陳倫炯、方式濟、錢良擇、張鵬翮、楊賓、七十一、趙翼、松筠、俞正燮、張穆、魏源、姚瑩等人著作，還瀏覽了艾儒略、南懷仁及在上海、廣州的西洋人所刊書籍、輿圖。全書凡例一卷，正文八十卷，其中卷首十二卷，錄上諭及欽定書籍有關文字，自撰六十八卷，爲《聖武述略》、《北徼界碑考》、《北徼條約考》、《俄羅斯館考》、《雅克薩城考》、《尼布楚城考》、《錫伯利等路疆域考》、《色楞格河源流考》、《額爾齊斯河源流考》、《漢魏北徼諸國傳》、《周齊隋唐北徼諸國傳》、《遼金元北徼諸國傳》、《國朝北徼用兵將帥傳》、《俄羅斯互市始末》、《土爾扈特歸附始末》、《考訂職方外紀》、《考訂綏服紀略》、《辨正西域聞見錄》、《北徼事跡表》、《北徼沿革表》、《圖說》等。備述了秦漢以來特別是清朝對東北、北方、西方邊疆的經營和治理，當地少數民族的狀況及其與中央政府的關係。對侵略我國三北地區的沙皇俄國進行了研究，叙述了中俄關係。何秋濤說他的研究爲了八個目的，即「宣聖德以服遠人」，「述武功以著韜略」，「明曲直以示威信」，「志險要以昭邊禁」，「列中國鎮戍以固封圉」，「詳遐荒地理以備出奇」，「徵前事以具法戒」，「集夷務以燭情僞」。歸納起來就是：反對沙俄侵略，鞏固祖國邊疆。咸豐贊揚何秋濤「通達時務，曉暢戎機」，說他的書「於制度沿革，山川形勢，考據詳明。」肯定了《朔方備乘》的實用價值。所以這是一部有益於邊防的學術著作。此書有光緒七年（一八八一）刊本。

《蒙古遊牧記》，張穆撰，祁寯藻爲作序，何秋濤作校，凡十六卷，講內外蒙古各部落所在地，歷史上所受的封爵，對中央的土貢。祁寯藻說：作爲中國屬民的蒙古之強弱，關係中國盛衰，此書之成，「讀史者得實事求是之資，臨政者收經世致用之益，豈非不朽之盛業哉」㉛！不為過譽。它有同治六年（一八六七）刊本。

《新疆識略》，伊犁將軍松筠撰。道光於繼位元年（一八二一）為之作序，以其為欽定之書，全書十二卷，首一卷。卷首《聖藻》為清帝關於平定準噶爾，大小和卓木之亂的詩文。十二卷的卷目為新疆總圖、北路輿圖、南路輿圖、伊犁輿圖、官制兵額、屯務、營務、庫儲、財賦、廠務、邊衛、外裔。道光對它敘述「山河之襟帶，城郭之控制，兵食財富之儲備，田野畜牧之繁滋」表示滿意，它確實提供了清代新疆地理和社會經濟情況的資料。它有道光元年（一八二一）武英殿刊本，光緒甲午（一八九四）上海積山書局石印本。它和上述《藩部要略》、《衛藏通志》、《朔方備乘》、《蒙古遊牧記》等書，均為臺北文海出版社收入《中國邊疆叢書》第一輯，刊行於世。

邊疆史地的載籍近人亦有所整理，中央民族學院吳豐培進行了一些編輯、整理，已經或將陸續公布於世，其中有夏廷燮撰的《新疆大記補編》，徐松等撰的《新疆四賦》，業經北京中國書店出版，傅恒等撰的《西域同文志》亦由該書店於一九八四年發行，他如《川藏遊踪匯編附綜合地名索引》、《甘新遊踪匯編附綜合地名索引》，由四川民族出版社等部門刊行。吳豐培的工作不僅整理了這些具有史料價值的古籍，且為讀者省卻搜檢之勞。

社科院中國邊疆史地研究中心編輯出版了《中國邊疆史地資料叢刊》六種，其中有《清代蒙古

㉛《蒙古遊牧記》祁序。

高僧傳譯輯》、《新疆鄉土志稿》，前書收有拉德納巴德拉撰《咱雅班第達傳》（明末清初西蒙古高僧），額爾德尼畢力袞達賴著《內齊托音一世傳》（格魯派在內蒙古的傳人），達磨三珞陀羅作《內齊托音二世傳》（一六七一年—一七〇三年），《哲布尊丹巴傳》（哲布尊丹巴一至六世的歷史），所述都是蒙古史上重要人物，均從蒙文（兼有蒙藏兩種文字）譯成漢文。後一部書是清末編寫的稿本，初未刊印，一九五五年湖北省圖書館出版油印本《新疆鄉土志二十九種》，將之收入，馬大正等續搜集到四十四種，以《新疆鄉土志》爲題梓刻行世㉜。李澍田主編《長白叢書》，其初、二、三、四集業於一九八六年—一九九〇年出版，內收《吉林通志》、《吉林外紀》、《扈從東巡目錄》、《永吉縣志》等書。《吉林通志》係光緒間官修書。在新建省纂著通志，清季才引起人們注意，《吉林通志》的修成，是清代方志發展的標誌之一。它有一八九一年印本，一九三〇年重刻本，至是又有了一種本子，給讀者提供便利。

三 邊疆史地圖籍的史料價值

這些著作搜集整理一個少數民族、一個部落、一個民族地區及邊疆諸民族的歷史與現狀資料，不僅可供當時的統治者制定政策作參考，而且爲後人研究清代民族史、民族關係史、中央與少數民族地方政權關係史、中外關係史匯集了豐富的資料，具有很大的史料價值。

㉜參閱趙雲田：《邊疆史地古籍整理的新收穫》，見《古籍整理出版情況簡報》，第二四八期，一九九一年九月十日。

第六章 文集史料

清人匯編各種體裁的文章爲一輯，成文集。它不是史書，因此在古典圖書分類中被列爲集部書。文集中有的文體，如傳記文，是史書的一種體裁，可以提供史料，而傳記文畢竟不是文集中最主要的成分。文集的其他文體，多爲文學性質的，但是它們也可以被當作歷史資料來讀，這是因爲：第一、一些文章記載或涉及歷史事件、人物、制度和社會現象；第二、一些文章曲折地反映歷史現象。它們都不乏史料價值。因此，我們可以從史料學的角度考察清人文集所提供的清史資料。

第一節 文集的撰著與體裁

《四庫全書總目》把集部書分爲楚辭、別集、總集、詩文評、詞曲等類。所謂別集，是一個人的各種文體的著述的匯編；所謂總集，係對別集而言，是把多人的文章匯輯成書。我們這裏所說的文集，就是別集和總集所包涵的圖書。本節將要敘述的是個人文集、全集的編撰，第二節說明其史料價值，而在第三節交待匯輯文章的總集及其史料意義。

清人文集的題名，徑曰文集、集，或稱全集，或稱稿，文稿、剩稿、類稿、未定稿，或稱文存、文鈔，或名遺書、遺集。有的文集不作這一類的題名，令人錯以爲它是其他類書籍，如包世臣的《安吳四種》、鄭元慶的《小谷口著述緣起》，再如張舜徽在《清人文集別錄·自序》所說的：「顏元習齋記餘，萬斯同群書疑辨，董豐垣識小編，法坤宏學古編，錢塘溉亭述古錄，張宗泰質疑刪存，陳立句溪雜著，李象鵾棣懷堂隨筆之類，名似筆記，實即文編」①。清人文集的命名，有的是因作者的別號、官名、謚號，有的是從作者的故里名稱。屬於總集類的文集的命名，也因作者們的某一個特點，加以抉擇：選自某一個地區的作者的文集，則以地方命名，如湯成烈編的《縉雲文徵》，顯然是浙江縉雲人著作集匯；選自某一個家族的作者的文集，如《楊氏五家文鈔》，是楊長世及其侄、侄孫楊以睿、楊兆鳳等五人文字的合集；從文章的內容決定命名，如賀長齡等輯的《皇朝經世文編》。掌握文集的命名規律，有利於我們認識什麼是文集。

清人文集有多少種，還沒有確切的統計。《清史稿藝文志》收有別集類書目一、六八五部，總集類書目五〇三部，《清史稿藝文志補編》著錄別集書目二八九〇部，總集書目三五四部，以上共計五、四三二部，不過總集類中包括清人編輯的前人文集，別集類中含有清人對前人文字的輯佚，把前人的文集去掉，純係清人著述的，也在五千種以上。這個數字是很大的了。如果能作全國性的深入調查，相信還會有大量的發現。如筆者從同治《新城縣志》獲知，汪河著有《清夫遺稿》，由

①《清人文集別錄·自序》，中華書局一九六三年版，二頁。

林則徐作序，應該是印行了的；又如據嘉慶《揚州府志》卷五十樊瑩傳所載，樊著有《師善堂集》，《清史稿藝文志及補編》對它們均未著錄。由於這樣的事實，估計清人文集應當還要多。柯愈春從各大圖書館藏書存目中檢出清人詩文別集目錄，獲知約有一萬三千種，爲之編寫了目錄提要，將由中華書局梓行。這還只是今天實存其書的。當時業已梓刻而後流失的清人文集，柯愈春準備另作佚目。更有的文集，只有稿本，則亡佚的更多，目前似尚無人調查其究竟，可知清人文集的數量之大。

文集之富，不言而喻是作者衆多。有多少部文集，至少就有多少個作者。在上萬名著者中，社會面很廣泛，上自皇帝，下及一般文人，以及貴胄、官僚。自順治至同治的八個皇帝都有文集，有的還有詩集，康熙有《清聖祖文初集》四十卷，二集五十卷，三集五十卷，四集三十六卷，《避暑山莊詩》二卷，乾隆有《樂善堂全集定本》三十卷，另有文集初、二、三集和餘集，共九十二卷，詩集初、二、三、四、五集，餘集，共四五四卷，《全史詩》，《圓明園詩》等。咸豐有文集、詩集。御製詩文，有的篇章是皇帝自撰的，有的是臣下奉命代擬的，當然都反映皇帝的觀點。臣下把御製集編好，當由武英殿修書處刊印，如康熙文集第三集，收輯康熙三十七年（一六九八）三月至五十年（一七一一）十二月的文字，五十一年（一七一二）即由武英殿刻就。清朝宗室貴胄對學術尤其是詩文愛好的不乏其人，寫了一些作品，《紅樓夢》研究中人們常提到曹雪芹的朋友敦誠、敦敏以及評過《紅樓夢》的永忠，都是宗室成員，敦誠著有《四松堂集》，敦敏作有《懋齋詩鈔》，永忠撰有《延芬室稿》。清朝的漢人文官，多係科甲出身，這些人無論是從事文字職務，還是各級行政職務，都有一些人從事寫作。所以文集作者中，既有翰林院、詹事府、國子監等衙門的官員，也有大學士、部院大臣，各部司官，地方上的督撫藩臬，以及府州縣官。官員而外，不仕的文人，還有一大批，像嘉道時期以著作聞名於世的「三張」：張士元，震澤人，七次會試而不中，教家館，著《嘉樹山房集》；張海珊，吳江人，作《小安樂窩文集》，在中解元時死去；張履，震澤人，官句容縣訓導，撰《積石山房集》。以上是三舉人；秀才作者更有一大批。不同身分地位和經歷的人，對社會生活接觸方面不同，感受各異，因而藉以著述的資料來源非常廣泛，反映社會生活的內容也寬廣。

文集的整理、出版，有的是作者自己經理告竣的，這些當然是自訂稿；有的受人幫助才成功的。清代的一些文人不主張早出文集，認爲青年時代的作品不成熟，留到晚年或身後出版，如方苞常講「儒者著述，生時不宜遽出」，他的學生程崟等在蘇州爲其刻印《周官集注》，劉古塘在浙江爲之剞劂《喪服或問》，龔孝水在河北替他棗梨《周官辨》，他知道後，「切戒可示生徒，不可播書肆」②。由於這種思想，有的學者就把著述留到晚年，指導門人和親屬整理，甚至身後由友人、門徒、家屬來完成。像李塨的《恕谷後集》，是其學生閻鎬於雍正四年（一七二六）幫助他編輯成的，當時李塨已六十八歲，再過七年就亡故了。李紱的《穆堂別稿》，亦由其門人魯曾煜、桑調元等人編成。曹一士著《四焉齋文集》，由其侄曹錫黻編訂，子錫端等刊印。趙申喬的《趙恭毅公剩

②《方望溪先生文集》程崟《序》。

稿》，爲其孫趙侗斅搜集整理而成。有的文集雖爲作者手定，但由於未及時出版，待至付梓，又作了某些改編，如盧文弨著《抱經堂集》，業已定稿付梓，乾隆六十年（一七九五）刻未就而死，友人與門徒爲之續編，終於在嘉慶二年（一七九七）行世。全祖望的《鮚埼亭集》也是生前手定，未及棗梨，身後由門人董秉純、蔣樗庵校訂出版。還有人與作者並無私人關係，只是仰慕其人、其文，而爲之整理梓刻，如謝濟世身故一個世紀後，趙炳麟爲之編印《謝梅莊先生遺集》。有的文集經過多次整理、刊刻，如方苞的集子，門人王兆符始編於雍正元年（一七二三），至乾隆五年（一七四〇），同僚漕運總督顧琮就其所錄之文別爲一編，乾隆十一年（一七四六）門人程崟在王、顧二集基礎上再爲編輯，文章以類相從，而不編卷次。迨後桐城舉人戴鈞衡學宗方苞，又爲之搜集遺文，釐定卷目，至咸豐元年（一八五一）輯成。今天的通行本，就是他編訂的。被認爲廣東大儒的朱次琦的文集——《朱九江先生集》，由其門人簡朝亮在其身後編輯出版，並附有簡作《朱九江先生年譜》。今人給清人編全集的屢屢出現，王夫之、魏源、龔自珍、曾國藩，鄭觀應等人的全集都有學者在整理，或已事竣，如卞孝萱爲鄭燮編輯了《鄭板橋全集》，一九八六年由齊魯書社出版。這樣，文集的作者固然是一個人，但編訂者卻是多人，而且時代也不盡相同。編輯者的選文，自有其好尚，同作者亦可能有所差異，所以文集不僅反映作者的觀點，也表現出編輯者的見識。有編輯人，也是對文集的一次加工，一次鑒定。

文集包括各種文體，欲明其狀，不妨先看二三種文集的目錄：

《方望溪先生文集》，十八卷，目錄是：

卷一、讀經；
卷二、讀子史；
卷三、論說；
卷四、序；
卷五、書後題跋；
卷六、書；
卷七、贈送序，壽序；
卷八、傳；
卷九、紀事；
卷十—十一、墓志銘；
卷十二—十三、墓表，墓碣；
卷十四、記；
卷十五、頌銘；
卷十六、哀辭，祭文；
卷十七、家訓，家傳志銘哀辭；
卷十八、雜文。

《集外文》，十卷，目次爲：

卷一—二、奏札；
卷三、議；
卷四、序，跋；
卷五、書；
卷六、紀事；
卷七、墓表，墓志銘；
卷八、論，送序，傳，記，家訓，雜文；
卷九、哀詞，祭文，銘贊頌，賦，詩；
卷十、尺牘。

錢大昕撰《潛研堂文集》，五十卷，目錄：

卷一、賦，頌，奏摺；
卷二、論；
卷三、說；
卷四—十五、答問；

卷十六、辨考；

卷十七—十九、箴，銘，贊，雜著；

卷二十—二十一、記；

卷二十二、紀事；

卷二十三—二十六、序；

卷二十七—三十二、題跋；

卷三十三—三十六、書；

卷三十七—四十、傳；

卷四十一、碑；

卷四十二—四十九、墓志銘，墓表，墓碣；

卷五十、家傳，行述，祭文。

陶澍著《陶文毅公全集》，六十六卷（包括卷首、卷末各一卷），卷目是：

卷一—三十、奏疏。內含：進呈文，謝摺，赴任摺，請覲摺，回籍摺，選政，吏治，倉庫，漕務，海運，賑災，沙洲，鹽政，祀典，旌表，科場，修志，書院，營志，海防，緝捕，保甲，水利，河工，工程，告病，遺摺。

卷三十一—五十二、文集。內含：經說，史說，記，序，書，跋，書後，辨，考，雜說，策問，贊，銘，神道碑，墓志銘，墓表，墓碣，傳，行述，哀詞，告文，祭文，告示，賦。

卷五十三—六十四、詩集。內含：五言古詩，七言古詩，五言律詩，五言長律，七言律詩，七言長律，五言絕句，六言絕句，七言絕句，賦得體詩。

卷首為對陶澍的御製祭文，卷末為有關陶澍的傳記文。

從以上目錄可知，每一部文集所包含的體裁不完全相同，各有所側重，或在奏議方面，或在傳記方面，或在學術研究方面。不過綜合來看，它包括如下文體：

(1)**奏疏**。官員給皇帝寫題本、奏摺，有的由官員自擬，有的由幕客代筆，所以小官以至未仕文人的集子中亦有此類文字。

(2)**頌賦**。賦是詩歌的一種，講究文采、韻節；頌是似賦而典雅的文體。國君有郊天、臨雍、出征等重大行動，或有大慶，高級官員和翰詹科道等官應制以頌賦等體行文謳歌之。

(3)**論說**。議論文，對現行政策、事件、現象發表評議，或對歷史上的問題、某種學問抒發見解。

(4)**序跋**。爲古今作品寫序、跋，進行評價。序置於書首，多作全面評述；跋放於書尾，可側重於某一方面的說明。另有贈序、壽序，與書序不同，贈序是爲送行，壽序則爲祝壽，內容各別。

(5)**記**。記事文，記事，遊記。此「記」與「紀事」體不同，「紀事」爲記人，屬於傳記文。

(6)**書啟**，即尺牘。給個人或機構寫信。

(7)**傳記**。神道碑、墓志銘、墓表、墓碣、祭文、哀辭、誄文、行述、行狀、紀事，都是傳記文，贈序、壽序也給傳記提供資料，也可以算作傳記文之中。

(8)**詩詞**。詩詞與頌賦都是文學作品，有的作者單有詩集，詩詞就不收入文集之中，有的詩集分量不大，就編進文集中，有的詩集、文集分開，但又合刻爲全集。

(9)**家訓、家傳**。家訓是給弟兄子侄的書信，或代宗族草寫的文獻，但以表示飭誡、勸諭之意爲限。家傳是給親屬寫的墓志銘、行述等。

(10)**雜著**。雜著本身不是一種文體，是作者幾種體裁的文字，因分量都不多，不能單獨立卷，故合在一起，成爲雜著，或稱雜文，但同後世的雜文完全不一樣。

此外，文體還很多，如策問，是考官出的試題；策論，有問有答；表，謝恩表，朝賀表，某項官修大著作完成的進表；擬詔，代皇帝草擬的詔書；文告，給下屬的文書，給屬民的告示；贊，以贊美爲主的文體，如對畫像的題詞；銘，也是歌頌的一種文體，刻於器物或碑板之上；箴，用以規誡自身和他人的文體；詳諮、批詳、給上級的呈文或對下級申文的答覆；示檄，給平民的帶有警戒的文書；辨疑，考辨釋疑性的文字；等等。由於文章數量較少，不再列入大類。即在前述十大項中，奏疏、論說、記、序跋、傳記五類又占主要地位。

文集所包涵的文體，占了全部文體的大多數，在各種類型的圖籍中是最多的。體裁的多樣，也就意味著題材的廣泛，它能夠用各種形式，表現各種事物——人物、事件、規章、制度、器物、圖書、繪畫，從而使文集容納各種學科的資料，可供學術研究者利用。

第二節　文集的史料價值

歷史學界利用清人文集資料，總括地說不外三個方面：一是利用文集中關於當代社會（清代）的各方面的資料；二是對清人關於前代社會和前人學術研究成果的利用；三是利用文集中所表達的作者的學術觀點的資料，研究清代學術思想史。如果細講的話，則可分述爲以下幾方面：

㈠ 反映清代政治

魏源的《聖武記》在卷七《雍正西南夷改土歸流記》講到土司對屬民的剝削，說他們「一年四小派，三年一大派，小派計錢，大派計兩。土司一娶子婦，則土民三載不敢昏。土民有罪被殺，其親族尚出墊刀數十金，終身無見天日之機。」爲人們重視爲典型資料，用以說明改土歸流出現的必然性。《聖武記》不是文集，魏源的說明，也不是他的創造。在西南改土歸流以前，藍鼎元作《論邊省苗蠻事宜書》，收入他的文集《鹿洲初集》中。他在文中寫道：「愚聞黔省土司，一年四小派，三年一大派，小派計錢，大派計兩。土民歲輸土徭，較漢民丁糧加多十倍。土司一日爲子娶婦，則土民三載不敢婚姻。土民一人犯罪，土司縛而殺之，其被殺者之族，尚當斂銀以奉土司，六十兩、四十兩不等，最下亦二十四兩，名曰玷刀銀。種種朘削，無可告訴。」兩相對照，不難發現，魏源據藍鼎元之文爲文，而且多係原文抄錄。藍鼎元爲解決土司的弊病，在文章中提出改土歸流的主張，他說，對那些罪惡嚴重的土司，「相其遠近强弱，可以改土爲流，即將土地人民歸州縣管轄，勿許（土司）承襲，並土民有不甘受土司毒虐，願呈改爲漢民者，亦順民情改歸州縣。」藍鼎元於康熙末年爲南澳總兵藍廷珍幕客，雍正元年（一七二三）以優貢入太學，三年（一七二五）與修一統志，六年（一七二八）出爲廣東普寧令，他是以關心政治的讀書人的敏銳觀察，提出他的改土歸流主張，不久，清朝政府實行改土歸流政策，證明他的觀點是正確的。他的論著就爲史家說明改土歸流的必要性提供典型的資料，其史料意義不說自明。在這個問題上，它超過了《聖武記》的價值了。與藍鼎元同時期的李紱，曾任廣西巡撫，不贊成改土歸流，但是在《穆堂別稿》卷二十一《廣西二兵記》中也寫出土司的一些罪惡，他說土司窩藏漢人中的重要罪犯，「州縣官用銀錢買求乃得」，可見土司破壞中央政府統一法律。又說：「大約南、太、廣、思四府所屬，土司多於流官，桂、柳、平、潯、浯五府，則僮人多於民人，甚或僮七民三，法所不能盡行，則羈縻而已。」反映了土司的勢力狀況。改土歸流是清史上一件大事，藍、李諸家文集所提供的資料，對於這個問題的研究是不可缺少的。

雍正初實行改革地方行政的政策，在江南分設州縣，於蘇州府長洲縣境另置元和縣，析松江府華亭爲婁縣和華亭二縣，在常州府武進縣增置陽湖縣，升太倉州爲直隸州。在其他地區也推行了這個政策。爲什麼採取這項政策呢？藍鼎元在此政策制定以前，作收入《鹿洲初集》卷三的《論江南應分州縣書》，談了他的觀點。他看到江南錢糧多，蘇松常太三府一州，每年賦稅正額三百五十五萬兩，其中的一個縣的稅額比邊疆一個省的還多，賦多事繁，州縣官忙不過來，稅民就逋賦，對國課的徵收不利，同時官員收不上稅，考成不好，要受到懲罰，其實他們很忙，這樣的被譴責，也是冤枉，爲解決這些弊端，他建議把縣化小，使官員易於把事情辦好。不久，兩江總督查弼納提請在江南分置州縣，他講的緣由是：該地「額徵賦稅，款項繁多，獄訟刑名，案牘紛積，爲牧令者，即有肆應之才，亦難治理」③。與藍鼎元所議如出一轍，他當然不是抄襲藍說，但以此互證，可以將分置州縣的事情弄清楚。此外，陳祖範的《陳司業文集》卷一《分縣議》、沈起元的《敬亭集》中的《復議分立州縣書》，均講到分置州縣的事情。乾隆初年，給事中曹一士上《請停止府州縣改設

③《清世宗實錄》卷二十四，二年九月甲辰條。

分隸》奏疏，認爲雍正間改革太頻繁，「所利者小，所失者大，於古人畫土分疆，犬牙交錯之計盡舉而棄之矣。」這分奏摺收在《四焉齋文集》卷二，它的內容恰反映當時將部分提升的府州復回原建制的現實。關於分置州縣的政策及其歸宿，文集中有足以說明的資料。

清代的刑政情況怎樣，藍鼎元將其任普寧令、兼攝潮陽令時判案的文書，匯集爲《鹿洲公案》，收入《鹿洲全集》④，成爲反映地方刑政的典型資料。藍鼎元一人的文集就能反映清代社會上述諸方面的問題。

反清復明的鬥爭是清初重大事件，嶺南三大家之一的陳恭尹是反清志士，他的父親邦彥爲南明永曆朝兵科給事中，一六四七年率兵進攻已被清朝占領的廣州，兵敗被俘遇害，恭尹無家可歸，浪跡吳越中原，繪製《九邊圖》，聯絡反清力量，回鄉後與何絳、何衡等人交遊，堅持反清立場，與友人在草堂研讀乃父遺文，受到鼓舞，增强鬥志，故作詩說：「一讀投湘賦，泉扉自此春。」陳氏的經歷，在他的文集——《獨漉堂集》作了若干記錄，他的集子收有詩集——《初游集》、《增江前集》、《中游集》、《增江後集》、《江村集》，每集前面都有小序，說明他的經歷，賦詩中也表達了他的政治感情。前引詩句，即出自《獨漉堂集·詩集》。陳氏在文集中還記載了友人何絳、何衡、李成寬、楊伊水等人的反清事蹟。他給同窗程可則的文集《海日堂集》作序，程氏參加清朝科舉，考中會元，又被取消，官場上也不得意，陳氏對他的政治行爲頗有微詞，但就他科場失利一

④有雍正十年（一七三二）刻本。

事，在序文中指出程氏是南人，故而遭到出身北方的清朝統治者的歧視，看事情相當敏銳。陳氏好友屈大均反清立場最鮮明，身後遭迫害的事前已說過，但他的詩文仍留傳下來，富有反清復明活動的史料。看來陳、屈文集，是廣東人反清鬥爭的歷史見證，也是粵人與東南、中原抗清人士聯合鬥爭史的寶貴資料。

清代文字獄很多，這是禁諱的事情，記載受到限制，然而文集中亦有所反映。御史謝濟世於雍正中陷進田文鏡、李紱互控案，被視爲李紱的科甲人朋黨中的一員，發往北路軍營效力，這本來就是政治鬥爭性質的。後來他在戍地作《論語》、《中庸》注，被視作諷刺朝政，誹謗程朱，差點被殺，又變成文字獄的受害者。乾隆初赦回，作收入《謝梅莊先生遺集》的《進學庸注疏疏》，就他的罪名進行辯白，說「誹謗者因先儒之有疵，諷刺者特行文之失檢也。今書中九卿科道所議諷刺三句，臣已改删，惟是分章釋義，遵古本而不遵程朱，誹謗之罪臣實難辭，但臣亦有辯。」又說：「但當發揮孔曾思孟，何必拘泥周程朱張。」公開叫陣。不僅如此，收在《遺集》的其他六首奏疏，也是討論時政的，如反對奏摺告密。同時期曹一士《四焉齋文集》中《寬文字之禍》的奏疏也是講這個問題的，這種互相唱和，表現反對文字獄的政治態度，而謝濟世的攻擊程朱理學，是乾隆以降反理學的社會思潮的一種表現。

前面說到的李紱爲一方的與田文鏡的政治鬥爭，在其《穆堂初稿》中作了含蓄的說明，卷二十七《誥封太夫人先妣墓志銘》一文中說他本人在直隸總督任上，「危疑震撼無虛日」，在《誥封夫人亡妻徐氏墓志銘》中講，徐氏於雍正六年（一七二八）七月二十二日死前對丈夫說：「君風波未已，多憂善病。」透露李紱被疑遭貶的處境，反映那一場政治風波。康熙五十一年（一七一二）梓刻的《清聖祖文集》第三集卷二十四，載康熙四十八年（一七〇九）三月册封諸皇子的詔書，有封「胤禎」爲貝子的內容。這胤禎是皇十四子。又查該集光緒間刻本，「胤禎」變成了「允禵」，「允」代「胤」是避諱，並非篡改資料，而「禵」代「禎」，湮沒了皇十四子的一個名字，而此名被史學家王鍾翰發現，用來解釋十四子的歷史，故而有意義。這就反映御製文集也有史料價值，不純是官樣文章。

軍機處的設立，是清代官制中的一件大事，第一個對它作比較全面而扼要説明的是王昶收入《春融堂集》卷四十七的《軍機處題名記》，談到它設立的時間、原因、直廬、印信、職責、成員的選擇、廷寄的方法，不失爲研究軍機處歷史的重要文獻。軍機處建立前臺省合一的改革，到乾隆初年曹一士草疏《請復六科舊制》，反對六科給事中歸都察院領導，指責那樣做是「輕重倒置」⑤。他的要求没能實現，但表明臺省合一事件中有爭論。

康熙後期，浙江貧民要求把丁銀改到田賦中徵收，富人反對，布政使趙申喬站在富民的立場，屢次發文告，不許實行攤丁入畝，編在《趙恭毅公剩稿》卷五的《清查仁、錢二邑光丁詳》中説：「查地丁、錢糧原屬兩項，無不賦之地，即無不役之丁。」堅持向人丁徵人頭稅，在《丁糧不宜從田起賦詳》中更説丁從糧辦，「便於頑民，實有悖於國法。」由此可知，當時實行丁併於糧的政策

⑤《四焉齋文集》卷二。

是不可能的。迨到雍正間實行攤丁入畝政策，李衛在浙江努力推行，袁枚在輯進《小倉山房文集》卷九的《李敏達公遺事》一文中就有所涉及。這類文集資料對研究攤丁入糧這樣重大賦役制度改革的事件，頗有參考價值。

鹽課徵收，漕糧起解，是清政府經濟政策中兩大問題。陶澍歷任安徽巡撫、江蘇巡撫、兩江總督兼管兩淮鹽政，革除鹽政弊端，發展海運以助漕運。「東南大計莫如鹽與漕，二百年來官民交困。」⑥陶澍對它們的興革，具有全國的意義，也是嘉道時期可以說得上是有成就的事情。這二事的詳情如何，陶澍的有關奏疏，分別收在《陶文毅公全集》的《漕務》、《海運》、《鹽政》卷中，當事人講其事，供給的是第一手的資料。

上面講的事情，涉及到清朝的官制、賦役政策、民族政策、反清復明及清朝政治鬥爭、文字獄，都是清代政治的重要內容，因此說記敘這些事的文集，可以提供清代政治史的資料。

(二) 反映清代經濟

嘉道時，包世臣在《安吳四種》的《齊民四術》中，以三卷的篇幅寫農業生產與農民生活問題，著重講了選種、種植和蠶桑畜牧方法，如在《作力》篇中講了各種作物的下種數量，在《任土》篇中主張精耕細作——「凡治稻皆宜精，雖地寬之處，廣種薄收者多耗本。」他反對種植煙草，考察出種煙一畝，所費人力相當於種稻田六畝、棉花田四畝。他通過對農業生產的研究，就當

⑥李元度：《國朝先正事略》卷二十四《陶文毅公事略》。

時出現的人多地少而產生的缺糧問題提出見解：「天下之土養天下之人至給也，人多則生者愈衆，庶爲富基，豈有反以致貧哉！今天下曠土雖不甚多，而力作率不如法，士人日事占嗶聲病，鄙棄農事，不加研究，及其出而爲吏，牟侵所及太略（？），農民尤受其害，故農無所勸，相率爲游墮。西北地廣則廣種薄收，廣種則糞力不給，薄收則無以償本。東南地窄則棄農業工商，業工商則習淫巧，習淫巧則多浮費。」希望農民勸生產而不浪費，故又指出民貧的原因：一是「煙耗穀於暗」，二是「酒耗穀於明」，三是「鴉片耗銀於夷」⑦。人口、耕地、生產三者關係是值得深入探討的問題，包世臣的見識並不高明，但它確是諸種觀點中的一方面的代表。

張海珊的《小安樂窩文集》關於農民及其生產、生活的篇章，總結了農業生產的某些經驗。《說糞》篇講施肥對種植的作用，糞的種類、蓄糞方法、運糞工具、施糞辦法。《積穀會議》、《甲子救荒私議》兩篇，談備荒、救荒，他寫道：「今蘇松土狹人稠，一夫耕不能十畝，又大抵分佃豪户之田，一家八口，除納豪户租，僅得半，他無所資焉，於是下户困。困則不能不抗租，而豪户下以佃户抗租無米之田，上供國家之賦，於是上户亦困。而諸無田不耕之人，又無慮十人而六七。荒形甫見，則徒手待哺之民遍郊野」⑧。成爲反映道光初年江南農村經濟的典型資料。

張士元的《嘉樹山房集》卷二《農田議》，對南北方農民耕作的不同進行比較，希望改變北方

⑦《安吳四種·齊民四術》卷二十六《庚辰雜著二》。
⑧《小安樂窩文集》卷一《甲子救荒私議》。

荒蕪土地和廣種薄收的習慣，以減少南方供應糧食的壓力。他提出的辦法是：勸農功，以官督民生產，減少遊食之人；寬賦科，以獎勵墾荒，興修水利。河北博野人、侍郎尹會一，不同意北方人懶惰和愚笨的說法，他在《尹建余先生全集·奏議》卷三《敬陳農桑四事疏》中說，北方人的問題出在種地面積廣上，因種的多，肥料不足，人力不夠，故而收成稀少。研究北方生產的資料比南方少得多，張、尹之文值得重視。

張履祥的《楊園張先生全集》中的《補農書》，對農業生產和經營的經驗總結，早已引起學術界的重視，已有陳恒力的《補農書校釋》及《補農書研究》專著問世，足以反映它的價值，這裏不多說了。

文集中關於土地制度的文章甚多，其中講寺院經濟的，王重民等編的《清人文集篇目分類索引》立有專目，茲轉錄於下：

篇名	作者	文集名	卷數
正覺寺飯僧田記	潘耒	遂初堂別集	一
殊勝寺飯僧田記	潘耒	同上	一
揚州石塔寺復雷堂田記	錢謙益	牧齋有學集	二十七
靈鷲寺增置田屋記	王芑孫	惕甫未定稿	八
何氏再舍田拓墓並捐各房僧香火碑記	錢陳群	香樹齋文集·續鈔	五
小石洞創寺置田碑記	孫原湘	天真閣集	四十六

篇名	作者	文集	卷
實勝禪院注檔田畝碑記	錢兆鵬	述古堂文集	九
越王崢創置寺田碑記	毛奇齡	西河合集	六十三
重修碧山禪院並創置食田碑記	毛奇齡	同上	六十八
長山心庵自置食田碑記	毛奇齡	同上	七十
海竺庵食田碑記	毛奇齡	同上	六十九
永安河西廟田記	王棻	柔橋文鈔	十五

農業生產，農民經濟，宗教、寺院、社會慈善事業的經濟，人口與生產的關係，文集都能提供一些研究素材。

㈢ 傳記資料

大多數文集都有傳記文，有的分量還很多，這裏僅舉幾部文集，看它有那些人物的傳記就可以對它的傳記資料有個梗概地了解。

《方望溪先生全集》卷八《傳》，傳主有孫奇逢、張怡、張自超、王源、劉齊、張捷、左仁、林湛、李鍇、石永寧、孫永慶、金陵方王氏、金陵方鄧氏、廬江宋氏女、桐城光馮氏、涿州方姓婦、天津符任氏、天津高魏氏、宛平高段氏、釋谷、沛天上人。卷十—十一《墓志銘》的傳主是李塨、杜岕、劉古塘、左待、王兆符、黃秉中、王大來、蔡世遠、楊名時、陳昂、黃叔琪、沈立夫、李鍾僑、張錩、白斑、查嗣璉、魏方泰、潘蘊洪、顧同根、陸詩、呂謙恒、李學裕、莊復齋、胡禹冀、張雲章、劉紫函、陳依宣、陳典、鄭青蓮、胡蛟齡、尹會一、沈淑、陳鶴齡、程增、陳德榮、葛士巽、劉德培、龔振聲、余兆鼎、博野尹李氏、宛平張王氏、南昌熊元氏、金陵謝王氏、孟津呂王氏、涇縣趙翟氏、金陵朱王氏、歙縣許吳氏、梁山高方氏、余鄒氏。卷十二《墓表》寫的是：季熙、萬季野、梅文鼎、錢澄之、吳勉、姜棣、暢泰兆、王承烈、朱書、汪份、黃越、宋至、張克嶷、法海、吳啓昆、陳西臺、黃華蕃、查昇、高廷芳、王澍、佘鉦、武文衡、朱文鏕、雷鋐、范承勛、趙璦、竇克勤、刁再濂、鍾基哲、劉宗泗、秦文照妻高氏、完顏保及妻爾佳氏、羅經甫妻李氏、劉青藜妻唐氏、葉球、襄城劉周氏、沈近思曾祖母尤氏、江寧曾楊氏、南昌吳傅氏、鄂素妻撤克達氏、陳健妻王氏、林邦楨妻鄭氏、方曰崑妻李氏、陳詵、席爾泰、趙良、杜滄、高裔、龔健陽、王彥孝妻金氏、方根穎、鮑球。集外文卷七的傳主是：韓菼、劉蔭樞、官朝宗、大名張成氏，湯右曾、彭佑、顧一本，劉永祿、張丙謙、李栻、楊三炯、方式濟、張丙厚、熊暉吉、余甸、寧擢。《集外文補遺》收有關於邵惔、李清江、李鍾旺、張若霖、黃虞、張廷玉、喬瑩等人傳記，以上計有一四六人。他的文集中紀事、哀辭、祭文等體裁的傳記文的傳主還沒有羅列進來。在這近一五〇人中，有張廷玉、楊名時、湯斌、法海、蔡世遠等大學士、尚書、侍郎、總督、巡撫高級官員，有李塨、萬季野、梅文鼎等著名的哲學家、史學家、數學家，有受政治迫害的，如方式濟，有一般的讀書人，有中下級官吏，有命婦、僕婦和貞女，有僧道，還有僕役，具有各種人的資料。即如筆者先知雍正命沛天上人主持重刻藏經的事情，但不知沛天上人爲何許人，偶翻望溪文集，得見《沛天上人傳》，知其經歷，解決了疑難。

方苞官至侍郎，因《南山集》案的牽連，官場不得意，故而給高級官僚作傳不多，比他稍後的袁枚則寫的較多，《小倉山房文集》中傳記文的傳主，有王掞、鄂爾泰、朱軾、張廷玉、楊名時、李衛、黃廷桂、孫嘉淦、顧琮、裘日修、高其倬、李紱、史貽直、尹繼善、陳鵬年（湘潭人）、金鉷、岳鍾琪等大僚，以及陳廷祚等學者、李元直等諫臣。

有的文集的傳記，富有特色，如朱琰的《小萬卷齋文稿》，除有高官孫士毅、王文雄外，又有在國史館爲文苑傳擬的傳稿，其中有施閏章、陳維崧、潘耒、陸棻，汪楫、姜宸英等人的，這些人都是康熙間博學鴻詞科的中試人，是名流學者。因此它是以收文人傳記爲特點的文集。《養一齋文集》的作者李兆洛是江蘇陽湖人，在安徽鳳臺做過知縣，晚年爲江陰暨陽書院山長，在《文集》二十卷中有六卷是傳記文，所寫多爲陽湖、江陰及皖北人物，以此見異於其他文集。

有的人作家傳、自傳，收在文集中，對了解作者及其家世提供了第一手資料。如阮元在《揅經室集》中，收有給乃父母、妻子作的紀念文，使後人能了解他的家庭生活和青少年時代的求學。散文學上的陽湖派創始人之一的張惠言在文集《茗柯文二編》卷下，收有《先府君行實》、《先祖妣事略》、《先妣事略》，敘述了乃父蟾賓兄弟、祖母白氏、母親姜氏的難於想像的艱苦生活。《先妣事略》寫惠言得伯父照顧，到城裏讀書，每月回家一次，「一日暮歸，無以爲夕飧，各不食而寢，遲明，惠言餓不能起，先妣曰：兒不慣餓，憊耶？吾與而姊而弟時時如此也。惠言泣，先妣亦泣。時有從姊乞一錢買糕啗惠言，比日昳，乃貰貸得米爲粥而食。」及至惠言輟學回鄉，邊教弟邊自修，其家生活：「先妣與姊課針黹，常數線爲節，每晨起盡三十線，然後作炊。夜則燃一燈，先妣與姊相對坐，惠言兄弟持書依其側，鍼聲與書聲相和也。漏四下，惠言姊弟各寢，先妣乃就寢。」這些描寫，呈現了孤兒寡母的苦難生活圖，也透露有希望的氣象，使人們知道張惠言成功的一種根源。他的記叙是多麼難得的傳記資料。《鄭板橋全集》收有作者《自傳》二篇，說明他板橋得號之由來——興化鄭氏分三族，鄭燮屬於板橋鄭。又說其外祖父家族情況，自謂「文學性分，得外家氣居多。」又叙其幼年自負，爲人所不喜，然而能刻苦自勵，善讀書，不治經學，喜讀詩書與詩文詞集及說部書，善書法，嗜山水，又好色，作畫蘭竹，王公貴人、僧衲黃冠皆寶之。把他的個性、特點及成就和盤托了出來，提供了研究鄭氏最寶貴的資料。集中還收有板橋自書潤筆價格：「大幅六兩，中幅四兩，小幅二兩，書條、對聯一兩，扇子、斗方五錢。凡送禮物、食物，總不如白銀爲妙。公之所送，未必弟之所好也。送現銀，則心中喜樂，書畫皆佳。禮物既屬糾纏，賒欠尤爲賴賬。年老神倦，亦不能陪諸君子作無益語言也。畫竹多於買竹錢，紙高六尺價三千。任渠語舊論交接，只當秋風過耳邊。」觀此「筆謗」，不能不稱他爲一「怪」也，從而可以更好地理解揚州八怪。他自叙的史料價值比別人說了多少話，寫了多少字都要高。

文集中的傳記文，書寫的人物三教九流，應有盡有，透過他們的生平行實，可以了解社會各方面的情況，諸如官僚的施政，學人的著述，社會下層人物的奔波，地主、商人的經營，婦女的生活，僧道的情趣等。

㈣ 反映階級鬥爭、貧富鬥爭

有的文集作者直接參與鎮壓農民起事，記其經歷和見聞，有的給劊子手寫傳記或記述起事事件。石韞玉於嘉慶四年（一七九九）出任重慶知府，兼署川東道，時值川楚陝白蓮教起事，他辦團練，鎮壓起事者，事後作紀事文多篇，收入《獨學廬二稿》中。馮桂芬的《顯志堂稿》卷五《與許撫部書》，講到咸豐二三年間蘇松群衆的抗官抗租鬥爭：「吾蘇江、震二邑佃户齊心不還租，官無如之何；糧户大半不納賦，官無如之何。松郡尤甚，青浦首倡聚衆拒捕毆官；南匯倉寓爲民所火，官僅以身免；華亭錢漕家丁下鄉，鄉民積薪燒船四周，逼令縣差舉火，頃傾而燼，灰流無蹤；今上海又有拆毁公廨之事」。這是在太平天國運動影響下所發生的事情。民間的秘密結社，清代在各地時有發生，有的地方始終存在著。《養一齋文集》卷十《含山縣學訓導高先生墓志銘》講到安徽的情形：「安徽莠民舊有天地會之目，以煽惑愚民，有司已入告而誅夷之矣，卒不能絶根株，邑士有以告者，先生立移令察究，而自爲條教，以授諸生，使遍曉之，破其惑。」表明天地會活動相當頻繁。到了荒年，貧民往往吃大户，或逃荒外地，向富室强索，如吴江人任兆麟在《有竹居集》卷九《與族人》信中講：「外來飢黎索擾情形，殊可驚駭。」從農民反抗力量的積聚，日常的貧富矛盾、階級矛盾，到大規模的武裝起事，文集都有一定的篇幅進行反映。

㈤ 史論資料

像王夫之的《讀通鑑論》之類的專門的史論著作，歷史上很少見，清人文集中也非都有史論篇，但還是可以找到一些。清人史論表現他們的歷史觀，對歷史事件、人物、制度、勞動群衆、人民運動、民族鬥爭、氣節觀、正統觀的看法，不同於對史事的考辨，它是觀點性著作，尤其值得我們重視和借鑒。

侯方域的《壯悔堂文集》卷七收有史論八篇，其目爲《朋黨論》、《宦官論》、《太平仁義之效論》、《太子丹論》、《謝安論》、《王猛論》、《顏真卿論》等。其《朋黨論》寫於明末黨爭激烈之時，他用君子和小人的觀念解釋歷史上官僚集團的聚散和對它的態度。他認爲小人無真黨，君子才爲國結黨，他說：「君子尚義，小人尚利，其盛也，小人益濃，而君子益淡；其衰也，小人於同類之中自相排陷，君子於失志之時共相悼惜，故小人常得脱然，而卒以朋黨之禍歸君子耳！」要求人主作正確的取捨，表現出他同情正人君子朋黨的觀點。《王猛論》一文認爲王猛雖仕於苻秦，卻可與諸葛亮媲美——「三代而下，亂世之臣，識大義者，諸葛亮、王猛而已。」說王猛心歸晉，而不爲漢人所理解。以漢人爲正統的觀點解釋王猛的歷史並不準確，但對王猛的肯定還是有見地的。《于謙論》中責備于謙不能諫景帝維持英宗太子的地位，故不是社稷之臣，而保衛北京又有社稷功，問題就出在他以私心當諫而不諫，卒有殺身之禍。他的這個評論太苛刻，原因就是要求臣下絕對忠於臣主，而不考慮個人的任何得失。

傅山在《霜紅龕集》卷十七《書侯朝宗于忠肅公論後》一文中，批評侯方域責難于謙的觀點。他認爲明英宗不應該復辟，他說：「吾謂南宮既已辱國，豈可復辟？在當時之臣子自不敢爲此論，而古今社稷爲重之義則如此，不爲于公之心如此，即當時臣子之心亦皆如此。」基於英宗不應復位的認識，那麼于謙在奪門之變中被害，就不是他支持易太子有了過錯，也不是對英宗態度不好才被害，他不應當被指責。傅山因而說侯方域的觀點「愈苛而愈非」。他是以社稷爲重君爲輕的政治觀念評價這一歷史事件的，因而肯定于謙的社稷再造之功，否定英宗的又一次掌權。

姚鼐的《惜抱軒全集》有《范蠡論》、《伍子胥論》、《翰林論》、《李斯論》、《賈生明申商論》、《晏子不受邶殿論》和《議岳》等篇，《伍子胥論》就伍員諫不被納何不離去的問題發表意見，認爲他的榮辱與吳國相共，不能背吳：「子胥之心，方以爲受先君之恩，寄社稷之重，思盡其輔弼之任，雖播棄而不忍自疏，而不料夫差之終愎不悛，遂泯覺其身而莫之復者也。」他的觀點比前人進了一步。

王昶《春融堂集》卷三十三有《王安石論》，謂北宋亡於王安石，然而他並非說王安石變法導致北宋的滅亡，而是說他好心，但變法卻使呂惠卿、蔡京輩小人當政，遂使在黨爭中喪國。他搞不清王安石變法與元祐黨爭的關係，很難不做出錯誤判斷。

惲敬著《大雲山房文稿·初集》：卷一包括《三代因革論》（八論）、《西楚都彭城論》、《辨微論》、《續辨微論》幾篇史論文字。《續辨微論》對趙光義的繼統與傳嗣問題提出看法，認爲太宗在太祖打天下中出了力，因得被立，他本來也要按照兄終弟及的制度傳位給趙光美，但後來以光美無功於國，不應爲君，乃決計傳子。以功之有無解釋宋初的嗣統問題，雖屬皮相之說，但因此而得出「人之功不可忘，己之功不可不忘」的結論，是可以發人深思的。

此外，呂留良的《呂晚村先生文集》中有《賈誼論》、《元祐三黨論》。張士元的《嘉樹山房集》卷三爲「史評雜論說」，有文二十篇，是史論較多的作者。

㈥ 反映學術研究成果

清代考據學的興起，對於史學、經學、文學、文字學、古器物學、校勘學、經濟學等領域的研究，都有成績，清人文集對這方面的反映是比較充分的。從下述幾部學術研究成果較多的文集，或可窺其一二。

錢大昕著《潛研堂文集》，段玉裁為作序，對錢大昕及其文作了全面評價：「先生始以辭章鳴一時，繼乃精研經史，因文見道，於經文之舛誤，經義之聚訟而難決者，皆能剖析源流，凡文字音韻訓詁之精微，地理之沿革，歷代官制之體例，氏族之流派，古人姓字里居官爵事實年齒之紛繁，古今石刻畫篆隸，可訂六書故實，可裨史傳者，以及古九章算術，自漢迄今，中西曆法，無不瞭如指掌。至於累朝人物之賢奸，行事之是非疑似難明者，大典章制度，昔人不能明斷其當否者，皆確有定見，蓋先生致知格物之功，可謂深矣。夫自古儒林，能以一藝成名者衆，合衆藝而精之，殆未之有也，若先生於儒者應有之藝無弗習，無弗精。」錢大昕在文集中匯集了他對各門學科的研究成果，卷四──十五的《答問》，研究了易、詩、書、三傳、三禮、論語、孟子、唐初刪定五經正義、古以八音名八風、七經緯不載於漢書藝文志、爾雅、廣雅、說文、諸史、算術、音韻等經、史、小學、自然科學領域的問題。卷二《春秋論》，卷三《中庸說》、《古今方音說》、《星命說》，卷十六《太陰太歲辨》、《嘉靖七子考》，序跋卷的《天一閣碑目序》、《重刻河東先生集序》、《跋漢書》、《跋長春真人西遊記》、《跋星經》、《跋陶學士集》、《跋宋拓鐘鼎款識》，研究了史書、文集和金石學。《潛研堂文集》記錄了錢大昕的文字學、歷史學、古器物學、天文學、地理學的成果。他是通過音韻、訓詁、史學講經，所以也是他經學研究成果的表現。他被譽為清代第一流的學者，其文集的成就，是清人學術研究業績的表徵。

孫星衍著《芳茂山人文集》。孫是榜眼出身，官山東督糧道，主講南京鍾山書院，入陝西巡撫畢沅幕。他「深究經史文字音訓之學，旁及諸子百家，皆通其義」，「金石文字及古彝鼎書畫皆能窮竟源委」⑨。他的文集包括《問學堂集》，匯編關於文字學的文章，有王鳴盛的序和錢大昕的贈言，以見其評價之高；《岱南閣集》考證上古史，有《伏羲陵考》、《太甲陵考》、《湯陵考》等篇；《平津館文稿》，考辨經文，如《明堂法天論》、《武王從諫還師論》、《伏生不肯口授尚書論》。張舜徽說孫星衍研究百家之書，「條別源流，頗寓辨章學術之旨，集中文字，此類甚多」⑩，肯定了他的學術研究成果。

盧文弨著《抱經堂文集》。盧文弨終身校書，所校包括經史子集，有《孟子音義》、《逸周書》、《春秋繁露》、《白虎通》、《荀子》、《呂氏春秋》、《韓詩外傳》等，刊刻《抱經堂叢書》。他的文集，今常見本爲三十四卷，其中序五卷，題辭一卷，跋九卷，計十五卷，其中絕大部分是對經史子集各書的說明，少量是給文物作題跋。序跋幾乎佔到文集的一半，反映了他對圖書文獻學的研究成績。

(七) 清代學術思想史資料

研究清人的學術思想，當於學人的論著中尋覓資料。清人對前代及當世學術問題探討的著述，就是他們的學術思想的資料之所在。文集中的序跋、書簡往往評論學者的學術思想，尤當重視。如湯成烈作《重刊李申耆先生養一齋文集序》，說李兆洛之文，「於經，則擷群聖之微言，不規規於

---

⑨《國朝先正事略》卷三十五《孫淵如先生事略》。

⑩《清人文集別錄》，二七二頁。

性理之説，而一以理義爲準；於史，則因秦而下，治亂所由，兵農禮樂河漕鹽幣，隨事立説，因宜見義。」表明李兆洛不宗理學的學術思想和主張實事求是的學風。又如陸隴其給湯斌寫信，説「孔孟之道，至朱子而大明，學者但患其不行，不患其不明，但當求入其堂奥，不當又自闢門户。」湯斌回信，即收在《湯潛庵集》中的《答陸稼書書》，説陸氏的這種觀點，是「不易之定論也」。表明他們都是推崇程朱的，不愧爲康熙朝理學名臣。

(八) 政治思想史資料

清人的政治主張，見諸述作的有黄宗羲的《明夷待訪錄》、唐甄的《潛書》、馮桂芬的《校邠廬抗議》等專著，但保存較多的還是在文集的論説中。這裏只説明龔自珍的《定盦文集》、馮桂芬的《顯志堂稿》、鄭觀應的《鄭觀應集》中的政論文。

龔自珍被認爲「十九世紀初期的偉大啓蒙思想家」，「開創了一種政治風氣」⑪。龔氏好發經世之論，著《農宗》、《平均》、《論私》、《明良論》、《乙丙之際塾議》等篇，皆收入《龔自珍全集》，他在《平均》中講：「有天下者，莫高於平之之尚也。」在《論私》中論周公，斥孟子，對忠孝節義的倫理大不以爲然，認爲那就是私的思想，同時推崇墨家的兼愛無差。在《農宗》中認爲上古的帝王將相都出自農民，誰墾土多，就佔地大，因此先有下人，而後才有上人，他説儒者「不究其本」，失其真情。他對占田不均的現實，不像有的人主張以限田來解決，提出立農宗的

⑪《龔自珍全集》，中華書局一九五九年版二頁、六五八頁。

設想。即分大小宗，獲得不同的土地。其大宗，設有子甲乙丙丁戊五人。子甲爲大宗，有田百畝，役佃農五；子乙爲小宗，即餘夫，向大宗請田二十五畝，役佃户一，其田以五畝作宅，十畝爲食，種菜、交稅、出糶各二畝半，予佃户亦二畝半；子丙、子丁爲群宗，請田二十五畝；子戊，即閒民，爲佃户。小宗中，子甲爲小宗，子乙爲群宗，子丙爲閒民。群宗中，子甲爲群宗，子乙爲閒民。把人作這樣劃分，以分配土地。

馮桂芬是蘇州人，道光二十年（一八四〇）榜眼，官左中允，入李鴻章幕，辦團練，鎮壓太平軍，他在《顯志堂稿》中表現出的政治思想有兩點值得注意，一是主張學習西方一些制度，二是主張恢復宗法。他於《收貧民議》中寫道：「法苟不善，雖古先，吾斥之；法苟善，雖蠻貊，吾師之。」以選擇好的制度爲原則，而不必管他是先王的，還是外國的。「嘗博覽夷書，而得二事焉，不可以夷故而棄之也。」這二事，一是荷蘭設養貧、教貧二局，養貧局收養老幼殘疾的窮人，教貧局收養少壯年乞丐，强令其勞作。其二是瑞典設立很多小書院，强令青少年學習文化，否則責及父兄和本人。馮桂芬由此得到啓發，希望政府推廣江浙等省出現的善堂、義學，建立養老室、恤嫠室、育嬰室、讀書室、嚴教室。用養老、恤嫠、育嬰等室養窮人，嚴教室收留刑滿赦放者、遇赦而歸的人及初犯罪的人，教其農工技術，嚴格管制不聽教育的人。另設化良局，專收妓女。對魏源提出的「師夷技之長以制夷」的政治觀點，馮氏大加推崇，在《制洋器議》中論對待西方科技的態度，説「獨『師夷之長技以制夷』一語爲得之。」他在《復宗法議》中，認爲井田、封建不可復，而宗法是「佐國家養民教民之原本」，應恢復它，因之主張設立義莊，搞經濟互助，支持祠堂管理族人，以安定社會秩序。

鄭觀應，先是英國洋行買辦，後來辦洋務，成爲近代四大企業中的上海機器製造局總辦和輪船招商局會辦，著作《盛世危言》，主張社會改革，夏東元爲他編輯成《鄭觀應集》，上海人民出版社一九八二年梓行。鄭氏鼓吹政治改革，主張設議院，學習西方，「主以中學，輔以西學」，提出工藝救國的觀點，他寫道：「工藝一道爲國家致富之基，工藝既興，物產即因之饒裕，欲救中國之貧，莫如大興工藝。」他的主張成爲後來工業救國論的先聲。他參加發展機器製造業的實踐，欲「藉商以强國」，「藉兵以衛商」。他說在洋行當買辦及在輪船招商局與外國輪船公司競爭的歷史，是「初則學商戰於外人，繼則與外人商戰，欲挽利權以塞漏巵。」即用商戰發展與保護民族經濟。

要了解清人的政治觀，不用說，這類文集資料是很有用的。

(九) 史學理論資料

封建時代的歷史理論，主要是研討歷史編纂學的內容和史家應具備的條件。這種著述並不提供歷史事件、制度、人物的資料，然而它的研究範疇在考察史料的編纂上，和史料學是一致的，因此對史學理論著述的了解，將有助於史料學的研究，同時它自身就是史學史的資料，亦爲治史者所應考察。

清代史學理論比前代有較高成就，章學誠繼劉知幾《史通》之後，作《文史通義》，是劃時代的著作，是史學理論的代表作。章學誠生當乾嘉之世，考據學、整理古籍盛行之時，「性耽故籍，不甘爲章句之學」⑫。後雖中進士，未出仕，惟入畢沅等人幕府和主講於書院，終身從事學術研究和著述。生前未能將述作全部發表，道光十三年（一八三三）其子章華紱在開封爲印《章氏遺書》，然只收《文史通義》和《校讎通義》，迨至一九二二年劉承幹爲他編輯出版了五十卷本的《章氏遺書》，其中以《文史通義》內外篇爲最著稱。

章學誠的著作比較全面地涉及了歷史學的研究問題，對通史和斷代史，專史和綜合各方面的歷史（即他所說的「橫通」），對已出現的各種史學體裁，對史家應具備的條件，對與史學有關的詩話、小說筆記，對史學研究的目的、意義和方法，對歷史著作的範疇，都針對古人、清人的實際做法和見解，提出他的看法，在以下幾個問題上尤有見地：

強調史識，著述重在立意。《史德》篇中說：「史所貴者義也，而所具者事也，所憑者文也。……非識無以斷其義，非才無以善其文，非學無以練其事。」史學編著者要有「學」，掌握大量的歷史事實；要有文彩，把事情敘述得清楚而又生動；如何看待歷史，這是史家的認識能力的表現。「史所貴者義也」，認識歷史最重要。有了材料，產生了觀點，再用文字把它表達出來。所以章學誠認爲在史家才、學、識三要素中，史識是最重要的。表明他主張治史要有靈魂，要有觀點。怎樣才能產生觀點呢？他說：「能具史識者，必知史德。德者何？謂著書者之心術矣。……蓋欲爲良史者，當愼辨於天人之際，盡其天而不益以人也。盡其天而不益以人，雖未能至，苟允知之，亦足以

⑫《文史通義》，章華紱：《文史通義·序》。

稱著述者之心術矣。」這裏說的辨天人之際，是講主觀與客觀的關係，章學誠的意思是，要用使自己的主觀認識去符合於客觀實際的辦法，來研究歷史，這就是心術正，也就是有史德，當然這才會有史識。才學識的史家要素命題，劉知幾已提得很明確，章學誠把史識與史德聯繫起來，在對如何獲得史識問題上有了進一步的認識，所以他批評劉氏的「識」「猶文士之識，非史識也。」

把經書作爲資料，重視史料學。儒家經典歷來被當作指導思想，擺在神聖的崇高地位。章學誠認爲經典也可以被當作歷史資料，他說：「六經皆史也，古人不著書，古人未嘗離事而言理，六經皆先王之政典也」⑬。經書是講道理的，但它是用事實說明的，經書中包含事實，自然可以用作史料。「六經皆史」，並非褻瀆經籍，降低其地位，而是給歷史學開闢新的資料來源。李宗鄴因而認爲「『六經皆史』的見解，在史學上是具有現代意義的，奠立了史料學的基礎」⑭。給予了很高的評價。

講求歷史研究法。如對歷史人物評價上，提出注意八個方面的方法：

> 採擇之法，不過觀行而信其言，即類以求其實，參之時代以論其世，核之風土而得其情，因其交際而察其遊，審其細行而觀其忽，聞見互異而窮虛實之致，瑕瑜不掩而盡揚抑之能，八術明而《春秋》經世之意曉然矣⑮。

---

⑬《文史通義·易教上》。

⑭《中國歷史要籍介紹》，上海古籍出版社一九八二年版，四八九頁。

⑮《章氏遺書·府君行狀書後》。

同時重視人物的言與行，把他放到時代中去，與社會風氣聯繫在一起，不要孤立地去看人物，或他的某一個方面。成功地採用這些方法，將有助於把握人物的特性和他的本來面貌。章學誠的這些成就及記載它的著作，是研究清代史學理論的主要資料。

第三節　文編中的史料

清人所說的「總集」，是把許多人的文章選編在一起，其選輯的原則，主要是根據文章的內容，即把敘述同一事物的文字匯合在一起，文章內容若反映多方面事物的，則爲綜合類；只反映一個事物的，則爲專題類。那時所選的文章，體裁比較單調，基本上是一種匯編只有一種文章體裁。本世紀以來，特別是近三十年匯編的文體有了很大的發展，表現之一是內容多樣化，除了原有的綜合、專題類，又有地方性文獻匯編的地區類，以特定年代爲斷限的時間類（姑名之曰斷限文編）。表現之二是在同一部文編中含有各種文體的篇章，不一定是單一的體裁。表現之三是編輯思想的進步，注重經世致用。下面分類介紹各種文編及其史料價值。

㈠ 綜合類文編

經世致用之學，清初一度流行，但從圖書文獻建設方面講成就不大，迨至乾嘉以後，經世致用之學勃興，單人的文論奏議多被好事者選取分類編成文集，刊刻問世，頗受歡迎，道光以後士大夫家案頭上幾乎都有這類圖笈。這些書，由於是選擇論述各種社會現象的文章，能反映那個時代政治、經濟、文化、思想、軍事、民族、對外關係、社風民俗各方面情況。

陸燿輯《切問齋文鈔》。陸燿於乾隆間官山東布政使、湖南巡撫，關心時政、民瘼，推廣紅薯的種植，選擇有關國計民生的清朝人文章，編成《切問齋文鈔》一書。他在序例中說：今人著述，不必盡以古人之言爲規矩，而應著欲言之言。又說「立言貴乎有用，布帛粟菽爲生人一日不可無之物」，言此者爲有用之論，故加採摘入編。全編三十卷，其中學術三卷，風俗五卷，家教二卷，服官一卷，選舉三卷，財賦四卷，荒政二卷，保甲、兵制、刑法、時憲各一卷，河防六卷。這部文鈔，除了本身的史料價值和學術價值之外，對此後經世文編的連踵問世，起了開創風氣的作用，所以張舜徽說它爲「賀長齡經世文編之先驅，有裨於儒林甚大」⑯。

賀長齡任江蘇布政使，延聘魏源編輯《皇朝經世文編》，於道光六年（一八二六）輯成。賀主張爲政因時制宜，不拘泥於成法，他在序中講：「昨日之曆今日不可用，高曾舊物不如祖父之適宜。」《凡例》中又說，「書各有旨歸，道存乎實用，志在措正施行。」所以選收清人關乎國計民生的文章二千二百多篇，匯爲一集，分八大類：學術、治體、吏政、户政、禮政、兵政、刑政、工政，類下分六十五目，爲原學、儒行、法語、廣論、文學、師友、原治、政本、治法、用人、臣識、吏論、銓選、官制、考察、大吏、守令、吏胥、幕友、理財、養民、賦役、屯墾、八旗生計、農政、倉儲、荒政、漕運、鹽課、榷酤、錢幣、禮論、大典、學校、宗法、家教、昏禮、喪禮、服

⑯《清人文集別錄》，一八六頁。

制、祭禮、正俗、兵制、屯餉、馬政、保甲、兵法、地利、塞防、山防、海防、蠻防、苗防、剿匪、刑論、律例、治獄、土木、河防、運河、水利通論、直隸水利、直隸河工、江蘇水利、各省水利、海塘。分爲一二〇卷。立目表明，編輯者推荐給讀者的是經世致用的文章，希望引起人們討論的是封建國家的各項制度和政策問題。所選文章的作者是所謂「碩公、龐儒、俊士、畸民」，不在於他們身分地位的高下，而著眼於他們文章的價值。像張海珊不過是個俊士，他的《小安樂窩文集》有十一篇文章被選編進去，因爲他談的都是民生和治安的問題，需要討論，值得當政者吸取。《文編》的上海廣百宋齋校印本，附有作者姓名總目、生存作者姓名錄，以便讀者了解作者，近有中華書局新版。

賀氏、魏氏經世文編問世之後，不逕而走，俞樾於光緒十四年（一八八八）說它「數十年來，風行海內，凡講求經濟者，無不奉此書爲圭臬。」⑰隨著時間的流衍，人們不滿足於它的內容，需要有續編，於是陸續出版了與它同樣性質並作同樣命名的文編數種。

饒新泉輯《經世文續集》，一八八二年出版，收錄道光至同治間奏疏和議論文，在編輯體例上一準賀、魏編，但洋務事業興起之後，反映對外交涉、海上交通、海外貿易、邊疆行省設立的著述，用舊體例已難於編排，葛士濬乃編輯《皇朝經世文續編》，光緒十四年（一八八八）上海圖書集成局印行，體例大體循於賀魏編，仍爲八大類六十四目，一二〇卷，但爲反映洋務事業的論述，

⑰《皇朝經世文續編·序》。

特立「洋務」一大類，下設「洋務通論」、「邦交」、「軍政」、「教務」、「商務」、「固圉」、「培才」七目。其他類目亦有所變化，如在户政類增設疆域一目。所選文章一千數百篇，時間上起於道光朝，迄於成書之時。在葛編風行之後，淞南陳忠倚有感於中日甲午戰爭的失敗，希望國人奮發圖强，主張學習西方治法，反對傳統的蔑視洋務的觀點，編輯《皇朝經世文三編》，著力選擇關於洋務的奏議策論，全書八十卷，洋務類十二卷，且選有外國人的有關文章，康有爲、梁啓超、鄭觀應的論著列於其中，戊戌維新思潮的文章多所反映。該書有光緒二十八年（一九〇二）上海書局石印本。

何良棟編輯《皇朝經世文四編》也成於光緒二十八年，其特點是多採外國人士的論文；凡初、二、三編已選之文，概不重選；所選文章，以其內容之有無意義，而不看作者人品，以便不以人廢言；分類同於前三編，因清朝外務部已成立，故「洋務」類目更名「外部」，全書五十二卷。與三編、四編同時問世的，是蛟川求是齋主人所編的《皇朝經世文五編》，光緒二十八年上海宜今室石印。編者隨從薛福成出使英法義比等國，眼界大開，在《序》中指出國人「言西法者，仍以中國言西法，非以西人言西法也」。即不改變思維方法，不能了解西人思想，「西學爲用」就難於實現了。編者有此見地，選輯文章當有新標準了，故根據光緒新政選文分類，計三十二卷，卷目爲叙，富强、學術、學校、書院、議院、吏治、兵政、砲臺、海軍、河工、水利、海防、洋税、釐金、錢糧、農政、工藝、天文、電學、解釋、算學、輿地、鐵政、礦務、鐵路、商務、圜法、銀行、國債、船政、輪船、公司、官書局、報館、驛傳、郵政、電報、邊事、各國邊防、新政論、日本新政論、英俄政策、各國新政論、養民、機器、襍事、策議、變法。把洋務運動、戊戌變法以來的變化反映進來了，令人耳目一新。所選文章，取自近時中西名人新著言西事之書二十餘種。光緒二十八年還有上海金善齋主人編輯的《最新經世文編》問世，一三○卷，分政學、兵學、計學、農學、商學、工學、文學、理化學、教育學、美學等十大類。經世文編之選輯主導思想在經世致用，但這種思想的內容也隨著時事的變化而變化，如果說嘉道之世的經世致用思想是傳統的實用內容，同光之時，特別是光緒後期，則是洋務思潮與維新思潮了。經世文編各編指導思想的變化，體例的局部改變，無不反映這樣的內容。所以說各種經世文編反映了學術界務實的思想風氣和清代後期政局、政風的變化，史料價值頗高。

清人編輯經世文編以經世爲目的；到現代學者爲歷史研究從事文章的匯纂，遂有《中國近代史資料叢刊》和《中國近代史文獻匯編》的兩種文編出現。

《中國近代史資料叢刊》五十年代初，由中國史學會主持，邀請名史家參加編輯，以近代史的幾個大事件爲專題，分別選編，所錄文獻長短不一，截取較多，除中文外，選譯西文著作，所分專題有鴉片戰爭、第二次鴉片戰爭、太平天國、捻軍、回民起義、洋務運動、中法戰爭、中日戰爭、戊戌變法、義和團、辛亥革命。於五十年代出版一批，至八十年代仍陸續印行。詳見《中國近代史資料叢刊》一覽表。（本表由筆者提出內容設計，請南開大學歷史研究所杜家驥副教授製作，並經筆者閱定。）

《中國近代史資料叢刊》一覽表

書名及冊數	編　者	出　版	內容及分類	輯錄書種數	主要輯錄著作
鴉片戰爭六冊	中國史學會齊思和等	神州國光社一九五四年出版 新知識出版社	一、馬克思、恩格斯論鴉片戰爭。 二、鴉片戰爭前英美對中國的經濟侵略。 三、禁煙運動的開始。 四、林則徐領導下的禁煙運動、抗英鬥爭。 五、英國對中國的軍事侵略。 六、江寧條約的締結與戰後問題。 七、一般敘述及與鴉片戰爭有關的中外人物傳記、道光朝軍機大臣年表、鴉片戰爭期間各省督撫年表、英國執政年表。	一五〇種	道光朝外洋通商案（原載《史料旬刊》） 清宣宗成皇帝實錄 籌辦夷務始末（道光朝） 廣州府志、粵海關志 林文忠公政書。 琦善辦理夷務摺檔 海國圖志 李圭：鴉片事略 英國藍皮書・和對華貿易有關係不列顛商人上給女王陛下政府的呈文 美國亨德：廣州番鬼錄
		上海人民出版社一九五七年—一九五九年三次印刷	內容基本同上。然改正初版中的一些錯誤，刪除重複或不甚重要的資料，補入一些新獲得的資料。		

書名及冊數	編者	出版	內容及分類	輯錄書種數	主要輯錄著作
第二次鴉片戰爭 六冊	中國史學會齊思和等及故宮博物院明清檔案部	上海人民出版社一九七八年出版	一、英法聯軍侵占廣州、大沽、天津。 二、北京的失陷與英法聯軍的暴行。 三、咸豐三年至十一年有關第二次鴉片戰爭的檔案史料，主要爲上諭、官員奏摺及有關的照會、咨呈、信函。 四、英、法、美、俄四國有關侵略計劃、戰爭、簽約的外文資料選譯。	一五三種，另有檔案及附件一千四百件。	欽差大臣伊、耆在廣東奏辦夷務通商事宜 兩廣夷務奏稿 天津夷務實記 天津縣志 庚申英夷入寇大變記略 翁文恭公日記 清咸豐十年洋兵入京之日記 清咸豐十年英法兵入京焚毀圓明園案 中西紀事 光緒順天府志 （英文）有關中國事務通訊（一八五九—一八六〇） （法文）中國戰役日誌（一八五九—一八六一）

太平天國八冊	中國史學會向達、王重民等。	神州國光社一九五二年初版一九五三年再版 上海人民出版社一九五七年出版	一、太平天國本身的資料，如太平天國頒行的詔書、曆書、軍制、禮制、天朝田畝制度及各種文書、諸王自述。 二、清方記載，各種紀略、日記、雜記等。 三、外國人之記載。 四、清欽差大臣等奏稿、函牘。	二三六種	太平天國官書：天命詔旨書、太平詔書、太平禮制、頒行曆書、天朝田畝制度等。 太平天國文書：行軍總要、資政新篇、誅妖檄文，及各種告諭等。 賊情匯纂 金陵省難紀略 武昌紀事 盾鼻隨聞錄 東南紀略 兩浙庚辛紀略 （美）洪秀全革命之真相 （瑞典）太平天國起義記 向榮奏稿 烏蘭泰函牘

書名及冊數	編者	出版	内容及分類	輯錄書種數	主要輯錄著作
捻軍 六冊	中國史學會范文瀾等	神州國光社 一九五三年版 上海人民出版社 一九五七年出版	一、概述捻軍活動及清政府鎮壓捻軍起義的專著。 二、各地捻軍活動的資料（多取自方志）： 第二冊：安徽、河南。 第三冊：河南、湖北、江蘇、陝西、山西、直隸、山東。 第四冊：山東。 三、函牘文集中的資料。	二九〇種	王闓運：湘軍志・平捻篇 周世澄：淮軍平捻記 尹耕雲等：豫軍紀略 汪賡才：河南軍情探報 閔賅曾：光州平賊紀略 （佚名）山東軍興記略 光緒安徽通志 民國湖北通志 宣統畿輔通志 光緒荷澤縣志 李文忠公全集 曾文正公全集 劉銘傳：大潛山房詩鈔 蔣慶第：友竹草堂集 劉長佑：劉武慎公遺書

回民起義四冊	中國史學會白壽彝等	神州國光社一九五二年版	一、雲南回民起義資料：第一、二冊：包括道光年間的起義和咸同年間的起義。二、西北回民起義資料：第三、四冊：包括順治年間米剌印、丁國棟起義，乾隆年間蘇四十三、田五起義，同光年間回民大起義。	七十九種	張濤：滇亂紀略 馬觀政：滇垣十四年大禍記 欽定平定雲南回匪方略 永昌府志 雲貴奏稿 國朝甘肅再征叛回記 楊毓秀：平回志 易孔昭等：平定關隴紀略

書名及冊數	編者	出版	內容及分類	輯錄書種數	主要輯錄著作
洋務運動 八册	中國史學會 中國科學院近代史研究所史料編輯室 中央檔案館明清檔案部編輯組	上海人民出版社 一九六一年第一版 一九六二年再次印刷	一、綜合編，泛論興辦洋務的諭旨、奏摺、議論。 二、育才編：北京同文館、京外同文西學館、幼童出洋留學。 三、海防、海軍。 四、練兵。 五、製械：各地製造局、機器局、槍炮廠。 六、馬尾船政局。 七、輪船招商局。 八、鐵路。 九、電報。 十、礦務：雲南銅礦，臺灣、鄂東皖南、開灤、吉林、山東等處煤礦，漠河、吉林金礦，漢冶萍，貴州礦務等。 十一、紡織、鑄錢及火柴、糖、酒、紙製造。 十二、有關人物的傳狀、日記、雜記。	九十七種，另輯錄一百萬字的檔案資料。	籌辦夷務始末（道咸同三朝） 曾文正公全集 左文襄公全集 李文忠公全集 張文襄公全集 沈文肅公政書 郭嵩燾：養知書屋遺集 曾忠襄公全集（曾國荃） 曾惠敏公遺集（曾紀澤） 丁日昌：撫吳公牘 鄭觀應：盛世危言及後編 王韜：弢園文錄外編 江南製造局記 北洋海軍章程 馬尾船廠述要 張文襄公治鄂記 上海研究資料 盛宮保行述

中法戰爭七冊	中國史學會邵循正等	新知識出版社一九五五年版	一、中法開始交涉以前的資料。 二、戰爭初期有關人物的函牘及記錄。 三、戰紀資料。 四、有關人物的文集。 五、各地人民反侵略鬥爭資料匯輯。 六、檔案及外文中關於中法越南交涉資料、各種條約。 七、中法戰後越南抗法資料。	七十七種	中法兵事本末 中法戰事文件匯輯 越法戰書 軍牘集要（馮子材） 劉壯肅公奏議 左文襄公全集 李文忠公全集 清光緒朝中法交涉史料 中法越南交涉資料 法國外交文牘（法文） 孤拔艦隊（法文） 北京四年回憶錄（法文）
		上海人民出版社一九五七年至一九六一年又三次印刷	內容同上，唯將第一冊之書目解題、固有名詞對照表移於第七冊。		

書名及冊數	編者	出版	內容及分類	輯錄書種數	主要輯錄著作
中日戰爭 七冊	中國史學會邵循正等	新知識出版社 一九五六年十月第一版	一、綜述編：概述中日戰爭經過的文字。 二、前編：關於中日戰爭發生前的文字，分爲檔案、中文文獻、外文資料三部分。 三、正編：關於中日戰爭發生後的各種資料。分爲檔案、中文各項資料（其中戰紀文字獨占一冊）、日文及西文譯出的資料。 四、附錄： 1.中日五項條約。 2.西人對這次戰爭中各種活動的語錄（評論）。 3.關於朝鮮「乙未事變」的記述。	九十種，另有檔案若干件。	東方兵事紀略 盾墨拾餘 中東戰紀本末 清光緒朝中日交涉史料 李文忠公全集 東征要電佚存（陳湜） 洪棄父：臺灣戰紀 寬甸縣志 安東縣志 鳳城縣志 東征日記（聶士成） 中外條約匯編 日文：日清戰爭實記 日本帝國會議志 西文：使華記

中日戰爭十一冊 該書爲《中國近代史資料叢刊》的續編	戚其章等	中華書局一九八九年出版第一、二冊 一九九一年出版第三冊	作爲一九五六年新知識出版社出版的《中日戰爭》的續編，本書有以下特點：一、補充了大量的檔案史料，爲前者的四倍多，很多屬於首次整理發表；二、選譯了相當數量的日方資料，約達一百四十萬字；三、又挖掘了一些其他新資料，如未公開出版的手稿、日記、碑銘等。 第一冊至第五冊是中文檔案資料。 第六冊是以中文爲主的（其中包括少量日文的和英文的）有關戰爭和議和的零散材料。 第七冊是日本方面預謀挑動和進行戰爭的零散材料（包括西方人士對戰爭的評論）。 第八冊是日本隨軍記者寫的關於歷次戰役的報導。 第九、十冊是日本外交文書。 第十一冊是臺灣人民反割臺鬥爭以及甲午戰爭時論和人物傳記資料。	五十多種及檔案若干	日清戰爭實記 甲午戰事記 北洋艦志 清末海軍見聞錄 英兵部蒲雷東方觀戰紀實 宗方小太郎日記 中日海戰史料 向野堅一回憶錄 向野堅一從軍日記 遼陽防守日記 科士達日記 臺灣抗戰始末記

書名及冊數	編者	出版	內容及分類	輯錄書種數	主要輯錄著作
戊戌變法 四冊	中國史學會翦伯贊等	神州國光社一九五三年初版 上海人民出版社一九五七年、一九六一年出版	一、第一卷：戊戌變法以前倡導新政的專著；記述戊戌變法始末的專著；當時人的論著、墨蹟、遺稿、筆記、雜錄，及日記。 二、第二卷：上諭、奏議、書牘等資料中關於變法的政令及有關人物對變法的評論等內容。 三、第三卷：論著、報刊評論、新聞及譯稿。從中可見當時中國知識分子對變法的各種意見及帝國主義國家對變法的態度。 四、第四卷：傳記、年譜、雜錄、詩選及當時的學會、學堂、報紙的章程中，與變法有關係的人物及推動變法運動的組織各方面活動的內容。	一七三種	清德宗景皇帝實錄 光緒朝東華錄 清史稿 皇朝經世文三编、新编 中外大事匯記 變法自强奏議匯编 康梁文鈔 梁啓超：戊戌政變記 南海先生上書記 翁文恭公日記 時務報、京報、萬國公報 李提摩太：留華四十五年記 馮桂芬：顯志堂稿 鄭觀應：盛世危言

義和團 四冊	中國史學會翦伯贊等	神州國光社一九五一年至一九五三年三次印刷 上海人民出版社一九五七年、一九六一年出版	第一冊：1.概述義和團運動之書類。 2.義和團運動早期在山東、直隸、山西、察哈爾等地起義之資料。 第二冊：義和團高潮時期活動的資料： 1.義和團進入天津以後的活動，如圍攻租界等。 2.義和團進入北京後的活動，如圍攻使館等等。 第三冊：1.八國聯軍攻陷大沽、天津、北京、保定及其他地方之軍事行動，及其與清政府交涉之書類。 2.有關「東南互保」資料。 3.慈禧等出走西安及回京情況的資料。 第四冊：有關義和團的上諭、奏稿、文電、函牘、輿論資料。	五十二種	拳時上諭 義和拳教門源流考 續義和拳源流考 拳案雜存（勞乃宣編） 李希聖：庚子國變記 蔣楷：平原拳匪紀事 劉孟揚：天津拳匪變亂紀事 鹿完天：庚子北京事變紀略 吳永：庚子西狩叢談 佐原篤介：八國聯軍志 瓦德西：瓦德西拳亂筆記 辛丑和約條文

書名及冊數	編者	出版	內容及分類	輯錄書種數	主要輯錄著作
辛亥革命八冊	中國史學會柴德賡等	上海人民出版社一九五七年出版	一、興中會時期的革命活動：興中會、唐才常漢口起義、洪全福起義、蘇報案、華興會、光復會、日知會（第一冊）。 二、同盟會時期的革命活動： 第二冊：同盟會、民報、萍瀏醴起義、黃岡防城起義。 第三冊：徐錫麟及秋瑾案、鎮南關起義、熊成基安慶起義、雲南河口起義、新軍起義、各地人民反清鬥爭。 第四冊：清廷預備立憲、立憲派、黃花崗之役、保路運動。 三、武昌起義及各省起義之經過： 第五冊：武昌起義(包括湖北省)。 第六冊：川、陝、湘、晉、雲、直隸、贛、貴等省起義。 第七冊：江、浙、閩、皖、桂、粵等省起義。 四、南京臨時政府及中華民國之成立： 第八冊：南京臨時政府、南北議和、帝國主義與辛亥革命、南北議和後中華民國成立。	一二〇餘種	孫中山：孫文學說 馮自由：革命逸史 曹亞伯：武昌革命真史 陳天華集 黃中黃譯編：孫逸仙 中華民國開國前革命文獻 鄒魯：黃花崗七十二烈士事略 劉揆一：黃興傳記 誦清堂主人：辛亥四川路事記略 劍農：武漢革命始末記 曹之騏：復滇錄 李烈鈞自傳 民國經世文編 渤海壽民編：辛亥革命始末記 臨時政府公報

《中國近代史文獻匯編》，楊家駱主編，臺北鼎文書局出版於一九七三年，筆者所見爲精裝六十册，也是分專題從各種文獻匯輯篇章。其專題爲《鴉片戰爭文獻匯編》，內有九個部分，如鴉片戰爭前英國對中國的侵略、禁煙運動的開始、英國對中國的軍事侵略、江寧條約的締結與戰後問題，附錄鴉片戰爭人物傳記、鴉片戰爭時期英國執政表、鴉片戰爭書目解題；《太平天國文獻匯編》，內分太平天國史料、清方記載、外人記載、專載四部分，附錄太平天國資料目錄；《捻軍文獻匯編》，內含專著綜合、活動地區、函牘雜文三大類；《中法戰爭文獻匯編》，分《中法兵事本末》、《越南世系沿革》等部分；《戊戌變法文獻匯編》，選材於《校邠廬抗議》、《盛世危言》、《弢園文錄外編》等政論書、《戊戌政變記》、《戊戌政變紀事本末》等專書、上諭、奏議、傳記、年譜以及檔案史料，百日維新大事表，學會組織等方面文字；《義和團文獻匯編》；《清光緒朝文獻匯編》。

上述二書，內分專題，而就其全書講，是記載近代史事的，故列入綜合文編，而不在下面的專題匯輯部分說明。

《北京圖書館藏中國歷代石刻拓本匯編》，北京圖書館金石組編輯，中州古籍出版社一九八八年—一九九〇年出版，精裝十六開本，一百册。北圖藏有各種石刻資料四萬三千多種，十萬四千多件。全書依文獻的時代編排，分爲九大部分，清代爲其一，所輯印之文，分裝三十册，即全書的第六十一册至第九十册，占全書的十分之七，是歷代中最多的。這部分由趙海明等編輯，大體上按文獻時序排列，所收多爲碑刻，反映歷史事件、人物、宗族、宗教、祭祀、節日等方面的社會歷史，如第六十一册有史可法的書札，第六十六册有傳教士龐嘉賓墓碑，文云：「龐先生諱嘉賓，號慕齋，係泰西熱爾瑪尼亞國人也。自幼入會精修，於康熙三十一年歲次丁丑入中華傳教，卒於康熙四十八年己丑歲十月初八日，年四十五歲，在會二十九年。」第七十册載獻茶會碑，乾隆十四年（一七四九）立於北京朝陽門東嶽廟，碑文記其會首有漢軍旗人及各地男女信徒。第八十二册載有《白氏先塋碑記》，爲太監白永清於咸豐六年（一八五六）在海淀立的碑，文中說：「立遺囑執照人白永清，係宛平縣民，自幼忠孝，置身司禮，奔走内廷奉君，四代賜恩，年近八旬。」第八十八册天主教傳教士新塋記，光緒二十九年（一九〇三）立，文云：「此處乃欽賜天主教歷代傳教士之塋地，光緒二十六年（一九〇〇）拳匪肇亂，焚堂決墓，伐樹碎碑，踐爲土平，迨議和之後，中國朝廷爲已亡諸教士雪侮滌恥，特發帑銀一萬兩，重新修建。」第九十册載有王元炘於宣統三年三月撰寫的李蓮英碑。從叙述的這幾條材料，就可見該書對研究清史的史料價值。

(二) 地區類文編

地區性資料，從内容上講也多屬於綜合性的，不同於第一類之處，只在於它主要是只記載地域性歷史。

《江蘇省明清以來碑刻資料選集》，江蘇省博物館編，三聯書店一九五九年印製。編者從五四三通碑刻，選擇三七〇件，其中蘇州碑刻二五三件，其他爲南京、上海、南通、無錫等地的。蘇州的碑文分爲十七類：絲織、絲業、綢緞，染坊、踹坊、布坊、紙作坊、書坊，紙業、水木作、石作、木行、紅木巧木業、冶坊，銅錫、鐵器，刺繡、珠寶玉器，銀樓，硝皮、提莊、百貨，南北貨、糧食、醬洒，豬行、府廚，菜業，煤炭，蠟燭、藥業，金融，關卡，馬頭，交通，賦稅、擾民，民間戲曲、彈詞、會館事務，其他。以地區編排，蘇州又以十七類排列。這些碑文，側重反映工商業的狀況。它問世之後，頗受研究者歡迎，特別是研究資本主義萌芽問題的學者，從中獲得大量的史料。蘇州還有一些碑刻，當時未能收入，洪煥椿等續加編輯，成《明清蘇州工商業碑刻集》，江蘇人民出版社一九八一年出版。收碑以明清時期蘇州府及其屬縣爲限，計二五八件，其中有一百多件是與《江蘇省明清以來碑刻資料選輯》所收相重，但仍有一百餘件是新發表的。分成二十目，比前書分類科學一些。

《上海碑刻資料選輯》，上海博物館圖書資料室編，上海人民出版社一九八〇年刊刻，收錄碑文二四五份，分編爲五類：沿革和名勝古蹟類；社會經濟類，內含港口碼頭和航運，城鎮的商業和手工業，農業賦稅和漕糧，水利；會館公所類；社會治安類；學校類。這個選輯，對了解近代上海怎樣成爲工商業重心的歷史很有價值。

《明清佛山碑刻文獻經濟資料》，廣東社科院歷史所中國古代史研究室等編，廣東人民出版社一九八七年梓刻，分上下兩篇，上篇選碑文七十八件，記錄明景泰至清光緒間事；下編從方志、筆記、家書、族譜、墓碑、契約等文獻中選擇篇章，分成九部分：佛鎮總論，附鎮農業，手工業，商業，水陸交通，義倉與社倉，賦稅，家族勢力，房屋田地買賣契約。佛山是四大鎮之一，工商業發達。這部文編能反映佛山的概貌與某些特徵，如所載《重修軒轅會館碑記》，說明在當地成衣業中，東伙都參加同一行會，爲研究清代行會成員構成歷史的不多見的資料。

《近代華僑投資國內企業史資料選輯》，林金枝，莊爲璣編，係彙編文獻與檔案史料，分廣東、福建、上海三卷，閩、粤二卷已由福建人民出版社梓刻行世。

此外，《清代乾嘉道巴縣檔案選編》，（新都）《清代地契史料》，李華編輯《明清以來北京工商會館碑刻選編》等書，也屬地方性文編類，然因或在檔案一章已作介紹，或因他故，不再詳述。

三 專題類文編

這類文編較他類爲多，這裏選介幾部。

《中國地方志民俗資料匯編》，丁世良、趙放主編，書目文獻出版社出版，按華北、東北、西北、西南、中南、華東六大區分六卷編輯，前面三區各一册，西南卷二册，華北卷、東北卷已於一九八九年問世。各區依省、市、地區、縣爲順序，匯輯方志資料。它將民俗區分爲七項内容，即禮儀民俗，歲時民俗，生活民俗，民間文藝，民間語言，信仰民俗和其他，大類下又區分成若干小類，如禮儀民俗下分爲婚禮、喪禮、祭禮。著錄以志書爲單位，即將各項内容分項錄出，一志錄完，再錄一志，故其七項内容並不編輯在一起。因此，這部匯編的優點是把各志書的民俗資料，集中地呈現給讀者，缺點是未按所列七項内容編排，對作專題研究的讀者不算方便。方志是歷代皆有，匯編不盡是清史資料，然而清代方志多，故這部書對清史研究者確實提供了使用的便利和大量的資料素材。

《近代中國對西方及列强認識資料匯編》，臺北中研究近代史所編，胡秋原主編，第一輯二冊，該所於一九七二年出版。共分八輯，分別反映的時代是：①一八二一年—一八六一年，②一八六二年—一八七四年，③一八七五—一八八四年，④一八八五—一八九三年，⑤一八九四—一九〇〇年，⑥一九〇一—一九一一年，⑦一九一二—一九二三年，⑧一九二四—一九二七年。編輯要意是：以中國政府與民間對西方理解、言論、研究、應付方策爲主，而不在中外交涉由來、過程。注意思想史資料，以人爲主，選其文字，側重於對西力東來後立國之道的探求，如第一輯，取材於清朝官書、檔案、私家著述和太平天國文書六九〇件；選錄資料，進行分類，對原著者作出小傳；分類中又區劃爲七小類：一般、軍事、外交、法政、財經、社會、學藝。這是一部匯纂道光以後政治思想史資料，特別是對西方認識的材料集。

《清代農民戰爭史資料選編》，中國人民大學歷史系和一史館合編，人大出版社出版。選編一六四四年—一八四〇年間發生的重要農民起事的專題文獻，以歷史檔案爲主，官書、方志、私家著述有關資料亦行選入。依時間次序，分爲八册，第一册於一九八四年出版。

《清代理藩院資料輯錄》，社科院中國邊疆史地研究中心編輯，一九八五年全國圖書館文獻縮微中心出版。輯有乾隆朝内府抄本《理藩院則例》，康熙、雍正、乾隆、嘉慶四朝之《大清會典》中的理藩院資料五種。理藩院是清朝獨有的機構，頗具重要性，其則例及會典中有關資料的匯輯，便於讀者查找這個重要機構的歷史資料。

《近代秘密社會史料》，蕭一山編著，初於一九三五年由北平研究院史學研究會印行，《近代中國史料叢刊》收入影印，岳麓書社一九八六年重梓。三十年代蕭氏在大英博物館閲覽中國圖笈，抄錄晚清粵人手寫的天地會文獻，歸國編成此書。分六卷，卷一圖像、碑亭、旗幟、腰憑，卷二源流，卷三誓詞與祝文，卷四口白，卷五詩句，卷六茶陳、雜錄。記錄了天地會的產生，組織儀式，規矩、聯絡方式，插圖多幅，是研究天地會的寶貴資料。

《義和團文獻輯注與研究》，陳振江、程歗編注，一九八五年天津人民出版社印行。輯注義和團文獻一七九件，區分爲八類：揭帖、告白，書信，碑文，壇諭，乩語，詩歌、咒語，旗書，其他（戒條，團規、對聯、門貼）。編著者對每一件文獻作了出處與題解式的說明。

《招商局史》（近代部分），張后銓主編，中國水運史叢書之一，人民交通出版社一九八八年梓行。編者設計出章節目的框架，然後實以招商局檔案和有關文獻資料。該書分八章，第一章招商局的醞釀與創辦，二章開創時期的招商局，三章、四章爲官督商辦時期招商局，五章商辦時期的招商局，後三章爲民國時期事。將招商局不同歷史時期的管理體制、經濟活動、營運狀況等方面作了系統介紹，對近代經濟史、航運史提供有價值的史料。

《華工出國史料選編》，陳翰笙主編，中華書局一九八〇—八五年出版，文獻選自中外官方文書、調查報告和資料，中外私人專著、報刊。分十輯，第一輯中國官方文書選輯，二輯英國議會文件選譯，三輯美國官方文件選譯，四輯關於華工出國的中外私人綜合性著作，五輯關於東南亞華工的中外私人著作，六輯拉丁美洲的華工，七輯美國和加拿大的華工，八輯大洋洲的華工，九輯非洲的華工，十輯第一次世界大戰時期的華工。近代華工出洋是一件大事，構成華僑的重要成分，對近代史有不可忽視的影響，該選編資料豐富，爲研究華工史提供很大的方便。

《有關玉米、番薯在我國傳播的資料》，郭松義、鄧自燊編，《清史資料》第七輯專載，中華書局一九八九年出版。編者主要從方志，兼從官修史書、文集、筆記一千餘種摘錄資料，分玉米、番薯兩篇，先綜述，然後依省區編排資料，附錄資料徵引書目。玉米、番薯於明代傳入中國，而在清代得以推廣種植，對解決人口爆炸後的民食問題起過作用。是編對於清代農業生產和人民生活史的研究提供了查閱資料的方便。

《龔自珍研究資料集》，孫文光等編，黃山書社一九八四年出版。輯錄一八九六年到一九四九年有關龔自珍家世、生平、思想、交遊、創作的記載和評論，有龔氏信札，劉廷祿的定庵文簽評，繆荃孫的龔定庵逸事，附錄龔自珍研究論文索引。

(四) 斷限文編

《清入關前史料選輯》，潘喆、李鴻彬等編，中國人民大學出版社印刷。輯錄官書、文集、奏議、筆記等有關史料。分二輯，第一輯一九八四年出版，反映滿族源流和努爾哈赤興起史，收有明人著作九種、清人撰著三種、朝鮮人作品二種，如馬文升《撫安東夷記》、方孔炤《全邊略記》、李肯翊《燃藜室記述》。有全錄、有節選。第二輯一九八九年問世，收錄反映努爾哈赤時期的歷史文獻一種，皇太極時的三種。尚有第三輯待出。

《道咸同光四朝奏議選輯》，臺北大通書局出版，十二册五四九八頁。臺北故宮博物院藏《四朝奏議》，起道光元年，止光緒十年，臺灣商務印書館影印爲《國立故宮博物院清代史料叢書》之一，年華從中選出有關臺灣部分的資料，輯成此書。

《中美關係史料光緒朝》一、二，黃嘉謨主編，臺北中研院近代史所一九八八年印刷。

(五)《清實錄》資料摘編

巨著清歷朝實錄的豐富資料久為學者所欲占有，遂有從中摘錄編輯資料的活動，其方式或為摘編專題材料，或為編輯區域史料，自本世紀五十年代起，至今已出數種。

首先問世的是《清實錄經濟資料輯要》，南開大學歷史系編，中華書局一九五九年出版。接著出現的是《〈清實錄〉達斡爾、鄂溫克、鄂倫春、赫哲史料摘抄》，由內蒙古少數民族社會歷史調查組和中科院內蒙分院歷史所編輯，內蒙古出版社一九六二年槧刻。《輯要》一書，如題所示，側重摘錄經濟史資料，分十二輯，為一總類、二農業、三畜牧、四手工業、五近代工業、六交通、七商業及高利貸，八對外關係附外國資本的侵入、九財政、十賦稅，十一鹽務、十二漕運，每輯下再分小項。如手工業，分銅鉛鼓鑄，冶鐵，採煤，貴金屬開採，織造，釀造，硫磺，製硝及火藥，礦務等。財政分財政法令，財政金融機構，預算，國庫收入，生息銀兩，內債及捐輸，外債，賠款，行政費用，平糶，皇室（內務府）收支等。全書八十萬字，所錄經濟資料不全，但以文摘方式編成此書，出版較早，實開風氣之先。

《〈清實錄〉貴州資料輯要》，中科院民族所貴州少數民族史調查組、貴州民族所編，貴州人民出版社一九六四年印刷。分經濟類、政治類、軍事類、文化教育類，類下設目，實以清實錄的有關資料。

《清實錄經濟史料（順治—嘉慶朝）·農業編》，陳振漢等編，北京大學出版社一九八四年槧梨。陳氏計劃從清實錄、《東華錄》摘錄經濟史料，分編二輯，《清實錄經濟史料》（順治—道光朝）為第一輯，第二輯是《清實錄東華錄經濟史料》（道光——光緒朝）。第一輯又分農業編、商業編、國家財政編，附錄清入關前滿洲社會經濟編。農業編下設五章，為人口，土地，農業生產，清政府的農業賦稅徵派，農村人民的生活和反抗鬥爭。陳氏研究歷有年所，成就顯著，以此編著貢獻於世，為清史學界之幸。

《大清歷朝實錄四川史料》，王綱編，電子科技大學出版社一九九一年梓刻上卷，下卷待出。按朝年編輯資料，上卷起自《清太祖實錄》天命六年，迄於《清高宗實錄》乾隆三十九年。

《清實錄東北史料全輯》，張璇如、蔣秀松編，吉林文史出版社於一九八八—一九九〇年印行，收入《長白叢書》第三集，分訂十冊。編者從中華書局版清實錄及《宣統政紀》摘錄歷史上屬於東北行政區劃範圍內的史事資料，即不僅含今日之東北三省，且涉及到被沙俄侵占的黑龍江以北、烏蘇里江以東地區，以及東三省歷任將軍所轄內蒙古各旗。採取朝年順序編排法，並附新編人名、地名索引。

《清實錄朝鮮史料摘編》，亦為《長白叢書》之一種，屬第五集，吉林文史出版社一九九一年出版。

此外，問世的尚有西藏民族學院歷史系編《清實錄——藏族歷史資料匯編》，一九八一年印刷。

摘編清實錄的資料，相信還會有人去做，它的資料寶庫的性質所決定，學者是不會忽視它的。

這種摘編，既表明利用者較多，也為更多的研究者使用它創造了便利。實錄浩繁，沒有時間全面系統閱讀的，有摘編在手，也會解決不少問題。

第四節　文集的閱讀與利用

文集既有它的特點，自應有對它的閱讀和利用方法，而不能完全襲用其他文種的辦法。

文集作者是個人，不同於官修史書、方志、家乘的一群作者，因此閱讀文集，首先或同時要了解作者，要知道他的身世、經歷、政治態度、學術思想的淵源和流派。作者為何寫作，為何表現出那樣的觀點，當同作者的經歷和思想有極密切的關係。為了更好地理解和把握文集的內容，就不能不對作者有起碼的了解。比如前面講過的李紱在為其母、其妻寫的墓志銘中，表現出他的官位的不穩和憂傷的心情，如果不了解他和田文鏡互參案的經歷，就不可能理解那兩篇文字，也不可能利用它們作為雍正朝的一個政治鬥爭的史料。又如前述侯方域的論王猛，按照古代漢人的觀點，他是為王猛失節事秦辯護的，他為什麼會或者為什麼要給「漢奸」作辯解？這同他的自身的思想、處境有無關係？他是明朝大官僚的後人，是遺民，而後來參加清朝的科舉考試，按照「夷夏之防」的漢人觀念，這也是失節，他是不是在為自己辯白？由於我們還沒有下功夫，不知《王猛論》寫於何時，是否在參加科舉之後。如果這一點弄清了，就可以明瞭他的心情以及他寫作的目的，就可以較深刻地理解他關於王猛觀點產生的原因，從而深入認識清人歷史觀點的內涵與產生的社會條件。再如，在學術觀點上，人們師承關係的很多，了解作者這方面的歷史，自然有助於較快較深地理解他的作品，所以對作者的認識是非常必要的。這種認識在閱讀文集過程中，會得到一些，會加深一些，但在閱讀前，最好能知道作者的簡歷。

如何獲得關於作者的資料，這要靠有關傳記文的著作了，如《清史列傳》、《滿漢名臣傳》等，但是有的作者傳記資料沒有保存在傳記專著中，有的甚至沒有傳記，或者雖有傳記，但那本書身邊又沒有，遇到這類情況怎麼辦？根據筆者的閱讀經驗，就是在文集中找。有的文集中附有別人給作者寫的年譜、墓志銘等傳記文，可供閱覽，即使沒有這些，可以查找作者給其親屬寫的文字，或傳記文，或家書，亦或多或少可以透露作者的身世和經歷。如《沈歸愚詩文全集》，收有沈德潛自撰的《年譜》，在其《歸愚詩餘》集中，收有董邦達等人爲他八十、九十大壽寫的賀詩。又如《恕谷後集》中有李塨手撰的《孝子恕谷墓志》，記其學業事。再如馮桂芬的《顯志堂稿》卷八所收的給乃父作的《行述》，給乃母作的《事狀》。這些都是文集中作者的傳記資料，有助於讀者了解他的經歷和思想。因此，在讀文集之時，根據需要，不妨先找有關作者歷史的篇章讀一讀，然後再讀其他文字。

文集資料也有真實性問題，是閱讀和利用中宜於留神的。作者的偏見、誤信都可能造成記事的不準確；從政者爲表白自己可能有意歪曲事實，寫出假文字；作家政治觀、歷史觀的不同，也會因愛憎感情的控制，寫出不盡符合歷史實際的東西。袁枚《小倉山房文集》中的傳記文就有若干不實的成分。他是著名的文學家，以詩文見長，他寫傳記，注意文法而不重史法，許多細節描寫很難説是真實的，如作《李敏達公遺事》，講雍正派人到浙江清查經濟，李衛事先招集州縣官密議，以保全他們，說他通過在拈鬮中搞鬼，由他去清查有虧空的州縣，而使查賬的欽差大臣户部尚書彭維新受騙。據他寫，彭到很少虧空的地方查帳的情形是：「刻苦辜較，手握術，至胼起，卒無所得」彭維新以欽差大臣身分，何至親自核算到手起老繭的程度，誇張太甚，不過是爲了突出李衛的功德，他這裏還有錯，彭維新是侍郎，而不是尚書，只是隨侍郎王璣帶隊到江蘇清查錢糧，並沒有去浙江的任務，而去浙江的則是性桂。那種拈鬮細節的描寫，更難令人信其真實。看來文學家袁枚爲了文字生動，根據傳聞和想像，對李衛的行事，作了藝術加工的描述，不實之處是很清楚的。袁枚還憑感情和政治觀點給人寫傳記，他是浙江的讀書人，雍正曾因汪景祺案、查嗣庭案處分浙江人，停止他們的鄉會試，觸犯了讀書人的利益，李衛上書請求解除這個懲罰，獲得允准，浙江士人才恢復參加科舉的權利。袁枚因此對雍正政治不滿，而對李衛有好感。他之譏刺彭維新，實是暗諷雍正的清查。這一觀點在《户部尚書兩江總督高文良公神道碑》中亦有表露。他因這個態度，對積極執行雍正政策的田文鏡表示不滿，說他苛刻⑱。廣西巡撫金鉷追隨雍正，熱心參與曾靜案的審查，按袁枚政治態度，應該反對他，可是袁枚少年時跟從其在廣西做官的叔父見過金鉷，得到過金的贊揚，因而對金有好感，爲其作傳，稱贊他反對過耗羨歸公政策。可見袁枚的傳記文，包含了他的政治觀和個人感情的成分。需要注意到這些因素，以考察史料的真實性。與袁枚政治態度相反，錢陳群擁護

⑱《小倉山房文集》卷三《文華殿大學士尹文端公神道碑》。

雍正政策，他的《香樹齋文集》中的奏疏、傳記文，頌聖之作較多。將袁、錢的作品兩相對照，會有助於史料的鑒別。

文集中包括衆多的文章體裁，對它們作必要的了解，也有助於閱讀文集和選擇資料。明瞭各種文體，可以大體知道某一文種可能提供什麼資料，而不可能有什麼資料，以便決定是否閱讀和用多大力量去讀。研究歷史，在文集中搜集資料，主要著眼於奏議、各種傳記文、論說諸文體的文章，其他則相應少下力氣，甚至不下功夫。但是也不可一概而論，還要看研究專題來確定。比如講，頌、賦之類的文字，謳歌皇家聖德的多，沒有什麼意思，一般可以不讀。倘若你的研究需要知道皇帝的身體狀況，別的資料又缺乏，沒有辦法，不妨找一找有無關於他參加祀天、耕耤禮的頌賦，若有，對其健康狀態則會有所透露。這不就成爲史料了嗎！關鍵是在根據需要，在對文體有基本認識前提下，作有選擇地閱覽。

借用學術界對文集的研究成果和工具書，對於閱讀和利用文集資料是絕對必要的。紹述某一家文集的作品頗有一些，可資利用，但最值得學習的是張舜徽著的《清人文集別錄》，四十七萬多字，由中華書局於一九六三年出版，一九八〇年第二次印刷。作者閱讀過清人文集一千一百多部，寫了六百七十餘篇筆記，從中選擇了六百篇，編成《別錄》一書。題名「別錄」，不是通常使用的提要的含意，也不是目錄題解的概念所能包括的，作者在自序中說：「今茲所論，首必致詳於作者行事，既以遠紹前規，亦欲以爲知人論世之助耳。」即介紹文集作者，並通過它說明全書。正如他所規定的那樣，在每一部文集的介紹中，力求對作者及其作品作出有自己見解的敘述。他交待作者的簡歷、政治態度、學術思想及其流派，並作出評價。該書所介紹的文集只有六百種，不過是清人文集的幾十分之一，但這六百家，是文集中的佼佼者，有代表性。作者自云該書「雖未足以概有清一代文集之全，然而三百年儒林文苑之選，多在其中矣。」是可以作如是之首肯的。如果說這部書有什麼不足的話，就是對每一部文集的內容，概述得欠缺了一些，雖然作者說他志不在此，然而要使讀者了解一部文集，不通過它的內容也是很難說得清楚的。總之，《清人文集別錄》是一部學術性的專著，而不同於一般的工具書，但它兼有這兩方面的作用。欲讀清人文集者，不妨把它當作一部入門的書來學習。

王重民主編的《清人文集篇目分類索引》，對文集資料的利用者，是一部有價值的工具書。該書於一九三五年由北平圖書館出版，一九六五年中華書局出新一版。該索引收有清人文集四四〇種。全書分四部分，主體是《篇目分類索引》，它把文集中的篇目，分爲學術文、傳記文、雜文三種；學術文又分經、史、子、集四類；傳記文分碑傳、贈序、壽序等類；雜文分書啓、碑記、賦、雜文四類。按類目分別著錄圖書篇目，這樣，讀者要研究某個問題，可到有關類目中查找，在該書所錄四百多家文集中有那些家著有那樣的文章，以便按圖索驥。該書的其他三部分是：《所收文集目錄》，介紹書名、卷數、作者、版本；《文集提要》，說明作者、書籍版本；《文集著者索引》。

第七章　譜牒史料

第一節　現代學者開始重視譜牒史料

譜牒圖籍是有其專門體例的一種文獻，所反映的社會生活內容也有其特殊性，因而不同於其他體裁的載籍。關於這一點，道光時期錢泳就有所說明：「此讀書人別是一種學問，又在詞章考據舉業之外者也」①。

譜牒在中國歷史上的出現，本來有它的政治上的實用價值。鄭樵帶有總結性質地說：「自隋唐而上，官有簿狀，家有譜系，官之選舉必由簿狀，家之婚姻必由於譜系」②。在宋朝以前，政府用人和世族出仕，要憑譜牒作依據，門第間的婚姻要以譜牒作證明，譜牒關係人們的政治地位的獲得

①《履園叢話》卷三《宗譜》，中華書局一九七九年版，七十九頁。

②《通志》卷二十五《氏族》。

和鞏固。宋朝以降，譜牒的用途大爲縮減，主要被用作宗族內部統一思想和行動的工具。這也是它的實用價值。

譜牒的學術資料價值，也很早就被人們發現而加以利用。錢大昕指出：裴松之注《三國志》，李善注《文選》，「往往採取譜牒」。他進而認爲「譜系之學，史學也」③。把譜牒學作爲史學的一種。如前所述章學誠講到編纂方志徵集資料，把譜牒作爲地方史志的資料來源之一④，梁啓超很看重譜書，稱它爲「重要史料之一」，興奮地說：「我國鄉鄉家家皆有譜，實可謂史界瑰寶。如將來有國立大圖書館能盡集天下之家譜，俾學者分科研究，實不朽之盛業也」⑤。可惜具有這種認識的人並不多，和梁氏同時的《清史稿》的編纂者就無視於譜書：《藝文志》不載其目錄。二、三、四十年代，有一些學者給予家譜以高度的重視，如潘光旦、楊殿珣撰寫研究性專著和論文，潘氏撰文《中國家譜學略史》⑥、《家譜與宗法》⑦，專著《明清兩代嘉興的望族》⑧，楊氏作文《中國

③《潛研堂文集》卷二十六《鉅野姚氏族譜序》。
④《文史通義·外編·修志十議》。
⑤《中國近三百年學術史·清代學者整理舊學之總成績》，北京市中國書店，一九八五年版，三三六頁。
⑥《東方雜誌》二十六卷一號。
⑦《東方雜誌》二十七卷二十一號。
⑧商務印書館一九四六年出版。

家譜通論》⑨。此後一段時期，家譜被認爲純粹是給地主階級樹碑立傳的反動書籍，收藏家譜可能有不測之禍，因此它的資料價值被人忽視了。

八十年代以來，人們重新注意宗譜的發現和利用。一九八〇年楊廷福發表《中國族譜學的源流》⑩，是譜學沉寂三十年後首次探討譜牒學理論問題。《光明日報》一九八二年六月二十七日報導，江西吉安縣發現文天祥家族的《富田文氏族譜》，內有關於文天祥的祖父、父親和他的兒子、侄子的資料。一九八一年江蘇大豐縣施俊傑獻出《施氏家簿譜》（《施氏長門譜》），譜內施彥端名下，注其字「耐庵」。他是否爲《水滸》的作者施耐庵，引起學界的爭論，先在南京開討論會，後又於北京開座談會，隨之出現一些論文。上述諸譜書的價值在於爲研究清朝以前歷史人物提供資料，而對清史研究有意義的也有發現。一九六三年爲紀念《紅樓夢》作者曹雪芹逝世二百周年開辦展覽會，發現《五慶堂重修遼東曹氏宗譜》，不久迷失，一九七五年馮其庸發現它的另一個抄本，認爲它「是一部關於曹家的十分重要的歷史文獻」，於是對它進行深入考查，據說「收穫的豐富」，超過了預料，使他斷言曹雪芹先人在清太祖、太宗時期爲明朝軍官，在戰爭中投降清朝，開始隸屬漢軍旗，後來改歸滿洲正白旗，他家的祖籍是遼陽，遷居瀋陽，而不是豐潤縣，以此回答曹雪芹的祖籍和旗籍問題。他以這分宗譜爲主要資料，寫成《曹雪芹家世新考》一部專著，由上海古

⑨《圖書季刊》新三卷一、二期，新六卷三、四期，新七卷一、二期。

⑩《學習與探索》一九八〇年二期。

籍出版社於一九八〇年出版。一九八二年李治亭等人到尚可喜故鄉海城調查，發現《尚氏族譜》，調查者的報告說它是「具有較高史料價值」的譜書⑪。《光明日報》一九八三年七月二十七日報導，瀋陽馬秀文獻出《馬佳氏族譜》，並謂「對研究清史、滿族史有重要價值。」河北省懷來縣發現《程緒族譜》，據說該程氏為程頤後人⑫。可見清人族譜也在不斷發現中。與此同時，評價宗譜的文章陸續出現。劉光祿撰《譜牒述略》⑬，論述了譜牒的產生和發展，與地方志的關係，它的作用和史料價值，並呼籲搜集家譜，編製譜牒的綜合目錄。鄧紹興作《簡談家譜檔案及其收集》⑭，著重說明了家譜的資料價值，也建議採取必要措施，收集家譜檔案，妥善保管。廖文煜作《從家譜中發現的新史料》⑮，介紹四川涼山博物館所收藏的西昌《俞氏宗譜》、德昌《廖氏家譜》、西昌《劉氏宗族老譜》等書的史料價值。喻亨仁撰《族譜的資料價值》一文⑯，提出搜集宗譜工作中應注意的事項。韓大成作《家譜、族譜與史學研究》，呼籲重視家譜的史料價值⑰。武作成編《清史

⑪《訪平南王尚可喜遺蹟》，見《清史研究通訊》一九八二年二期。
⑫《歷史檔案》一九八四年第二期馮建華文。
⑬《文獻》第十輯，一九八一年出版。
⑭《歷史檔案》，一九八三年第四期。
⑮《歷史知識》，一九八二年第五期。
⑯《四川史研究通訊》，一九八三年第一期。
⑰《光明日報》，一九八四年四月十一日。

稿藝文志補編》，糾正《清史稿》的缺漏，在《史部·傳記類》部分附錄《家譜》目錄，計收宗譜七十多種。值得提出的是陳周棠校補的《洪氏宗譜》，於一九八二年由浙江人民出版社出版。這是洪秀全的家譜，故中外學術界頗爲重視。羅爾綱爲作序文，指出這是一本比較完整的《洪氏宗譜》，對研究洪秀全的家世及他早期活動的有關問題很重要。筆者有鑑於譜牒史料的重要，寫出《關於編輯出版〈族譜叢書〉的建議》⑱，認爲家譜容納了巨量的歷史資料，有著不可忽視的歷史價值，即它能提供古代宗族史、人口史、經濟史、地方史等方面資料，可供歷史學、社會學、倫理學、遺傳學、民俗學、人類學的研究者和文藝創作家來採集，並規範了《族譜叢書》的選編原則。利用宗譜資料，進行歷史專題的研究，亦時有出現，拙文《論清朝蘇南義莊的性質與族權的關係》⑲、王思治的《宗族制度淺論》⑳，莊爲璣、王連茂的《從族譜資料看閩臺關係》㉑，均較多地採用了譜牒的資料。

以上說的是一九八四年以前的情況，此後，對家譜重視和研究的程度有了明顯的變化，收藏家乘的大機構整理或正在整理它的藏書目錄，與此同時，學術界加強了譜牒研究，中國譜牒學研討會

⑱《古籍整理出版情況簡報》第一二四期，一九八四年六月二十日。
⑲《中華文史論叢》，一九八〇年第三輯。
⑳《清史論叢》，第四輯，一九八二年出版。
㉑《中國史研究》，一九八四年，第一期。

於一九八八年、一九九一年先後舉行，譜學的專門刊物——《譜牒學研究》也出版了三輯，中國譜牒學研究會成立並展開了活動。山西社科院建立譜牒學研究中心，南開大學籌劃設立同樣的機構，北京圖書館成立地方文獻研究室，家譜是其研究內容之一。

這些事實說明我國學術界恢復和繼承古代史學研究的好傳統，重視譜牒的資料價值，對它進行搜集和局部的研究，不過這僅僅是開始，真正的重視和利用，那是要在大規模的搜集、整理的同時或以後才能表現出來，現時還遠遠談不到那種盛事。

以筆者所知不多的臺港和外國學者對中國族譜的研究情況來看，可以說他們甚予重視，七八十年代表現得尤其明顯。香港大學馮平山圖書館，致力於收藏族譜，羅香林長期進行譜學研究和利用譜牒資料。他研究孫中山、蒲壽庚等歷史人物，莫不借助於家譜資料。撰著《中國族譜研究》㉒，系統說明中國譜學發展史。他還培養一批學者，至今堅持譜學研究工作。蕭國鈞等著《族譜與香港地方史研究》㉓。香港有各族姓宗親會的活動，需要譜學研究的配合。如成立於一九一七年的袁汝南堂宗親總會章程規定：設立閱書樓，以增進會員之知識，所收圖書以歷來有關袁氏著作文獻、族譜及歷屆會刊爲主。該宗親會在一九八二年建立香港袁氏宗祠，一九八四年舉行紀念族先賢袁崇煥的紀念會，出版紀念特刊，一九九一年贊助香港中文大學舉辦明末清初華南歷史人物功業研討會。

㉒香港中國學社，一九七一年版。

㉓一九八二年出版。

臺灣民衆也是樂於建設宗親會，重視續修家譜，引起學術界的關注，成立宗親譜系學會，一九八一年舉辦宗親譜系資料展覽，向民衆宣傳譜學知識。中國文化大學特設譜系學術研究所，開展研究工作。聯合報文化基金會的國學文獻館，將收藏、介紹族譜作另一項重要事務，收藏近六千種家乘，出版館藏族譜目錄和族譜資料選編，舉辦族譜研習班，召開關於族譜研究的學術討論會，自一九八三年起至一九九一年已舉行六次，會後出版會議論文集。學者們撰寫論文和專著，有的介紹族譜收藏和利用，有的研究譜牒學史，有的利用族譜資料寫作史學論著，盛清沂、陳捷先、昌彼得、劉翠蓉等做出很多成績。《中國族譜纂修簡說》、《中國族譜現藏概況》、《臺灣公藏族譜解題》、《譜系與宗親組織》等書相繼問世。研究論文更多，如李鴻儒的《氏族修譜與民族文化》、李士賢的《從民族文化談族譜資料的利用價值》、陳大絡的《宗法、宗譜、宗族的溯源》、陳捷先的《清代「譜禁」探微》、阮昌統的《中國族譜的社會功能》，張其昀的《譜系學之發展》、昌彼得的《發展譜牒的研究與製作芻議》等。

日本學者對中國譜牒的注意，早在三十年代就有成果問世，如牧野巽作《明清族譜研究序說》㉔，而能集中表現日人成就的則是多賀秋五郎著的《宗譜的研究》，六十年代出版，至八十年代以《中國宗譜研究》爲名出增訂版。該書說明宗譜的內容和性質，歷代編修的狀況及其起伏的原因，譜書的收藏。該書把譜牒的資料，分成義莊賑濟、家範、宗規、祭祀、修譜五方面，作了輯

㉔《東方學報》第六期，一九三六年。

錄，並製有《日本現存宗譜目錄》、《中國、美國圖書館藏宗譜目錄》，介紹了宗譜收藏情況。

美國猶他家譜學會，著意於「爲家譜學研究收集、組織和保存有價值的歷史紀錄，」是與譜牒學密切相關的國際性機構。該學會從美國各大圖書館、亞洲各國蒐集中國的族譜、方志、人口資料和傳記資料，與我國臺灣學術界合作，編製與出版中國族譜目錄，一九八三年起與我國大陸有關單位合作。該學會將家譜和傳記資料拍成縮微拷貝保存，已擁有中國刻印家譜三千部，縮微拷貝家譜手稿一萬多種㉕。又據柳立言在一九八八年介紹，該學會「所收集的中國族譜，目前已接近二萬多種」㉖，一個學會貯藏了這麼多，是其他機構所望塵莫及的。該學會在世界各地設立了近千個閱覽室，爲讀者利用提供方便。

譜牒學作爲一門學問，它的書籍作爲史學資料的一種，極待於開發利用。筆者考慮及此，對它作專章的介紹。由於對它了解的膚淺，這種說明還是相當粗糙的，缺失甚多的，之所以還要寫出來，就是希望和對它有興趣的同行一道重視它。

㉕參閱沙基敏：《猶他家譜學會的中國收藏品》，見《譜牒學研究》第一輯。
㉖《族譜與社會科學研究》，載《漢學研究》，六卷二期，一九八八年十二月。

第二節　有關清史的宗譜的修纂

唐以前譜牒由政府興修，宋以降，除了皇家的玉牒，均爲私家著述。清人修譜雖屬私家之事，但清朝政府從皇帝到各級官吏都加以提倡。康熙發出「聖諭十六條」，其第二條「篤宗族以昭雍睦」，提倡民間尊祖敬宗，其後雍正解釋它的內容，在立家廟、設家塾、置義田之外，就是「修族譜以聯疏遠」㉗，明確地號召撰修族譜。乾隆時協辦大學士莊有恭說編輯宗譜有五項好處：「本祖德也，親同姓也，訓子孫也，睦故舊也，又有其大焉者，則報國恩也」㉘。他看到族譜團結同宗、教育族人事君事親的作用，鼓吹編寫。康熙中湖南宜章知縣蔣宗芝認爲該地人把修家譜視作「不急之務」，因而加以勸說，大姓吳、王、李諸族響應號召，「族譜之作始盛」㉙。可見清人的修譜，是在政府鼓勵下進行的。同時，旗人襲爵、出仕需要有官方承認的家譜作證明，所以旗人在官府倡導下，修譜甚多。

雍正和莊有恭都講修族譜是聯絡同宗的手段。宗族內部的族長、官僚、紳衿、地主和富商看到

㉗《聖諭廣訓》。
㉘《毗陵莊氏族譜》卷首莊有恭序。
㉙《曹氏族譜》蔣序。

編寫族譜，對鞏固他們在宗族中的特殊地位、制約族人及提高該族在社會上名望的作用，因而對修譜頗感興趣。只要有條件，他們就會組織力量從事編纂。蘇州楊廷杲於光緒間撰成《吳郡楊氏家譜》，他是官商，先後在李鴻章、盛宣懷手下任事，被保舉為道員，他在家譜中記其本身、二妻一妾及母、弟諸人事，並詳載其創立宏農義莊的歷史，使它成為自我宣揚的作品。益陽《熊氏族譜》兩次纂修，第一次編寫人熊文傑，是太學生，與太平天國敵對，辦團練，助軍餉，得到曾國藩的賞識，為之作序，說他「能於滔滔皆是之時，究心譜學，轉渙為萃，聯疏為親，不以途人視一本，此豈不明於大義者所能然哉。」[30]第二次撰輯，由各房先寫，然後合為全譜。《平江葉氏族譜》先後七次興修，幾乎每次都由房長參加，如第一次房長葉教以等十五人與事，二修葉富元等十二人、三修葉和平等十五人、五修葉震光等十七人、七修葉郭厚等十八人參予[31]。吳江《分湖柳氏重修家譜》，始修者柳樹芳，嘉道間人，例貢生，侯選國子監典簿，續撰者為其子兆熏，優附貢生，捐內閣中書銜，署丹徒教諭。武進《毗陵高氏宗譜》亦數修，乾隆間撰著時，「以力耕起家」的地主高秀章「竭誠相贊，不避艱辛」[32]。光緒間修輯時，小康之家的高懋榮積極參予[33]。清代族譜的編

[30]《熊氏續修族譜》卷首曾序。
[31]《平江葉氏族譜》卷首《新修職名》，卷一《舊修職名》。
[32]《毗陵高氏宗譜》卷十五《仕位公傳》。
[33]《毗陵高氏宗譜》卷十五《高君勉齋七十壽序》。

寫，是在祠堂族長的組織下，由士人來完成的。

撰寫宗譜所依據的資料，來自多方面：一是由各户報告人員的基本情況，像山東曾參後裔的祠堂設有紀年簿，族人生子三天命名後，報告族長，登名於簿，注明出生時日；亡故者家屬於半年内將死者壽數、葬地告知祠堂；娶媳婦也要把生日、娘家情況登記在紀年簿上；遷到外地的族人，要一年向宗祠匯報一次，説明他的居地，以便族長記載㉞。這樣祠堂平時就掌握族人的基本情況，修譜時可以利用。二是各支族提供資料，即支族先編寫，如徽州徐氏宗祠規定，每當修譜的前二年，各房「預行遍訂，早發傳啓，匯齊修梓」，保證宗譜屆時竣工㉟。三是利用宗祠的契據等文獻。有的宗祠藏有各種契約文書，族人收貯的誥命，可供修譜抄錄，如《京江郭氏家乘》卷一《綸音》、《題旌》、《贈封》，卷七《宗祠儀制》，卷八《墳墓》，錄有皇帝給該族先人的誥敕，祠田和墳山買賣的契約，以及租佃契約。四是從官修正史、方志和私家文集中抄錄有關該族先人的傳記文，如武進《謝氏宗譜》從正史列傳中選錄自晉朝至明朝的謝氏二十八人的傳文。五是輯錄族人已梓和未梓的詩文，如前述《京江郭氏家乘》附有兩册詩文。六是利用以前修輯族譜的資料。

大多數宗族，子孫繁衍，代代相傳，因此要保持家族歷史的完整，要隨著時間的推移，子孫的增殖，不斷地續寫，而不能一勞永逸，一次即止，武進修善里胡氏宗族在嘉慶二十年（一八一五）

㉞《武城曾氏重修族譜·例言》。

㉟《新安徐氏宗譜》卷首之三《凡例》。

制定的《家範》就講了這個道理，並作了續修宗譜的要求，它說：「今胡氏子孫益庶，且有譜書以載其美，而所世繼之者，豈無望於後人乎？故善述者，當於先代譜，或五年一增，十年再修可也」㊱。十年一修，爲期太近。余姚道塘曹氏修譜條例規定「十年小修，二十年大修」㊲。徽州徐氏宗族規定每六十年續寫一次㊳，即每隔兩代人就搞一次宗譜。武進城南張氏宗祠規定三世一修：「古云三世不修譜，比之不孝，嗣後三世一修，即無力付梓，亦必寫成底稿，珍藏以俟」㊴。即使沒有錢付印，也要寫成底稿，可見續修的決心之大。事實上，我們今天所見的族譜，多是數次乃至十幾次興修的產物。即如《武進城南張氏宗譜》，初修於明永樂五年（一四〇七），續修於憲宗成化（一四六五—一四八七）間，三修於崇禎十二年（一六三九），四修於雍正十一年（一七三三），五修於道光十七年（一八三七），六修於一九一四年，五百年間，六次續譜，倒是三世一修。它修譜並不算多，同縣的薛墅吳姓，在一五七二年到一八八三年的三百一十二年之中，竟修家譜十一次，平均不到三十年一次，真是夠勤的了。

宗譜寫成的定名，亦反映修譜的歷史和宗譜的情況。宗族譜書稱爲「族譜」，「宗譜」，「家

㊱《毗陵修善里胡氏宗譜》卷二。
㊲《余姚道塘曹氏續譜》卷首《余姚道塘曹氏續譜緣起》。
㊳《新安徐氏宗譜》卷首之三《凡例》。
㊴《毗陵城南張氏宗譜》卷一《修譜凡例》。

譜」，「家乘」，「世譜」，但前面必有一些附加成分，有的是從修譜狀況考慮的，如《南邑唐氏續修族譜》，表示它是該族第二次興修的；又如《分湖柳氏第三次纂修家譜》，標明是三修的了；再如《六修嚴氏族譜》，是第六次撰寫的。有的是從地區考慮的，如《毗陵高氏宗譜》，是說毗陵（武進古名）地方高姓的家譜，把姓氏與地方聯繫起來，一般愛用地區的古稱；而《毗陵修善里胡氏宗譜》，則是指明縣里的具體地方，以區別同縣的同姓家族；《洛陽戈氏宗譜》，是居於武進縣洛陽鎮戈姓的家譜，並非河南洛陽府的人，這也是讀譜者需要留心的；《平原宗譜》是太倉州陸姓的家譜，自謂其先人爲齊國王子，封於平原，故以之爲譜名，這是以祖先封地命名的。有的以宗族的一個支派來定名，如《毗陵天井里張氏聖經公支譜》、《錫山過氏滸塘派遷常支譜》。命名的原則就是要說明某地某族（或某支族）的家史。

宗譜寫成之後，就有棗黎和貯藏的問題。宗祠有集體資產的，可以用爲編寫和印刷費，如若財力不足，則向族人募捐，以便剞劂，再没有經濟力量，就如同武進城南張氏所說的那樣，寫好之後，暫不付梓。凡是刻印了的，編號發給族人，指定專人保管，並在宗譜上注明，以昭鄭重。領譜人要妥善保存，每年大祭之日，要帶到祠堂查核，凡是經鼠咬、油浸等損壞的，則予訓飭，如若把它賣給外姓或謄抄出賣，被當作不肖子孫，逐出宗族，甚至送官懲治。由於這種嚴格要求，加之當時人們認爲這是宗族寶物，保護的比較好，是以能夠流傳後世；同時因它是非賣品，印量少，所以每一種家譜，複本不會太多，流傳範圍比較小。

清人修譜在南北各地有不同的情況。常建華在《中國族譜收藏與研究概況簡說》㊵一文中講，他檢閱五二五四種家譜，其中孫姓六九八種，徐姓四〇二種，周姓三八八種，黃姓三六二種，田姓計一八五〇種，這四姓族譜分佈各省的狀況，依次是浙江五六五部，占第一位；江蘇二七九部，第二位；安徽二三一部，第三位；湖南一四六部，第四位；四川八十部，第五位；湖北七十八部，第六位；江西七十七部，第七位；廣東七十六部，第八位；福建五十部，第九位；山東四十四部，第十位。前九位全都在長江流域及其以南地區，表明南方修譜多，而北方、西北及西南邊疆修纂的要少得多。族譜的編纂要有相當的條件，首先是宗族居住在一起，有祠堂。其次是有財力，有文化人，有修譜的傳統。這些條件在長江流域及其以南地方，具備的比較充分，所以宗譜編寫的較多，而北方及邊疆地區情況不同，修撰的很少。清末鍾琦說：「隴蜀滇黔諸省於譜牒茫然不解，殊屬疏漏鄙俗，兩江、兩浙、兩湖諸省崇仁厚，聯渙散，各村族皆有譜牒」㊶。清朝前期蠡縣人李塨說北方人對「先世顯績卓行，不四五傳遂恍惚不復記憶」㊷。就是缺乏家譜來幫助宣傳先人歷史所造成的。家譜編寫的地區不平衡性，也可以說是清代譜學的一個特點。

清代少數民族亦多興修家譜，其中滿人由於出仕和睦族的需要，本身文化的提高，不斷編寫家

㊵《譜牒學研究》第一輯。
㊶《皇朝瑣屑錄》卷三十八《風俗》。
㊷《恕谷後集》卷一《劉氏家譜序》。

譜，有的用滿文書寫，有的滿漢文合璧，也有的純用漢文，從形式到內容，日益與漢人傳統的編寫方式相同。清朝官方也爲滿族編纂譜書，如纂修了《八旗滿洲氏族通譜》一書。

皇帝的家譜——《宗室玉牒》的編纂，在第一章介紹玉牒館的設置時已有所說明。這裏需要補充的是它的續修制度。清朝自順治十八年（一六六一）始修玉牒，定制每十年續寫一次，不是過十年再修，而是到第十年續修完竣，因此第二次是在康熙九年（一六七〇）寫成的，第三次於康熙十八年（一六七九）告竣。這個制度執行得很嚴格，所以每隔九年就有一部新玉牒。興修玉牒的資料來源，是靠日常積累和撰寫時收集。平日，宗室和覺羅成員報告其家庭狀況，包括本人名字，父祖世系，子女嫡庶，生卒，婚嫁，官爵，謚號，承襲次序，秩俸，差遣。修玉牒時還要對這些情況作出說明。玉牒包括三種形式，一是帝系，以圖表的形式，記載皇帝直系男性成員，換句話說，皇帝兄弟的子孫則不能載入系圖；一是橫格的（封面題《列祖子孫宗室橫格玉牒》），書寫入譜人的名字，他與皇帝的關係，他有無子嗣及幾個兒子，內容簡單；一是直格的，又稱竪格的（封面題作《列祖子孫宗室竪格玉牒》），記載入譜者的名字、封爵、生卒、妻室、子女、所受獎懲。它保存的資料多於其他兩種，我們所說的玉牒，通常是指竪格的。玉牒三個部分寫好之後，用滿漢文各抄寫兩份，一份貯於皇史宬，一份送瀋陽敬典閣收藏，底稿一併保存，所以實際是滿漢文各三份，共爲六份。今天分藏在中國第一歷史檔案館和遼寧省檔案館。

上述事實說明，在清代，從皇室到民間都修有譜牒，不過南方的大族修得勤一些，多一些。

第三節　修譜理論的總結和宗譜體例

元朝以來，私人修譜，仿照歐陽修和蘇洵的體例。元朝人程復心爲武進《姚氏宗譜》作序，說蘇、歐各創譜式，「其間辨昭穆，別親疏，無不既詳且密，實可爲後世修譜者法」㊸。明人邱濬說：「唐以前官修族譜，宋以後私家自修，首自盧陵歐陽氏和湄山蘇氏二家。明時士大夫家亦往往仿而爲之」㊹。清人的譜牒就是融合歐蘇二體成一完整體例，但是，清人對前人體例不是簡單地接受，而是作了選擇和綜合，即對古代編修宗譜的歷史、修譜體例和指導思想等問題，作了一番理論探討和抉擇，出現了一批譜學家。這裏只介紹有代表性的紀昀和朱次琦的理論。主編巨著《四庫全書總目》的紀昀，對譜牒學亦有很深造詣，作有《景城紀氏家譜序例》、《河間孔氏族譜序》等文㊺，朱次琦撰《南海九江朱氏家譜序例》、《南海九江朱氏家譜序》㊻，規範了家譜的體例和書例。紀氏認爲族譜應以譜首、支譜、生卒譜、族居記、塋墓圖、聯名記世圖等六部分爲體例和篇

㊸《輞川里姚氏宗譜》卷一《家乘原序》。
㊹《大學衍義補》卷五十三。
㊺《紀文達公遺集》卷八。
㊻《朱九江先生集》卷八。

目，朱氏則提出七編法：宗支、恩榮、祠宇、墳墓、藝文、家傳和雜志，顯然朱氏的體例比紀氏更清晰、實用。講到書例，紀氏、朱氏對宗族世系圖的製作方法，本宗成員表述內容和方法一一作了規範，如族人書其原名、更名、字號、官爵、妻妾、男兒；繼子兼書其生父、繼父；對改適的婦女，不上譜。紀氏、朱氏都强調重實證的作譜原則與方法，反對攀附他族先賢和虛譽本族先人，朱氏特別要求在家譜人物傳之尾，註明資料依據，以示真實，也便於讀者考核。紀氏、朱氏還論述了古代譜學的發展史，朱氏認爲經歷了四個階段，即先秦官修時代，這時修譜與宗法制相維繫；兩漢沒有譜學，因西漢建立者是草莽英雄，無根底，不需要譜學；魏晉到隋唐，與世族制相一致，譜學復興；五代以後，進入又一個時代，但譜學犯扳附華朠、虛張勛閥的毛病。朱氏吸收了紀氏的研究成果，成爲清代譜學集大成者，並影響清人譜書的修纂。如廣東興寧羅氏編寫族譜，效法朱氏體例，設立「雜錄」一編。光緒末年南海人黃任恒盛讚朱氏譜爲近世譜牒中最精到的，同時他爲了講求譜學方法，摘錄前人譜學語錄，匯編成《古譜纂例》一書，於一九〇三年在廣州出版。

上面紀氏將宗譜體例分爲六類，朱氏分爲七類，筆者檢閱了一些族譜，獲知紀、朱二氏的類編是譜書所必有的，但泛觀譜書，類別還要多，大致上包括下述十七種形式：

(1) **譜序**　反映修譜本身及其歷史，其中有序言，包括外族人士寫的「客序」，本族人的序，如果是續作之譜，不僅有新寫的序言，還有歷次修譜的舊序，這樣，序往往是多篇的，有的分量很大。有凡例，即序例，或稱譜例，説明該譜的體例及其制訂原則。有修譜職名和捐資人名，開列本屆和歷屆與修宗譜者的名單、職務，捐資修譜和刻印人名單、捐資數目。有跋，説明修撰過程，惟少數族譜有之。

⑵**恩綸錄** 反映封建國家對該族及其成員的表彰。記錄皇帝給該族官員及其家屬的敕書、誥命、御制碑文，有關該族成員的上諭，皇帝和地方政府題寫的匾額。

⑶**像贊** 記載該族祖先的遺物。有先人畫像，並配有贊詞，不用說有畫像者必是官宦而在該族有影響的人物。有的還有遺墨，即登載有名的先人的墨蹟。

⑷**宗規家訓** 敘述該族各種規章和對族人的要求。內容廣泛，諸如宗祠組織法，祭祀、喪葬等儀式，祠堂法規，宗族經濟及其管理方法，族衆做人準則。它可分爲兩方面，一是規約，反映祠堂的意志，族人必須遵守，否則予以族規中所確定的家法的制裁；一是訓語，教誨族衆如何做人，起教導的作用。它有很多名稱，如族約、宗禁、家範、祖訓等。

⑸**世系** 反映宗族成員及其血緣關係，或稱世表、世系表、世系圖，以圖表的形式，表現宗族立族以來有那些成員，他們間的血緣關係，依照歐譜，以五世爲一層次，按輩分先後排列下去。族大丁繁的宗族僅這樣排列就不易清晰，還要依祖先的房分立表，或者依居住的村莊立表，或分別遠世、近世立表。

⑹**世系錄** 記載族人履歷，亦稱世序、世系考。一個族人的履歷，包括他自身的及妻室子女簡況，即父名，行次，字號，生卒年月日時，歲數，功名，官職，葬地和葬向；妻室，正妻及續娶，何人之女，行次，生卒年月日時，葬向；有子女的妾的姓氏，得誥封的側室的姓氏；子，人數，名字，有無出嗣；女，人數，出嫁何人。以此簡單交待男性成員的歷史。

(7)**派語**　登載族人排行字語。

(8)**宦績考**　記載做官的有功名的先人歷史，包括自古以來可考的該族有名人物的傳記。文化發達的宗族還列有科第表，載其有功名的族人。

(9)**傳記**　反映族人中有一善一行的成員的歷史，形式多樣，有輯錄正史、方志的列傳，墓志銘，祭文，行述，年譜，壽序。內容豐富的宗譜，還把傳記文按所反映的事物加以分類，如分忠義、孝友、貞節等傳，史志上的列傳，一般傳記文。

(10)**祠堂**　敘述宗祠情況及歷史。有祠堂圖，反映祠堂建立過程的記文，建祠人及捐錢人名單，祠堂的規制，神位世次，配享和崇祀的情況。

(11)**墳墓**　有墳墓圖，墓地及其形勝，各房分墓地的說明。

(12)**祠產**　記載宗族經濟。有祠田、義莊、義塾、房屋、護墳田、墳山的，加以說明，輯錄祠產文書和租佃契約。

(13)**先世考辨**　敘述宗族的歷史。一般注意幾個問題：得姓始末，即本族產生的淵源，考其始祖；支派分流，即宗族擴大，支派區分的歷史；遷移居地，即本支遷徙、定居史及遷往外地族人的歷史；同姓考訂，即弄清與某些同姓人是否有血緣關係。

(14)**著述**　輯錄和說明族人的著作。有的是輯錄原文，有的是開列目錄。所收文字體裁多樣，有奏疏，有詩詞，有記敘文。

(15)**餘慶錄**　多在譜末，書「餘慶錄」字樣，下面爲幾頁空白紙，表示子孫綿延不絕，留有餘慶。

⒃**五服圖**　五服圖是封建政府執行法律時要參考的，律書所必載的，宗族因講究五服關係，宗譜特附五服圖，以令族人學習和遵守。

⒄**領譜字號**　爲印刷的宗譜編號，書寫某人領某號譜書。

此外，在一些族譜上還可以看到《人口統計表》、《檢字表》等項目，多爲進入民國後，人們學習近代編寫方法而增設的，清時基本上沒有這些內容。

這些項類不是每一部宗譜所必備的，有的有所合併，如把世系、世系錄合而爲一，但是序例、規約、世系（或世系錄）、傳記、祠堂、祠產、祠墓這幾項是大多數家譜所具有的，而最簡單的家譜僅有世系。

必備的類目，在各地方、各宗族的家譜中，也不一定是以一個形式出現的，類目的排列秩序也不同，宗規家訓、傳記有的在世系前，有的則放在後面。還有的家譜以分支爲綱，在各分支裏包括譜序、傳記，有的只在世系部分按支派分，其他類目集中說明，不再分散各處。體例的取舍，有優劣之分，主要是看用起來怎樣方便。分類清晰的，基本上依上述秩序排列的，查起來就比較便利。

家譜的體例，簡單地說，也可以用表、傳、「志」來概括，表的分量最大，傳次之，它們是家譜的主體部分，家譜中不用「志」的名稱，但是族禁家訓項目，匯載宗族規約，只是沒有對它們進行綜述，所以它不能稱爲「家範志」，但卻是近似志的；又如祠堂、祠產、祠墓等部分，都講專門問題，亦是近乎志的，所以借用「志」之一詞。採用這樣的體例，就使得家譜能容納豐富的資料。

第四節　史料價值

清人常用「家乘猶國史」來說明它的價值與性質，其實家譜不僅反映一個家族的歷史，錢大昕的「譜系之學，史學也」的說法很對，宗譜是史書的一種，是一種體裁的圖籍，它同其他類型的史書一樣，很少是反映單一社會內容的，它的記載，除了涉及宗族歷史，還同許多社會歷史問題相聯繫，能提供多學科的研究資料。

(一) 宗族制度及其有關制度的資料

宗祠是怎樣的組織，它的結構、職能、規則如何，它同封建政府是什麼關係？這一系列的問題，都可以從家譜提供的資料，特別是宗族規範中找到答案。

關於祠堂組織，《宜興篠里任氏家譜》透露，該族大宗祠建成於康熙初年，內設宗子、宗長、宗正、宗相、宗史、宗直、宗課、宗幹等職員和守祠人等雜役，分掌族內各項事務，是一個完整的組織機構。在該譜的傳記部分，可以獲知紳衿、地主把持了這些職務。

祠堂執掌宗族祭祀，如《即墨楊氏家乘》載有《祭法》，說明該族祭祀的儀式、供品、餕燕的規則。

族譜的記載表明，相當一部分宗族有不等量的集體財產，擁有祠田，甚至有義莊、義塾，如《武進西營劉氏家譜》卷七，詳記其宗祠祀田，由於光緒間建立的擁有一千多畝土地的義莊，從建立到報批，一一登錄有關文獻。又如太倉《平原宗譜》第二十卷，敘述了該族的祭田和義莊。祠產的數量、形式、經營方式及收入的用途，都能在族譜中找到答案。

宗譜所載的族約，對族人的思想和行動都作了限制，對違犯者可以施行種種刑法。這種情形，正像道光間纂修的《懷寧縣志》所說的，該地宗族，「歲以清明、冬至群集宗祠，有不率教者，族尊得施鞭撲，居然爲政於家。」㊼祠堂對族人的制馭，宗譜基本上反映出來。

許多族譜的族約要求屬人忠於君主，按時交稅，不做違法的事，反映宗族與國家關係的原則，即祠堂協助政府，促使族人成爲國家的順民。宗譜的恩綸錄，記載國君對該族及族人的褒獎，反映國家對祠堂的支持。

族譜的家訓，把女子視爲「不明大義」的容易挑起家庭不和的人，教導男子如何正身以制馭妻子，不許她們參預家庭的外部事務，限制與丈夫以外的男子接近，不得外出看戲，不許入廟燒香，不得與三姑六婆走動。家譜的《凡例》多有關於對再嫁女子歧視的條規。由此可見，婦女在家庭和社會中的被壓迫地位。族權與夫權的關係，宗乘的資料對它的研究太寶貴了。

宗譜資料表現修撰者的宗法思想。《毗陵城南張氏宗譜》的《修譜凡例》說，「譜牒乃一姓仁孝之書。」乾隆時許時熙爲《毗陵修善里胡氏宗譜》作的序中講：「夫家之有譜，所以尊祖而敬宗也，所以崇德而象賢也，所以別僞而存真也，所以訓家而型族也，所以正名而辨分也。」表明清人

㊼道光《懷寧縣志》卷九《風俗》。

按照儒家倫理規範宗族生活，企圖把一個個宗族建成爲封建模範單位。

族譜記載宗祠組織、職能、法規，宗族與政府的關係，宗族對婦女的要求，祠堂的財產及經營，人們的宗族思想，所有這些，可以說明清代宗族制度是利用血緣關係和祠堂統治族人的一種社會制度，是封建政權的補充和附屬物，是支持封建夫權的制度。一句話，清代宗譜提供研究清代宗族制度和族權的基本資料，也爲研究族權與政權、夫權的關係提供必要的史料。宗族作爲一種社會結構，族權作爲封建四權之一，宗族制度史頗有研究的必要，由此益見家乘資料對學術研究的意義。

(二) 人物傳記資料

家譜以表傳爲主，不言而喻，傳記資料非常豐富。

清代人物，簡單地劃分，可分爲兩類，一是有名的或比較有名的達官貴人和學者，另一是一般的無聞之人。前者的傳記資料，可能見於各種官修史書、諸家文集、筆記和方志。宗譜以擁有這些人爲光彩，在家譜中反映他們的歷史，如武進劉氏宗族，在乾隆朝出了協辦大學士劉於義、大學士劉綸，《武進西營劉氏家譜》在誥敕卷收有他們的傳記資料。乾隆末年，以彈劾權臣和珅家人劉全而出名的御史曹錫寶及作《四焉齋文集》的給事中曹一士的歷史資料，就出現在《曹氏族譜》的《封贈錄》中。蘇州彭氏一族出了三個鼎甲，該族的宗乘《彭氏宗譜》記載了他們的事跡。

名氣小的乃至無名的人物的傳記資料，就是在文集、筆記、方志中也很難找到，縱有也語焉不詳，惟有家譜才可能滿足研究者的資料需求。無名之人而引起研究者的注目，多半是有某一方面的特點，同某一類社會問題聯繫著，如：

衿士、豪民。有小功名，但未出仕，或爲鄉約、里長、族長，這一部分人的情況，族譜中常見，如《熊氏續修族譜》卷首收有進士龍錫慶於光緒二十年（一八八四）撰寫的《誥封將軍熊公尃亭先生傳》，寫我們前面提到過的修譜人熊文傑的歷史，稱他爲「當代賢豪」。《平江葉氏族譜》卷二何忠訓作的《蘭省公家傳》，敘述秀才葉明烈爲衣食計，到湘陰彭舉人家教書，心中不滿，寫些嬉笑怒罵之文，同治六年（一八六七）在料理參加鄉試中死去。何忠訓因而說，像他這樣，「屢試不第，且因試而客死，科目之累豪傑也，往往如是。」反映了不得意的讀書人的遭遇。

沒有功名的讀書人。老童生是怎樣生活的，是否別有生計？《熊氏續修族譜》卷首《舅祖熊逢甲公傳》，講熊章源「潦倒名場三十餘載，公乃幡然改曰：『功名身外物耳，豈可角逐風塵，以與流俗爭聲華哉！吾讀吾書，吾行吾志而已。』自是遂不復應童子試。有田數十畝，課讀之暇，兼以課耕，居然一隱君子焉。」刻劃出一個老童生的行狀和心理。

地主及其發家。中小地主、商人的狀況和發家，大地主的活動，衰落中的地主如何掙扎，族譜能對此提供較多的資料。《宜興篠里任氏家譜》卷九《景軒公墓志銘》，記載任朝銓有田五萬畝和他的經營方式。《平江葉氏族譜》卷二葉培元作《三謨公暨何祖妣行實》，寫葉大略以家計艱難而授徒，與妻何氏「勤儉操持」，二十多年間，「購田園數十頃，創堂舍數十間，衣食足，住居新。」武進《吳氏宗譜》卷三《順龍翁六十壽序》，說吳順龍「行商致富，置良田，建別墅。」《洛陽戈氏宗譜》卷二《克儀公傳》，講戈有文「家政饒裕」，後敗落了，「乃毅然自奮，日與家人輩力作於畎畝間，凡事皆黜奢崇簡，以是衣食仍得裕如。」

婦女。命婦、佐夫理家的女子、貞女、節婦、烈婦、孝婦，這類人的傳記，家乘中屢見不鮮。如《毗陵薛墅吳氏家譜》卷八《顧太淑人行狀》，云顧氏丈夫爲崞縣令，死於任所，顧氏回原籍，「舊居多爲族之豪强者兼併」，她訓子讀書，逐漸成人，「族之豪强者漸返其屋」，後來兒子做了官。

家譜的這幾類人物傳記，對社會經濟史、教育史、婦女史、古代階級關係史的研究，提供有價值的資料。

(三) 人口及其有關問題的資料

清朝政府搞編審，登記户口，全國的數字，載於有關的政書和史書中，各地方志也備載歷次户口統計數字，但是人們對那些資料常持懷疑態度。沒有基本可靠的數字，對人口發展、變化的規律及其相關問題就難於分析清楚了。如果全國各宗族都有族譜，加以統計，當然可以搞出較可靠的全國人口數字，但是族譜遠沒有那麼多，做不了那樣的綜合，然而解剖若干部家譜，作點典型分析，對把握這個問題還是有意義的。

對人口及其相關問題，譜牒可以提供的資料是：

局部範圍的各個時期的人口及其要素的統計數字。一個宗譜，如果對宗族成員生卒時間記載清楚的話，用世系、世系序的資料，可以統計出該宗族各個時期人口數字，包括人口總數，男女性別分類數，人們的平均壽命，增殖的速度。

文化狀況。家譜履歷中記載功名，秀才、舉人、進士一一敘明，有的傳記文交待傳主是否讀過書，因而可以獲知該族文盲及有文化人的基本情況。

婚姻狀況。族乘履歷中配偶的資料，反映婚姻雙方的門第關係，是初婚及再婚，是否一夫多妻，是否鰥寡，婚姻雙方有無親屬關係及生育狀況等。

移民。宗譜總要記載其族源，從何處而來，經何處遷到當地居住，族人遷往何處。就筆者從族譜獲知，移徙的原因，或爲戰爭，或爲做官，或爲經商，或爲其他的謀生。如果分析若干個宗族遷移史，可能會找到歷史上人口流向的規律。

職業。族譜履歷表明仕宦功名者的身分，即介紹了一部分人的職業；傳記會提供一部分士農工商的職業資料。

(四) 地方史資料

宗族聚族而居，屬於一個地方，因此宗族史的資料也就是地方史資料的一部分。這一點已爲多數家譜資料的愛好者所重視。我們有一個感覺，讀一部家乘，不僅對該族狀況有了印象，對該族所在地覺得也有了某種了解，這就是它的材料起了作用。

(五) 特殊問題的資料

宗族所在地不同，家譜寫作時間不一，各地方的和不同時期的特殊歷史問題，在家譜中也會有相應的反映。如客家歷史問題，洪秀全是客家人，先人是逐漸從北方遷到廣東的，《洪氏宗譜》部分地描寫了這個過程，給研究客家史提供了資料。再如太平天國運動史料，在湖南、江西、安徽、江蘇、浙江一些地方的宗譜中有某些側面的記錄，比如武進過氏族譜，因戰爭使刻板被焚毀⑱，反映戰鬥的激烈。再如蘇州彭氏本擬在咸豐八年（一八五八）續寫族譜，因戰事關係而拖延，戰後急忙經理，一時難於完竣，故先刻世系、小傳兩部分，成《彭氏宗譜》，其他部分俟條件成熟後再行編寫。這些譜中的傳記對戰爭本身更有一些具體的描寫。又如反對鴉片煙的史料，一些宗譜的族約中規定，不許販賣、吸食洋煙，反映了中國人民和祠堂反對英國殖民主義者進行罪惡的鴉片貿易的態度。如此等等。

家譜是資料的寶庫，可供歷史學、社會學、遺傳學、民俗學、人口社會學的研究者和文藝創作家來採集。尚須指出，宗譜資料還有其他作用，如華僑、華裔的尋根問祖，就很可能借助於它。

第五節　家譜舉例

宗譜的體例、內容、資料價值究竟怎樣，考慮到部分讀者可能還沒有機會接觸它，縱或見過，也可能只有世系的簡單的譜書，爲了讀者能深入一點了解它，這裏介紹幾種譜牒。

《毗陵修善里胡氏宗譜》。查其譜序，知其先後四次修纂。第一次在乾隆五年（一七四〇），第二次爲嘉慶二十年（一八一五），第三次是咸豐九年（一八五九），最後一次於光緒五年（一八

⑱《錫山過氏遷常支譜》。

七九）由胡伯良主纂，完成五卷，梓刻，分裝六册。修善里胡氏，始居胡村，明朝前期胡承之徙居樓子村，後來族衆增多，散處顧家灣、謝家村、中營村、觀音堂村。它的卷目是：卷一、譜例、凡例、祠規、祖訓、家戒、先訓；卷二、修譜綱領、家範、營葬良規、世德之傳、宦跡考、像贊、傳；卷三、世系圖、統宗年表；卷四—五、樓子村、顧家灣等村年表。宗族規約，有一卷多的篇幅，内容豐富，比較完整地反映宗族制度。祠規講到祠堂執事人員的產生：「舉一分尊而德尤尊者爲宗支公正」，即考慮行輩與爲人品德兩方面選擇「公正」人。規定懲治族人的辦法：「干名犯上」者，「押入祠中，笞五十，仍罰銀兩，若强悍不服，則送官究治。」向族人進行封建主義思想教育：「祠堂特設講正、講副，每朔望率族中子弟以往祠堂聽講，或講四書，或講鄉約，上以嚴父兄之教，下以謀子弟之率。」教育的内容，《祖訓》講到：「睦族首先禮讓，不可以少凌長，以卑犯尊，以貧妒富。」要人和睦宗族，順從長上，安分守常。又要子姓做國家良民，承納賦役：「賦稅宜依期輸納，差徭合依理承認。」《家誡》多達四十一條，詳細規定不許族人做的事情，如「勿慢忽天地鬼神」，「勿謗訕君上」，「勿違逆父母」，「勿反目，亦勿惑聽婦言」，「勿交匪類」，「勿閱淫邪小説」，「勿唱曲吹彈」，「勿籠禽鳥、養蟋蟀，放風鳶」，「勿學拳棒」，「勿食牛、犬、田雞」，「勿攀高姻」，「勿信師巫邪術」，「勿許婦女平居塗脂傅粉穿綾曳絹」，「勿投充衙門」，「勿吃洋煙傾敗家產」。這些規約，反映宗族的結構、職能和宗法思想。宗譜説該族與明初尋訪建文帝而出名的禮部侍郎胡濙同宗，但其本支經歷明清兩代並無出名之人，潘榮泉爲之作譜序，也只稱贊該族「士食舊德，農服先疇，敦本崇實，尚樸黜華」，而不講其爲世代名宦的望族，因此它的傳記部分不可能有較多的有價值的資料。武進還有胡溇後人的宗乘，題名《毗陵胡氏宗譜》，與興善里者爲兩種，這是閱讀者宜加區分的。

《輞川里姚氏宗譜》。姚氏認隋朝人、追贈晉陵郡王的姚允爲遠祖，明萬曆時自武進殳橋里遷輞川里。其先與姚姓奔牛支共譜，道光九年（一八二九）姚煦始爲綱川里支派作譜，四十年後，姚孟廉重修，於同治十二年（一八七三）刻就。全書十二卷，卷一、譜序；卷二、遠祖傳志；卷三、譜例，宗規，家訓；卷四、世系圖；卷五—十、系譜；卷十一、傳，系；卷十二、墓志，紀述，哀辭，祭文，墳圖，跋。爲什麼有這些卷目及作這樣秩序的安排，《譜例》交待得明白：「譜內先列宗規，次載家訓，所以昭慎重也。次用禮家宗圖世系，聯派屬，別其世也。次用歐蘇體例，世經人緯，紀其詳也。系次先盡長房，所以序昭穆，明支庶也。以五世另起，所以審系綴定親疏也。至生卒塋向，備細載明，示不忘也。」對家譜體例的說明，有代表性。它的《宗規》只有八條，爲「聖諭當尊」，「宗族當睦」，「閨門當肅」，「蒙養當豫」，「職業當勤」，「姻里當厚」，「祠墓當展」，「譜牒當重」。綱目分明，抓住了當時人認爲的治族理家的要點。其《家訓》分律己、政家、谷詒、閱世、杌戒諸篇。「律己」講修身，「政家」講齊家，「谷詒」敘經濟，「閱世」述處世，「杌戒」講做人儆戒。這些方面反映清人的宗族思想，是研究清代宗族制度的可貴材料。

《宜興篠里任氏家譜》。此譜先後十三次修輯：

第一譜，景泰四年（一四五三）十一世任亮聘請丹陽人朱仲修纂；

第二譜，嘉靖（一五二二—一五六六）中十四世任寧波重修；

第三譜，萬曆十五年（一五八七）十四世任元亨重修；

第四譜，崇禎三年（一六三〇）十五世任景龍重輯；

第五譜，順治十八年（一六六一）十七世任源祥等重修；

第六譜，康熙三十六年（一六九七）十七世任爲楫重修；

第七譜，康熙五十四年（一七一五）十九世任宏嘉重修；

第八譜，乾隆十年（一七四五）十九世任啓運重修；

第九譜，乾隆四十九年（一七八四）二十一世任震遠等重修；

第十譜，嘉慶十七年（一八一二）十九世任師塾重輯；

第十一譜，咸豐四年（一八五四）二十三世任馨等重修；

第十二譜，光緒十五年（一八八九）二十三世任傳綸重輯；

第十三譜，民國十六年（一九二七）二十六世任承弼重纂。

該譜自一四五三年至一九二七年的四七五年中，平均三十八年半修一次，其中清代八修，平均二十八年半續一次，至爲頻繁。此譜奠定於順治間任源祥的第五次修纂，較多地保存了那個時期的文獻。

任源祥和主修第八譜的任啓運是較有名的理學家，後者著《肆獻祼饋食禮》、《四書約指》、《周易洗心》、《禮記章句》、《孝經章句》等書，雍正說他「非舜堯之道不陳」㊾。他在京任侍

㊾《國朝先正事略》卷三十四《任釣臺先生事略》。

講學士，特著《勸論》寄回家鄉，教育族人，載入譜中。任源祥撰《大宗祠述》，敘其建立祠堂的宗旨、過程和組織法。作《同族相訟議》，禁上族人告官，有爭執到宗祠解決。又作《名分界限議》，規定尊卑長幼相見禮節。作《例》三十七條，規範族人的行動。作《婚娶議》，規劃族人婚姻原則。他的這些文章作爲規矩載入家譜之中。任氏祠堂的配享，實行「論德、論功、論爵」的原則，即仕宦和有錢捐助宗祠的可以獲得配享的榮譽，表現了該族內部嚴重的封建等級觀念和制度。任氏力圖按照理學的倫理把宗族辦成氏族的楷模。道光（一八二一—一八五〇）中，李兆洛說：「近世祠制，吾所知者，宜興任氏爲最，蓋王谷（任源祥）先生所定也」㊿。反映了清人對任氏家法的看法。任氏家譜除收任源祥、任啓運等人的規約外，傳記資料也較豐富，敘述了該族仕宦和大地主的生平，治理宗族的事跡。宜興任氏宗祠是清代封建宗族主義的一種典型，它的家譜資料因之具有特殊意義。

益陽《熊氏續修族譜》。它的撰寫前已說過。其體例，《凡例》講：「歐蘇兼行，毋得別創異格。」它包括卷首、卷末在內共有九卷。關於族人履歷的寫法，《凡例》明言：「每派名下，書字號，行次，有功名者載某功名，生，沒，葬向，逐一詳載。婚姻嫁娶，照式書清。如果已娶，曰『配某』，未婚曰『聘某』；女已嫁曰『適某』，未嫁曰『許某』；續娶則書『繼配』；非室女書『續娶』，妾書『副室』，或諱書『又娶』。此春秋重嫡之義，名分不可少紊也。」在行文中，確

㊿《養一齋文集》卷九《祠堂記》。

係照凡例所定的原則書寫，如卷三熊日都履歷原文是：

選公四子，日都，字帝美，號步青，邑文庠，康熙二十四年乙丑八月十三日寅時生，壽七十三歲，乾隆二十二年丁丑三月十一日巳時沒，葬孫家山上排，未山丑向，碑記。配，徐氏，康熙二十七年戊辰八月十五日子時生，壽六十四歲，乾隆十六年辛未十一月二十六日午時沒，葬東塘灣南岸倉場山，坤山艮向，碑記。子六，子月甸、（月）論、（月）課、（月）試、（月）誦、（月）咏。女二，長適胡，次適蔡。

不難明瞭，熊譜履歷清楚，對研究人口史頗有參考價值。

《即墨楊氏家乘》。前後四次修纂，楊玠初修於康熙五十一年（一七一二），內含世系，另有邱墳、祭法一卷，家傳一卷，內傳外傳一卷，並刊刻。乾隆三十九年（一七七四）楊介休繼編，然未付梓。光緒三十年（一九〇四）楊貴堡重刊前譜，並續修。一九三六年承桂堂族人將詩文編入譜內，一併棗梨，分裝四册，其中原譜二册，續入詩文二册。該譜不分卷，編纂並不得法，無目錄，但保存了楊玠譜的基本面貌，有其資料價值。其所謂「內傳」是爲嫁進楊族的婦人立傳，「外傳」係記叙楊氏族女的歷史，提供了婦女生活史素材。他的家族地處北方，宗族勢力不像南方那樣强大和普遍，他針對當時「流俗衰簿，長幼凌兢」的尊卑名分不立的情況，當地別的宗族不能實行家法的現實，講究宗法禮儀被後生「視爲迂闊」的思想狀況，制定《家法》，希望它成爲「後生矩矱，使知所遵守」。這部家譜一定程度上反映北方破壞與維護宗族制度的鬥爭，在北方缺少宗譜的情形下，頗足珍重。

《侯氏族譜》。侯氏先人由山東莒州遷武邑，尋徙南皮定居。譜經三修，初由侯楹撰於崇禎八年（一六三五），繼由侯清寫於嘉慶二十五年（一八二〇），侯光黎於一九一八年重修。不分卷，包括侯楹作的《家傳集》，以及《家規》、《塋圖》、《重修例言》、《溯源例義》、《世系》。世系內含「圖」和「考」兩部分，考書族人履歷，與益陽熊氏家譜書寫略同，有其價值。其《家規》，舊定八條，條目爲：「當務正業」，「勿失守先物」；「勿怠廢先人祀」；「宜守家法」；「敦睦宗族」；「勿令子孫當書辦、衙役」；「同族勿爭訟」；「勿許婦女入寺院」。新增二條，條目是：「戒吸鴉片煙」；「勿忘先人墳墓」。由此我們得兩點印象：其族範不像南方的那樣繁瑣，內容無處不到，把族人限得死死的，說明北方宗族觀點和勢力比南方衰弱；從新舊所定的《家規》，可以清楚地獲知，由於時代的不同而內容有異，說明宗法是反映時代要求的，具有實踐性。

《馬佳氏族譜》。係滿人家譜。前後三次纂輯，始作於何時不詳，道光二年（一八二二）郎中錫福、侍郎昇寅二修，一九二八年馬延喜等第三次編纂成功，京華印書局刻印，有趙爾巽序言。全書五卷，卷首載譜序、馬佳氏重要人物傳記、畫像，宗祠像片、碑文，卷一—四爲世系圖。二修作者昇寅說他的時代，族人命名每多重複，「殊非敬慎宗支之道」，因此「仿賢家法，合族會同會議，重修宗譜，以篤親誼，而正名號。」於是定出十六字派語，反映滿人的漢化，體現了尊祖睦族的思想。馬佳氏是滿洲世氏簪纓的望族，康熙中有名的大學士圖海即其族人。該譜收錄清國史館圖海傳及有關他的諭祭文七篇，爲讀者匯編了資料。

第六節 譜牒的利用

家乘既爲一種專門體例的文獻，修纂、收藏、内容都有其特點，因此在利用它的時候，需要充分考慮這些因素，以期更有成效。就筆者初步涉獵的體會，似可注意以下三點：

第一、鑑別宗譜資料的真偽

一些學者對譜牒資料懷疑較多，嘲笑它們的作者，也是有一定道理的，但似乎亦有些偏頗。譜書記事，確有其真僞，利用者應當留意。辨別其虛實，筆者以爲可以從宗譜體例作大約的區分，始遷祖以後的世系，宗約家訓，祠堂規制，墳塋及其制度，誥敕像贊，義莊義塾，藝文著述，這些部分大多不會有錯，這是清人修譜的「别親疏，辨昭穆」的目的所決定的。通常的誤失，有兩個方面：一是冒認祖先。相當多的家族説它的先人是帝王、貴胄和文章節義垂諸史册的人，乾隆時江西巡撫輔德在《請禁祠宇流弊疏》中指出：「查所建府縣祠堂，大率皆推遠年君王將相一人共爲始祖，如周姓則祖后稷，吳姓則祖太伯，姜姓則祖太公望，袁姓則祖袁紹。有祠必有譜，其纂輯宗譜，荒唐悖謬，亦復如之。」[51]還有的和世族聯宗，以獵取望族的地位，正如大學士朱軾所説：

---

[51]《皇朝經世文编》卷五十八。

「寒門以趨勢而冒宗，世家以納賄而賣族」⑫。那些宗族規約中禁止賣譜的條文就是針對這個現象而制定的。亂認祖宗，自然貽笑大方，錢大昕說：「宋元之後，私家之譜，不登於朝，於是支離傅會，紛紜踳駁，私造官階，倒置年代，遙遙華胄，徒爲有識者噴飯之助矣」⑬。許多宗譜，叙其遠世，它的功業，它的婚姻，往往不實。二是有些傳記作者不忠實於歷史，爲尊者諱，爲親者諱，隱惡揚善，諛獻之詞甚多，那些族尊殘酷控制族人的劣跡隱去了，奢談什麼捐祀田，修祠宇，助孤恤寡的美事，中間多有不實之詞。以上都是就總體講的，履歷的不準確也是有的，不要說那些因原始資料不全而形成的，故意捏造的也有，如乾隆時期，浙江青田有的人以私意編造宗譜，本宗之人譜上用紅筆書寫，異姓入宗的用藍筆書寫，有時爲強占本宗人的財產，把他寫作藍筆，以爲奪財的口實⑭。若這一類的宗譜流傳下來，豈不以僞亂真。對譜書資料作鑑別，很有必要。但是，全面認識家乘，它提供的資料基本上是可信的，其所需特加留意鑒別的那兩個方面，並不能否定它的資料價值。

第二、注意宗譜的歷次纂修時代

由宗譜編修的連續性特點所決定，利用它的資料，要注意它的歷次編寫人和歷次寫作時代。經

⑫《朱文端公集》卷二《族譜辨異》。

⑬《潛研堂文集》卷二十六《鉅野姚氏族譜序》。

⑭光緒《青田縣志》卷四吳楚椿：《風俗議》。

過多次撰寫的家譜，它的作者每一次是一群人，數次之後人更多，這樣就不好說是末一次主持人編寫的，雖然他對該書的最後定稿起了不小的作用。歷次修譜，它的資料遞相繼承，有許多就是原文的抄錄。移入的文獻的內容反映原作時代的思想，而不一定是後世的。分清這一點很重要，有利於我們認清宗譜的資料價值。反正不要以爲它的全部內容只反映最後編輯者的觀點。比如《毗陵高氏宗譜》，從一七六七年到一九一五年五次興修，前幾次編寫的家規、家訓，表現出重農輕商的傳統思想，而後一次稱贊商人高燦明、高纘明等「振興地方」，予以肯定。時代不同了，輕視商人的觀念也改變了。不了解各次修譜的時代，就很難作這種區分。

第三、摸清家譜的種類、收藏、出版和工具書

我國有那些家譜，藏於何處，這個底數，至今還不清楚。在這種情況下，找到一部看一部，找到什麼讀什麼，就不可能作到全面的科學的利用。所以摸清底碼，實在是利用宗譜首先要做的工作。

中國究竟有多少族譜，現在大約没有人能夠説清楚，這是因爲人們還在陸續編寫，難於隨時搞清，同時也因没有人做過徹底的清查工作。臺灣區曾下大力調查過，而其他地區雖有調查，但遠不充分。國家檔案局二處、南開大學歷史系和社科院歷史所圖書館爲編輯《中國族譜聯合目錄》，請各地檔案館、圖書館、博物館、文管會、文化館協助，進行調查，筆者亦參與其事，經過幾年工作，獲知約有一萬五千種族譜，但這絕不是中國家譜數量的極限，大約也只是百分之幾十而已。爲什麼這麼説呢？因在我們編輯工作行將結束之時，筆者偶然的機會得知江西寧都民間藏有一、〇六

〇種族譜，而這些是那項聯合目錄所沒有著錄的。原來寧都縣政府在搞地名志時，附帶調查了家譜收藏情況，於一九八四年編印《江西省寧都縣地名志》，將《地名普查中考查的家譜錄》作爲附錄公布了，才使人們知曉該縣有那麼多家譜。一縣有這麼多，全國二千多個縣，當然很多縣沒有什麼家譜，但是像寧都這樣的縣不會是絕無僅有的，只要有幾個、幾十個，就可以想見全國現有族譜數量的巨大了，甚至會是驚人的。

家譜的收藏狀況，概約說來：北京圖書館藏貯二、七七〇部，內含清人修輯的一、一六〇種，湖南省圖書館藏一、一七六部，社科院歷史所擁有九八〇部，並已製成縮微膠卷，吉林大學有八六一部，河北大學有八五五部，廣東中山圖書館五七七部，浙江省圖、四川省圖、天一閣藏書樓、人民大學、蘇州大學、南開大學均藏有三五〇部以上。據了解上海圖書館藏有族譜一萬餘部，尚在整理編目中，這樣收藏大户，實堪令人矚目，唯盼其早日編好目錄，公之於世，以享讀者，造福譜壇。我國其他地區和國外收藏中國家譜的情況，陳捷先在《臺灣地區近年族譜的修纂與研究》一文作了介紹，茲轉述於下：聯合報國學文獻館藏近六千種，日本國會圖書館有四百餘種，東京大學有二百多種，美國哥倫比亞大學有近一千種，哈佛大學、芝加哥大學、加州大學均有收藏[55]。

要了解中國族譜的種類和收藏，必須利用專門的工具書，值得慶幸的是已有幾種供讀者檢索。盛清沂等編《國學文獻館現藏中國族譜資料目錄》（初輯），一九八二年國學文獻館印行，著錄族

[55]《譜牒學研究》第一輯。

譜一千九百餘種，依姓氏筆劃編排，介紹譜名、卷數、册數、修纂時代、編寫人及族譜主人所在地。前述猶他家譜學會編輯《美國家譜學會中國族譜目錄》一書，由特德·特萊福特、梅爾文·撒徹爾、巴茲爾·楊等人編輯，臺北成文出版社一九八三年出版。該書由四大部分組成，爲《導言：簡述中國族譜》，《族譜目錄》，《區域分布姓氏索引》和《譜名索引》。它著錄猶他家譜學會所收藏的中國族譜三、一〇九種，介紹每一種家乘的譜名、編者、卷數、册數、形成年代及收藏單位。它以宗乘目錄爲主體，區域分布姓氏索引與譜名索引爲輔助，檢索甚爲方便。該書在日本由近藤出版社於一九八八年翻印，獲原進將原書英文《導言》譯成日文。廣東省中山圖書館文獻部孫世泰等編輯館藏《廣東族譜目錄》，一九八六年梓刻。趙振績、陳美桂編纂《臺灣區族譜目錄》，一九八七年臺灣省各姓歷史淵源發展研究學會印行。以表的形式著錄一萬六百餘種族譜，力求對每一種列出姓氏、地名、書名、卷數、册數、編者、編印年代、版本、散居地、始祖、備考，並附《區域分佈索引》。筆者在猶他家譜學會香港經理部見到該學會的族譜編目兩種：《家譜中心新嘉坡資料目錄》、《香港、九龍、新界、離島區各姓氏族譜》。該學會在族譜目錄之外，尚以姓氏、人名、地名分別作索引，其中人名索引含概一億二千萬人，利用起來甚爲方便。前述《中國族譜聯合目錄》一書業於一九九〇年編成，中華書局正在印製中。此外，臺北出版的昌彼得撰《臺灣公私藏族譜解題》，盛清沂著《中國族譜纂修簡況》，王世慶作《中國族譜現藏概況》，皆有參考價值。中華民國宗親譜系學會編輯委員會編的《譜系與宗親組織》一書，一九八五年臺北成文出版社梓刻，對讀者了解宗親會與譜牒關係有所裨益。

譜牒資料的整理出版，讀者宜掌握其信息。前述《洪氏宗譜》的出版不必覆述，現出版的家譜不多，筆者知道文海出版社影印的《清代稿本百種匯刊》，收有周鼎調編輯的《嘉定周氏宗譜》，係康熙間稿本，另有《陳氏宗譜》。姜相順等編輯的《遼濱塔滿族家祭》一書，附錄遼濱塔瓜爾佳氏譜系單、瓜爾佳氏十世譜稿户册、東滿洲香（鑲）黄旗瓜爾佳氏户口清册計，該書於一九九一年由遼寧民族出版社刊行。還有學者進行族譜資料匯輯工作，多賀秋五郎《宗譜的研究》資料篇，輯錄宗族經濟和教育、族規宗約、修譜凡例與體例的資料。羅香林編輯《客家資料匯編》，一九六五年刊印。聯合報國學文獻館編印《中國族譜序例選刊》，先後出版二集，二十册，第一集選刊王、林、楊、蔡等臺灣地區十個大姓的族譜序例。該館還輯出《族譜家訓選粹》。莊爲璣等編輯《閩臺關係族譜資料選編》，福建人民出版社一九八五年印刷。

附　家訓及其他有關載籍的史料

宗譜中有《家訓》，但《家訓》不一定出現於譜牒中，它可以有單行本，也可收入作者文集，也可以在宗乘和其他體裁圖籍中並存，但它的性質是確定的，即是教育子弟的專題文章。

清人族譜以外的家訓，種類很多，下列示例表可見其一二：

書名	卷數	作者	書名	卷數	作者
孝友堂家規	一	孫奇逢	秦氏閨學新編	十二	秦雲爽
孝友堂家訓	一	孫奇逢	資敬堂家訓	二	王師晉
奉常家訓	一	王時敏	齊家要語	六	王嗣邵
訓子語	一	張履祥	詒谷堂家訓	一	王德固
蔣氏家訓	一	蔣伊	汪氏家範	一	汪志伊
家規	一	竇克勤	蟠山家訓	一	吳廷輝
家規	三	倪元坦	柴氏家誡	二	柴紹炳
里堂家訓	一	焦循	淳村家誡	一	曹元方
雙節堂庸訓	六	汪輝祖	恒產瑣言	一	張英
敬義堂家訓	一	紀大奎	聰訓齋語	一	張英
閒家編	八	王士俊	家訓	一	張習孔
五種遺規	十五	陳宏謀	訓子筆記	一	謝筱樹
訓俗遺規節要	二	袁瑛			

注：本表據《清史稿藝文志及補編》製作。

清人家訓中的名著，就筆者所見，有張英的《聰訓齋語》、《恒產瑣言》。張英，安徽桐城人，康熙中大學士，著《篤素堂集》，兩部家訓，亦收在這個集子中。《聰訓齋語》講其自身如何爲人及對做人的理解，教訓子孫。他說：「予之立訓，更無多言，止有四語：『讀書者不賤，守田者不飢，積德者不傾，擇交者不敗。』當將四語律身訓子。」他抓的大端，在耕讀方面。他「每見仕宦顯赫之家，其老者或退或故，而其家索然者，其後無讀書之人也；其家鬱然者，其後有讀書之人也。」因而認爲讀書不止於取功名，振家聲，還在於保持家運不敗，從而比只看到功名發家的人高一籌。他在講積德問題時說：「待下我一等之人，言語辭氣最爲要緊，此事甚不費錢，然彼人受之，同於實惠，只在精神照料得來，不可憚煩。」居高臨下之人，和氣待人，不花錢而收實效，他總結的夠精到的了。所以陳宏謀極力稱贊這部作品：「尤於存心立身持家裕後之道，真懇篤實，深切著明，語語可師」56。張英在《恒產瑣言》中闡述他的「守田者不飢」的思想，認爲田業是其他任何財產所比不了的，它有三個特點，一是永不敗壞，百千年「常新」，即使地力用薄了，施上肥又成沃壤；荒蕪了，可以墾闢，沒有朽蠹頹壞之慮。二是獲利「可持之久遠」，比做生意、放債、收房租都要保險。三是不怕損失，其他貨財「有水火盜賊之憂」，惟獨田產不怕水火，不怕偷盜，即或戰亂，事定之後，仍歸原主。有此三識，力主保守田業，反對爲迅速獲利而棄農經商。保田產的方法，張英說有兩條，即擇良佃和興水利。他認爲的良佃是：「家必殷實體面，不肯諂媚人，且

56《訓俗遺規》卷四。

性必梗直樸野，飲食必節儉，又不聽童僕之指使。」他說田主擇佃，往往不喜歡這樣的良佃，而願要與之相反的劣佃，是不懂選擇佃户的道理。他是看到佃户有錢，必是生產好，能交租，主人不要以爲他不恭順就不取中他。張英以此教育子弟重視田業的經理，不要把它當作是「俗事、鄙事」。張英對田產及其經營的觀點，可以說是地主階級幾千年來認識的總結。他的這類著作，是研究地主階級經濟思想和處世哲學的重要資料。

陳宏謀編輯的《五種遺規》。陳宏謀當雍乾兩朝，任疆吏三十餘年，卒官大學士。李元度在《國朝先正事略》中說他歷官所至，「無問久暫，必究心於人心風俗之得失」(57)。他强調對屬民的思想統治，並力圖借助宗族祠堂的力量。他於乾隆初年輯成《養正遺規》、《教女遺規》、《訓俗遺規》、《從政遺規》和《學仕遺規》，合爲《五種遺規》，有同治七年（一八六八）楚北崇文書局印本。他爲從「德行根本」著手教育青少年，爲以女德訓婦人，爲懲人心之「浮薄」，爲仕宦學習官場事宜，輯錄前人的，主要是宋明以來人的有關文章，分類匯編。每篇作按語，介紹作者，文章出處，並加評論，篇中間亦插入按語，表明他的觀點。在收輯的文中，其爲清人的作品亦復不少，魏象樞的《庸言》，蔡世遠的《示子弟帖》，魏禧的《日錄》，朱柏廬的《勸言》、《治家格言》，熊宏備的《寶善堂大衆人等不費錢功德例》、《婦女不費錢功德例》，王之鐵的《言行匯纂》，唐彪的《父師善誘法》等。《五種遺規》反映了清人及其以前人的倫理觀，長上對卑幼的封

(57)《國朝先正事略》卷十六《陳文恭公事略》。

建倫常要求。由於它是匯編，爲閱覽提供了方便。乾隆四十一年（一七七六），馬燀讀到《訓俗遺規》，認爲它「實有關於修身齊家處世接物之道，因擇其尤切於身心日用者，錄爲一編」，加上他的見解，成《簡通錄》一書，後被收入《畿輔叢書》。

郝培元撰《梅叟閑評》，四卷。培元爲雍乾時山東棲霞人，所作《梅叟閑評》收於《郝氏遺書六種》中，有其子懿行的注。他在書中因人論事，講如何交朋友，怎樣讀書，如何對待奴僕，家內怎樣才能團結。他講的雖是治家道理，然缺乏條理。

有的典籍的體例，介於族譜、傳記之間，而更與譜牒相近，因於此順便說明兩種。

《華氏傳芳錄》。此華氏，爲無錫地方的宗族。書由華孳亨編纂，乾隆八年（一七四三）成，十三卷。基本上是華族人物傳記，依世系排列，敘述有特殊表現的人物歷史。傳文有其子姓所作，有請他人捉刀。內容反映地主經濟的不少，如華玗（一六三四—一七〇四）遭明清易代之變，幼時孤苦伶仃，「强自樹立，夙夜勤劬」，季年有田千畝[58]。有反映宗族權力和社會作用的，如卷十《母舅貢士襄周華公傳》，記華泰（一六七二—一七三七）因族中有人把女兒許配奴僕的兒子，遂「引義固爭。奴深銜之，訟經年，費不資，婚卒以解。」

《朱氏傳芳錄》。朱次琦撰寫《凡例》，其弟宗琦據以編寫，一八六一年刊刻，八卷，前四卷爲正集，匯輯朱氏家族成員的詩文，外集四卷，輯錄他族人爲朱氏族人撰寫的文章。

[58]《華氏傳芳錄》卷十《玉良府君宗譜傳》。

《八旗滿洲氏族通譜》。和親王弘晝奉敕纂，乾隆九年（一七四四）成，八十卷。是關於清代旗人姓氏和傳記的著述。它不是只寫一個宗族的歷史，有點像中古時期的通國氏族譜，遍及整個滿洲氏族，即叙述滿人兼及早期歸附清朝的蒙古、朝鮮、漢族人的氏姓源流，每一氏姓中有功名人的小傳，他的子孫世系及官職。有内府刻本及一九九〇年遼瀋書社影印本。

第八章 傳記史料

本章將說明各種體裁的傳記文清史資料，日記、書信也提供傳記材料，故併爲一章敘述。

第一節 人物傳記史料的體裁及修纂

今天講的傳記，人們很自然地只是理解爲關於人物歷史的文字，但在古人卻不把它看得這麼簡單。古代有經傳，是以事實解釋儒家經典的，如《春秋》就有《左氏傳》、《穀梁傳》和《公羊傳》三傳。有紀傳，記錄以人爲主體的某一類事情，如正史的《四夷傳》、《外國傳》。這些都是記事，而不是記人，不是人物傳記。就是作人物傳的，很長時間，人們也沒有把它理解爲以人物爲中心的文章，如劉知幾說：「傳者列事也」，「列事者，錄人臣之行狀，猶《春秋》之傳，春秋則傳以解經；史（記）、漢（書）則傳以釋紀」①。把正史上的列傳視爲注釋本紀的，即本紀爲綱，

①《史通·列傳》。

列傳爲目，以人屬事。到了明清，人們才把傳與記嚴格區別開來，如章學誠所說：「至於近代，始以錄人物者，區爲之傳；叙事跡者，區爲之記」②。傳也是寫事，不過它是寫某一個特定的人的事。明瞭古人對傳記認識的變化，或許可以避免對古籍的一些誤解，帶「傳」字的書名，不一定就是人物傳記的文獻。我們這裏所説的傳記，不把經傳、紀傳包括在内，只是那種「錄人物」的傳，即今天人們所理解的人物傳記。

傳記文是一種文體，内部又分出很多體裁。最主要的是列傳，這是官修紀傳體史書所必有的一種文體。由於是官修的，列傳的對象多是王侯大臣，兼及文人隱士，它對傳主歷史的叙述比較全面，而又簡單扼要，以記人物的政事活動爲主，基本上反映歷史人物一生的概貌。附傳，是一種非常簡單的傳記，附於一個重要人物傳記的後面。其他的體裁則有：傳，體例上和列傳大體相同，概述人的一生歷史，但由私人撰寫，不是進入正史的。墓志銘，包括志、銘兩種，志用散文，叙生平，銘用韻文，表示對死者的贊揚和悼念。神道碑，置於墓道的碑石，上鐫墓主傳記。行狀，亦稱行述，原爲故吏撰錄事主之歷史，供朝廷議謚的參考，後由家屬、門生寫作，内容包括死者的家世、籍貫、生卒年月和生平逸事，體例不嚴謹。事略，記叙人物事跡的大略，多由死者親屬撰寫。合傳，正史對幾個人物各自立傳，合爲一卷，稱作合傳；這裏不是指此，而是把兩個或兩個以上的人物寫在一篇傳記裏，如夫妻合傳，父子合傳。傳後序，在某一個傳記文之後，另作補充，或發表

②《文史通義·内篇·傳記》。

某種議論。外傳，記人物的軼聞逸事。別傳，對本傳的補充記載。家傳，家譜中的傳記文。壽序，爲人祝賀生日而寫的文章，多是五十歲以上的整壽時之作。之官序，爲去某地赴任的官員而作的送行文字。赴某地序，爲去某處的友人作的送行文。祭文，祭告死者的哀悼文章，用韻文或散文。哀辭，對童殤者表示哀情之文。誄文，在上者對在下者的紀念文章。畫像，以圖畫反映人物體態特徵和精神風貌。像贊，爲人物畫像作題詞，以示稱頌。年譜，採用編年體，較詳細地匯集人物生平資料。日記，作者逐日記錄所歷所聞之事。書信，人們之間交流情況的文書。以上各體可以分爲三類，一是列傳、傳、碑傳，概述人物一生的事跡；二是年譜，是內容較豐富的傳記素材；三是祭文、壽文、日記、書信，記載人物歷史的片段資料。傳記體，係指一、二兩種，它一般要交待傳主姓名、字號、籍貫、出身、生卒年月、功名、仕宦、活動、業跡、交遊、著述等內容。第三類的文章，雖只叙述人物的片段歷史，但也提供傳記資料。由於日記、書信純係傳記素材，毫未整理，不同於傳文，且數量較多，我們將分別作專節的說明。

傳記文應有兩個特點，一是真實性，再一是生動性。雖然多數傳記作者懂得秉筆直書、善惡並陳的道理，但是能做到的並不多，甚或爲獻媚於死者和生人，犯虛美和曲隱的毛病。至於如鄭天挺所說：「把這個人的個性、丰彩、言談、思想、舉止、神態，用文字或事跡襯托出來」③的生動感人的傳記，前四史以後更屬少見，傳記文雖應有真實性特點，但我們不能認爲凡傳記文所提供的資

③《探微集》，二八六頁。

料都是可信的，在具體運用的時候，尚需審慎鑒別。

清人傳記文的寫作有官私兩方面。官方的由國史館和各地的方志局負責撰寫，私家的是個人和宗族進行的。康熙二十九年（一六九〇）清朝第一次開設國史館④，編寫清太祖、太宗、世祖三朝國史，寫作紀、志、表、傳，人物傳記是它的一項基本内容。四十九年（一七一〇）下令，國史館所擬開國功臣傳，其先後秩序，應依傳主事跡而定，以何人爲首，「請旨定奪」⑤。但該項寫作長期没有完成，雍正元年（一七二三）爲此特發上諭，要求八旗「將諸王、貝勒、貝子、公以及文武大臣之册文、誥敕、碑記、功牌、家傳等項，詳加查核，既有顯績可紀者，亦著詳察，逐一按項匯成文册，悉付史館」，作爲素材，由史官「删去無稽浮誇之詞，務採確切事實，編成列傳」⑥。乾隆元年（一七三六），詔修太祖、太宗、世祖、聖祖、世宗五朝本紀同時，編撰列傳，以便早日成文⑦。隨著五朝實錄的修改和纂輯完成，國史館裁撤。到三十年（一七六五），乾隆以國史館所撰列傳「止有褒善，惡者惟貶而不錄，其所以爲惡，人究不知，非所以昭傳信也」，特重開國史館，修改和續寫臣工傳記。史館總裁等擬議，滿漢大臣以官階分立表傳，旗員副都統以上，文員副都御

④開館時間，參閱王鍾翰：《清國史館與〈國史列傳〉》一文，見《社會科學輯刊》，一九八二年第二期。
⑤光緒《大清會典事例》卷一〇四九，《翰林院·纂修書史》。
⑥《上諭内閣》，元年九月三十日諭。
⑦光緒《大清會典事例》卷一〇四九，《翰林院·纂修書史》。

史以上，外官督撫提鎮等有功績學行的，即爲分別立傳。乾隆認爲所議欠妥，以上人員若僅循分供職，或歷任未久，無所表現，就是無足輕重的人，不必以爵尊秩高而立傳，相反，京堂科道中有建白的，儒林中有經明學粹的，列女中節烈卓然可稱的，亦當爲之立傳，而不必限於官階⑧。自此以後，國史館成爲常設機構，陸續寫作人物傳記，稿成，進呈，乾隆多加審閱，如見洪承疇傳，內中講到南明唐王，冠以「僞」字，乾隆説唐王爲明朝正式封號，與草賊自立不同，而且時間已過很久，不必再以僞政權目之。又如見明珠傳，對其不詳載郭琇的參劾奏疏表示不滿，指示不要因郭琇後來也出了問題，就掩蓋了明珠的過愆⑨。國史館的傳記稿，一部分經核准定稿，還有許多半成品。據檢閱過這些作品的李鵬年的報告，國史館編纂了《大臣列傳》和《大臣列傳稿本》，包括大臣三千三百多人⑩。清朝規定，文武官員不拘品級，凡是有功的陣亡者，都可以經過申請爲作傳記，列入忠義傳內。國史館搜集了許多資料，按人分包保存，並撰寫了若干人的傳稿，這就是忠義傳。國史館還編寫了儒林傳稿本、文苑傳稿本、循吏傳稿本，編寫了明臣降清和降而復叛的貳臣、逆臣中的一些人的傳記⑪。此外，國史館纂擬的《宗室王公功績表傳》、《蒙古王公功績表傳》以

⑧同⑦。
⑨光緒《大清會典事例》卷一〇五〇，《翰林院·纂修書史》。
⑩王鍾翰：《清國史館與〈國史列傳〉》謂爲三一二九人。
⑪李鵬年：《國史館及其檔案》，《故宮博物院院刊》，一九八一年第三期。

及《大清一統志》，也都有一些人物傳記。

爲私家寫傳的作者，人數衆多，隊伍龐雜。世間人物紛繁，引起作者寫作興趣的就多，請人撰述的也多。所以上自王公卿相，下至販夫走卒，三教九流，有一事可述，一事可奇，就會有人予以記錄，成爲傳記文，或傳記資料。這樣，傳記文的作者就非常多了，他們應人請求著文，邀請者固有貴胄大僚的後人，然而社會中下層人士更多，爵祿高的通常由有名的文人來寫，中下層人物的傳記，亦有的出自名家，但大多數成於一般士人之手，如家譜中的傳記作者，無名氏較多。

官私傳記文的寫作，其資料來源，由傳主家屬提供的，是重要方面之一。前述雍正命八旗整理王公大臣傳記資料，就是命大臣家屬提交他的傳記和政府頒發給他的文誥的錄文。私人的則自家寫行狀，交給倩請的作者，或由家屬向作者口述其先人事跡，以作編寫墓志銘的素材。另外，官私作者還要搜集材料，國史館官員從上諭、實錄、起居注、奏摺等官方文書中摘錄有關傳主的資料，傳主生前所屬衙門要報告他的履歷。私家的作者往往與傳主有一定關係，或係師生、朋友、同僚、親戚，平素有交往，可資回憶，即使傳聞，亦可資參考。來自私家的資料，可靠性往往令人懷疑，據之爲文，容易犯虛美的毛病，當然亦並非全不可信。

第二節　關於清史的主要傳記圖書及其史料價值

一個人物的傳記，可以反映傳主生活時代的某些方面或某一側面的歷史。一個掌握朝綱的宰輔，他的傳記包含有朝中政事的內容。一個督撫的傳記，會叙及該轄區的治理狀況。一個文士的傳記，會透露當時文人的活動及追求。一個科學家的傳記，會反映當時的科技成就及其從業人員的社會處境。一個孝子的傳記，會叙及宗法思想和制度。一個列女的傳記，會表現三從四德的道德規範和夫權、族權對女子的壓迫。每一個類型的人物傳記，都會或多或少地反映其人所處的社會領域的某些情形。這就是說，一個人物的傳記，不僅在於表現傳主個人，更重要的是通過他的活動的資料，可以反映那個時代的社會歷史，所以，傳記資料是史料的一個重要組成部分，是歷史研究所不可缺少的。

爲便於説明清人傳記文的史料價值，需要把有關史籍作一分類，然後按類紹述。《四庫全書總目》把傳記文分爲五類：聖賢類，爲儒家鼻祖孔孟的傳記；名人類，王公大臣與有名人物的傳記；總錄類，某一種類型人物的傳記匯集，如劉向的《列女傳》，皇甫謐的《高士傳》；雜錄類，叙述人物雜事、片段歷史的，如高士奇的《扈從西行日錄》；別錄類，輯錄叛逆人物的傳記文。《清史稿》的《藝文志》把傳記類的史書分爲總錄和名人兩類，而在《列傳》部分，將清人區分爲后妃、諸王、循吏、儒林、文苑、忠義、孝義、遺逸、藝術、疇人、列女等類，以及没有標目，而實爲貳臣、叛臣類。我們的意見，可以分爲四類，即：總錄，匯集全國各地區的各種類型的人物傳記的專著；地方性總錄，匯編地方上各類人物傳記的專書；專錄，匯編一種類型人物傳記的專著；年譜。四類之中，專錄類著作多，又可分成名臣貴胄，忠義、科甲、儒林、孝義、藝術、婦女、釋道等項。

(一) 總錄圖籍

《清史列傳》，八十卷。卷目是宗室王公（三卷），大臣劃一傳檔正編（二十二卷），大臣傳次編（十卷），大臣傳續編（九卷），大臣劃一傳檔後編（十二卷），新辦大臣傳（五卷），已纂未進大臣傳（三卷），忠義傳（一卷），儒林傳（四卷），文苑傳（四卷），循吏傳（四卷），貳臣傳（二卷），逆臣傳（一卷）。共有正傳人物三、一二九人，另有附傳多人。所寫人物，起自清朝開國宗室代善、功臣費英東、額亦都等，止於清末王懿榮、李鴻章等。傳文一律依正史列傳體例書寫，敘述傳主的主要事跡、言論、重要奏議以及關於他的上諭。該書不著編撰人，過往人們以爲它是由清國史館大臣列傳稿本選錄而成，近年來經王鍾翰考核，知它的傳稿有三個來源：一爲清國史館的《大臣列傳稿本》，有六百多人，另有一、一九〇個不知來源，也可能出自於它；二爲《滿漢名臣傳》，四二六個；三是《國朝耆獻類徵初編》，爲一、二七八個，還有它與《滿漢名臣傳》同傳的，如果《清史列傳》也是抄錄於它，則有一、六四九個，占全部傳記的一半以上。第一、二種都是清國史館的第一手資料，從《耆獻類徵》選錄的，其實也是來自清國史館，不過作了輾轉抄錄，文字就有了出入。但總的來說，它保存的是原始的或較原始的資料，同時它敘事較爲詳明，年月首尾具備，資料豐富，便於檢索，且可依之爲線索，對該人物及其時代作深入的探討。王鍾翰說：「囊括有清一代三百年間的人物傳記，自然要首推《清史列傳》和《清史稿》中的列傳部分了」⑫。《清史列傳》確是一部內容豐富、史料價值較高的清代人物傳記資料。它有中華書局一九

⑫《清國史館與〈國史列傳〉》。

二八年印本，一九八七年王鍾翰點校本，後一版分裝二十册，附有人名索引，並有王氏點校序言。至於《清史稿》列傳的史料價值，第二章已有所説明，這裏不贅。

《滿漢名臣傳》，乾隆末嘉慶初出版，八十卷，通行本中的滿洲大臣傳四十八卷，正傳六三九人，附傳一百三十九人；漢大臣傳三十二卷，正傳二七九人，附傳二十八人，共一、〇八五人傳記。筆者所見爲南開大學圖書館所藏抄本，原爲寧波徐時棟於同治五年（一八六六）收貯，一二〇卷，其中滿傳七十一卷，漢傳四十九卷。筆者未克獲睹八十卷本，不能核對兩本的異同。《滿漢名臣傳》是所謂「依國史鈔錄」，即據清國史館大臣列傳稿本排印，剞劂早，訛誤少，史料價值高。筆者以一二〇卷本與《清史列傳》加以核對，發現前者準確，而後者轉錄有誤，如《佟養甲傳》，前書謂其「先世爲滿洲」，後書則云「先是爲滿洲」，顯然「是」字不對，有些人物的傳記，如康熙朝大臣查弼納，只在《滿漢名臣傳》中有，而《清史列傳》以及即將介紹的《國史列傳》則不載。總之，《滿漢名臣傳》匯集了清朝前期的重要人物傳記，史料價值也正在這裏。

《國史列傳》，又名《滿漢大臣列傳》，八十卷，羅振玉東方學會梓行，也是依據清國史館列傳稿本槧刻。所收人物多爲乾嘉時期（不包括乾隆初年）的大臣，它爲研究乾嘉政治和人物提供史料。它另有臺北文海出版社《近代中國史料叢刊續輯》第七輯版。

《國史逆臣傳》，四卷，乾隆敕纂，有吳三桂、馬寶、馬逢知等二十四人傳記及一些附傳。

《國史貳臣傳》，七卷，乾隆敕纂，爲明臣而降清的洪承疇等人作傳。

《國朝耆獻類徵初編》，李桓輯，七二〇卷，附《國史賢媛類徵初編》十二卷，匯集清開國至道光間滿漢官僚及文人學士的各種體裁的傳記文，有的採自清國史館的列傳，有的是私家撰擬的碑傳文，但一般不收傳主後人的文字，以免失實。它依傳主的職業、特點分卷，卷首爲宗室王公類；正編十九類，爲宰輔、卿貳、詞臣、諫臣、郎署、疆臣、監司、守令、僚佐、將帥、材武、忠義、孝友、儒行、經學、文藝、卓行、隱逸、方技。每類人物傳記，按傳主科分、出仕年代和卒年先後順序排列，比較好查。對一個傳主，可能收有數種傳記體裁的文字。全部傳主達萬人以上，所以說它數量浩繁，內容豐富，提供鴉片戰爭前清代人物傳記的基本史料。它有光緒十年（一八八四）湘陰李氏刊本及一九九〇年廣陵古籍刻印社影印本。

清代學者把當代人物的碑傳文匯編在一起，是前人沒有做過的事情，這類書籍有《碑傳集》，一六〇卷，卷首、卷末各二卷，錢儀吉用近三十年的功力於道光六年（一八二六）輯成，收集清開國至嘉慶間的王公大臣、文人學士，孝子順孫、貞烈女子二千餘人的碑傳文，依傳主職官及生平特點分類編排，計分宗室、功臣、宰輔、部院大臣、內閣九卿、翰詹、科道、曹司、督撫、河臣、監司、守令、校官、佐貳雜職、武臣、忠節、逸民、理學、經學、文學、孝友、蕃臣、列女等類。它與《國朝耆獻類徵初編》同是匯編清朝前期傳記文，不同的是它只選收碑傳文，而不像《耆獻類徵》兼蓄列傳體文章。它有光緒十九年（一八九三）江蘇書局校刻本。因其所收人物僅至嘉慶間，故宣統二年（一九一〇）繆荃孫編成《續碑傳集》，八十六卷，專收傳主是道光至光緒間人的碑文，分類同於錢編，惟添《客將》、《列女·辨通》二目，刪掉此時所沒有的《瀋陽功臣》、《開國宰輔》等目。它有江楚編譯書局刊本。一九二三年閔爾昌又輯成《碑傳集補》，六十卷，《集外文》一卷，收錄清代（主要是後期）人物的碑傳文，有一九三一年燕京大學國學研究所印本。一九八八年上海古籍出版社將上述之書，加上汪兆鏞的《碑傳集三編》，匯輯爲《清代碑傳合集》，影印出版，它收有五千五百餘人的傳文，依人物生存時間先後編排。全書六百萬字，比《清史列傳》的四六一萬字多出近四分之一，確如編者所說，可稱清代人物傳記總匯。

《國朝先正事略》，李元度撰著，作者依附曾國藩鎮壓太平軍，有暇則披覽清人文集。他認爲清代「名卿巨儒鴻達魁壘之士」甚多，國史館雖爲作傳，但草野之人無由窺視，而他們的遺聞佚事嘉言懿行散見於諸家文集，因每見則手錄之，遂於同治五年（一八六六）撰成《事略》一書。它的形成過程可知，不同於上述諸書的編輯，而是一部個人著作。所謂「先正」，就是實踐封建倫理的模範人物，作者立意謳歌他們。是書六十卷，分名臣、名儒、經學、文苑、遺逸、循良、孝義七門，一人一傳，計正傳五百人，附傳六〇八人，總共一、一〇八人。其名臣傳分量大，經學以下人物傳文字少，但亦有內容。它以一部書介紹咸豐以前清代一千多人的傳記，頗有史料價值。該書有中華書局四部備要本及文海出版社《近代中國史料叢刊》本。

《國朝名臣言行錄》，董壽纂輯，成於光緒二十九年（一九〇三），三十卷。作者以全史太繁，而其他言行錄又過於簡陋，乃編寫此書。董壽以錢儀吉的《碑傳集》和《滿漢名臣傳》爲主要資料，參以其他專集，形成他的著述。所撰人物自開國功臣額亦都、費英東起，止於光緒間的薛福成、劉坤一，計二三二人。作者選擇他認爲重要的言行寫成人物小傳，可以反映他的史學觀點，至於該書資料，由於是第二、三手的，並不重要。有上海順成書局石印本。

《初月樓聞見錄》，十卷，《續錄》十卷，吳德旋撰。作者為乾嘉間宜興未仕的士人，居鄉里，喜談故事，有聞則錄。其以草野之人，立意「闡揚幽隱」，故其書多記社會下層人物，而不及「顯達之士」⑬。其所記，人各一傳，傳各有側重方面，而不是一個人的全面歷史。因鄉居見聞有限，所寫多吳越江淮間明末至道光初年人。這是難得的專門叙述各種社會下層人物的傳記專書，有特殊的資料價值。它有道光四年（一八二四）刊本、上海文明書局印本。

《清代文獻類編》，卷首四卷，正編三十卷，附錄五卷，嚴懋功撰，成於宣統三年（一九一一），有曉霞書屋叢著本，一九三二年無錫民生公司印刷。它包含六種文獻，為《宰輔年表》、《八卿年表》、《侍（郎）副（都御史）年表》、《巡撫年表》五種，每表附載人物的謚號、入賢良祠名單、八旗籍名單、分省漢臣名單、鼎甲官員名單。另一種為《館選分韻匯編》，為出仕翰林院者作小傳。它以傳表保存清代職官傳記資料，是又一種類型的人物傳記圖籍。與它相類的史書有《欽定宗室王公功績表傳》，十二卷，乾隆四十六年（一七八一）敕撰，為開國以來有功勛的宗室王公作傳，從實錄及國史館檔案內輯錄材料，人自一傳，明其立功原委，血系支派。《蒙古王公功績表傳》，亦十二卷，乾隆四十四年（一七七九）敕撰，提供蒙古王公傳記資料。

《清代名人傳略》，美人慕恒義主編，房兆楹等五十多位學者參加寫作，是一部分量較大的辭書，為八百餘清人作了小傳。一九四三年—一九四四年出版。人大清史所譯成中文，青海人民出版

⑬《初月樓聞見錄·序》。

社一九九〇年印行。

(二) 地方人物總錄圖籍

《大清畿輔先哲傳》，四十卷，附《列女傳》，徐世昌、王樹枬等編輯，一九一七年成，天津徐氏刊刻。專集清代直隸籍貫的人物傳記文，分名臣、名將、師儒、文學、高士、賢能、忠義、孝義八類。名臣係侍郎、巡撫以上官，名將則爲副將以上官。其人物排列以科分先後爲序，非科目人以入官年代爲次第。

《錦里新編》，十四卷，張邦伸撰於嘉慶五年（一八〇〇），專寫蜀中人物，分名宦、文秩、武功、儒林、忠義、孝友、節烈、流寓、異人、方技、高僧、賊裋、邊防、異聞諸目。邊防、異聞，非人物傳記，《賊裋》目名甚惡，然記張獻忠諸人事，有其資料價值。

《巴陵人物志》，十五卷，杜貴墀撰，光緒二十八年（一九〇二）刻於長沙。爲岳陽地區官員、文士、鄉賢、婦女作傳，提供當地社會、人物資料。

《滇南碑傳集》，方樹梅編輯，一九二八年成，開明書店印行，三十二卷，專錄雲南明清兩代人的碑傳。其中屬於清人者二十卷，分部院大臣、內閣九卿、科道曹司、巡撫、司道、守令、鹺尹、校官、佐雜、武臣、忠義、孝友、儒林、文苑、卓行、列女、方外諸目。附錄一卷，爲作者撰寫的傳記十數篇。此書記一地區歷代人物，包括清朝的，這類圖籍是在尋求清人傳記時應特別注意的。

(三) 專錄圖籍

清代科目人的傳記集有數種，李集、李富孫、李遇孫合編的《鶴徵錄》，八卷，嘉慶二年（一七九七）成，爲康熙十八年（一六七九）博學鴻詞科的徵士一八六人作傳，按錄取等第及未中試分卷，人各一傳。李富孫又輯《鶴徵後錄》，十二卷，嘉慶十二年（一八〇七）成，專記乾隆初年博學鴻詞科徵召的二六七人生平。兩書合刊，有漾葭老屋印本。它們提供了清代兩次博學鴻詞科及其徵士的資料。此外，有杭世駿的《詞科掌錄》，十七卷，《餘話》八卷，有原刻本；秦瀛的《康熙己未詞科錄》十二卷，有嘉慶十二年（一八〇七）世恩堂本。

清代文人、思想家傳記集有多種，較有名的有唐鑑撰的《國朝學案小識》，十四卷，卷末一卷，成於道光二十五年（一八四五），有中華書局四部備要本。它將清代思想家分爲五類，即傳道、翼道、守道、經學、心學。傳道者爲陸隴其、張履祥、陸世儀、張伯行四人，湯斌、顧炎武等入翼道中，于成龍（北溟）、魏裔介等爲守道者，黃宗羲、梅文鼎列入經學。作者崇奉程朱理學，爲之作宣揚。江藩著《國朝漢學師承記》，成於嘉慶中；有嘉慶二十三年（一八一八）刊本、中華書局四部備要本，八卷，有閻若璩、惠士奇、王鳴盛、錢大昕、洪亮吉、江永、戴震、盧文弨、紀昀、邵晉涵、汪中、黃宗羲、顧炎武等考據學家和思想家的傳記。這兩部著作提供思想家的學術活動和學術思想的資料。《文獻徵存錄》，十卷，錢林編撰，爲嘉道以前清代的著名文士及以文出名的官僚傳記集，有咸豐八年（一八五八）有嘉樹軒本。

《清代學者像傳》，葉衍蘭作第一集，一九二八年商務印書館棗梨，爲清代一六九人作畫一七一幀，每人像後有小傳一篇，其人物自顧炎武至魏源，以時代編排。出版後影響較大，各種清人傳記書文多於此取材作插圖。葉恭綽續成二集，爲清初錢謙益至清末梁鼎芬、李希聖等二百人畫像，一九五三年槧刻。一九八七年上海古籍出版社將兩集合刊，取名《清代學者像傳合集》。

《清代學者生卒及著述表》，蕭一山編著，一九三一年出版，係作者在北平文史政治學院講稿。

清代詩人、書畫家的傳記專集，《三十三種清代傳記綜合引得》徵用的有：

書名	卷數	作者	版本
清畫家詩史	二十	李濬之	一九三〇年刊本
國初名家詩鈔小傳	二	鄭才坤	杞菊軒刊本
國朝詩人徵略初編、二編	六十；六十四	張維屏	道光二十二年（一八四二）序本
飛鴻堂印人傳		汪啓淑	翠琅玕館叢書本
國朝書畫家筆錄		竇鎮	宣統三年（一九一一）文學山房印
國朝畫識	十七	馮金伯、吳晉	雲間文萃堂刊本
墨香居畫識	十	馮金伯	南匯馮氏家刻本
國朝書人輯略	十二	震鈞	光緒三十四年（一九〇八）金陵刊本

清代科學技術專家的傳記集，有阮元輯的《疇人傳》四十六卷，羅士琳編的《續疇人傳》七十六卷，諸可寶編輯的《疇人傳三編》七卷。疇人指曆算學家，《疇人傳》則是給他們作傳記了。阮元傳成於嘉慶四年（一七九九），爲上古至清代的疇人二四三人作傳，另爲西洋人三十七人寫傳，共

二八〇人，屬於清人者九卷。續編成於道光二十年（一八四〇），有四十三人的傳文，大多數是清人的。三編成於光緒十二年（一八八六），一百二十八篇傳記，西洋人外，全爲清人的。三書傳主，共四五一人。商務印書館於一九三五年將之合刻，題名《疇人傳》，並附光緒間華世芳撰的《近代疇人著述記》。一九五五年重印。《清代疇人傳》，周駿富從阮元、羅士琳、諸可寶、黃鐘駿等人著作中選出清代科學家三七九人的傳記，匯輯成册，臺北明文書局於一九八六年印行，爲《清代傳記叢刊·學林類》之一種。《疇人傳》反映我國古代，尤其是清代天文、曆法、數學家的科研成就，是我國第一部純粹的科學史著作，爲研究古代和清代科技史提供較豐富的資料。在古代一貫不重視科學技術的情況下，有此三書問世，實堪寶貴。另外，錢茂撰《歷代都江堰功小傳》，二卷，爲有功於都江堰工程的一百名古人作詩，其卷下全爲清人傳記。

清代皇室成員的傳記資料，有張爾田撰的《清列朝后妃傳稿》，二卷，一九二七年成書，兩年後梓行，參考圖籍九十餘種，採綱目式寫法，正文不多，而詳於作注，摘引實錄及他書之文，以叙事實，各書的不同記載，亦於注中說明，如孝莊文皇后下嫁多爾袞問題，即抄錄張煌言的詩句。吳昌綬著《清帝系皇妃皇子皇女四考》，吳爲《清史稿》協修，摘錄玉牒、實錄、清會典、清通考、御制文集諸書資料，成帝系、后妃、皇子、皇女各一卷，附年表一卷，共五卷，一九一七年成書。帝系，起於肇祖，止於宣統，備書廟號、謚號、名諱、年號、在位年數和陵號。后妃，書寫某帝之后妃、謚號、姓氏、陵名、皇子，書行次、名諱、爵秩、生母。皇女，載行次、爵秩、生母、夫婿。唐邦治撰《清皇室四譜》。唐亦爲《清史稿》協修，利用實錄、本紀、列傳、會典事例、宮史、御製文集、玉牒、檔案及私家文集的有關資料，於一九二二年寫就，次年由上海聚珍仿宋印書局排印，分列帝、后妃、皇子、皇女四卷，所有的皇帝、后妃、皇子、皇女以及收養宮中封爲公主的宗室女子，人各一個履歷，價值出吳昌綬《四考》之上。

清代婦女的傳記集，《三十三種清代傳記綜合引得》和《清史稿藝文志及補編》提供的有：

書名	卷數	作者	版本
清代閨閣詩人徵略，補遺	四；一	施淑儀	一九二二年崇明女子師範講習所刊
賢媛類徵初編	十二	李　桓	湘陰李氏板
越女表微錄	五	汪輝祖	
新安女史證	不分卷	汪洪度	
安徽節孝待旌錄，補正	六十；一	莊孫敏等	
丹徒節孝烈女傳略	四	馮錫宸	
玉臺畫史		湯嫩玉	《説庫》本

㈣ 年譜圖籍

清人年譜，不下一千種，有自訂的，有門人家屬編寫的，也有他人撰著的。某一個年譜資料的多寡，在於作者之搜集和編纂下的功夫大小，更在於譜主有無事跡可述。茲舉數例：

張集馨撰《道咸宦海見聞錄》，乍看不像年譜，倒似筆記，原來它是作者的自叙年譜，生前沒有取名，後人爲之命名《張集馨自訂年譜》、《椒雲年譜》，一九八一年中華書局出版了杜春和等的整理本，根據年譜的特點，爲它取了這個名字。張集馨，生於嘉慶五年（一八〇〇），卒於光緒四年（一八七八），進士出身，歷任晉、陝、甘、豫、川、閩、冀、贛等省知府、道員、按察使、布政使、署理巡撫，於同治四年（一八六五）被劾革職。他經歷豐富，仕途坎坷，胸懷憤懣，又善於觀察，於是在年譜中把所見所聞所歷的官場腐敗情形一一記叙下來，諸如陋規成習，貪婪受賄，草菅人命，巧立名目，横徵暴斂，軍紀敗壞，均是實人實事，生動地反映了道咸時期的官僚政治，所以有人說它「對官場鬼域情形，刻畫入微，不亞於清末之《官場現形記》、《二十年目睹之怪現狀》」⑭。但它不是小說，書中材料，史料價值甚高。中華書局出版時，附錄了作者外甥詹嗣賢爲他編寫的《時晴齋主人年譜》。

張廷玉撰《澄懷園主人自訂年譜》，自序於乾隆十三年（一七四八）十二月，云其五十歲以前有記錄，遭火災而毀失，追憶得十之五六，此後每年冬月總記，至是編成，時年七十七歲。譜凡六卷，編年繫月，起於康熙十一年（一六七二），以乾隆十四年（一七四九）正月致仕，故止於此。張廷玉歷事康雍乾三朝，爲一代名臣，其自訂年譜，反映了他在朝中的一些行政，如康熙末年的山東審盜案，康熙喪中的掌管文翰，關於棚民的奏疏，纂修康熙實錄和明史，西北兩路用兵時的勤劬，在乾隆即位中的作用，都具有一定史料價值。但有許多事該寫而沒有寫，如對軍機處的規畫則無記叙。蓋作者之意，借作譜記榮寵，故於受職、受賜，不論是本身的，父兄子侄的，叙述不厭其

⑭《道咸宦海見聞錄》丁名楠《叙》。

詳，以明其「無時不惕惕於持盈履滿之防，而有欠於進忠補過之義」⑮。該書有光緒六年（一八八〇）刻本。

《襄勤伯鄂文端公年譜》，譜主鄂爾泰諸子鄂容安、鄂實等撰。鄂爾泰亦是清代名臣，以在西南推行改土歸流政策而著稱。《年譜》對他一生政績多有記敘，具有他書所不見的資料。該書原爲抄本，一九八一年由中國社會科學院歷史研究所清史研究室主辦的《清史資料》第二輯披露。

董秉純編輯《全謝山年譜》，一卷。傳主全祖望爲學人，他的學生董秉純依其本事，約略寫其生平，側重於他的著述，兼及科舉，交游，基本上反映了一個文士的經歷和遭遇。附刻於傳主《鮚埼亭集》。

《王夫之年譜》，原名《船山公年譜》，譜主族裔王之春編撰於一八九二年，分前後編，並有家譜世系表，附錄王夫之的各種傳記文和鄧顯鶴編的《船山著述目錄》。一九八九年中華書局以其爲年譜叢書的一種，出版汪茂和的標點本。清代後期，王夫之聲譽大著，至今爲學術界所推崇，年譜提供關於他生平的重要資料。

《魏源年譜》，黃麗鏞編著，一九八五年湖南人民出版社剞劂，全書分三部分，一是年譜，述譜主生活的時代背景、生活、行跡、交游及著作；二是著述，含魏氏著作目錄，已刊著作版本及各家評述，有關叢刊、匯編所收魏氏詩文目錄；三是研究資料，爲關於魏氏的論著索引、論文索引。

---

⑮《澄懷園主人自訂年增·序》。

由這三部分內容可知，該書是研究魏氏難得的資料和工具書。近人給清人撰著的年譜，具有研究性，在譜主年譜之外，還有其他內容，可供讀者利用，這樣的年譜實堪注意，下面將要介紹的《唐廷樞研究·年譜》即爲類似的一部。

唐廷樞是洋務派中的重要人物，是近代史上企業家的代表，汪敬虞作《唐廷樞研究》，分析評價唐氏經濟、政治活動，並作《唐廷樞年譜》，收入書中。這年譜既爲作者自身研究之用，又便利讀者。該書一九八三年由社科出版社刊行。

《鏡湖自撰年譜》，段光清撰，中華書局一九六〇年出版。段氏於道咸間在浙江任縣令、知府、按察使，時值寧波農民運動、太平軍進攻杭州，他的年譜記錄了這些事件。同時譜主留心吏治，了解民情，年譜對浙江賦役狀況、民間賭博及宗族活動、地方司法行政多所記叙，反映十九世紀中葉浙江地方史。

《徐愚齋自叙年譜》，徐潤是與唐廷樞齊名的近代企業家，其自叙年譜，記叙他家業的興衰和上海近代企業的建設。該書有一九二七年版，一九七七年臺北食貨出版社影印本，並被收入近代史料叢刊《洋務運動》資料集中。

丁文江、趙豐田編《梁啓超年譜長編》，上海人民出版社一九八三年梓刻，是巨型年譜，長達八十一萬字。譜主梁氏剛逝世，其家屬、友人即徵集有關他的材料，得到有關人士的支持，收集到大量資料。編者又用半個世紀的時間把書編成，故而資料特別豐富。

《李定國紀年》，郭影秋編著，中華書局一九六〇年出版。這是與年譜既相同，又有區別的編年體人物傳記資料長編，內含《李定國紀年》，分年叙述李定國及其所屬的大西軍的反明起義和抗清活動，附錄關於李定國的清代人寫的傳記、評論文和詩歌。

帝冑、官僚、文士、女子、方外的人物傳記，爲研究清代二百多年的社會歷史的各個方面——政治經濟文化教育制度及其變化，各種類型人物的活動，人們物質的精神的生活，各個地區的社會面貌特徵，各個歷史事件，中國與外國的關係，各民族的關係，提供了相應的資料。

第三節　傳記史料的利用

很好地利用傳記資料，需要借助它的工具書和有關它的研究成果，也需要發現新的傳記文書。

清人傳記資料的工具書，當首推《三十三種清代傳記綜合引得》，房兆楹、杜聯喆編，燕京大學哈佛燕京學社引得編纂處出版，一九五九年中華書局再版。它從三十三種清代傳記書籍中作出人名索引，按姓氏筆畫排列，提供清人傳記文的出處和有無傳記文的情報。它的三十三種書，有《清史稿》、《清史列傳》、《國史列傳》、《國朝先正事略》、《國朝耆獻類徵初編》、《碑傳集》等清代傳記中的主要作品，從而方便讀者查找清代重要人物傳記資料的出處。該書不能令人滿意的是著錄的書籍太少，致使清代很多人的傳記在這裏查不到，或雖有而不完全。這一缺陷使它遠遠不能滿足閱讀者的要求，亟需給以大的補充，搞個上百種的傳記綜合索引。它所標出的《清史稿》的傳記卷數，是五三六卷本的，與現在通行的中華書局五二九卷本不同，即它所標注的某人傳記在

《清史稿》某卷，用中華書局本查不到，因之頗不便於利用。它還有一個缺點，不附載傳主的字號，遂使只知字號、謚號而不知名字的讀者難於利用它。

《清代碑傳文通檢》，陳乃乾編，中華書局一九五九年出版。編者從一、○二五部文集中作出碑傳文的索引，按碑傳主的姓氏筆畫排列，每個傳主名下，書其字號、籍貫，生卒年代和碑傳文的作者、所載書名、卷數。它所收的人物，包括生於明朝而死於清代和生於清代的人。附錄《異名表》，記錄一人二名，或變更姓名的情況；《生卒考異》，對一人數傳而所載生卒互異的作出考證；《清人文集經眼目錄》，臚陳所作索引的文集書目。

吳孝銘撰《樞垣題名》，道光七年（一八二七）成書，備載軍機處設立以來的官員，分滿洲軍機大臣、漢軍機大臣、滿洲軍機章京、漢軍機章京四類題名，共四百餘人，每人下注爵里及入軍機處時間。有道光三十年（一八五○）刊本。光緒八年（一八八二）有人爲之續作，將題名延至光緒間。它既可以作爲研究軍機處及其官員歷史的資料，也可用作備查檢的工具書。

《明清進士題名碑錄索引》，朱保炯等編，上海古籍出版社一九八○年槧刻，全三册，一八○萬字。明清制度，每一次會試，立一碑石於國子監，將進士題名於上。此書據題名碑碑文製成進士人名索引，包括兩項內容：一是以人爲條，注明其籍貫、科年、甲第、名次；二是歷科進士題名錄，以科年、甲第次序排列。它是研究科舉制度和科甲人的歷史資料，亦是研究人物傳記的工具書。但編者没有充分利用《進士登科錄》等書資料進行校勘，未能糾正《明清進士題名碑錄》的誤失，故有的資料不準確。

《清代文獻傳記·傳稿人名索引》，臺北故宮博物院圖書文獻處編，一九八六年該院出版。該院藏清史館傳包、傳稿、傳檔，包含一萬五千餘人傳記，把它編成人名索引。在這一萬五千餘傳主中，有五千餘人的傳記，不見於其他傳記索引，所以這部索引對於清代人物史的研究頗爲提供利用之便。

還有中國古代人物傳記的工具書，非爲清人而作，然將清人包含在內，這裏附列一表，以備需要者檢索。

書名	編著者	出版
室名別號索引	陳乃乾	中華書局一九八二年
室名別號索引補編	丁寧等	與上書同爲一編出版
古今人物別名索引	陳德芸	嶺南大學圖書館叢書，一三三七年
歷代名人年里碑傳總表	姜亮夫	商務印書館一九三七年
歷代名人年里碑傳綜表（上書易名）	姜亮夫	中華書局一九五九年
古今同姓名大辭典	彭作楨	好望書店一九三六年

《明清江蘇文人年表》，張慧劍編著，上海古籍出版社一九八六年刊行。記錄一三六八年—一八四〇年江蘇文人的生卒、著述、活動，依年繫事。附錄引用書目及人名索引。

《清季中外使領年表》，秦國經等編，中華書局一九八六年出版。外國駐華領事始於一八四三年，公使始於一八六〇年，中國派出駐外使臣起於一八七五年，領事產生於一八七七年，該書分別這四種職務，於其起始年起至一九一一年止作出年表，並附總理各國事務衙門大臣年表，使讀者能對中外使領官員一目了然。

《清人室名、別名、字號索引》，楊廷福、楊同甫編，上海古籍出版社一九八八年梓刻。

關於人物傳記的一部既是目錄學專著，又是工具書的著作，是來新夏著的《近三百年人物年譜知見錄》，一九八三年上海人民出版社出版。作者經眼清人年譜八百餘種，每讀一譜作一提要，書寫譜名及其異名，撰者，刊本，其他書籍對該譜的著錄，譜主事略，年譜史料價值，編譜情況，收藏情況，不同說法的考訂。作者依照譜主的生存年代，歸爲五類，即明清之際人物，順康雍時期人物，乾隆時期人物，嘉道咸同光時期人物，生於清而卒於辛亥革命以後人物。每類一卷，按時代順序排列。作者又作附錄一卷，爲《知而未見錄》，即知有其年譜，而尚未經見的；另有《譜主索引》、《譜名索引》。著者並撰《清人年譜的初步研究》一文，作爲代序言，除講了年譜在史籍中的地位外，還對清人年譜總狀況作了分析，估計了它的史料價值。

清代傳記文數量大，愛好者多，而每一篇分量小，不便印刷，因而稿本多，抄本多，有一些不易爲人所知，這就說明有發掘的必要和發現的可能。李映發在四川大學圖書館中發現抄本《府君楊遇春家祭行述》，楊以鎮壓川楚陝白蓮教起家，以平定張格爾之亂著稱。《行述》對楊遇春的身世和軍政活動記錄較詳，可靠性較大，有一定的史材價值⑯。筆者在南開大學圖書館中見到《清人傳

⑯《關於楊遇春的傳記材料》，《清史研究通訊》一九八三年第三期。

記、志銘、雜文鈔》，係抄本，二十三册，除一册外，每册末有題記，曰「道光庚子九月沈炳垣校讀」等字樣，可能就是校讀者抄錄的，書題則是南開大學圖書館所加。筆者在該館還見到《康熙時名臣列傳》一書，亦係抄本，一册，不著撰人，封面無題名，書題也是南開圖書館所擬。這兩種抄本，包含了幾十個人的傳記，筆者未下功夫尋求它們的來源，未便説明它們的史料價值，但其中有的傳記，如徐枋作的《葛瑞五傳》、郭翼撰的《郭琇行述》，是不多見的。筆者的意見，留心於傳記資料的發現，是清史和清代人物研究所不當忽視的。

第四節　日記史料

日記在古代目錄學分類中，屬子部雜家類。它有特定的體裁：按日書寫，內容包括日期、天氣、當日行事與見聞，它還是被當作省身用的，所以有的有自我檢查的內容，日記係當日寫出，亦有數日後補記的。日記因書寫狀況和記載內容的不同，分爲若干種類：一是常年累月不間斷地寫出的；一是作者一段時期寫作的；一是爲從事某項事務而作記錄的。它又可分數種情形，或爲出使日記，作者記其爲使臣出國期間的經歷；或爲遣戍日記，爲罪人發遣邊疆時所寫；或爲學術日記，是作者進行某一種學問研究時的專門記錄；或爲遊歷日記，是旅遊者、官員赴任、試子赴考過程的日記；或隨從皇帝巡幸、迎駕時的日記；或爲辦理臨時差遣的事務日記。

日記記錄當時事情，作者的職業、經歷、道德修養諸方面的不同，就使日記含有各種各樣的內容，反映當時社會各方面的歷史。它可能記有朝內外的大事，朝野的動態，官僚學人的行爲和評論，人情世故，修身方法，道德面貌，學術研究，邊疆地理物産和少數民族狀況，中外關係，名勝古蹟。日記的價值，由作者的職業、經歷和寫作態度來決定，位尊而經歷豐富者的日記，本可以提供當時政治內幕和對交往要人的評價，但他若採取迴避甚或篡改歷史的態度，就會內容貧乏，以至歪曲事實，其價值就大爲縮減。如果忠實於歷史，價值就高。清人寫作日記的很多，鴉片戰爭以後記的更多，公布的也多。其史料意義，從下述數部，可見一二。

高士奇撰《松亭行紀》、《扈從東行日錄》，《扈從西行日錄》、《塞北小鈔》、《扈從紀程》，記其因入直南書房，於康熙二十年（一六八一），隨從康熙謁遵化東陵和古北口行獵；次年扈從康熙東巡盛京，二十二年（一六八三）從康熙朝五臺山和熱河行圍，三十六年（一六九七）跟隨康熙第三次親征噶爾丹。這些日記除反映康熙東巡、西巡、秋獮和對噶爾丹用兵事件外，還能提供以下幾方面資料：康熙與孝莊文皇后的關係，康熙在外出中，親自給他祖母捕魚進膳，是研究後者的傳記資料。皇太子允礽歷史，如記東巡中，九歲的皇太子引弓躍馬，馳騁山谷，一矢射殺一虎，又記行圍時，只有皇太子與皇帝可以發矢，親王大臣非得旨不敢射，可見太子的地位之高，康熙朝有廢太子事件，這些關於太子歷史的記錄，不可多得。民間貿易、娛樂的記載，如記任邱鄭州藥王廟，「專祀扁鵲，香火甚盛。每年四月，河淮以北，秦晉以東，各方商賈，輦運珍異菽粟之屬，入城爲市，妙妓雜樂，無不畢陳，云賀藥王生日。幕帟遍野，聲樂震天，每日搭蓋篷廠，尺寸地非數千錢不能得，貿易游覽，閱兩旬方散。」海户的歷史，北京南郊的南海子，爲皇家苑囿，內設海户一千八百人服役，「人給地二十四畝，自食其力。」北征途中軍食情景，如軍士飲酒：「營中有賣酒者，千錢一盅，雜以白水，善飲者不能一醉。」此類日記，本以寫恩寵爲榮，高士奇不憚其煩地記其所受康熙的寵賜，如秋獮途中得病先期回京，人剛到家，就有宫中總管太監傳來皇帝從塞外發來的問病諭旨⑰。

《三魚堂日記》，收在《陸子全書》中的爲十卷，匯入《指海》、《叢書集成》的皆爲二卷，作者陸隴其，清初人，官嘉定、靈壽知縣，理學家，是清代最早被捧進孔廟從祀的人，他的日記主要記載他及其友人對當時學者的評論、讀書心得、學術觀點、對事物的觀察。如康熙十六年（一六七七）十一月初四日，記嘉定陸元輔對作者稱贊潘耒「博洽」，隴其說在徐乾學處見過他，元輔言之不誤。次年（一六七八）十月二十八日記會見李因篤，稱之爲「樸實君子」，贊賞他「留心程朱」。同年閏三月初一日記，以「理學入程朱之室，文章登韓柳之堂」自勉。同年十月初十日記葉方靄推崇王陽明心學，陸隴其不以爲然，「欲正之，因初交未敢深言，尚有待也。」論學而外的記載，亦有有意思的，如十七年（一六七八）八月初二日記聽陸元輔講顧炎武事，謂顧於明清易代之際，因僕人握有他的把柄，乃派人殺之，因而在鄉里存身不住，遂周遊燕齊秦晉。日記還反映作者的觀察力，同年四月十八日寫作者自嘉定赴京途中，見病騾被車夫毫不憐惜地使役致死，因之想到「民力且竭而上不知，何以異此」。要之，這部日記是研究清初思想史的資料。

⑰以上諸書見《小方壺齋輿地叢鈔》第一輯。

林則徐撰《乙巳日記》。這裏的乙巳，係道光二十五年（一八四五），時作者正遣戍新疆。日記記錄他巡行南疆，勘察各城新墾地畝的情形，反映當地自然環境、生產和社會生活，表述了作者身處逆境尚憂國憂民的精神面貌，頗有史料價值。這部日記原包括在中華書局一九六一年出版的《林則徐集·日記》中，《中山大學學報》據林紀熹藏本，於一九八四年第一期重為披露，以糾正全集中的錯漏之處。

曾國藩的《曾文正公手書日記》，於宣統元年（一九〇九）由曾氏後人整理出版，王闓運作序，云其追隨曾國藩十九年，常同他「論人事，臧否決斷」，但這些他都沒有寫於日記中，而見其京師日記，「多自刻責，詞甚嚴者」。所說符合於該日記的情況。如道光二十一年（一八四一）曾國藩任翰林院檢討，在十一月初一日記到田敬堂家拜壽情景：「在彼應酬一日，樓上堂客，注視數次，大無禮。與人語多不誠，日日如此，明知故犯。」越日記其母壽辰，「不能預備壽麵，意在省費也。而哺時內人言欲添衣，已心諾焉。何不知輕重耶！顛倒悖謬，謹記大過。」反映當時一部分官員、讀書人是如何講究修身的。咸豐九年（一八五九）正月初八日寫道：「日內因久住建昌，無所作爲，欲拔赴湖口，又恐閩賊來竄撫、建，進退兩難，寸心終日紛擾，屢次占卜，亦智略不足，故不能審定全局，確有定計。」自譴之外，涉及到對太平軍戰事，他搞占卜，令人不要忽視迷信對古人行事乃至歷史事件的影響。十一年（一八六一）正月十四日是道光忌辰，曾國藩參加過他的喪禮，時值英法聯軍進北京之後，因發感慨，寫道：「……淀園（應指圓明園）被焚，聖駕（指咸豐）出狩灤陽，現聞有西遷之議，滄桑之大慽，臣子之至痛。」這裏清廷有西遷之議的記載，是論其時政治的重要資料。政府要人的日記，總是可以提供某些政局變幻的線索的。

《郭嵩燾日記》的作者，是洋務派人物，歷任編修，入直上書房，署廣東巡撫，駐英兼駐法大使，退職後，在對俄、法、朝鮮關係問題上均發表意見。他的日記，起自咸豐五年（一八五五），終於光緒十七年（一八九一），計二百二十八萬字，是日記中的巨著，湖南人民出版社點校印行問世。該書對十九世紀後半葉的清朝內政外交，英國及其他國家的政治經濟，國內外的文化風俗，均有反映，並表達了作者的觀點。如赴英途中，閱讀美國林樂知著的《中西關係論略》，因議中國對教民的政策：「無論所習何教，但涉官事，即與平民一體處斷」⑱。

趙烈文著《能靜居日記》。趙入曾國藩幕，並爲門生，當曾國荃攻陷天京（今南京）時正在軍中，於日記中記錄了湘軍在南京的暴行。該書收入《太平天國史料叢編簡輯》第三冊，中華書局一九六二年出版。

以有長篇日記自詡的李慈銘，在其《孟學齋日記甲集》序言中說他開始寫的日記，「世之治亂，家之亨困，學問文章之進退工拙，亦略可見」，後來變計，發誓在日記中「不標榜，不詼嘲，不議論國事，不月旦人論，有犯一者，即削其牘」，於是把過去寫的，從中「取其考據、議論、詩文、蹤跡稍可錄者」，分類編排⑲，後遂形成《越縵堂日記》。他所說的前後思想變化，均有代表

⑱《郭嵩燾日記》第三冊，一二〇頁。

⑲《越縵堂日記》商務印書館版，第一冊。

性，按照這樣或那樣的主導思想所寫作的日記，能夠提供朝野政事、人物傳記和學術研究的一些資料。李慈銘不滿意的先時日記，筆錄當日所見邸鈔，叙述政事及感想，如咸豐十一年（一八六一）八月廿三日記英法侵略軍火燒圓明園事，廿五日記北京情景。吳語亭把李氏這部分日記編爲《越縵堂國事日記》，金梁編《越縵堂日記索引》，臺北文海出版社將這兩部書收入《近代中國史料叢刊》續編，一九七八年刊行。劉禺生在《載世堂雜憶》評論《越縵堂日記》，認爲它的內容反映李慈銘與張之洞的鬥爭，也即南北之爭。

清朝後期使臣出使日記有多種，如前述著作《王夫之年譜》的王之春即有《使俄草》，薛福成、崔國英等皆有出使日記行世。這些都是對西方國家的，對周圍鄰國也有，如花沙納的《東使紀程》，記其一八四五年爲正使至朝鮮册封王妃事。許寅輝作《客韓筆記》，叙述他於甲午戰爭期間在漢城任英國駐朝鮮使臣秘書時營救中國難民事。這兩部書收在一九八八年四川人民出版社印刷的《清代稗海》第十輯中。馬先登的《護送越南貢使日記》，有同治間關中馬氏敦倫堂叢刻本。

第五節　書信史料

向家人、友人通告自己的情況，官員向皇帝、上司打報告，向下級發指示，皇帝所發的詔諭，這類文字，從性質上講都是互通消息和表示作者的意見（包括政見、政治措施、條令），但從文體上說則不相同，諭旨、奏疏、檄教、詳文、家書格式不一。這裏所說的書信，就是古人講的尺牘，是私人間的通信。古人需要寫信的，大體上是官僚、文人、商人和士兵四種人，後兩種人數雖多，但就某一個人來講，除極個別大商人外，寫信很少，遺存也絕少，官僚、文人需要交友，互通聲氣，尺牘較多，保存也好。書信可從它的接受者來區分：給家屬的家信，給友人（包括師生）的書信，給同僚、部屬的公牘。書信有一定的呈式：首先是受書人，如何稱呼，要依據作者與受書人身分來定；其次是內容，若前此有通信或其他聯繫，未了之事，先要說明，次及本次寫信所要交談的事情；最後具名，亦視雙方身分來定。雙方稱謂上的習慣，一定要遵守，如康熙間即墨縣楊玠在所作《家法》中强調：「致書於尊長，皆稱『尊前』，自書『叩』，兄未滿五服者皆然，伯叔以上，無問遠近」⑳。書信原非公開的，次後人們從作文技巧和書法藝術考慮，選擇一些人的書信，作成匯編，或公布某一個人的尺牘真跡。這樣從出版上分，書信有了三類，一是匯集衆人的，一是個人的，一是手跡。清人對槧刻書信頗有興趣，晚清尤盛，於是有一批書信問世。今就南開大學圖書館的部分收藏，列表於下：

⑳《即墨楊氏家乘》。

書名	卷數	作者或編輯者	版本
尺牘新鈔	十二	周亮工	海山仙館叢書
顏氏家藏尺牘	四	顏光敏	同上
倦圃尺牘	二	曹溶	含暉閣藏板
冬暄草堂師友箋存	六冊	陳豪	中華書局一九三七年
清代名人手札甲集	六	吳長瑛	上海華南印書社一九二六年
清二十家手札		吳經祥等	
錢塘吳氏舊藏名人書簡		吳錫麒等	一九二五年影印
謝氏家藏同光諸老尺牘	六	謝景惠	一九二七年影印
曾文正公手札	八冊	曾國藩	一九三三年拓印本
胡林翼公手札	四冊	胡林翼	一九三三年拓印本
瑤華集		張邁	光緒二十八年刻本
翁松禪相國尺牘真跡	十二冊	翁同龢	
繡虎軒尺牘	二十四	李煜	傳萬堂梓
秋聲閣尺牘	二	奚學孔	康熙間刻
滄溟先生尺牘	三	張所敬	一七三〇年江都嵩山房刊本
于文襄手札		于敏中	一九三三年北平圖書館影印
音注袁太史尺牘	八	袁枚	一九二六年掃葉山房印
陳文恭公手札撮要		陳宏謀	一八六八年楚北崇文書局
質園尺牘	二	商盤	道光壬寅序本
惜抱先生尺牘	八	姚鼐	一八二三年刻本
林文忠公尺牘		林則徐	一九一九年北京懿文齋影印
有正味齋尺牘	二	吳錫麒	申報館鉛印
李文忠公尺牘	三十二冊	李鴻章	一九一六年商務印書館影印
秋水軒尺牘	二	許思湄	杭城有容齋重刊
周文忠公尺牘	二	周天爵	一八六八年蘇松太道署刊
先資政公家書	十冊	不詳	抄本
資園尺牘	十二	王韜	光緒十九年鉛印
明清名人尺牘墨寶	六	文明書局輯	文明書局
清代名人書札		周駿良	一九八七年北京師範大學出版社

書信保存了說明某些歷史問題的資料。如《明史》的編纂，康熙中刑部尚書徐乾學兼總裁官，曹溶兩次給他寫信，講到修書事，一次說衆人盼著明史早日成書，得知徐「手定大綱」，將可「刻期告竣」；一次是說自身撰輯了《續徵獻錄》，但其中明朝末年諸臣傳，「間與本朝相涉，或有關入世家者，恐干忌諱，正在删修，成後再膳寫進呈，以備參考」㉑。可見當時官私作者惟恐觸犯清廷禁忌，不敢如實書寫，以及宕延時日的狀況，真實地反映了《明史》撰修之難。又如康熙七年（一六六八）有《忠節錄》一案，被牽涉進去的顧炎武在給當政者信中，對此案作了較詳細的說明。這個案件被株連的達三百人，其中有五十餘人是所謂「譏傷本朝之人」，信中反映了清初滿漢矛盾和清朝政府的高壓政策㉒。

書信反映文人治學與著述的頗多。陳其年撰輯《婦人集》，書告王士禎，收件人回信云其兄王士祿編輯《燃脂集》，亦是匯錄「古今閨秀文章」，希望兩家交換，「各以見聞，佐其未逮」㉓。

書信資料比較真實，官員對家屬、友人通信，可以說一些體己話，所以它的真實性大於奏疏等公文。如勝保在咸豐九年（一八五九）初被陳玉成打得大敗，卻奏報獲捷，胡林翼於同年四月十四日給其部屬的信中講到此事：「勝帥本是大敗，乃轉以捷聞。方告急求援於朝，狗（指陳玉成）即

㉑《倦圃尺牘》卷上《與徐健庵》。
㉒《顏氏家藏尺牘》卷一。
㉓《尺牘新鈔》卷一《答陳其年》。

夜馳往江浦矣，又以捷聞，均見章奏」㉔。這些實話，拆穿了勝保的謊言。因此，政治上的事，若書信有反映的，當可珍視。當然書信在公布時，又被做了手腳的，則當別論。

信札未刊的很多，據說蘇州文管會就收藏清人的萬件左右，一些地方的博物館亦有不等量的收藏。這些書信若能有選擇地加以公布，當是學術界的幸事。在刊印之前，研究者亦不必喪失獲睹其真跡的信心，不妨努力尋找一番。

㉔《胡文忠公遺集》卷六十四《致牙厘文案糧臺諸君》，同治六年（一八六七）刊本。

第九章　筆記資料

第一節　筆記體圖籍及其成為史料學研究對象

什麼是筆記體，古往今來人們的看法並不一致。《四庫全書總目》把與筆記有關的圖籍分爲「史部・雜史」，「子部・雜家」、「子部・小說家」三類。所謂雜史，是敍「事繫廟堂，語關軍國」，但所述只是「一事之始末」，「一時之見聞」，不得爲正史①。雜家又分爲六類，即學術觀點龐雜，不宗一家的「雜學」，如《顏氏家訓》；辨證事實的「雜考」，如《日知錄》；既有資料又發表議論的「雜說」，如《春明夢餘錄》、《居易錄》；推究事物原理，而所記纖細的「雜品」，如劉體仁的《七頌堂識小錄》；分類編輯舊聞的「雜纂」，如《說郛》；會刻諸書，算不上

①《四庫全書總目》卷五十一，四六〇頁。

那一種文體的「雜編」，如馮班的《鈍吟雜錄》②。小說家又分爲雜事、異聞、瑣語三派③。因雜史類與小說家雜事類，都紀錄雜事，不易區分，遂規定：「述朝政軍國者入雜史，其參以里巷閑談，詞章細故者」，則入雜事④。這就是文體相同，而以內容有朝野之異，强爲區別，並不完全合理。雜家類區爲六目，「雜學」以學術觀點立目，與雜考、雜說等五目以體例的龐雜立目，原則不一，置於一類並不相宜。張之洞在《書目答問》中，對此頗有變異。他認爲的雜史，是記載「有關政制風俗軼事」的，內分事實、掌故、瑣記三目，把《春明夢餘錄》置於瑣記目中，而不像《四庫全書總目》歸入雜家類。它的雜家類，專以學術觀點劃分的，所謂「學術不純宗一家者入此，其雜記事實者入雜史，雜考經史者入儒家」。這一劃分界限清楚，使得從文體上講，雜家與筆記體沒有關係了。它說的小說家圖書，是記事之作中「多參議論，罕關政事」的，如《居易錄》。它以記載政事之多寡，劃分雜史與小說，與《四庫全書總目》基本相同。本世紀出版的《筆記小說大觀》，把顧祿的《清嘉錄》、諸聯的《明齋小識》、畹香留夢室主的《淞南夢影錄》刊入其中，顯然，它的「筆記小說」一詞概念也很不清楚。謝國楨是研究筆記的專家，在《明清筆記談叢．重版說明》中，把「野史稗乘」、「筆記」、「小說筆記」、「野史筆記」當作同一概念來運用，尤喜用「野

②《四庫全書總目》卷一一七。

③《四庫全書總目》卷一四〇。

④《四庫全書總目》卷一四一，一二〇四頁。

史筆記」一詞。他把《農政全書》、《蘭苕館外史》、《破邪詳辨》、《蠻司僉志》、《蒙古遊牧記》、《天下郡國利病書》、《徐霞客遊記》、《耆獻類徵》、《疇人傳》等書，都列爲野史筆記的範圍。他把雜史、雜學、小說家以及史部地理、史鈔、傳記類圖書中的一部分都歸納進來，使筆記概念複雜化了。

五十年代起，中華書局出版《元明史料筆記叢刊》、《清代史料筆記叢刊》、《近代史料筆記叢刊》，將記載當時見聞而有較高史料價值的筆記稱爲「史料筆記」。一九八〇年中華書局出版劉葉秋的《歷代筆記概述》一書，對筆記的含義和類型、淵源與名稱發表了見解。他說：「魏晉南北朝以來『殘叢小語』式的故事集爲『筆記小說』，而把其他一切用散文所寫零星瑣碎的隨筆、雜錄統名之爲『筆記』」⑤。他認爲筆記大致可分爲三類：小說故事類，即志怪、軼事小說；歷史瑣聞類，記野史，即談掌故，輯文獻的雜錄、叢談；考據、辨證類，即讀書隨筆、札記。第一類是筆記小說，二、三類就不能作這種稱呼了。他看到這三大類的分法還欠周密，如《池北偶談》記掌故、文獻，歸入第二類，而該書還有《談異》一門，此則屬第一類了，所以他說「本書此處歸納古代筆記爲三大類也無非粗舉大凡而已」⑥。他認爲筆記的特點，以「内容論，主要在於『雜』：不拘類別，有聞即錄；以形式論，主要在於『散』：長長短短，記叙隨宜」⑦。他在筆記的分類和特點的

⑤《歷代筆記概述》，一頁。
⑥《歷代筆記概述》，四頁。
⑦《歷代筆記概述》，五頁。

概括上，比前人大大前進一步，擺脫了四部分類法，把古代筆記體圖籍真正歸爲一門，並給以較合理的分類。

筆者根據前人的研究，同意這樣的說法：古代筆記是隨筆記錄當時見聞，閱讀古今圖書、文物心得，隨筆撰寫帶有虛構性的人物故事。它具有內容廣泛的特性。作者所記的見聞，可以是朝廷的，達官貴人的，里巷細民的，所閱讀鑒賞的文獻、文物，可以是古今各種各類的，所以它的內容，涉及當時和歷史上的社會生活各個方面，諸如典章制度，政治鬥爭，天文地理，文物典籍，金石書畫，詩詞歌賦，人物軼事，少數民族，社會異聞，風俗民情，異國知識等。它還有不拘形式的特點，信筆所記，雜亂無章。它的作者用之記一些素材，備遺忘，可以進一步綜合成專著，有的因條件不成熟而沒有實現目的，有的因它本身就是一種體裁，也就樂而爲之定稿了。它有許多異名，如叢談、叢話、筆談、隨筆、隨錄、隨鈔、雜錄、雜識、雜志、雜記、雜筆、雜著、雜憶、札記、叢錄、瑣言、瑣談、見聞錄、紀聞、舊聞、新語、客話等。知道這些名稱，有利於識別它們。

包含神仙鬼怪故事的筆記文獻，和歷史學有什麼關係，能不能當作史料著作來對待？《四庫全書總目》認爲雜史叙遺聞舊事，「足以存掌故，資考證，備讀史者之參稽」⑧。又講小說家的作品，「寓勸戒，廣見聞，資考證者亦雜出其中」⑨。肯定筆記對於讀史有參考的價值。陳恭祿在

⑧《四庫全書總目》，卷五十一，四六〇頁。
⑨《四庫全書總目》，卷一四〇，一一八二頁。

《中國近代史資料概述》中明確指出：「筆記是記載的另一種形式，也是史料的一種。」又分析說，筆記種類多，數量大，可信價值高下懸殊，大抵記載親身經歷的，是比較可信的參考資料，記所聞的次之，記傳聞的又次之[10]。肯定筆記史料價值的同時，還指出了它的價值與作者所得材料來源的方式有關。民國初年周椒青爲裘毓麐的《清代軼聞》作序，把正史與筆記史料對於讀者的意義作了一個對比，他說：「凡古人言行，其載之正史者皆山中之恒溪也，及睹其軼事於他說，則其人之性情畢露而讀者之耳目爲之一新，此則天外之飛瀑也」[11]。正史與筆記皆給人以史實，而後者往往予人以印象更深刻的東西，說得非常生動。看來筆記是史料的一種。

錢泳說：「昔人以筆札爲文章的唾餘，余謂小說家亦文章之唾餘也」[12]。筆記爲人所賤視，其中更有神鬼故事；怎能當作史料？筆記所載之傳聞和前人軼事，往往是談天中所得，文人愛以文會友，以閑談爲樂，以善談爲有才華，閑話那有那麼正經，無稽而又無聊的內容必定不少，錄之於書，價值要受影響。筆記的作者還有在無聊時爲解悶而寫作的，這是不嚴肅的態度，也會降低他的著述的質量。但是，所有這些不能否定筆記的史料價值，這是因爲：⑴記錄見聞，反映當時的社會歷史，也表現作者對時事的態度；⑵寫閱讀文獻、鑒賞文物心得，表現作者的學術觀點和研究成

⑩《中國近代史資料概述》二一五頁。

⑪中華書局、上海書店合刊，一九八九年版七頁。

⑫《履園叢話·序目》。

果；⑶筆記小説中，也夾雜有考辨成分，其資料亦堪參考利用。筆記有其史料價值，史料學要把它作爲研究對象之一，説明它的創作、資料意義和利用情況。

第二節　清人筆記及其史料價值

清人寫作筆記的狀況，劉葉秋作了述評：「清代是筆記集大成的時代，各種筆記都在前人述作的基礎上進一步發展；其中歷史瑣聞類筆記的內容，尤爲充實而多樣化，較明人叙述的範圍更廣」⑬。「考據辨證類的筆記無論數量質量，均超過明代」⑭。這就是説清人筆記在體裁上有發展，內容上也廣泛充實。劉葉秋還認爲清朝前期的筆記，「只是記記掌故、風俗，談談文藝與士大夫言行之類。」「諱言明末清初的史事，不敢譏評朝政或流露諷刺、不滿的意思」⑮。謝國楨綜述明清兩代筆記發展情況，認爲明代正德嘉靖以來是極盛期，清代乾嘉以前是衰落期，毫無生氣，關於史事的記述，略具舊聞而已，至近代爲復盛期⑯。清人筆記確有一個缺點，即受清朝文化政策和

⑬《歷代筆記概述》，一六七頁。
⑭《歷代筆記概述》，一六八頁。
⑮《歷代筆記概述》，一六七頁。
⑯《明清筆記談叢·重版説明》。

文字獄的影響，記錄明清之際的事情太少，但是不等於沒有時事的筆記，乾嘉道時期出現的《嘯亭雜錄》、《竹葉亭雜記》等是以記時事爲特點的，它們對清史研究的史料價值是相當高的，不讓於別的朝代的同類著作。當然，在政治思想傾向上，這些著作均持頌聖觀點，很少敢批評時政，不過到清季就改變了這種風氣，這也是研究清人筆記所應注意到的。

清人筆記的數量，《清史稿藝文志及補編》所著錄的，不過數十種，很不完全。法式善作《槐庭載筆》，記科場故實，列有引用書目四百種，除政書、方志外，清人筆記尤多，不下一百數十種。他是乾隆時人，此後筆記頻出，所以雖不知它的總數，但數量頗豐，卻是可以肯定的，然而也遠不會有方志、文集、家譜那麼多。

清人筆記作者中，有以精力不濟而作此小品，如俞樾在《右臺仙館筆記》自序中講，他以前居蘇州作《曲園集》，在湖州著《俞樓集》，而居錢塘，年近六旬，精力不勝，乃不能似前有著作，但又不甘心於無著述，於是整理以往的筆記，成這部作品。此外，有的爲消遣而作，有的從事文字遊戲，但嚴肅的作者亦不乏其人。錢泳作《履園叢話》，自謂是抑鬱無聊，遣愁索笑之筆，《天真閣集》作者孫原湘見之，說他這是欺人之談，是有爲而作，錢泳即引爲知己，請其作序⑰。履園是錢泳書齋名，履是實踐，而實踐要按禮而行，錢泳的意思是以儒家倫理爲準則，鑒古今，以明白做人行事的道理。他不是爲解悶，是有目的的創作。青浦人諸聯作《明齋小識》，主要記其家鄉事，

⑰《履園叢話》孫序。

自謂「見者記，聞者記，邑中之事居多，或勸或懲，或爲談助，……而穿鑿附會之談不記」[18]，追求載筆的真實性。《鄉言解頤》的作者李光庭認爲農諺、童謠、村歌、輿誦等不爲人所重視的文學，可方之於文實兼備的不朽之作，所以精心搜集，詳爲解說[19]。以是能爲後人提供有關社會風俗的寶貴資料，這是他見識有過人之處的結果。江蘇巡撫梁章鉅致仕後，著《歸田瑣記》，又漫遊吳會，「逐日有作」，「紀時事，述舊聞」[20]，遂有《浪跡叢談》、《續談》、《三談》三十萬言之作，是不以年老而怠於寫作的人。只是因爲有這樣一些有作爲的、有見識的、辛勤耕耘的作者，清代的筆記才大有發展，並有一批嘉禾——名作問世。下面讓我們了解幾部作品，然後概述清代筆記的史料價值。

王士禛著《居易錄》。作者是清朝前期詩壇首領，康熙二十八年（一六八九）再次入京，歷官經筵講官、刑部尚書、左都御史。平日見聞輒形於筆端，讀書、鑑賞文物有得則錄，歲月既久，得數百條，整理爲三十四卷。其記經歷，依時間爲順序，起自二十九年（一六九〇）二月，止於三十九年（一七〇〇）五月。其論詩詞文物雖有成功之處，而筆者以爲記朝政部分更吸引人。如卷三記康熙教育皇太子胤礽及敘東宮諸講官。卷十七述元旦、冬至、千秋節朝賀太子的禮儀。三十二年

[18]《明齋小識》卷一《雜記》。
[19]《鄉言解頤·序》，中華書局一九八二年版，一頁。
[20]《浪跡叢談》卷一《浪跡》。

（一六九三），康熙命皇三子胤祉往闕里祭孔廟，皇四子胤禛從行，《居易錄》作了如實記載，可糾正官書强調胤禛而貶低胤祉作用的誤失。其書名，因顧況有「長安米貴，居大不易」之說，反其意爲《居易錄》。該書收在《王漁陽遺書》中。

屈大均撰《廣東新語》。二十八卷，以所記叙的事物性質分類，爲天語，地語，山語，水語，石語，神語，人語，女語，學語，事語，文語，詩語，藝語，食語，貨語，器語，宮語，舟語，墳語，禽語，獸語，鱗語，介語，蟲語，木語，香語，草語，怪語。筆記圖籍中有嚴格分類的並不多，它以人、生物、自然現象、器具區別門類，甚爲清晰，記事也豐富。對廣東的各種田地，沙田、茾田（彌田）的形成、生産與占有狀況，清初的遷海，西方殖民主義者的入侵及與廣東内奸的勾結，蛋户的情形，廣東的鐵冶業的記載，都是有價值的史料。他雖然記的只是廣東一地之事，作者之意是以小見大，以一方而見全國。潘耒爲之作序，云讀該書，「遊覽者可以觀風土，仕宦者可以知民隱，作史者可以徵故實，摛詞者可以資華閏。」道出它擁有清初廣東地理、物産、人文、風俗資料的事實。它有康熙三十九年（一七〇〇）木天閣刊本、中華書局一九八五年本。

鈕琇作《觚賸》。作者是吳江人，在河南項城、陝西白水、廣東高明等地任縣令，於高明官舍成書，康熙三十九年（一七〇〇）作序，但記事有至四十八年（一七〇九）的。「觚」意簡策，「賸」乃贅言，作者謙稱他的書爲多餘的話。全書正編八卷，分爲吳觚、燕觚、豫觚、秦觚、粵觚，皆作者親歷之地的見聞。《續觚》四卷，分別爲言、人、事、物之觚。記事多有所本，如錄人物的詩詞，或有名物可資考証，荒誕離奇的事亦有所叙，但不令人厭煩。他不是誇耀博聞，而是反映清初吳、燕、豫、秦、粵諸省的社會人情。他迷信天命、輪迴之說，爲多數筆記作者的通病。該書收在《筆記小說大觀》、《清代筆記叢刊》等叢書中。

汪景祺著《讀書堂西征隨筆》。作者是錢塘人，康熙五十二年（一七一三）舉人，雍正二年（一七二四）初由邢州，道經山西，入關中，沿途寫作，至五月成書，時年五十三歲，自謂以前很傲氣，現雖改行，但作品「意見頗偏，則性之所近而然也，議論孛戾，則心之所激而成也」，可謂自知所著有背世道。書本二卷，今所存一卷，多記時事，偶及歷史。《遇紅石村三女記》、《記蒲州常生語》等篇，反映素稱富饒的山西運城地區，由於三十年來「有司朘民，以奉上官，取之閭左者十倍正供」，以至百姓賣妻鬻子，激起反對，出現了以女子爲首領的「胭脂賊」。《上年羹堯書》、《西兵之捷》、《功臣不可爲論》諸篇，歌頌年羹堯平定青海之功及論功臣如何處世。《延安三廳》論述榆林衛改爲縣治的必然形勢。《錢通政條奏》，指斥右通政使錢以塏的籍沒貪官家產以賠補虧空的條陳。《繆禮科條奏》，說禮科給事中繆沅揭露科場醜行的奏疏是過河拆橋。《聞李侍郎紱擢粵西巡撫》，謂其人忘恩狂驕。《熊文端明史》，云致仕大學士熊賜履在南京監修《明史》，無卓見而收受賄賂。《高文恪遺事》，說高士奇奸險，先事大學士索額圖，後聯合大學士明珠倒索。《遂寧人品》，講大學士張鵬翮貪婪，懼內，戀位不丁憂。《程如絲貪縱》，記川東道程如絲貪財殺害人命。汪景祺在書中反映了康熙後期、雍正初年官吏爲人、吏治及民間情況，揭露官場的污濁和官員的庸劣，表現出對重用那些官員的皇帝有所不滿的態度。大膽地涉及和議論時政，在清人筆記中實屬鳳毛麟角。由於作者受義憤感情的支配，個別事情沒有搞確實，如對張鵬翮的批評不完全符合實際。據説該書中還有諷刺康熙書法的「皇帝揮毫不值錢」，議論康熙謚號、雍正年號的內容。景祺之書在年羹堯案件中被發現，雍正以其大逆不道論斬。書藏宮中，僅存上卷，故宮博物院出版的《掌故叢編》於第一至第六輯予以披露，一九二八年出單行本。雍正在該書首葉，親書「悖謬狂亂，至於此極。惜見此之晚，留以待他日，弗使此種得漏網也。」這類文字獄，就使得清代議論時政的筆記大為減少和遜色。

阮葵生著《茶餘客話》。作者歷官內閣中書，軍機處票簽，充方略館、通鑒輯覽館纂修官，刑部侍郎，得覽內閣和軍機處檔案。為人勤奮，當在軍機處值夜班時，「竟夕披覽不倦」，別人不願當夜值，他則樂於往代，這樣搜集了大量資料，於乾隆三十六年（一七七一）以前成書，二十二卷，包括政治、史地、學術思想、科學工藝、文學藝術、花木鳥獸、飲食起居諸方面內容。由於作者熟於典章制度，對清代職官、科舉、典禮、婚姻、賦役、法律制度多所記載。如卷五《禮制》，敘述了嫁娶年齡，婚禮、老年續娶、再婚、同姓不婚、婚禮作樂、彩禮燕席等習俗。他主張婚制適於時情，不可墨守古法：「古禮不必盡可遵」，同情寡婦再婚。同卷講了喪禮，有本生之喪、臨喪之禮、喪家十二禁、論喪葬宜從儉、焚衣、在任守制、民公溘逝之禮、侯伯溘逝之禮、品官喪儀等目。書中還流露了作者不滿於八股惡習的思想感情。從而使他的書成為具有一定見解和清代掌故資料的有價值的著作。它有一九五八年中華書局上海編輯所印本。

趙翼作《簷曝雜記》。趙翼是清代史學名家，以作《廿二史劄記》著稱。他的《陔餘叢考》也是治史專著，不過是研究明朝以前歷史的，不在我們的考察範圍之內。《簷曝雜記》六卷，《續》

一卷，基本上依作者的經歷分卷，而沒有考慮所叙事情的性質。作者先在京中任內閣中書、軍機章京、方略館纂修官，故卷一、二記京中及塞北見聞，其記軍機處的設立、軍機大臣的進見、草擬詔旨、廷寄制度以及軍機直舍、軍機大臣不與外臣交接，是研究軍機處的重要史料。作者後赴外任，歷廣西鎮安知府、廣州知府、貴州貴西兵備道等職，因此在卷三、四中記載了兩廣、雲貴的物產和民間風俗，特別是叙述了少數民族的生活習慣及改土歸流後土司餘威不倒的狀態。然書中每有作者自詡之成分，令人不快。它的版本甚多，除收入湛怡堂《甌北全集》，嘉慶、道光、光緒間均有印刷，一九八二年中華書局出版點校本。

昭槤（汲修主人）撰《嘯亭雜錄》。作者襲爵禮親王，是所謂嗜學之人，有條件接交社會上層，見聞較豐富。其作《雜錄》十卷，《續錄》五卷，卷一寫嘉慶以前諸帝事，卷五叙乾隆對緬戰爭，《續錄》卷二、三主要記人物，其他諸卷述各類事。全書內容廣泛：清代諸帝用人、行政和性格，八旗制度和滿洲風習，內外大臣佚事，一些政治事件（如農民起事），中央和地方行政制度、吏治。所有這些都是研究鴉片戰爭前清代歷史的參考資料。其中的典章制度部分價值尤高，如叙王公降襲次第，王府官員制度，宗室婚嫁，宗室任職官，內官之制，提供了八旗、宗室和內監制度資料。對滿漢矛盾也有所揭露，如講撫遠大將軍岳鍾琪受滿人副參領查廩和署理川陝總督查郎阿的陷害而失寵，這是沒有昭槤爵位的人所不敢記載的。此書抄本、刻本很多，光緒六年（一八八〇）德鍾等爲釐訂，出版九恩堂本，一九八〇年中華書局印行點校本。諸本《續錄》卷數不一，有二卷者，三卷者。

錢泳的《履園叢話》。錢泳書成，道光三年（一八二三）開雕，十八年（一八三八）始刻就，可見窮書生刻書之不易。一九七九年中華書局爲出點校本。全書二十四卷，《舊聞》卷記清初軼事，《水學》卷論三吳水利，《景賢》、《耆舊》兩卷講士大夫之賢明者如何做人，《臆論》卷發表對功名利祿的看法，《譚詩》、《碑帖》、《收藏》、《書畫》諸卷講作詩、習畫及書法藝術，對文物的鑒定和收藏，《藝能》卷講衣食住及娛樂的方法。《笑柄》卷諷刺某些人情世故。《辨異》、《鬼怪》、《精靈》、《報應》等卷多爲迷信荒誕之説。《古蹟》、《陵墓》、《園林》等卷介紹名勝古蹟。《雜記》卷寓哲理於事，然多不經之談。作者長期爲幕賓、塾師，需要也具有各方面的知識，並把它匯總於書中。它提供了清代社會經濟、吏治、人物傳記、思想、藝術、風俗習慣的資料。

吳振棫著《養吉齋叢錄》，二十六卷，《餘錄》十卷。作者歷官編修、布政使、總督，從政數十年，博於見聞，於公事餘暇，勾稽奏議，條列清代同治以前的典章制度，尤詳於官制和禮制，除敘述制度本身，還講其實施情況和變化。每卷雖不立目，但有側重內容。卷一有內閣、大學士、八旗制度梗概，卷二敘翰詹及進士，卷三爲宗學、督撫、武職，卷四述軍機處制度，卷五記經筵、祭祀、耤田，卷六講刑政、藩屬、時憲書，卷七書堂子、郊祀、祭孔禮，卷八述明陵等祭祀及清朝配享，卷九講科舉，卷十關於博學鴻詞、庶吉士和學政事，卷十一寫聖誕禮，卷十二書廟號、謚號，卷十三述元旦、燈節禮儀，卷十四寫食胙，卷十五記大宴，卷十六述巡幸與秋獮，卷十七記內廷諸殿，卷十八寫西苑宮殿，避暑山莊，卷十九寫宮中門聯事，卷二十述御纂書、明史，卷二十一關於滿文、貨幣銘文、印鑒，卷二十二記滿人服制，卷二十三述奏摺，卷二十四載御膳、進貢事，卷二十五叙官俸、喪葬、太監、團練，卷二十六寫玉璽、文物、菜蔬。《餘錄》記清代政治、經濟、文化等方面事，諸如投充、圈地弊政、科舉醜聞、白蓮教起事等。它有光緒二十二年（一八九六）印本、北京古籍出版社一九八三年標點本。

陳康祺著《郎潛紀聞初筆》、《二筆》、《三筆》、《四筆》。「初筆」成於光緒六年（一八八〇），刻於常州；「二筆」又曰《燕下鄉脞錄》，一八八一年梓行；「三筆」原題名《壬癸藏札記》，一八八三年在蘇州印刷。此三筆，中華書局於一九八四年合刊。「四筆」初名《判牘餘瀋》，一八八六年出版，中華書局於一九九〇年以《郎潛紀聞四筆》梓行。陳氏寫作態度嚴肅，一面勤於讀書摘記，一面訪問耆老，把所得的知識寫出來，這就是他在「初筆」序言裏所說的：「多采陳編，或詢耆耉，非有援據，不敢率登」。該書內容廣泛，記載幾乎涉及有清一代政壇、文壇和社會生活的各個方面，對典制和官場、文士的逸聞趣事尤加留意，有較高史料價值。

《問俗錄》，六卷，陳盛韶著。作者於道光間任福建知縣、同知，關心民情、財政，每至一地，記載當地政情和風俗，如卷一茶山、茶訟、茶賭、茶賊、茶盜等條，叙述與茶有關的生產、買賣和社會治安。書中對福建民間財產繼承的習慣記叙清晰，說明了擇立，序立的立繼嗣方法。對民間流行的田骨、田皮制及因之而產生的大租、小租的記載，反映福建土地制度的特點。因其叙事具體生動，頗受史學家和經濟史學家的重視。一九八三年書目文獻出版社把它作爲《文津書海》叢書的一種予以印行；它還有小島晉治等翻譯的日文本，東京平凡社一九八八年出版。

紀昀著《閱微草堂筆記》，二十四卷，內含《灤陽消夏錄》、《如是我聞》、《槐西雜志》、《姑妄聽之》、《灤陽續錄》等部分，計千二百篇，包括寓言、故事、掌故，因述異成分多，純係筆記小說，以此區別於上述諸書。紀昀學問淵博，交游復廣，爲人又以詼諧著稱，故能於乾隆末嘉慶初寫出較高質量的《筆記》。他述異，是有所寓而發：借以揭露官場的腐敗和道學家的虛僞。卷六借地獄冥吏之口講吏、役、官之親屬和僕隸四種人，「無官之責，有官之權」，「怙勢作威，足使人敲髓灑膏，吞聲泣血。」卷一借狐言指斥良吏「愛民乃好名，不取錢乃畏後患耳」，暴露某些清官的隱微心理。卷五寫兩個道學先生，對十餘徒衆辯論性天，剖析理欲，儼然正人君子，恰於斯時，二人合謀霸占寡婦田產的信札從天飄落下來，因之陰謀破產，作者遂議論說：「然操此術者衆矣，固未嘗一一敗也。」魯迅說：紀昀「測鬼神之情況，發人間之幽微，托狐鬼以抒己見」㉑，指明了其書的特點。紀書還有可資考證的資料，如卷十二敘述他四次到避暑山莊，泛舟湖上，見山莊內之景色。卷八記在烏魯木齊見該地水土花草的情形。卷十二論古北口內的楊令公祠當是遼人紀念楊業所建。此書寫就，即有作者門人盛時彥於嘉慶五年（一八〇〇）的刻本，後棗梨甚多，一九八〇年上海古籍出版社發行點校本。像《閱微草堂筆記》之類的清人筆記小說，對治史者有兩個用途：一是它的紀實和考辨的內容，可以直接用爲史料；二是它的故事情節，凡是作者有寓意的，必能反映當時社會生活的某些現實，可用以分析社會情況。因之，也可以把它當作有參考價值的資料來閱讀。

㉑《中國小說史略》，一九七三年人民文學出版社，一八四頁。

筆記所提供的歷史資料，從上舉諸書及其他種類來看，可概括爲五個方面：

⑴**社會生產與經濟資料** 《廣東新語》、《履園叢話》於此記叙較多不説外，葉夢珠的《閲世編》（十卷）至爲豐富，它有《田産》、《食貨》、《種植》、《錢法》諸目，介紹了稻米，青靛、煙草、蔗糖、長生果、橘柚、佛手柑、西瓜、燈草、當歸、桔梗、生地等食物和藥材的生産，清初土地、米、棉布、繭綢、柴薪、鹽、茶、糖、肉、煙、紙、檀香、燕窩、藥材、乾鮮果品、磁器、眼鏡、顧繡等物品的價格及其變動情況㉒。《鄉言解頤》寫北京及京東一些地方的社會經濟情形，卷四《造室十事》，把建房中打夯、測平、煮灰、碼磉、上梁、壘牆、盛泥、飛瓦、安門、打炕的方法都説到了。《市肆十事》則講了招牌、欄柜、秤、錢票、錢板、水牌、銀剪坳、門上小户（備夜間售貨）、算盤等商家所必備之物。卷二《水》講寶坻林亭口因河道所經，「百貨叢集」，成爲小碼頭。《灰》，説明其造屋及供醫藥、染房之用。《市集》記寶坻城里及四鄉集市。卷三《圃》，記録種菜經驗的諺語：「頭伏蘿葡二伏菜，尖頭蔓菁大頭芥。菜三菜三，三日露尖。水菜水菜，一凍便壞。」㉓鄭光祖撰的《醒世一斑錄·雜述》卷六，記黄金價格，銀錢比價，雲南鑄錢，洋錢價格，米、棉、麥價㉔。戴璐著的《藤陰雜記》，叙述了嘉慶以前北京酒園、戲樓和廟

㉒有上海古籍出版社一九八一年點校本。
㉓有中華書局一九八二年本。
㉔有咸豐三年（一八五三）增刻本。

會集市貿易的情況㉕。李斗的《揚州畫舫錄》記乾隆以前揚州商業和工藝生產的歷史㉖。王澐作的《漫遊紀略》，對福建的物產、國內及海外貿易均有記錄㉗。

(2)典章制度的資料　《養吉齋叢錄》、《茶餘客話》、《嘯亭雜錄》而外，記載這方面資料較多的有姚元之的《竹葉亭雜記》，如記嘉慶十七年（一八一二）大閱的儀注，皇室喪儀，朱批御旨收交，軍機章京的挑取與大臣子弟的迴避，吉林的例貢，對滿人的跳神儀式叙述得尤詳細生動㉘。福格作的《聽雨叢談》，關於八旗制度和禮制的記錄尤多，涉及了八旗源起，八旗方位，滿蒙漢旗分，八旗姓氏，滿洲祭祀割牲，花翎，滿官名，內旗旗鼓與漢軍不同，黃馬褂，滿漢互用，筆帖式，八分公，侍衛，佐領，內大臣，滿洲大臣亦可借補漢缺，滿漢官員准用家人數目，八旗族長，滿洲祀先不用炷香，八旗科目，巴克什，滿洲字等問題，反映了清代因滿人當權而特有的制度㉙。劉獻庭著的《廣陽雜記》，成於康熙中，叙八旗官員及職務、俸餉，較爲準確㉚。劉氏沖破道學家

㉕有《説庫》本，上海古籍出版社一九八四年本。
㉖有中華書局一九六〇年本。
㉗有《筆記小説大觀》本。
㉘有中華書局一九八二年本。
㉙有中華書局一八五九年本。
㉚有中華書局一九五七年本。

的束縛，對被社會蔑視的戲曲小説予以高度評價，認爲它是明王轉移世界之大樞機，强調它的教育民衆、移易風俗的功能。張舜徽因此在《清人筆記條辨》一書中稱贊他有遠識，並説及清初學者，謂「清初諸儒，氣象博大，降至乾嘉，門庭漸褊。」梁章鉅的《浪跡叢談》，卷四講清代翰林院、大學士、學士緣起，謚法及其實行，武階、世職、傘蓋等制度㉛。筆記中涉及到科舉制度的甚多，而專著則有法式善的《清秘述聞》和《槐廳載筆》，它們匯集了科舉規制、掌故、科場實況，以及有關科舉的佚事、歌詠資料㉜。軍機處的設立，有一些不清楚的問題。葉鳳毛著的《内閣小志》中説，西北兩路用兵，始在户部立軍需房，漸易名爲軍機房，再改稱軍機處㉝，爲它的成立提供了一種説法。

(3)**政事及吏治資料** 《西征隨筆》、《簷曝雜記》、《嘯亭雜錄》不談外，筆記諸書中大多有所道及，如《筆記小説大觀》第二輯王士禛《香祖筆記》提要中，講它「或議論史事得失，或闡發名物源流，或抗談時事，或旁及軼聞。」論歷史，談時事，都是這方面内容。關於年羹堯專横的「年選」事，出在許克敬作的《暝齋雜識》中㉞。薛福成的《庸庵筆記》卷一、二《史料》，記與

㉛有中華書局一九八一年本。
㉜《述聞》有中華書局一九八二年本，《載筆》有乾隆五十三年（一七八八）本。
㉝《有玉簡齋叢書》本。
㉞有光緒七年（一八八一）長沙刻本、一九八三年岳麓書社本。

太平天國運動有關的人和事，卷三錄查抄和珅家產清單，屬不準確，亦資考證。前述王澐《漫遊紀略》，所記錄的清初遷海事件，是很少見的寶貴資料。葉廷琯的《鷗陂漁話》，記康熙時畫家常熟人吳聖歷加入耶穌會事，反映了天主教在中國傳播的一個側面。《浪跡叢談》卷五有《天主教》專條，錄吳德芝《天主教書事》一文，並表示了對於天主教勢力在華發展的擔憂。《廣陽雜記》多有關於三藩叛亂事的記載，如卷一記吳三桂在衡州稱帝情節；又有南明福王事，如卷一云「宏光帝至南京，即位於內官監，蓋大內諸宮殿雖存，而頹敗不可居，即位後始建武英殿，上所居曰興寧宮，太后所居曰慈熙宮。」似以明臣敘其事，而不像清人口吻，亦反映作者的政治態度。卷二寫建義侯林興珠在雅克薩之戰中的重要作用，爲他書所缺，可補史書之不足。乾隆時蘇州人龔煒著的《巢林筆談》卷二記雍乾兩朝蠲免錢糧事，此事亦見載於官書，但當時當地人的記錄可資參考㉟。

(4)人物傳記資料 各種類型的人物，特別是官僚文人的軼事，爲多數筆記所必有，不過大多不是完整的傳記，而是人物生平、行事的片段。《嘯亭雜錄》寫了五個被殺的官僚：福建總督伍拉納、巡撫浦霖「貪酷用事，至倒懸縣令以求索」，雖有和珅救援，終至伏法；兩淮鹽政高恒亦以貪婪處死；侍郎廣興被殺，則因傲氣傷人，被讒而不知，還誤犯了乾隆的逆鱗；兩廣總督覺羅吉慶爲官清廉，優容「暴戾爭炳」之廣東巡撫某，卒中其傷，乾隆將其交某審訊，不甘受辱而自刎。五人屬兩個類型，一是因貪伏法，一是被讒受害。由此可見官僚之貪婪枉法，也可見皇帝專斷下必有誤

㉟該書有中華書局一九八一年本。

枉。朱彭壽的《舊典備徵》，將清代重要職官、封爵、祠祀及有謚法的人員一一羅列，並書其得官爵的年代。看其子目，則見其內容的豐富：親郡王封號考，三公三孤，狀元宰相，漢大學士人數，大將軍，經略，提督加將軍封號，提鎮改授督撫，封爵考，冠服異數，配享太廟，入祀賢良祠，從祀文廟，古今得謚文正諸人，以忠武為謚，謚法不拘定例，浙省人得謚者，一家人中得謚者，世家，科名盛事，各省狀元人數，重宴恩榮，漢大臣不由正途出身者，八旗大臣起家科甲者，大臣罹罪，大年。它提供大官僚的某一方面情況，兼可作工具書查檢㊱。《聽雨叢談》卷三《八旗直省督撫大臣考》、《八旗直省巡撫考》、《直省滿缺巡撫考》，羅列各職官的任職人員、年代、旗分。卷四《己未宏詞科徵士題名》、《丙辰宏詞科徵士錄》，備書康熙、乾隆兩次博學鴻詞科徵士的名單，以及其人的籍貫、功名、錄取與否及任職。既可供考察滿人任疆吏和兩次鴻博的歷史，同時提供人物傳記資料㊲。《暝齋識略》成於光緒初，作者自敘「閑居無事，採近代文人碎事，合為一編」，不用說，是記敘近代史上人物瑣事的。沈起鳳的《諧鐸》卷三《燒錄成名》，叙述石韞玉焚毀記有朱熹陰事的書籍，因是得中狀元㊳。這種積德有報的迷信說法不對，但石之焚書實有其事，他的文集《獨石廬初稿》亦有交待。陳康祺《郎潛紀聞》對清朝許多大臣作了記叙，並發表評論，

㊱有中華書局一九八二年本。
㊲有中華書局一九五九年本。
㊳有《筆記小說大觀》本。

如卷二記彭春的雅克薩之戰，講康熙允許俄人回國，以爲盛德。作者處於清季國弱之時，希望「他日出使虜廷者，稱述舊典，或猶足壯我威棱，感動異類也」㊴。顯見作者不識時務，然而憂國之心見於紙上。《不下帶編》的作者金埴（一六六三—一七四〇），詩人，與王士禎有交往，同洪昇友善，和曹寅論劇作。他在書中記同時代的文人趣事，兼有詩話性質。清初張潮編輯《虞初新志》，選錄他人傳記文而後予以評論，其選文有吳偉業的《柳敬亭傳》，方亨咸的《記老神仙事》，侯方域的《李姬傳》（李香君）、《馬伶傳》，張明弼的《冒姬董小宛傳》，徐芳的《柳夫人小傳》（柳如是）、陸次雲的《圓圓傳》，毛奇齡的《陳老蓮別傳》，周亮工的《書戚三郎事》（江陰抗清事）㊵，均是明末清初社會新聞人物，所敘事情儘管有虛構成分，然亦資參考。

(5) **物質、文化生活與社會風氣資料**　這方面的資料，筆記提供的豐富、具體而且生動。《清嘉錄》的作者顧祿，蘇州人，二十五歲後在鄉采風問俗，兼讀數百種書，據而寫成十二卷書，專記其家鄉「歲時節物之所陳，市風好尚之所趨，街談巷議，農諺山謠。」即按節氣，每月一卷，敘述該月當地的生產、生活和人們的社交，反映蘇州人的生活和習慣㊶。畹香留夢室主於光緒間編成《淞南夢影錄》，四卷，主要講上海梨園、茶館、妓館及風俗，兼有西洋人在滬情況㊷。反映北方人生

㊴中華書局一九八四年本，三十九頁。

㊵有《清代小說大觀》本。

㊶有《筆記小說大觀》本、上海古籍出版社一九八六年版。

㊷同上。

活的筆記，《鄉言解頤》不失爲重要的一種。卷二《寺觀》和卷三《優伶》，叙述寶坻廟會期間的各種藝術表演，北京戲館的演出。卷三《婚姻》講婚禮儀式和各種人婚姻的名稱，對爭聘禮、嫁奩現象的不滿。《喪祭》講鄉俗厚葬，備酒奏樂以答謝弔唁者，而北京不備辦酒席，合乎情理。《農》講寶坻地洼，難得豐收，佃農與地主六四分成。《衣工》記京中童衣三次、五次鑲邊，奢華太甚。《食工》及卷四的《庖廚十事》、《食物十事》，講炊具，主副食品和菜肴的做法。《消寒十二事》備述禦寒之物。《新年十事》講過年所用之物和食品。卷五《藥物三事》記何首烏等藥品的性能。《竹葉亭雜記》卷八叙及種花草、養魚鳥的方法，一些動植物的屬性，卷四記古籍文物，反映一部分文人對書琴詩畫的情趣。《閱世編》卷四《士風》，對清初松江地區縉紳、士人和官場的風氣作了説明。卷八、九記述了該地衣著裝束的詳細情況，人們交往禮節和習慣，宴會的食物和藝人的演奏。于鬯著的《花竹閑談》主張血緣遠婚，他説：「予聞諸西人，謂彼國雖中表亦不婚，中表而婚，生子厥性不慧，察之人家，頗或有驗，果如此，即用夷變夏可也。」㊸《浪跡三談》卷五講各種酒類、魚類、火腿、黄羊、燕窩、魚翅、海參的吃法，反映當時社會上層對食物的追求。《石渠隨筆》作者阮元，於乾隆末年以少詹事入值上書房，與修《石渠寶笈》，因得觀懋勤殿所藏的古書畫，將其見識作爲《隨筆》一書，八卷，留下鑒賞書畫的資料㊹。

㊸有《説庫》本。

㊹有《文選樓叢書》本。

第三節　筆記的出版、研究與利用

筆記諸書出版後，往往爲人所喜，被選入叢書，再次獲得出版機會。清人搞了一些筆記叢書，民國以來，尤其是近年，越出越多。所以欲尋覽筆記，除其原板、單行本，可往叢書中問津。

《說鈴》，清人吳震方編輯，分前、後、續三集，先後刊於康熙四十一年（一七〇二）、五十一年（一七一二），收有清初筆記六十二種，包括王士禛的《分甘餘話》、宋犖的《筠廊偶筆》、高士奇的《金鰲退食記》，董含的《蓴鄉贅筆》，編者自著的《嶺南雜記》等書，可分爲地方遊記、少數民族、外國、各種問題雜記四個方面的內容。這裏要注意的是清初汪琬撰有《說鈴》一書，也是筆記體。兩者不可混淆。

《說庫》，王文濡輯，一九一五年上海文明書局石印，匯編漢代以來筆記類書籍，其中清代的四十三種，有瀛若氏的《三風十愆記》、周亮工的《閩小記》、王崇簡的《談助》、高士奇的《天祿識餘》以及《嘯亭雜錄》、《藤陰雜記》等。

《筆記小說大觀》，進步書局輯，民國間上海進步書局石印。一九八三年揚州廣陵古籍刻印社用排印與影印結合的辦法重印出版，分裝三十五册。匯集晉至清人筆記二百二十餘部，其中清人的占一半，而且清人的篇幅大，有二十一册之多。這中間有長白浩歌子（尹似村）的《螢窗異草》、袁枚的《子不語》、褚人獲的《堅瓠》、俞樾的《春在堂隨筆》、張燾的《津門雜記》、梁章鉅的

《退庵隨筆》，厲鶚的《東城雜記》，徐錫麟、錢泳的《熙朝新語》、梁恭辰的《北東園筆錄》，印光任、張汝霖的《澳門記略》，惲敬的《大雲山房雜記》，陳鼎的《滇黔土司婚禮記》，王韜的《松濱瑣話》等。

《清代筆記叢刊》，民國間上海文明書局編輯並印行，匯刻清人筆記四十二種，其中有樂鈞的《耳食錄》，梁章鉅的《歸田瑣記》，陳其元的《庸閑齋筆記》等。

《古今説部叢書》，上海國學扶輪社編輯，自宣統二年（一九一〇）起排印，至一九一三年刻就，匯集古代説部書，多爲小部頭著述，分爲十輯，屬於清人的作品有：朱彝的《北窗囈語》，王士禎的《隴蜀餘聞》，王昶的《蜀徼紀聞》和《臺懷隨筆》，洪亮吉的《外家紀聞》和《天山客話》，陸次雲的《湖壖雜記》，陳錫路的《黃嬭餘話》等。

《筆記小説二十種》，一九二二年上海文明書局出版，收有光緒間百一居士著的《壺天錄》，宣鼎的《夜雨秋燈錄·續集·三集》，毛祥麟的《墨餘錄》，梁紹壬的《兩般秋雨庵隨筆》，朱翊清的《埋憂集·續集》，蘭茗館主的《里乘》等。

《明清筆記叢刊》，中華書局上海編輯所輯，一九五八年至一九五九年排印。只出數種，清人的有阮葵生的《茶餘客話》、平步青的《霞外攟屑》兩種。

《清代史料筆記叢刊》，中華書局編輯，五十年代起陸續出版。它選刊的原則是：選錄清代人記載鴉片戰爭以前見聞，確有較高史料價值的筆記；學術考據、讀書札記和述異志怪的筆記摒而不錄；凡是參考價值較高且比較罕見的書，先爲梓行。每種筆記，原則上印爲一冊，篇幅過少的，則就內容相近的兩種或數種合爲一册。其在五、六十年代出版的，每種有《前言》，七、八十年代問世的則有《點校説明》，介紹該書的作者、內容、價值、缺失、版本和點校所依據的本子，對讀者了解該書甚爲有益。該叢刊已出了一批清人筆記中的名篇，以及不甚爲人所知，但確有資料價值的，諸如《聽雨叢談》，《永憲錄》（本書第二章作了説明），法式善的《陶廬雜錄》，《揚州畫舫錄》，《嘯亭雜錄》，《簷曝雜記》及《竹葉亭雜記》，《浪跡叢談·續談·三談》，《清秘述聞》，《鄉言解頤》和《吴下諺聯》，王應奎的《柳南隨筆·續筆》等。筆記的價值高低，人們的認識自然難於準確和劃一，依編輯方針，質高者先出，有的則未能做到，有的則没有被選入目。選目是編輯叢刊的第一步工作，選得好壞，完善與否，關係叢刊的質量甚大。中華書局原出《近代史料筆記叢刊》，選刻記敘近代史事的筆記，但近代與清代很難劃分，如《庸庵筆記》雖述鴉片戰爭以降史事較多，但亦有前述的戰前的事情。再如一九六〇年作爲《近代史料筆記叢刊》出版的劉禺生著的《世載堂雜憶》，多記近代史上的事，然亦有清代的科舉、清代的教學、清代樂部大臣、談前清刑部則例、順治丁酉江南科場案、雍正朝之兩名人，徐乾學祖孫父子、乾隆禪位後仍親政、和珅當國時之戇翰林等子目，述及鴉片戰爭前的人事。這樣清代和近代的分別出叢刊就無多大必要。近年出版的《舊典備徵》和《安樂康平室隨筆》，雖不乏近代史資料，以《清代史料筆記叢刊》出版，即處理得很好。

《明清筆記史料叢書》，上海古籍出版社編輯並棗梨，已出的有《閱世編》、《香祖筆記》、《閱微草堂筆記》等。

《瓜蒂庵藏明清掌故叢書》，謝國楨收藏並選編，上海古籍出版社，共十種，分四輯，後三輯爲清人著作，已出的有清人高鳳翰撰的《南阜山人敬文存稿》，徐炯的《使滇日記》、《使滇雜記》，潘耒的《救狂欲語》，余賓碩的《金陵覽古》，陳孚益的《餘生紀略》。每種書後，附有謝國楨的跋記，評述該書價值及其收藏經過。

《清代歷史資料叢刊》，上海古籍書店出版，內有筆記圖書，已槧刻的有李伯元的《南亭筆記》，陳夔龍的《夢蕉亭雜記》，何剛德的《春明夢錄》和《客座偶談》等。

《清人考訂筆記七種》，包括汪中撰的《舊學蓄疑》、沈壽的《瑟榭叢談》，一九六五年中華書局影印問世。

《近代湘人筆記叢刊》，岳麓書社出版，行世的有許克敬的《暝庵雜識·二識》、《儒林瑣記·雨窗消意錄》、王之春的《椒生隨筆》、李肖聃的《星廬筆記》等。

《北京古籍叢書》，北京古籍出版社梓行，其中屬於清人筆記已剞劂的有：戴璐的《藤陰雜記》，高士奇的《金鰲退食筆記》，崇彝的《道咸以來朝野雜記》。

《近代稗海》，榮孟源、章伯鋒主編，四川人民出版社於一九八五年——一九八八年已印行十四輯。所收著述以屬於稗史者爲主，尤側重於稿本、抄本、孤本、罕見的印本。對所選的著作，編者略加簡注，或有刪節。此選之作，不盡爲反映鴉片戰爭以後清代史的，對兼有清朝前期及民國史內容的著述，亦在選擇之內。所選的有高樹的《金鑾瑣記》、岑春煊的《樂齋漫筆》、聶士誠的《東游紀程》、陳夔龍的《夢蕉亭雜記》、徐一士的《一士類稿》等。

此外，福建人民出版社在《八閩文獻叢刊》中，秉梨《浪跡叢談》等書；浙江人民出版社《浙江地方史料叢書》，收有悔堂老人的《越中雜識》等書。

臺灣新興書局發行《筆記小說大觀叢刊》，筆者所見，已出三十六輯，一九七八年至一九八四年間印行，每輯十册，總數已達三六○册，前三十二輯包括一、八六二部著作，二○九、八六○頁。收歷代筆記，然以清人的爲多，筆者統計前五輯，收有清人著作三三九種，其中有《庸盦筆記》、《庸閑齋筆記》、閔叙的《粵述》、張芳的《黛史》、袁枚的《弓足談》、吳允嘉的《浮梁陶政志》、戴名世的《乙酉揚州城守紀略》等。新興書局還出版《筆記小說大觀叢刊索引》一册，備檢索前三十二輯書目之用，分作總目錄、書名筆畫索引、著者人名筆畫索引，爲了解筆記和該叢刊提供方便。

《晚清海外筆記錄》，福建師大華僑史資料選編組編輯，海洋出版社一九八三年梓刻，收錄十九世紀後期出使海外的官員、幕客的遊記、筆記，分區域編排。全書分量不大，但對華僑史的初涉獵者有參考作用。

五十年代以來所出版的清人筆記，除少數影印外，多作了標點，甚便於讀者。

閱讀筆記書籍，離不開前人的研究成果，其中有影響的，是前述的《歷代筆記概述》和《明清筆記談叢》。《歷代筆記概述》，研究了筆記的定義和類型，根據它的分類，介紹了魏晉至明清的重要筆記著作，評論了各個時期的特點，綜述了筆記的作用和特點，可資爲閱讀筆記的入門書。謝國楨在《明清筆記談叢》介紹了很多筆記，其中有名著，也有不爲人所知的，它的紹述有益於對具體筆記書籍的認識，更重要的是啓發大家重視和利用筆記。它問世於一九六〇年，一九六二年第二次印刷，增添新內容，一九八一年又出新一版，作者撰《重版說明》概述對筆記的見解，它是作者不斷研究的成果。《清人筆記條辨》，中華書局一九八六年梓刻，作者張舜徽閱覽清人筆記之百餘種，根據筆記內容，區分出筆記體的類型，即專載朝章禮制、記掌故舊聞、講求身心修養、闡揚男女德行、談說狐怪、稱述因果、奇聞異事、紀詩歌倡和、載國恩家慶、記讀書日程、叙友朋酬酢、經學考証、子史校勘等類。張氏選擇涉及學術的百部筆記，作出說明，介紹作者小傳、書籍內容和思想特點。

閱讀和利用筆記，需要考察其資料的真實性。筆記資料的來源多是作者的親聞親見，作者所目睹或親自參與的事情，所記本應屬實，但亦因種種情形發生誤記：如係事後追記，因年久而回憶不確；作者寫此事可能含有某種目的，因而會隱諱、歪曲一些事實；作者在事件中的所處地位決定，對事情不一定有全貌的了解，所記就會是片面的；作者爲抒發某種觀點，只取片段事實。至於傳聞，不實更多，社會上流傳的東西，往往每經一次傳播，就有一次加工，傳的愈頻繁，走樣就愈甚。還有一個因素要考慮的，作者的學識同記錄的真實性關係甚鉅，作者才疏學淺，容易相信訛傳，考証的事情也易失真。李伯元以作《官場現形記》而出名，其撰《南亭筆記》，帶有作小說的態度寫作，失實太多，陳恭祿指出他「歷史知識極端貧乏」，並剔出他書中的誤失㊺。一九八三年

㊺《中國近代史資料概述》，二五二頁。

它又被當作《清代歷史資料叢刊》之一而印刷，實有把它作爲史料失真的筆記的典型予以揭露的必要。其卷一第二條，説康熙在木蘭秋獮，聞聽吳三桂反叛奏報云云。其實，吳三桂叛亂發生於康熙十二年（一六七三）十一月，十二月消息傳到北京，二十年（一六八一）被平定，康熙於三藩叛亂平熄後才開始秋獮塞北，而且多在夏秋進行，説他在秋獮時接到作亂報告，怎麼能符合實際呢！第三條説康熙晚年釣魚取樂，皇后無心説了不好聽的話，妃子因之取笑康熙。此亦應屬子虛烏有之事，蓋康熙孝誠仁皇后死於康熙十三年（一六七四），孝昭仁皇后逝於十七年（一六七八），孝懿仁皇后亡於二十八年（一六八九），此後三十多年中再沒有立皇后㊻，那有在暮年與皇后釣魚並談笑的事！卷三講甘鳳池暗中保護乾隆南巡，七十餘歲吃羊肉撑死。其實甘鳳池是康熙後期一念和尚案中人，獲釋後仍秘密進行反清活動，徒衆甚多，雍正七八年間他及其同夥相繼被捕，遭到清政府的殘酷迫害，他怎能以鏢師的身分暗保乾隆？從李伯元之書不難明瞭，對筆記資料作出鑒别，是十分必要的。

㊻康熙的孝恭仁皇后，當康熙朝只是德妃，雍正繼位始尊爲皇太后。

第十章 紀事本末體史料

紀事本末體是史籍的一種重要體例，清人亦有此種體裁的著作。從《清史稿藝文志及補編》的著錄可知，關於清史的本末體史書有近百種。本書第一章講到清朝政府注意編纂方略，一事一書，這就給清代紀事本末體史書帶來了一個顯著特點。至於涉及清朝全部歷史的，只有民國間黃鴻壽撰的《清史紀事本末》一部，而它又極不像樣，這是清史本末體載籍的一個弱點。不過在這類書中含有一部重要的清史著述，就是魏源的《聖武記》，它堪稱爲清代私人史學作品的巨著，是最值得重視的。

第一節 方略和專題著作的史料

清朝官修方略，多是在某一次戰爭結束後，皇帝下令組織修書班子，搜集這一事件中有關上諭檔案，前線統領的奏摺，地方官的報告，進行寫作。寫法採編年體，分年繫月，源源本本地交待事件的全部過程。因是一事一書，從這個方面來看，視之爲紀事本末體，而未列入編年體史書。清代所完成的方略有數十種，所寫的戰爭，有鎮壓農民起義和少數民族反抗鬥爭的，有平定統治階級內部和少數民族上層分子叛亂的，有對外交涉事件或戰爭的，有滿洲興起所進行的統一戰爭，大體上反映了清朝歷次的重大戰爭。私人對一些歷史事件、戰爭以及某些事務進行了專題寫作，出了一批圖書，其中以「備覽」命名的，都是有所爲而作，與官修方略具有同樣的參考價值。

《皇清開國方略》，三十二卷，首一卷，阿桂等奉敕纂輯，乾隆五十一年（一七八六）成。採編年體，叙事自天母佛庫倫神話起，迄順治元年（一六四四）十月，詳於太宗朝，有二十三卷。乾隆在《序》中講，這本書「不重於繼明定中原，而重於自俄朶里以至赫圖阿拉，因十三甲肇路藍縷，得盛京而定王業。」即它記叙清朝興起到順治元年定都北京的過程。它有光緒十年（一八八四）廣百宋本，一九六八年臺北成文出版社以《中國方略叢書》第一輯第七號印行。

《東南紀事》，十二卷，邵廷采撰。卷一記南明唐王聿鍵，卷二叙南明魯王以海，其餘諸卷爲黃道周、金聲、張肯堂、張煌言、鄭芝龍、鄭成功等人傳記，反映清初唐王、魯王兩支勢力的抗清鬥爭和各自內部的爭鬥，擁有一些有價值的史料。如寫鄭芝龍把持下的唐王政權賣官鬻爵：「部司道三百兩，余百兩，武札數十兩至數兩，於是倡優廝隸盡列冠裳，拜謁官府，鞭撻里鄰。……受害者延頸大清兵，謠曰：『清行如蟹』，蓋遲其來也」①。它有光緒十年（一八八四）邵武徐氏刊本，臺北成文出版社據之於一九六八年影印，爲《中國方略叢書》第一輯第九號。邵廷采另有《西

①《東南紀事》卷一。

南紀事》，亦十二卷，記南明桂王政權的歷史，光緒十年（一八八四）刊，《中國方略叢書》第一輯第十號影印刊行。又有中華書局一九九一年印本。

《平定羅刹方略》，康熙敕撰的爲四卷，筆者所見爲一卷本，不載撰人姓名，收入《皇朝藩屬輿地叢書》第五集，上海文瑞樓印行於光緒二十九年（一九〇三）。叙事自康熙二十一年（一六八二）遣副都統郎坦經理對俄羅斯事務起，止於二十八年（一六八九）的訂立尼布楚條約，簡單寫出康熙的調兵遣將，預備戰船，兩次雅克薩之戰，對俄國的交涉，對俄國降人的優待，尼布楚條約的原文。

石香村居士撰《戡靖教匪述編》，十二卷，道光六年（一八二六）刊，臺北成文出版社收入《中國方略叢書》。作者自云是四川人，了解川楚陝白蓮教起事事件。戰後清朝修成《欽定平定教匪紀略》，作者認爲它在一些方面不夠詳盡，遂據本身見聞、邸鈔、文報，著成此書。作者以川中戰事最激烈，於是用八卷的篇幅予以叙述，用二卷的筆墨説明陝甘楚豫四省戰況，第十一卷雜述團練、鄉勇等鎮壓起事者的地主武裝，第十二卷附述有關上諭。每部分有小引，闡明作者的觀點。該書保留了白蓮教起事的重要資料。如卷十一《劉之協》條，記叙劉松，劉之協、宋之清的師承關係和傳教活動，説劉松、劉之協「妄指一人爲牛八，僞稱明裔」。「牛八」合爲朱字，表明白蓮教的活動有復明的内容。又説劉松等「斂錢爲根基錢、又徵打丹銀」。何謂「根基錢」，雖未言明，然而這個秘密結社活動中常見名詞在這裏的出現，説明它是值得研究的問題。

嚴如熤著《三省邊防備覽》。這裏説的三省，指四川、陝西和湖北，亦即白蓮教起事的地區，作者以陝西知縣、知州參加對起事者的鎮壓，後爲漢中知府、陝安道員，嘉慶二十五年（一八二〇）被委派查勘川楚陝接壤之地。他遂根據在陝南做官二十餘年的了解和實地考察，於道光二年（一八二二）寫出此書，計十四卷，分輿圖、道路、水路、險要、民食、山貨、軍制、策略、文論、藝文等十門，當即刊印。道光十九年（一八三九）安康人四川候補直隸州州判張鵬翎爲作增補，擴爲十八卷，梓行，今有中華書局一九八九年刊本。嚴如熤作書的目的是「乂安邊疆」，②鞏固三省邊區的統治，爲此詳載該處地理、經濟、軍制、風俗，資料豐富翔實，可備研究地方史、經濟史、社會史利用。如卷十《山貨》，講山區内有木、筍、紙、鐵、炭等廠，其木廠的生產關係是：「開廠出貨本商人住西安、周至、漢中城，其總理、總管之人曰『掌櫃』，曰『當家』；掛記帳目，經營包攬承貨字據，曰『書辦』；水次攬運頭人，曰『領岸』；水陸領夫之人，曰『包頭』。計大園木廠匠作，水陸挽運之人，不下三五千。……商人操奇贏厚資，必山内豐登，包穀值賤，則廠開愈大，人聚益衆。」冶鐵廠，爐高一丈七八尺，每爐匠一名，「辨火候，別鐵色成分。」每一爐要用工匠十餘人。鐵鑄就，「或就近作鍋廠，作農器。」大廠常川有二三千人，小廠亦千數百人。作者另有《三省山内風土雜識》一書，與之構成爲姐妹篇。這兩部書爲研究清代手工業生產與農業生產間的關係，特別是手工業内部生產關係的問題提供了有價值的資料。早在五十年代中，就有研究者寫出《從〈三省邊防備覽〉一書看十八—十九世紀二十年代陝川鄂三省交界地區社會關係的一些特點》

②《三省邊防備覽·序》。

的論文，認爲三省邊境山區封建統治勢力比較薄弱，而商品經濟發展，從而出現資本主義萌芽③。後來，這個觀點爲一些學者所接受，這就是嚴著的資料充分發揮了作用。

嚴如熤是湖南叙浦人，乾隆末年湖南、貴州發生了苗民起事，他其時在沅州明山書院教書，遂進入湘撫姜晟的幕中，參加對苗民起事的鎮壓。因其長期研究如何加强對苗民統治的問題，於嘉慶二十五年（一八二〇）寫出《苗防備覽》，二十二卷，立目爲輿圖、村寨、險要、道路、風俗、師旅、營汛、城堡、屯防、述往、要略、傳略、藝文、雜志等。該書有道光二十三年（一八四三）的重刻本。嚴如熤寫書雖從統治階級利益出發，有强烈的目的性，正因此保存的資料多，觀點也鮮明，可供後人利用的也就多，故而價值較高。

盛大衛（蘭簃外史）撰《靖逆記》，專叙清朝鎮壓北方天理教起事事件。戰事發生在嘉慶十八年（一八一三），次年，作者路過山東北上，聽清軍講戰爭情況，到北京後，又了解了林清在北京的活動，但怕是傳聞不實，不敢動筆，及至二十二年（一八一七）讀到《欽定平定教匪紀略》，於是將耳聞與文字記載結合起來，編成此書。它的寫作過程表明，作者經過調查研究，態度是嚴肅的。全書六卷，卷一記林清北京起事，卷二寫馮克善的山東起事，卷三叙李文成河南起事，卷四述陝西廂工起事，卷五至六爲起事領導人及響應的太監的傳記。它記載李文成部堅守滑縣，與清軍殊死戰鬥，如清兵攻進城内，「李文成妻張氏揮雙刀守門，手擊殺數十人，乃闔門自縊」④。又寫劉

③《史學集刊》一九五六年第一期，李景林文。

④《靖逆記》卷三。

得財等七名太監崇信天理教，充當起事者內應，很能說明皇宮內管理混亂的腐敗情形⑤。又記漢軍正黃旗人曹綸的貧病交加，衣不蔽體，日食二餐，難以存活⑥，反映旗人生計維艱的狀況，他因此而參加林清的造反，說明起義有深刻的社會原因和廣闊的社會基礎。在《紅樓夢》研究中，有人說曹綸是曹雪芹的本家，曹雪芹寫「淫穢」小說得了報應，才出了這樣的後人。本書告訴人們，曹綸是漢軍正黃旗，與曹雪芹不屬一旗，根本不是一家，可以戳穿那種謊言。此書所寫陝西廂工起事，爲極少見的資料，非常寶貴。本書有約刻於咸豐間的印本。

《保甲書輯要》，徐棟編於道光十七年（一八三七），同治八年（一八六九）丁日昌補輯，四卷。卷一《定例》，抄錄《户部則例》、《刑部條例》中有關保甲的規定；卷二《成規》，輯錄葉佩蓀的《飭行保甲》等十篇文章；卷三《廣存》，匯集陸隴其的《論治邑》等十七篇文字；卷四《原始》，錄陸曾禹的《嚴保甲》文。此書含有清政府管理各種人户的資料，統治階級內部對通過保甲制度維護其社會秩序問題討論的資料，可供研究清代保甲制度、户口制度問題者採摘。如卷二收的福建官員葉世倬撰的《爲編審保甲示》，詳細規定推行保甲的辦法，示中講到實行保甲的目的：「保甲之聯，專爲互相稽查，以弭賊盜，故向隸刑科。」實行辦法，一是造户口册，此爲「稽查一縣之丁户田房生計」；一是搞門牌。它的重點是在「稽查一户之人，故凡同居者，無論本家、

⑤同④。
⑥《靖逆記》卷六。

親戚、朋友、伙計、雇工，皆宜一併開載，詳注姓名、年齡、生理、功名、殘疾等項」。對於城鎮的工商業鋪户，亦需編在保甲之內，注册清楚：「鋪户需寫的名，不得填注公共字號。其有三五人夥開一鋪，不便以一人出名者，其餘人皆入伙計項內，惟名下注合本二字，以別於勞金伙計。」僧尼道士也不例外，亦行登記：「和尚道士尼姑之庵觀寺院，其師徒籍貫年歲田房，本身有無殘疾，俗家有無親人，皆應逐一詳注，一律編入保甲。」該書有同治十年（一八七一）刊本及《中國方略叢書》影印本。

《籌辦夷務始末》，清代官修，分朝編纂，專叙對外國事務。《道光朝籌辦夷務始末》，八十卷，文慶等奉敕設館編寫，一八五六年成書，記叙道光十六年至二十九年間，清政府的禁煙和鴉片戰爭、對英國交涉事務，編纂中充分利用檔案資料，從上諭、奏摺、義民信札、欽差大臣和地方大員給英人的公文，以及英國給清朝的文書中選錄資料，其他國家的公文兼亦摘取。所輯材料，有《清宣宗實錄》和《聖訓》所不載的，所選奏摺連同道光硃批一併載入，覽之，不僅得知君臣意見，見知決策過程，這就是陳恭祿所説的：「我們讀後知道統治者的思想意識，對於發生問題的看法，及決定政策的經過等」⑦。書成抄存於宮中，一九三〇年故宮博物院影印出版，一九六四年中華書局梓刻齊思和等整理的本子，文海出版社收入《近代中國史料叢刊》。《咸豐朝籌辦夷務始末》，八十卷，賈楨等奉敕於一八六七年撰成，叙事接道光朝書，起自道光三十年正月，止於咸豐

⑦《中國近代史資料概述》，八十九頁。

十一年七月，内有從未公布的諭旨和奏摺硃批，史料價值高。它有一九三〇年故宮博物院本和《近代中國史料叢刊》本。《同治朝籌辦夷務始末》，一百卷，寶鋆等奉敕於一八八〇年纂成，載事續咸豐書，自咸豐十一年七月至同治十三年十二月，與咸豐書有同樣的印本。這三朝籌辦夷務始末自不能將有關外交史料蒐盡，可以補充的還很多，中研院近代史所作了補輯工作，編印《道咸籌辦夷務始末補遺》，臺北臺灣銀行編印《道咸籌辦夷務始末補編》。

《清季外交史料》，二四三卷，王彥威、王京父子編纂，彥威為軍機章京，利用工作之便，抄錄軍機處外交檔案中的中外交涉史料，成《洋務始末》一書，敘光緒元年至三十年事，王亮為乃父把光緒最後四年補齊，取名《光緒朝外交史料》，又編成《宣統朝外交史料》，合稱《清季外交史料》。此書不同於三朝籌辦夷務始末，在於以私人力量完成的。

《安南紀略》，三十二卷，乾隆敕纂，一七九一年成書，未刻印。一九八五年北京中國書店印行，線裝十六册。採編年體，記乾隆朝對安南王位之爭事件的態度和處理過程，多選錄上諭、奏章等原始資料。

張學禮《中山紀略》等書。清朝與琉球關係的專門文獻，臺北大通書局印有《清代琉球紀錄集輯、續輯》，作為《臺灣文獻史料叢刊》的一種。收有十二部著作，即張學禮的《使琉球記》和《中山紀略》，王士禎的《琉球入太學始末》，徐葆光的《中山傳信錄》，趙文楷的《槎上存稿》，李鼎元的《使琉球記》，黃景福的《中山見聞辨異》，錢××的《琉球實錄》，姚文棟譯《琉球說略》（日人原作），日人中根淑的《琉球形勢略》，王韜的《琉球朝貢考》和《琉球向歸日本辨》。

上述以外的本末體史書，據《販書偶記》、《販書偶記續編》及《清史稿藝文志及補編》著錄，開列如下：

書名	卷數	撰人	纂修年代或版本
平定三逆方略	六十	勒德洪等	康熙二十一年
平定羅刹方略	四	敕撰	康熙二十七年
親征平定朔漠方略	四十八	溫達等	康熙四十七年
平定金川方略	三十二	來保等	乾隆十四年⑧
平定準噶爾方略前編	五十四	傅恒等	乾隆三十五年⑨
正編	八十五		
續編	三十三		
臨清紀略（欽定剿捕臨清逆匪紀略）	十六	于敏中等	乾隆四十二年
平定兩金川方略	一五二	阿桂等	乾隆四十六年
蘭州紀略	二十	敕撰	乾隆四十六年
石峰堡紀略	二十	敕撰	乾隆四十九年
臺灣紀略	七十	敕撰	乾隆五十三年

⑧參閱喬治忠《〈四庫全書總目〉清代官修經史書提要訂説》，《史學集刊》一九九〇年一期。

⑨同⑧。

書名	卷數	撰人	纂修年代或版本
廓爾喀紀略	五十四	敕撰	乾隆六十年
巴布勒紀略	二十六	敕撰	乾隆間
平定苗匪紀略	五十六	鄂輝等	嘉慶間武英殿聚珍版
剿平三省邪匪方略前編	三六一	慶桂等	約嘉慶間刊
續編	三十六		
附編	十二		
三省教匪紀略	四十三	托津等	嘉慶間刊
平定回疆剿捦逆裔方略	八十	曹振鏞等	道光九年
剿平粵匪方略	四二〇	奕訢等	同治十一年刊
剿平捻匪方略	三二〇	奕訢等	同治十一年刊
平定陝甘新疆回匪方略	三二〇	奕訢等	光緒二十二年刊
平定雲南回匪方略	五十	敕撰	光緒二十二年
平定貴州苗匪紀略	四十	奕訢等	光緒二十二年刊
三藩紀事本末	四	楊陸榮	借月山房叢書。此南明三王事。
平定浙東紀略	一	×自遠	康熙間刊
湘軍記	二十	王定安	光緒十五年江南書局
平定關隴紀略	十三	易孔昭等	光緒十三年
平回志	八	林毓秀	光緒間劍南王氏紅杏山房
戡定新疆記	八	魏光燾	光緒二十五年
國朝柔遠記	二十	王之春	同治十一年

中西紀事	二十四	夏燮	光緒十年江山草堂
靖海記	二	施琅	約嘉慶間刊
前後蒙古紀事本末	四	韓善徵	光緒三十一年上海春記
軍興本末紀略	四	謝蘭生	同治十一年
西征紀略	二	王萬祥	雍正十年采留堂
平海紀略	一	溫承志	嘉慶間刊
平苗紀略	一	方顯	同治間刊
吳中平寇記	八	錢勗	同治間
豫軍紀略	十二	尹耕雲	同治十一年
粵東剿匪紀略	五	鄭洪淮	同治十年
粵氛紀事	十三	謝山居士	同治八年
江南北大營紀事本末	二	杜文瀾	同治八年
山東軍興紀略	二十二	不著撰人	上海申報館仿聚珍版
征南輯略	八	都啓模	光緒十年
金陵兵事彙略	四	李圭	光緒十三年
秦隴回務紀略	八	余澍疇	光緒六年
東方兵事紀略	五	姚錫光	光緒二十三年
蕩平髮逆記	二十二	古瀛蓼花洲主人	光緒十四年漱六山莊
武昌殄逆紀略	一	張芑	嘉慶十八年
滇南紀略	一	李輯玉	嘉慶十一年
金鄉紀事	五	吳堦	嘉慶間
平定教匪紀事	一	勒保	嘉慶間

第二節　聖武記

魏源，字默深，湖南邵陽人，道光二年（一八二二）舉人，受賀長齡之聘，編輯《皇朝經世文編》，爲學主張經世致用，關心國計民生，事後納資爲内閣中書，二十四年（一八四四）中進士，署江蘇東臺、興化令，咸豐六年（一八五六）終於高郵知州任。魏源活動在鴉片戰爭前後，時值國内民運頻興、清朝由盛到衰，西方資本主義强盜向我國發動侵略戰爭，他受到强烈刺激，自稱是「有積感之民」，加之他在京中得觀史館秘閣藏書，士大夫私家著述，以及故老傳聞，熟悉清朝歷史，因此從戰爭史和軍制方面加以總結，於道光二十二年（一八四二）寫成《聖武記》，希望國家培養和任用人材，以之理政治軍，使國内安定，就有力量抵禦外侮，達到清初的强盛地位⑩。可見他是懷著强烈的愛國思想和奮發圖强的精神從事寫作的。全書十四卷，前十卷是記叙重要的戰爭，一一立爲專題，後四卷論兵制，其戰爭專題有《開國龍興記》，《康熙戡定三藩記》，《國朝綏服蒙古記》，《康熙親征噶爾丹記》，《雍正兩征厄魯特記》，《乾隆蕩平準部記》，《乾隆戡定回疆記》，《乾隆綏服西屬國記》，《道光重定回疆記》，《國朝綏服西藏記》，《乾隆征廓爾喀記》，《國朝俄羅斯盟聘記》、《國初征撫朝鮮記》，《乾隆征緬甸記》《乾隆征撫安南記》，

⑩《聖武記·序》。

《雍正西南夷改流記》，《乾隆初征金川土司記》，《乾隆再征金川土司記》，《國朝甘肅再征叛回記》，《乾隆湖貴征苗記》，《道光湖粵平瑤記》，《國初東南靖海記》，《康熙戡定臺灣記》，《康熙重定臺灣記》，《乾隆三定臺灣記》，《嘉慶東南靖海記》，《康熙武昌兵變記》，《嘉慶寧陝兵變記》，《乾隆臨清剿賊記》，《嘉慶川湖陝靖寇記》，《嘉慶川湖陝鄉兵記》，《嘉慶畿輔靖變記》等。把鴉片戰爭以前清朝所進行的統一戰爭，平定統治階級內部的叛亂，鎮壓民衆運動，對少數民族的戰爭，以及對周邊鄰國的戰爭，分别作了説明。如《康熙戡定三藩記》，根據《平定三逆方略》等書資料撰寫，叙述了三藩的緣起及尾大不掉之勢，清廷的撤藩之議，叛亂的發生，康熙的命將往征，朝中議誅首倡撤藩大臣，達賴喇嘛雙方停戰分立的建議，康熙不採謬論，堅持平叛並獲得勝利，善後措置。講了戰爭全過程。魏源就此發表了幾點評論：康熙沒有殺撤藩倡議者以姑息三藩，避免了漢景帝誅殺晁錯的錯誤；沒有接受達賴裂土罷兵的請求，取得勝利，維護了統一；對滿洲領兵的王、貝勒無功者的懲治，用漢將，明賞功罰罪，得人心；此後再無裂土封王的，永去藩鎮之害。正確估價了康熙的作用和平定三藩之亂的意義，表明他識見甚高，確是有爲而作。後四卷曰《武事餘記》，叙述八旗、綠營兵制，軍餉與軍儲，兵政，塞外驛站，提督駐防地，將材之得，諸名將之事功，守禦、攻戰之法，水軍建設及戰法。《聖武記》提供清朝前期戰爭及與其有關問題的歷史資料，以及作者的軍事觀點，史論結合得好，是一部關於清史的重要著作，應當是研治這個時期歷史的主要參考書之一。此書道光二十二年（一八四二）作成，即有刊本，二十四年（一八四四）重訂，二年後又改定，爲揚州出版的古微堂本，後世多次印刷，以此本通行。

一九八四年中華書局出了新校本。又有文海出版社《近代中國史料叢刊》本。

趙翼的《皇朝武功紀盛》，與《聖武記》有相似之處，亦是關於清朝前期戰爭史的專著。該書四卷，包括平定三藩及噶爾丹之亂，統一準部戰爭，對緬甸戰爭，大小金川之役，鎮壓林爽文、莊大田起義，對廓爾喀的戰爭等事件。敘事簡明。由於作者參加《四庫全書》工作，得睹各種方略，作了筆錄；在對準部用兵時爲軍機章京，了解有關諭旨和奏摺；又親身參與對緬作戰，了解當時軍機進退；臺灣之役時在福建總督李侍堯幕中，始終與事，所以作者以親身見聞和文獻相結合，寫出的著作比較準確，史料價值較高。缺點是分量小，擁有的資料有限。有乾隆五十七年刊本。

前述黃鴻壽的《清史紀事本末》，敘事起於努爾哈赤建立後金，止於宣統退位，凡八十卷，將清代大事立爲八十個問題，一一叙述。每目依年代先後編次，主要取材於《東華錄》，偶或採用其他載籍，宣統朝事則據耳聞目睹之事書寫。所立之目，反映了清代的一部分重大事件，道光前後約各占一半，是以詳於近代，略於清朝前期。作者著書於民國初年，拋棄了清人撰述的立場，有些問題看得比較客觀，比如不是一味正統觀念，對南明弘光、隆武、永曆三政權，以與清朝敵體對待，對人民反抗運動，一般不斥爲盜匪，對外國人一般也不稱夷貊，均屬有識之見。但該書成於清朝剛亡之時，歷史遠未總結，倉卒成篇，故要事遺漏極多，史實舛錯亦甚。所據《東華錄》，資料明顯不足。在叙述中，爲了連綴作者亦不知曉的事情，往往出現錯誤。全書四十萬言，以之叙清朝全史，分量自然不足。所以就史料而言，雖然不能説它毫無價值，但意義確實不大。方之谷應泰的《明史紀事本末》，儘管同是八十卷，但不可同日而語。

第十一章 契據、語錄等體裁文獻的史料

關於清史的編年、紀傳、政書、檔案、方志、文集、家乘、傳記、筆記、紀事本末等體裁的資料，已分別作專章的說明，叢書、類書資料也還設有專章。此外尚有一些文獻體例，如契約、語錄、諺語、寶卷、詩話、詩詞、小說、書畫、戲曲、野史和演義，以及外國人關於清史的撰述。這些種類的文獻，有的作品較少，有的對清史的研究資料價值遠遜於已述諸種，有的史料價值雖高，但過於散碎，有的本來就不是史書體裁，然而它們還能對清史研究提供某些資料，有略作研討的必要，這便是本章所要完成的任務。

第一節 契據文書史料

契據是契約憑證，或某種經濟關係的證據，依其內容，有很多種類，諸如土地房屋的買賣、典當、租佃的契約，人口買賣的文書，高利貸的借券，土地房屋買賣的稅紙，賦役的通知單和收據，合夥經營的文書，等等。契據有一定的格式，因內容的不同而有所差異，但凡買賣、典當、借貸關

係的，必然包含當事人雙方、中證人，所交易物品的數量、價值，立約時間，雙方或一方保證承擔的義務，背約者處置等內容，以期雙方信守，或有違犯，作爲提請官府審理的依據。下面介紹幾種文契的格局，以便加深對它的理解。

土地買賣契約。今錄乾隆十八年（一七五三）浙江山陰縣譚元烽賣田所立《絶賣文契》原文：「山陰縣十三都六圖立賣田契人譚元烽，今將己户内中田七畝四分内遷東邊田三分整分零，情願凂中出賣於本縣族處名下業，憑中三面議定時價銀六兩整，其銀九七色，當日收足，並無重疊戤典爭執等情。俗有推頭通例，每兩出銀五分，即時收交過割，承納糧差。此照，計開：號三百四十二號中田七畝四分内遷東邊三分整，……乾隆十八年十一月□日，立賣契人譚元烽（押）同妻潘氏，今收到契内銀一併完足（押），見中巨川（押）、連城，代書方回（押）。條約五款列後：一、絶賣者不用此契，止作戤當；戤當者若用此契，竟作絶賣。一、契不許請人代書，如賣主一字不識，止許嫡親兄弟子侄代書。一、成交時即投税，該房查明賣户册號下，注明某年月日賣某人訖。一、由帖不許借人押當，如違者不准告照。一、買産即便起業，不許舊主仍佃，以杜影騙」①。這是用買來已印好格式的文書，照式填寫的。而民間買賣多自備紙張，臨時書寫，格式基本相同。如康熙五十八年（一七一九）一分文契：「立賣契人韓道公祀，經手支丁韓顯治、韓顯源等，今因錢糧無辦，自情願凂中將祖續置地一處，土名城山，係土字三千六百八十一號，計地一百三十二步二分，

①原件陳振漢藏，轉錄李文治編輯：《中國近代農業經濟史資料》第一輯，五十二—五十三頁。

税三分七厘八毫，四至照依經册，憑中立契出賣與親人余希燦、余國境二人名下爲業，三面議定時值，價紋銀八錢整，其銀當日收足，其業即聽買主管業收租，倘有來歷不明及重迭交易等情，盡是賣人承當，不涉買人之事。其稅，俟至册年，聽到三圖一甲韓雲俊户下起割過户，自行上納無阻。今恐無憑，立此賣契存照。再批，並上年余希榮來腳契一紙，交與新買主收執，此批。康熙五十八年十一月十二日，立賣契人韓道公祀（押），經手支丁韓顯志（押）、韓顯源（押），憑中余天御（押）」②。河北青縣前白馬村高上廷等於乾隆四十二年（一七七七）賣地契，原文：「立賣契人高氏同弟上廷、子高運貴、〔高運〕旺，因□□□使用，同説合人趙然章，今將情願夥賣場地一段，東分一半八工，内有夥道一公五寸，出賣於伯兄高明廷名下，永遠爲業，言明價大八千正，當日交足無欠，於〔倘？〕有外人、族人爭執，有賣主一面成〔承〕官，恐後無憑，立字存照。計開弓口四至：長活三十三弓，橫活八弓，西至高，東至道，南至趙，北至官道。乾隆四十二年十二月二十四日，立賣契人高上廷（押）、運貴（押）（運）旺，族人高進廷（押）、順極（押），説合人陳吉占（押）、趙然章（押）」③。

土地典當文書。下錄順治十八年（一六六一）一紙：「立出佃約人余福成，今爲無銀支用，自

②原件藏南開大學圖書館，匯於《元明清契約執照訴狀等搜略》，按該館所藏契據多爲徽州府休寧、祁門等縣的，此契未署地域，無疑爲徽州地區的。

③此件由原南開大學歷史系朱文通在滄縣陳圩公社前白馬村搜集。

情願將自己續置貼頭田一處，土名汪日圩，計租十二石零六斤，盡行出典與汪名下爲業，三面議定值價銀九兩五錢整，其銀當日收足，其田聽從即便前去插禾管業，毋得聲説。未典之先，並無重迭等情，倘有内外聲説，盡身支當，恐後無憑，立此存照。順治十八年十二月初八日立，出典約人余成福（押），中見人胡以德（押）」④。

土地買賣税契收據。下錄乾隆五十四年（一七八九）休寧余論謙税契所得《契尾》原文：「江南安徽等處承宣布政使司爲遵旨議奏事，奉督撫布院牌，準户部咨開，嗣後布政司頒發給民契尾格式，編列號數，前半幅照常細書業户等姓名，買賣田房數目，價銀、税銀若干，後半幅於空白處預鈐司印，以備投税時將契價税銀數目大字填寫鈐印之處，令業户看明，當面騎字截開，前幅給業户收執，後幅同季册匯送布政司查核等因，奉旨依議，欽此欽遵，咨院行司，奉此合印契尾頒發。凡有業户呈契投税，務遵定例，照格登填，仍令業户看明，當面騎字截開，前幅粘給業户收執，後幅匯同季册送司查核，轉報院部無違，須至契尾者。計開：余論謙買方茂楚田、畝、房、間，用價銀六兩八錢，納税銀二分四厘，布字七千五百五十八號。右給休寧縣業户（休寧縣鈐印）。准此。乾隆五十四年六月□日（江南安徽布政司鈐印）」⑤。

買田人承當税糧票據。康熙五年（一六六六）休寧縣發給余啓承等《收税票》原文：「休寧縣

④原件藏南開大學圖書館。

⑤原件藏南開大學圖書館。

爲推收過册事，據六鄉二圖二甲業户余啓承、丁廷樞，買到三都四圖六甲吳國振、丁聲遠名下，業價契交，已經税印，合給印票，付業户執赴該圖，圖正照契編入所丈字號，僉業歸户，仍赴册里推收，核入實征，業户自行納糧當差，不得隱漏，敢有不行税契，無此印信號票，私相推行，不納税糧者，查出依律究治不貸。須至票者，土名佛子充，列字六百十五號。計山地税三厘。康熙五年二月□日庫給」⑥。

土地糾紛訴狀。南開大學圖書館藏祁門縣張潤保、朱良存互控狀詞六件，上有知縣張某批語。張潤保先於乾隆十八年（一七五三）九月二十九日呈遞訴狀：「稟狀人張潤保，稟爲謀買吞分，任理故卻，叩恩飭買事。□身兄弟叔侄承祖風水山地一備，土名白石坑，情因有地豪朱良存涎山穴吉，托中向買，身兄侄允從，將山契賣與伊爲業，因身外趁，存留身分六股之一未賣，契載井然，今身歸里，知山買去六股之五，諒身一股之藉何用，兼值錢糧摧徵孔迫，托中親吳體仁等將身分湊錦，冀價完糧。詎豪見山地伊已買去六股之五，諒一股之藉，斷無他人肯買，埋奸故卻，意蓄吞騙，任中向理，唇乾舌破，如石投水。情迫，於本月二十三日以湊錦甦乏等事具控署主，蒙批：自邀前契原中，理言向賣，不得藉糧混瀆。切身焉敢藉糧繁瀆天聰，實因業務有份，豈任買衆吞一，得多減寡，情理奚堪，法所難容，若不叩憲押交縴分，任豪詈烹，茲值廉主榮旋，屑奸有日，爲此伏叩憲天恩憐，縴分隨腋，售難重覓，賜押成交，以杜奸吞，以懲刁卻，感戴上稟縣主正堂加四級

⑥原件藏南開大學圖書館。

紀錄七次青天大老爺臺下施行。」知縣批道：「朱存良既未占爾未賣股份，伊止不肯承買，有何不是之處，混稱法所難究，不准」。張潤保隨後四次呈訴，進一步説明原委和自身「在外佣工糊口」，無力交納錢糧的狀況。次年二月二十一日，朱良存反控，詞云：「具稟朱良存，□稟爲刁中又刁，電卷究欺事。乾隆十七年有張姓貽光堂，因衆欠糧，合衆公憑支長，將土名白石坑山業風水賣身爲業，契載堂名秩下張文玉、張希文，即張潤保胞兄經手，張燦文秉筆，當即價明釘界，業交經身，照契四至受管厝棺，歷今無异。不料横棍張潤保索騙弗欲，突捏業分六股，誑稱身買五股，伊存一股未賣，計藉完糧爲囮，三詞架捏湊賣刁騙聳，奉金批：所稟如果實情，該簽差飭諭成買等諭，敢不凜遵。實奈身買張姓風水，原係張衆公業，當日張衆堂名公同立契，業已賣絶，四至釘業，明明白白，並無絲毫存留，更無契注六股，止賣五股字樣，赤契可核。」知縣批道：「張潤保逞刁聳控，甚屬可惡，准拘訊究」。細察雙方呈詞，可以獲知事實真相及知縣的態度。

租佃契約。茲錄雍正五年（一七二七）福建永安馮九珠租田約：「立承佃人族弟九珠，今來要田耕作，托保前在上玉兄佃得谷田一段，坐落土名黃歷車頭，原計實在正租並小租谷共計六碩五斗大，其谷遞年到秋熟之日，備辦好谷，送至兄家下風扇交量明白，不敢拖欠升合，賣弄界至，抛荒丘塅水漿等情，如有此色，應兄改佃，弟不敢阻占，今來二家甘心，立承佃爲照。雍正丁未五年十一月□日。立承佃弟九珠（押），代字保佃九環（押）」⑦。亦有擬好的租佃契約格式，供人填寫

⑦轉錄傅衣凌：《明清農村社會經濟》，三聯書店一九六一年版，二十八頁。

使用，如張履祥擬有租佃契約條例，見其《楊園張先生全集》卷十九《賃耕末議》。

買賣人口契約。下錄雍正二年（一七二四）河北香河高三賣身契：「立賣身文約人高三，係香河縣朱家莊民人，今立賣身文契。緣因本身衣食無措，難以度日，情願浼中人說合，將本身高三，年三十五歲；妻吳氏，年二十九歲；長子全兒，年十二歲；次子二小子，年七歲，共四口，出賣於王純宅名下爲僕。面議身價紋銀十五兩整，其銀當日收用。自賣之後，聽憑銀主更名使喚，並無投充來歷不名〔明〕等弊。倘有不測，各有天命。如有逃亡走失等情，俱係岳丈、胞兄同中保人一面承管。二邊情願，各無返悔，恐後無憑，立此賣身全具文契存照。雍正二年十一月。岳丈吳良美、胞兄高大、高二，立賣身文約人高三，親侄二小，中保人劉國榮、周春。添人進口，大吉利喜」⑧。

高利貸契約。河北青縣義和堂記於光緒十四年（一八八八）所出《借字約》，原文：「立借字義和堂（鈐印），因正用煩中說合，今借到義興堂九六清錢一千吊整，言明三分行息，每月付利息錢三十吊，以十個月本利還清。如十個月不到本利，即以曹家墳三十四畝與李家地十六畝作爲抵還，恐口無憑，立借字存照。中人李遇春（押）、王香波（押）、萬信號（押）、王種山（押）。光緒十四年四月十三日。義和堂記」⑨。

⑧原件藏中國歷史博物館，轉錄韋慶遠等：《清代奴婢制度》，中國人民大學出版社一九八二年版，四十頁。

⑨此件由原南開大學歷史系朱文通在滄縣杜林公社權王莊搜集。

捐監執照。捐納監生，給予憑證，光緒二十九年（一九〇三）謝雍鑾捐監所得《户部執照》：

「户部為給發執照事，山東巡撫周□奏，山東河患極重，歷年民不聊生，非別省被偏災可比，擬請將山東五成賑捐收捐翎枝銜封貢監預頒空白執照一摺。光緒二十八年九月十五日奉硃批，著照所請，該衙門知道，欽此欽遵。各在案。今據俊秀謝雍鑾，係安徽祁門縣人，捐年四十歲，身□面□鬚，交正項銀四十三兩二錢，准報捐監生，每例銀百兩，交飯銀一兩五錢，照費銀三錢，於光緒□年□月□日在山東工賑捐皖局照數收訖，給予親填部照並填明，照根截下，送部查對，以昭核實，須至執照者。曾祖張灝，祖孝英，父學淇。右照給謝雍鑾收執。光緒二十九年閏五月初六日。部行」⑩。

看了以上數例，契約、執照的史料價值不言而喻了。土地文書反映土地交換的種類，有絕賣、活賣、典當的區別；土地買賣的狀況，平價或勒價成交；發生土地交易的原因；土地的價格；賣方的宗親對出賣土地的態度和權力；買賣的全過程，包括向政府稅契過割，承納糧差；土地糾紛及清朝政府的態度。租佃文書反映承佃土地的因由，地租剝削，佃農的義務，地主的權力。人口買賣文書表明人口價格，主奴的等級關係，出賣原因及狀況。賦役收據反映民人的義務，賦役量及其程度，民人納稅的狀況，賦役徵納制度的變化。土地是封建時代人們財產的最主要內容，與此相關聯的租佃和賦役是影響人們經濟的主要因素，所以對土地買賣、租佃、賦役的研究，是歷史研究的基

⑩原件藏南開大學圖書館。

本內容之一，這方面的契據，提供的是非常具體的生動的素材，有的就是典型資料。所以它們的史料價值很高。

鑒於契據的價值，文化機關樂於收藏它，許多地方的博物館、圖書館藏有或多或少的契約文書。徽州保存的明清兩代的契約、賬簿、魚鱗册甚多，後來散到各處，據說中國社會科學院歷史所擁有上萬件，是令人生羨的收藏者。從事經濟史、階級關係史研究的學者，大多重視契據資料，努力搜求利用。研究徽州各種歷史問題的論著較一般地區爲多，這種情況的出現，就在於它留存的契據可供研究者取材。契約文書散於各處，利用者難以見到，收藏豐富的單位，若能整理發表，將是學界幸事。社科院歷史所、社科院經濟所等單位聯合整理，已印出二册，這是明清史學界的喜訊。福建永安、閩清也有一些農村契約文書，爲傅衣凌等陸續發現，並加以利用，傅氏著《明清農村社會經濟》一書即以其爲重要材料來源之一。廈門大學歷史研究所已將它編成《清代閩北土地文書選編》。該所另編《閩南契約文書綜錄》一書，於一九九〇年以《中國社會經濟史研究》增刊的形式發表，收錄宋代至民國間閩南地區的契約文書和相關的譜牒，文集資料，然以清代及民國時期的文獻爲多，楊國楨利用土地契約文書，撰著《明清土地契約文書研究》專著⑪，可見這種文獻的史料價值之高。

講到契據文書的整理利用，值得注意的是《臺灣公藏古文書影本》的出版。楊國楨在前述書

⑪人民出版社一九八六年棗梨。

《後記》中說到他在海外看到此書及其他契約文書原件，「所獲甚豐」，韋慶遠在北京第一歷史檔案館六十年館慶的學術研討會上發表論文報告，內容之一即爲介紹這部「影本」⑫。據韋氏說明，此書由王世慶，張偉仁等人發起編輯，選材以歷史檔案文獻爲範圍，將十七世紀以來在臺灣島上形成的各種類型的檔案文獻蒐羅在書中。這些文獻有官府諭示、札飭、徵税的易知由單、收據、土地清丈圖帖、屯番册，民間的有各種買賣、典押、租賃、繼承、婚姻關係的契據，還有反映大陸地區與臺灣島長期密切關係，臺灣人民反對外國統治的文件，真可說是一軸從不同角度不同層次反映三百餘年來臺灣島的開發發展歷程的寫真畫卷。⑬該書還處在試版和有待增補的階段，已出版六輯，每輯十二册，共七十二册。編輯者將各種文書作了分類，然後依照文獻形成時間作出編排，分類原則是考慮到文獻的形式和內容，如第一輯分爲十大類，即諭示、案册類，房地契單類，租税契照類，財產分配、分管類，典貸及貸借契類，人事契字類，訴訟書狀類，商事簿契類，水利契照及其他類，第二輯在上述十輯外，增加番字契類，文教文書類等。該書印製方法，按所收每一件文書本身尺寸影印，使讀者了解其原貌。然而成本太高，所以開始只印了四部，分別藏在臺北中研院史語所、美國國會圖書館、史坦福大學胡佛研究所，哥倫比亞大學圖書館。

⑫報告收入《明清檔案與歷史研究》中華書局一九八八年出版。

⑬同上書，一九九頁。

第二節　語錄和諺語史料

語錄是人們講話的記錄或摘錄而形成的文獻，肇端於禪僧，理學家繼之，多為門徒錄其師父的言論，往往採取問答式的寫法。其實《論語》就是語錄，出現得更早，不過儒家把它作為經典，不作語錄看待罷了，它們的體例是一致的。語錄的作者、內容可以分為四類，即政治家的，儒家的，佛家的，道家的。它們有的以單行本存在，有的被收入作者文集中。語錄的集子多為個人的，也有匯編衆人言論的，即使後一種，也是分人立卷的。現在我們接觸幾部語錄。

「十朝聖訓」。「聖訓」之作，同「實錄」一樣，是新皇帝為老皇帝編輯。順治十二年（一六五五），下令分別給太祖、太宗匯輯「聖訓」，康熙二十二年（一六八三）令編「世祖聖訓」及尚未完竣的「太宗聖訓」。清朝皇帝的「聖訓」計有十種，為太祖聖訓，康熙二十五年（一六八六）輯成，四卷；太宗聖訓與世祖聖訓均成於康熙二十六年（一六八七），皆為六卷；聖祖聖訓成於雍正九年（一七三一），六十卷；世宗聖訓成於乾隆六年（一七四一），三十六卷；高宗聖訓成於嘉慶十二年（一八〇七），三百卷；仁宗聖訓，道光四年（一八二四）成，一一〇卷；宣宗聖訓成於咸豐六年（一八五六），一三〇卷；文宗聖訓成於同治間，一一〇卷；穆宗聖訓成於光緒五年（一八七九），一六〇卷。此十種「聖訓」光緒間由內務府刊印。皇帝的言論政事，本載在實錄，但這些書藏於秘閣，臣民不得而知，於是把關於政治的決策，世道人心的説教摘錄出來，編成「聖訓」，頒布於世，教訓臣民。它把皇帝的詔諭，依照其內容加以分類纂輯，如仁宗聖訓分三十六門，爲聖德、聖孝、聖學、聖治、敬天、法祖、文教、武功、勤政、愛民、敦睦、澄敘、用人、理財、求言、恤下、防海、治水、慎刑、恤兵、蠲賑、積貯、漕運、屯墾、崇禮、訓臣工、勵將士、飭牧正、嚴法紀、正制度、褒忠節、篤勛舊、重農桑、靖奸宄、綏藩服、羈邊疆。涉及的方面倒是很廣，惟因是語錄，不像實錄，没有情節，故史料價值不高。

《庭訓格言》。雍正和誠親王允祉追憶康熙對他們兄弟的教誨，得二百四十六條，於雍正八年（一七三〇）刊刻。雍正在《序》中說，由此可見乃父對「天、祖之精誠，侍養兩宮之純孝，主敬存誠之奥義，任人敷政之鴻猷，慎重刑穀之深仁。」它的內容廣泛，治民、馭臣、治學、理家、治軍、務農都有。因係回憶，不一定全部準確，但它仍可反映清朝皇室的家法。它還有光緒七年（一八八一）天津河間廣仁堂刊本和光緒三十四年（一九〇八）《格言匯編》本。

孫奇逢的《語錄》，二卷，收在《夏逢集》中，另有《語錄》二卷，《答問》二卷，均收在《孫子遺書》中。孫氏作爲學者，他的思想在語錄中表現得清楚簡明，如他說：「東坡譏伊川云，何時打破敬字，故邇來學人每欲打破理字，總是苦敬字、理學爲束縛，爲單板，不打破不得脫灑自在。豈知脫灑生於天理之常存，天理之常存生於敬畏之無間，離此則成無忌憚矣。」表明他是傾向理學的，當然也透露那時反理學勢力的强大。孫奇逢又寫道：「問孝友爲政，余曰：最要緊之言，卻是人所忽略。孟子親長而天下平，正此謂。試看孝友人家，一室雍睦，草木欣榮，不孝不友之家，恣睦乖戾，骨肉賊傷，政教大於是。古昔盛時，孝友多在朝廷，後世以孝友爲家人，行多在野，世衰道喪，士不修行，孝道無聞，而見稱於宗族鄉黨者亦罕矣，安望平治哉」⑭。說明他希望實行以孝治天下政策的政治思想。

大官僚的語錄多涉及當時政治。李光地《榕村語錄》，是同類體裁書中的巨著，達三十卷之多。作者是康熙朝理學名臣，被一些人認爲朱熹五百年後的大儒，而其語錄是「生平講學師道之大全」⑮。它分類纂輯，先論儒家經典，次及宋儒諸子，復次論歷史、學術、性理、治道。其《治道》部分，記敘了康熙時期的一些政治情況，如就福建總督在統一臺灣後提請禁止海上捕魚以防海賊之議，指出情況已不同於鄭成功時，不必那樣做，並進而論及順康之際的海禁：「當年遷海禁海，使百萬無辜，室廬田產，蕩然不存，饑寒流離而死者不可勝數。其實海賊一切銅鐵硝黃，何所不有，通海者就是耿精忠、王進功營弁、猾吏、貪兵、奸民，是但許耿精忠、王進功弁民、猾吏、貪兵、奸民通海，而不許良民下海也，何益之有哉！日下法禁何嘗不具，而不肯奉法者官也，非民也」⑯。又如敘李之芳平三藩叛逆事，自身鎮壓「朱三太子」蔡寅起事事件⑰，均是歷史資料。

一些士人的語錄，著意於人生哲學，講如何做人處世，申居鄖的《西岩贅語》，朱錫的《幽夢

⑭《畿輔叢書．夏逢先生集》卷十三。
⑮《榕村語錄》張叙《序》。
⑯《榕村全書．語錄》卷二十七，道光九年（一八二九）李維迪刊本。
⑰卷二十八。

續影》、趙青藜的《箴友言》、申涵光的《荊園小語》和《荊園進語》⑱、朱柏廬的《治家格言》，都是這類著作。大多講儒家理學的人生觀和修身齊家之道，表現了當時人的精神面貌和追求，但其中也存有意義的話，如朱錫講：「余亦有三恨，一恨山僧多俗，二恨盛暑多蛹，三恨時文多套。」表現了對僧侶，衛生，科舉的態度。又說：「少年處不得順境，老年處不得逆境，中年處不得閒境。」主張人在青少年和壯年時期要奮進。又寫道：「星象要按星實測，拘不得成圖；河道要按河實濬，拘不得成說；民情要按民實求，拘不得成法；藥性要按藥實咀，拘不得成方。」主張辦事從實際出發，表現出重視實踐的觀點。還說：「真好色者必不淫，真愛色者必不濫。」與《紅樓夢》寫的賈寶玉講究的「意淫」相近，實際上是講真正的愛情。朱柏廬《治家格言》文字無多，但如何理家，如何處理家內各種人關係，與外人的關係，與國家的關係，如何養身，怎樣對待財富和理財，都談到了。如說：「自奉必須儉約，燕客切勿留連。」「勿營華屋，勿謀良田。」「子孫雖愚，經書不可不讀。」「嫁女擇佳婿，毋索重聘；娶婦求淑女，勿計厚奩。」「居家戒爭訟，訟則終凶；處世戒多言，言多必失。」「施惠無念，受恩莫忘。」「國課早完，即囊槖全無，自得至樂。」「爲官心存君國，豈計身家。」「守分安命，順時聽天」⑲。這些都是研究文化史社會史的資料。

⑱以上諸書收入《畿輔叢書》及《叢書集成》。
⑲《朱柏廬先生全集》。

幕賓是官場中不可忽視的人物，對政治頗有影響。汪輝祖作幕客三十餘年後，總結經驗，著《佐治藥言》、《續佐治藥言》⑳，講如何處理與幕主的關係，對通常所遇到的政事，如命盜案件，發告示，怎樣講求方法，應聘和辭去的注意事項。這是研究幕客政治的重要參考資料。

讀史札記，而以語錄的形式出現，表現清人的史觀。理學家、官僚尹會一讀《通鑑綱目》，認爲「主治者君，輔治者臣，受治而從風者，士與女」，遂論君、臣、士、女四種人的本分與行爲準則，著成《四鑑錄》，十六卷。一面評論史事與人物，如就唐太宗置宏文館事，謂「太宗初政，清明如日方升，誠人君所當是則是效者也」㉑，一面抒發作者的政治思想，如要求人君正心，用賢，納諫，大臣要有器識，能諫諍，慎職守。顯然，這類書籍反映作者的政治觀點。申涵煜亦讀《通鑑》，作札記，成《通鑑評語》五卷，對歷史無多卓識，然亦提供研究清人史觀的資料，如就漢靈帝賣官藏錢西園之事評論說：「貪痴之主至靈帝而極矣，賣官西邸，積金西園，寄私藏，起第宅，將欲舍天子之尊爲一富家翁耶」㉒！又議馮道的歷事五主，謂其進用，是新皇帝以之「收人望，幾與赭袍、國璽、法物相同」㉓。

⑳收在《知不足齋叢書》、《叢書集成初編》。
㉑《四鑑錄．君鑑錄》卷一，《叢書集成初編》本。
㉒《通鑑評語》卷二，《畿輔叢書》本。
㉓《通鑑評語》卷五。

釋家的語錄很多，其間含有史料，但引起史家注意的，卻自陳垣始，他在《語錄與順治宮廷》一文中說：「夫語錄特釋家言耳，史家向不措意，安知其有裨史乘也。」該文及《湯若望與木陳忞》、《順治皇帝出家》等文㉔，就是主要以佛家語錄和書籍爲資料，論述了順治出家、雍正干預佛教内部事務等問題。由他的這些論文知當時的釋氏語錄的一些情況，現轉介紹於下。

《弘覺忞禪師北游集》，六卷，世傳爲木陳忞之作，實由其門人真樸編輯整理，第一卷爲《大内萬壽殿語錄》，卷二奏對機緣，卷三、四奏對別記。木陳忞於順治十六年（一六五九）九月被召至京，次年五月出京，是集記其在此期間與順治過從事，說順治自謂前世是個和尚，想出家，木陳勸解：「願我皇萬勿萌此念頭。」將之與《續指月錄》結合閱讀，可知順治實已削髮，不過沒有正式出家。木陳之際遇順治，由憨璞聰之推荐，其有《憨璞禪師語錄》，十四卷，有順治間福建刻本，另有十六卷本，題名《明覺聰禪師語錄》，康熙十八年（一六七九）明珠梓印，又有二十卷本，雍正十三年（一七三五）剞劂，該語錄「是爲研究順治宮廷軼事之助」㉕。爲順治剃髮的是茆溪森，其有語錄兩種，一爲《明道正覺森禪師語錄》，三卷，一名《敕賜圓照茆溪森禪師語錄》，康熙間杭州圓照寺刊印，記董鄂妃和順治火化事，「皆希有史料」㉖。茆溪森的師父爲玉林琇，受

㉔均收入《陳垣學術論文集》第一集，中華書局一九八〇年版。

㉕《陳垣學術論文集》第一集，五一九頁。

㉖《陳垣學術論文集》第一集，五二五頁。

順治兩次徵召，有語錄三部，一爲《大覺普濟能仁國師玉林和尚語錄》，二十卷，行峰等輯，湖州梓刻；一爲《大覺普濟玉林禪師語錄》，十二卷，超琦等輯，有杭州印本；一爲《大覺普濟能仁玉林琇國師語錄》，七卷。陳垣研究佛教史和佛學典籍，並用以説明清代政治，他的具體研究成果不説，倡導利用釋氏資料，擴大史料學領域，是對歷史研究的重大貢獻。

以上諸語錄，筆者未克獲睹，而所寓目的爲雍正編輯的《御選語錄》和撰著的《揀魔辨導錄》。雍正好佛，自號「圓明居士」、「破塵居士」，並將自身凌駕於釋教之上，干預蘭若内部事務，參預宗旨之爭，推崇玉林琇，貶斥木陳忞，隱諱順治同比丘的密切關係，上述陳垣的論文就批評了他的武斷和歪曲事實。他的這兩部作品就是他從事宗教活動的紀錄。《御選語錄》，十九卷，成於雍正十一年（一七三三），選輯歷代禪宗、淨土宗名僧永嘉覺、仰山寂等人語錄，其中有清代的玉林琇、茚溪森，又把道家的紫陽真人張伯端的語錄選進來，因爲雍正認爲「性命無二途，仙佛無二道」，紫陽真人的《悟真篇》在佛學中也屬上乘。雍正還把自己的東西選了進來，這就是《圓明居士語錄》、《圓明百問》，都是他在皇子時代搞的。《圓明百問》，即《集云百問》，有單刻本。他在書中提出一些問題，如「門内不知門外事，怎麼閉門造車，出門合轍？」「是法平等，爲甚闍黎無分，全歸老僧？」「從來孝子諱爺名，爲什麼拍手哭蒼天？」「百里不同風，爲何一葉落天下秋？」「無爲而治，因甚堯舜之君獨有化在？」反映他在思考政治和人生問題。該書末一卷爲附刻《當今法會》，記載雍正在宮中舉行佛教儀式，講説佛法，收取門徒。其徒十四人，有兄弟允祿、允禮，兒子弘曆（乾隆）、弘晝，大臣鄂爾泰、張廷玉等，貴族福彭，和尚五人，道士一人，他真是揉合儒佛道三教，身兼俗王與法王，是精神上、政治上的最高統治者。雍正認爲「誤認佛性，謗毀戒行」的是外道、魔道，見一些宗教修養方法不同的僧侶不坐香，飲酒食肉，以吟詩作文聯絡士大夫，是「污濁祖庭」，而其勢力很大，所謂「灼見現在魔業之大，預識將來魔患之深」，因而不得不言，不忍不言，於是著文批評他認爲的魔道的代表人，即著《五宗原》的漢月藏（法藏）、作《五宗救》的譚吉忍（弘忍）。他選漢月藏、譚吉忍師徒語錄八十餘條，一一辨駁，因名《揀魔辨導錄》，並續入大藏經中。他還下令，把藏、忍的語錄和《五宗原》、《五宗救》從藏經内撤出，盡行毀板，不許僧徒私自收藏，否則以不敬律論罪。雍正搞的兩部語錄，可以反映清朝前期禪宗内部的鬥爭，釋教與政權的關係，特別是雍正與佛老的關係，亦可視爲稀見的資料。《揀魔辨導錄》有内府刻本，一九一八年普陀山印光法師校刊本。《御選語錄》亦有内府刻本。

清代釋氏語錄，據《販書偶記》所載，尚有數十部，茲擇錄一部分列表於下：

書名	卷數	著者	編輯者	版本
靈瑞禪師語錄	五	揆符	振澄等	約康熙間刻
達變權禪師語錄	十		海澄	康熙間刻
百愚禪師語錄	二十	淨斯	智樸	康熙乙巳刻
慧覺禪師語錄	三	照衣		約康熙間刻
別庵統禪師語錄	四十一	夔州釋	空必等	康熙庚辰刻
朝宗禪師語錄	一		煦明	約康熙間刻
蔗庵范禪師語錄	三十	淨范		康熙己酉刻

雨山和尚語錄	二十			康熙壬戌刻
養拙禪師語錄	一	正明		約康熙間刻
不磷堅禪師語錄	三		紗聖等	康熙癸丑刻
晦岳禪師語錄	三		全琳	康熙癸未刻
聖可禪師語錄	五	德玉	光佛普明等	康熙癸丑刻
玉林禪師天目語錄	二	普濟	行淳等	康熙己酉刻
無虛界禪師語錄	三		寶定等	康熙辛巳刻
虛舟省禪師語錄	四	行省		康熙間刻
白松豐禪師語錄	七		超忍等	約康熙間刻
保持總禪師語錄	二	玄總		康熙丁巳刻
玉泉其白禪師語錄	三	德富	圓頂等	康熙乙亥刻
德實性禪師語錄	四	明性	實明	雍正戊申刻
竺書暄禪師語錄	四		際照等	乾隆甲戌刻

諺語是流傳於社會的語言，不是語錄，但它們是精練語言，富有含義，能深刻、概括地反映社會生活，亦可資爲史料。諺語的產生，往往有其來歷，弄清它的故事，有補史事。諺語多在民間流傳，更能表現人民生活和鬥爭。也就是說它能在這些方面提供資料。清代及民國以來有人收集諺語，作出説明，匯編成書。在筆記章中講到的李光庭撰《鄉言解頤》也可列入本章。此外還有一些。

王有光「博採諺語，詳加注釋」，成《吳下諺聯》一書，於嘉慶二十五年（一八二〇）棗梨問世，中華書局於一九八二年將之作爲史料筆記與《鄉言解頤》一併刊行。作者搜集俗語三百餘條，就其本意，結合社會情況和作者的感受作出解釋，頗能反映社會風尚和人們生活情況。如卷三《紡車頭上出黃金》口諺條，釋文：「紡車，古時用以繅絲辟纑，後世更有棉花成紗，皆由車出。其器甚微，而其利甚溥，一家內助，以濟食力，此獨未足稱出黃金也。此而績之，爲布爲繒等物，足以衣被天下，婦習蠶織，不害女紅，不擾公事，不致舍業以嬉，浸爲風俗，不啻黃金遍地矣，又何價值可言哉！」說明紡織生利興家的重大意義。《橫飽六十日》諺語條，釋文著重解「橫」字，說佃農只有兩個月可以吃飽，道出它們在地租高利貸雙重剝削下的困苦。《紗帽底下無窮漢》俗諺條，釋文揭露官場上貪婪橫行的醜惡現象：「……朝紳州縣多不肖人員，不特居官者簠簋不飭，一切官之父族母族妻族，甚至婢妾族，以親及親，以幕立幕，皆在紗帽底下。糧制巨斛，餉勒浮收，詞訟通關節，餽送索門包，肉食羅綺，挾伎呼盧，無所不至，故曰『無窮漢』。」

《粵風》，四卷，李調元輯錄並解釋。它匯集了兩廣漢人和少數民族民歌。少數民族歌謠，外人多不懂，李爲解說。歌謠可以反映社會風俗和少數民族情況，如卷一有蛋户的記載：「蛋有三：蠔蛋、木蛋、魚蛋。寓潯陽江者乃魚蛋，未詳所始。或曰蛇種，故祀蛇於神宮也。歌與民相類，第其人浮家泛宅，所賦不離江上耳。廣東、廣西皆有之。」蛋户的歌調有：「蛋船起離三江口，只爲無風浪來遲。月明今網船頭撒，情人水面結相思。」這是研究蛋民及其生活的資料。膾炙人口的劉三姐對歌，在卷二《瑤歌》中有所記敘：「讀書便是劉三妹，唱價本是娘本身。立價便立價雪世，思著細衫思著價。」歌詞不好懂，李調元注釋說：「價，是歌；立價，是造歌，劉三妹是造歌之人。雪世，是傳世。細衫，指唱歌之人，義同紅裙。」該書收入《函海叢書》中。

一九六三年蘇州市文聯編印了《蘇州諺語選》一書，所選爲一九四九年前諺語，其中多有歷久相傳，爲清代遺留的，能反映清時社會生活的某些方面。「梭子兩頭尖，一歇嘸銅鈿。」蘇州絲織業發達，這俚語講絲織工匠不能歇工，否則無工錢維生。「碰碰織，屁股出。」「勤勤做，抹嘴衣裳破。」反映絲織工人整天織綢，而自身顧得了肚皮，顧不了穿衣。「早吃新鮮米，晚燒活樹柴。」「打聽楓橋價。」㉗蘇州商品經濟發達，人們生活必需品依靠市場，家裏不儲存糧薪，隨用隨買。「痴人望天明，窮人望民反。」「聽仔佛法要餓煞，聽仔官法要打煞。」「牛落磨坊，人落機屋。」「只見活人受罪，𫠦看見死鬼帶枷。」憤恨人世間的不平，產生反抗思想。「托人托仔皇伯伯。」皇伯伯指清朝皇帝派到蘇州織造署的官員，他們是皇帝家奴，說話有權威，這裏比喻求人要找根子硬的。這個諺語的形成，反映清代蘇州織造在當地生活中的重大影響。「寒食寒，只說蠶；寒食熱，只說葉。」「清明曬得溝底白，青草會變麥。」「高田只怕迎雷雨，低田只怕送三莳。」「穀雨西南多浸種，立夏西南少下秧。」這些農諺，是農業生產經驗的總結。

第三節　詩話史料

詩話是探討詩歌理論的，淵源於鍾嶸的《詩品》，形成於歐陽修的《六一詩話》。不言而喻，

㉗楓橋是清代蘇州米市。

這是研究詩歌史的重要資料，需要注意的是它還含有歷史研究的材料。因爲它是用隨筆雜感的形式表現的，內容比較雜，既論詩的藝術性，又以詩論人，或以人論詩，以事論詩，這樣就寫到了歷史人物和事件，留下有關的紀錄，可爲治史者蒐求了。清中葉沈懋德給查爲仁的《蓮坡詩話》，作《跋》說：「詩話有兩種：一是論作詩之法，引經據典，求是去非，開後學之法門，……一是述作詩之人，彼短此長，花紅玉白，爲近來之談藪」㉘。我們治史者重視的是後一種，雖然在論詩的藝術性上它不及前一種的嚴整，爲文學史家所不値，真是物有其用，單看利用者的需要了。

清人作詩話，數量遠較宋明增多，約有三四百種，質量也大爲提高。郭紹虞認爲詩話「一到清代，由於受當時學風的影響，遂使清詩話的特點，更重在系統性、專門性和正確性，比以前各時代的詩話，可說更廣更深，而成就也更高」㉙。清人詩話，具有代表性的，《叢書集成初編》選刊的有：

徐世溥：榆溪詩話　洪亮吉：北江詩話
宋　犖：漫堂說詩　宋大樽：茗香詩論
查為仁：蓮坡詩話　阮　元：小滄浪筆談
杭世駿：榕城詩話　阮　元：定香亭筆談

㉘《清詩話》，中華書局一九七八年版，五一九頁。
㉙《清詩話·前言》，三—四頁。

方　薰：山靜居詩話　　　　阮　元：廣陵詩事
吳　騫：拜經樓詩話　　　　趙知希：涇川詩話
翁方綱：石洲詩話　　　　　吳　喬：圍爐詩話
李調元：詩話　　　　　　　恆　仁：月山詩話

一九一六年丁福保編印《清詩話》，選錄了四十多位清人的詩話，頗省閱者的尋索之勞。該書由中華書局上海編輯所於一九六三年發行新一版，一九七八年又由上海古籍出版社梓行，均有郭紹虞寫的《前言》，並對所收各種詩話作了評述。《清詩話》將一些有特色的詩話，如《石洲詩話》、《甌北詩話》、《西河詩話》等遺漏於外，是一缺憾，郭紹虞爲之補苴，編選了《清詩話續編》，一九八三年由上海古籍出版社梓行，收有詩話三十四種，其間有因見解精到而入選，有的則因流傳較少，不易見到，入選後能爲讀者較易找到。富壽蓀作了點校，寫出三千餘條校記，可知編校者傾注了心力。

清詩話中屬於論人事的，有吳偉業的《梅村詩話》，王士禛的《漁洋詩話》，趙執信的《談龍錄》，王夫之的《南窗漫記》，袁枚的《隨園詩話》以及《蓮坡詩話》、《履園叢話·談詩》等。它們爲清史研究提供的資料可概述爲：

⑴**反映政治鬥爭和事件**。王夫之在《南窗漫記》叙述南明永曆兵部尚書、大學士堵胤錫給他十首軍謠，題爲《月家鄉》、《馬兒女》、《雨槳洗》、《風曬晾》、《筆先鋒》、《口打仗》、《報瘧疾》、《基金丹》、《血筵席》、《營十殿》，王夫之説這些詩「備喪亂艱危之狀，天下之

不支，公心之徒苦，俱於此乎傳之」㉚。透露南明與清朝以及其內部鬥爭的艱難激烈和忠於明室者的節操。又記南明唐王僉都御史張家玉，「以全發起義，兵敗墜馬而卒，」說他有詩聯：「真同喪狗生無賴，縱比流螢死有光」㉛。表現了抗清志士的氣節。還記明江西巡撫郭都賢於福王敗後出家爲僧，但「卒以文字取禍，卒於江陵」㉜，說明清初文字獄的嚴重和漢人對它的不滿。

(2)**記載清代的典章制度**。王士禛在《漁洋詩話》中寫道：「宜興任葵尊弘嘉爲御史，疏定朝服等級，三品以上乃得衣貂及舍利猻。一日冬衣入朝，寒甚，梅桐厓總憲鋗時爲大理少卿，以四品不得衣貂，余戲爲口號贈之云：『京堂銓翰兩衙門，齊脫貂裘舍利猻。昨夜五更寒透骨，滿朝誰不怨葵尊』」㉝？記敘了康熙時京官的服飾制度。

(3)**記載各種名人軼事**。如《梅村詩話》有文士龔鼎孳事跡，文人女道士卞玉京傳略。《漁洋詩話》記傅山、傅眉父子事：「常賣藥四方，其子輓車，晚憩逆旅，輒課讀史、漢、莊、騷諸書，詰旦成誦，乃行。祁縣戴楓仲廷栻撰《晉四家詩》，山父子居其二。」

(4)**評論人物**。《漁洋詩話》謂當時詩人爲南施北宋，施是皖南人，中博學鴻詞科的施閏章，宋

㉚《薑齋詩話箋注》卷三，人民文學出版社一九八一年版，一七一頁。
㉛《薑齋詩話箋注》，一八〇頁。
㉜《薑齋詩話箋注》，一七六頁，這裏江陵，應爲江寧。
㉝《清詩話》，一九三頁。

是山東人，四川按察使宋琬。《蓮坡詩話》講洪昇，「以詩名長安，交游燕集，每白眼踞坐，指古摘今，無不心折。」《隨園詩話》稱鄂爾泰：「古來英雄未遇時，都無大志。……鄂西林相公《辛丑（康熙六十年）元日》云：『攬鏡人將老，開門草未生。』《詠懷》云：『看來四十猶如此，便到百年已可知。』皆作郎中時詩也。玩其詞，若不料此後之出將入相者。及其爲七省經略，《在金中丞席上》云：『問心都是酬恩客，屈指誰爲濟世才？』《登甲秀樓》絕句云：『炊煙卓午散輕絲，十萬人家飯熟時。問訊何來招濟火？斜陽滿樹武鄉祠。』居然以武侯自命。皆與未得志時氣象迥異」㉞。

詞話是探究詞的理論，其中也涉及到詞人軼事和某些政事。清人詞話亦有多種，如彭孫遹的《詞藻》，李良年的《詞壇紀事》，徐釚的《詞苑叢談》等。徐釚的書有十二卷，其中四卷是《紀事》，有一卷專記清人事，如有一條：「京師舊俗，婦人多以元宵一夜出遊，名『走橋』，摸正陽門釘，以拔除不祥，亦名『走百病』。予向欲填一詞記之，近見《青城集》中《木蘭花令》，正詠此也」㉟。具有史料意義。

㉞《隨園詩話》卷一，人民文學出版社一九六〇年版。
㉟該書有《海山仙館叢書》本。

第四節　詩詞、小說、書畫、戲曲及寶卷史料

詩詞、小說、書畫和戲曲是文學藝術作品，它們的作者在創作時，要從社會生活中吸取資料，有的有真人真事的依據，但它總是經過藝術加工的，具有或多或少的虛構成分，不能徑直作爲歷史資料來運用。然而好的文藝作品能更集中更深刻地反映社會生活，所以它對於研究歷史也可以起一定的參考作用，起碼它幫助史家增加感性知識，提高形象思維能力，有助於認識文藝作品反映的那個時代的社會生活。「詩」中有「史」，陳寅恪的歷史研究實踐證明了這一點。他著《元白詩箋證稿》，利用元稹、白居易等人的詩歌解釋一些唐朝的歷史，又著《柳如是別傳》，用明清詩作解釋明清易代時的歷史。他的貢獻不僅解釋了一些歷史現象，還在於他倡導利用詩詞史料。當然，能作到這一點的，需要文史兼通，功力較深，但這並不能阻礙我們去利用詩詞資料。問題是在努力提高研究水平。可喜的是，在一九九一年十二月香港中文大學主辦的「明末清初華南歷史人物貢獻」的研討會上，李玉梅提出《翁山談雪—屈大均反清思想表微》的論文，表明以詩證史的工作仍有學者在進行。

清代的詩歌作家和作品很多，遠遠超過唐宋，不過文學界歷來輕視宋以降的古詩，自然也把清詩包括在內了。一九八三年十二月在蘇州召開了清詩討論會，翻過往的陳案，據報導，多數與會者認爲：清詩「反映現實的廣泛性遠遠超過戲曲和詞；在藝術形式上，清代詩歌流派之多，詩學研究

之深，都非前代可以比擬」㊱。這種觀點的出現，表明對清史研究的加深，不僅是文學界的喜事，也使史學界有可能利用它所提供的更好的研究成果。

清代詩詞名手較多，早期的有王士禛、顧炎武、王夫之、屈大均、吳偉業、錢謙益、納蘭性德，中期的有沈德潛、趙翼、袁枚、蔣士銓，其後的則有龔自珍、黃遵憲、邱逢甲等人。清人詩詞多收在各自的全集、詩集中，兼有收於家譜和方志的，也有零星散在筆記、詩話中的。清人的全部詩歌，尚欠全面搜集整理，因而没有像《全唐詩》那樣的圖書供讀者方便地利用，不過局部整理，清人已開始了。沈德潛、翁照等編《國朝詩別裁集》（《清史別裁集》），所選爲乾隆中期以前故世者的作品，遠不是有清一代詩作選。它有乾隆二十三年（一七五八）刻本，二十五年（一七六〇）教忠堂重訂本，一九七三年中華書局影印線裝本及一九七五年縮印平裝本，上海古籍出版社據教忠堂本印行點校本。它共選九百九十六家的三千九百五十二首詩。

張應昌編輯《國朝詩鐸》（《清史鐸》），始事於咸豐六年（一八五六），定稿於同治八年（一八六九），選清初至同治間九百十一人（包括編者）的詩篇，分爲二十六卷。編定後無力付梓，得永康應寶時之助，遂出應氏秀芝堂版，附有《詩人名氏爵里著作目》，一九五九年中華書局重爲刊行。編者對詩的史料意義有明確的認識，在《自序》中說：「憶康熙時，河督靳文襄之治河也，大要在深通海口，以淮刷黃，而潘次耕先生《河隄篇》已揭其旨。道光時，蘇撫林文忠之恤災

㊱周泰：《全國清詩討論會在蘇州舉行》，《光明日報》一九八四年二月七日。

也，令吳民質耕牛於官局，待次年春耕時贖歸，全活普利無算，其事播頌江南，而蔣茗先生《典牛行》已傳其法。知鉅公美政，皆有所則效」㊲。是說詩歌傳播政事，足見它是可以反映現實的。張應昌有了這種認識，所以選編標準，不僅在詩歌藝術，還重在它的內容上。因此能以事取詩，而不是以名家取詩。

張應昌以詩的內容進行分類，歲時，輿地，總論政術，善政，財賦，米穀，漕政，漕船，海運，錢法，鹽筴，關徵，貢獻，海塘，河防，水利，農政，田家，樹藝，蠶桑，木棉，紡織，丈量，催科，稅斂，力役，派科，擾累，捕捉，捉騾車捉船，官馬，馬草，刑獄，盜賊，兵事，武功，將帥，兵卒，軍餉，軍器，屯田，邊防，島夷，懷遠，會匪，捻匪，棚民，客民，左道，民變，弭亂，災荒總，水災，旱災，風災，雹災，雪災，雷異，日食，地震，火災，蟲災，捕蝗，伐蛟，捕虎，勘災，查户口，賑饑平糶，蠲免，流民，鬻兒女，用人，官吏，官箴，大吏，奉使，守令，吏胥差役，循良歌頌，酷吏，清廉，貪黷，權奸，世祿，仕宦，考試，訓士愛士，勸民，迎送上官伺應過客，諂媚諛頌，富貴貧賤，忠臣，孝子，友悌，貞節，義行，附錄災異物性吟，高隱，曠達，止足，驕倨，奢侈，吝嗇，惑溺，紕繆，勇伎，凶惡，家訓，格言名論，果報，讀書，交際，施予，崇儉，節飲，遠色，戒氣，嗜古，賭博，風俗，祭祀，婚嫁，喪葬，掩埋，行旅，亂離，疾病，醫術，鬼神，燒香，戒殺，愛物，商賈，淘金，采礦，采銅鉛鐵，采石，采木，採薪，

㊲《清史鐸·自序》，中華書局一九六〇年版，三頁。

採煤炭，瘠土貧民，婦女，夫婦，憫孤兒，戒溺女，憫婢，馭僕，蕩子狎客，倡優，宦寺，異民，釋道，物產，鴉片煙。這個目錄表明，清代詩歌內容涉及社會生活面的廣闊。農村詩，即關於田家、樹藝、蠶桑、木棉、紡織的詩歌，反映農業生產和農民生活。講棉花生產的，就有王晦的《木棉歌》，唐孫華的《鋤田行》，金俞邁的《詠木棉事》，陳萊孝的《種棉曲》，陳章的《和方宜田宮保木棉歌題其圖》，錢載的《木棉嘆》，錢大昕的《木棉花歌》，湯禮祥的《採花婦》，吳蔚光的《東鄉謠》，劉文培的《種棉行》，張金棟的《摘棉花行》，黃安濤的《木棉四詠》，祁寯藻的《採棉行》，王慶勛的《木棉嘆》，朱岳的《木棉謠》。關於紡織的詩，除了反映男耕女織的自然經濟情況，還有超出這個範圍的內容，如汪孟鋗的《夜紡女》，敘罷紡婦的辛勞，寫道：「油燈煎盡但成滴，灶頭有粟食已空。晨炊未備無青銅，急須攜取入市中。」夜間織布，早上出賣，這種紡織，不是爲自家消費，是爲出賣而生產。這種情形，與其他載籍所說的「抱布易米」相同。這就是說詩歌可以和史籍相印證，說明農村家庭紡織業中出現突破自然經濟的苗頭。用詩歌總結農業生產技術，以便推廣，也是令人感興趣的。如周凱在襄陽提倡植桑養蠶，乃作《種桑十二詠》、《飼蠶十二詠》，備述蠶桑生產方法。詩歌中頗有一些反映賦役之徵及其造成的民間疾苦，丈量土地、催徵賦役、稅斂名目、種種力役、額外派辦，都有專詩敘及。朱樟的《市丁行》很有意義，他寫道：「赤腳市丁真可憐（土人謂之赤腳丁），里正催納排門錢（亦曰排門丁）。一身飄蕩覓衣食，縣籍有名勾不得。追呼東舍及西鄰，多說市中無此人。長官新來議幡改，名目雖除稅額在。有賦例隨田上行，計畝加派無重輕。鄉丁皺眉市丁喜，偏枯之政徒爲爾。譬如十指長短生，痛癢何曾分彼此。

市丁樂，官不知。鄉丁苦，姑言之。去年秋旱雨不下，今歲霜早禾熟遲。小門家户苦不保，只在青黃未接時。」這裏説的是杭州赤腳光丁的賦役問題，如果同趙申喬的《趙恭毅公剩稿》、《硃批諭旨·李衛奏摺》有關部分對看，可知康熙間赤腳光丁要求攤丁入畝，有田人反對，官府不允許，迨到雍正中實行攤丁入畝制度，杭州鬥爭激烈，有田人鼓動了罷市運動，官府堅持推行既定政策，赤腳光丁終於免除了負擔。朱樟的詩正是反映這一現實的，不過他既同情赤腳光丁，又不滿意丁隨糧辦，持有矛盾的態度。對於農民的反抗鬥爭，詩歌中亦多所道及。喻文鏊的《白蓮賦》，趙嘉程的《記楚北奸民作亂會勦事》，都是詠叙嘉慶間白蓮教起義的。蔣湘南的《捻子》，述捻軍起義。施閏章的《麻棚謠》、吳錫麒《棚民謠》，張鴻卓的《棚民行》，均叙説棚民的生産和鬥爭。施閏章在其詩序中説：「袁州民不藝麻，率賃地與閩楚流人，架棚，聚族，立魁長，陵轢土著，曰『麻棚』，吏不能禁。」袁州就發生過棚民起義。清詩中關於風俗、祭祀、婚嫁、喪葬的叙述，爲社會史研究提供了極其寶貴的資料，如蔣士銓的《戲園》、《唱南曲》，將京中戲園演出内容，技藝及觀衆在園中飲食調笑的情狀都寫出來了。

與張應昌編輯《清史鐸》有類似之處而又有很大區别的是鄧之誠撰《清詩紀事初編》。説近似者，因是書選了清代六百位詩人的二千餘首詩，而根本差異是，鄧氏非常明確地倡導以詩證史，並且做了一些工作。鄧氏完全同意黄宗羲的以詩證史的觀點，認爲詩歌對歷史的作用，不在於以史事驗證它，恰恰相反，要用詩歌證明歷史，説明歷史。鄧氏既持有這種觀點，力求貫徹於書中，故在序言中説：「是集之作，端資紀事。」能證史的詩，能爲史事補充事實的詩，是他選取的標準。鄧氏爲表明自己的觀點，爲被選入的詩人作出小傳。寫明詩人生平要略外，側重寫與證史有關係的事情，雖逸事軼聞，亦行叙述。這是一部撰著與資料選編相結合的著作，而主旨則是以詩證史。所選六百家，皆爲明末清初人，以他們生活的時間和地域，分爲五篇八卷，即明遺民列爲前編，順治康熙間詩人按地區分列在甲、乙、丙、丁四篇中，其間江南詩人最多，佔三卷多的篇幅。鄧氏以學識豐富的名史家寫諸詩人小傳，文字不長，史實豐盈；取材有獨到之處，實大手筆之作，即如筆者對其中的若干人有些了解，然讀鄧氏書，又獲未掌握之史料。「初編」始由中華書局上海輯編所於一九六五年出版，一九八四年上海古籍出版社重新印刷，並附新編人名索引。

《清宮詞》，北京古籍出版社一九八六年刊，收有清代和民初十四人的作品，如吳士鑒的《清宮詞》、魏程摶的《魏息園清宮詞》，胡延的《長安宮詞》，顏緝祜的《汴京宮詞》，周大烈的《圓明園雜題》，這些詞章，對研究清代興亡和宮史、北京史均有參考價值。

明清是中國古典小說的鼎盛時期，清代產生曹雪芹的《紅樓夢》、吳敬梓的《儒林外史》、蒲松齡的《聊齋志異》等不朽名著，李汝珍的《鏡花緣》、文康的《兒女英雄傳》、李伯元的《官場現形記》、吳趼人的《二十年目睹之怪現狀》、劉鶚的《老殘遊記》，曾樸的《孽海花》，皆有一定地位。《兒女英雄傳》是同《紅樓夢》唱反調的，這不是兩部書的作者之爭，反映了清代思想界維護封建倫理與不滿儒家綱常名教的鬥爭。《紅樓夢》中寫青年男女爭取婚姻自主，賈寶玉厭惡科舉和官場應酬，「護官符」，奴僕鬧事，農民暴動，王夫人、趙姨娘之爭，都是清代現實生活中政治腐敗、階級鬥爭、科舉制、婚姻制和等級制的反映。即如第一回寫甄士隱因爲蘇州城裏的房子燒掉了，回「到田莊上去安身，偏值近年水旱不收，鼠盜蜂起，無非搶田奪地，鼠竊狗偷，民不安生，因此官兵剿捕，難以安身，士隱只得將田莊都折變了」，逃亡外鄉㊳。這裏講農民暴動「搶田奪地」，與明清時期農民起事爭取耕地的實況恰相吻合。具有改良思想的王韜之作《淞隱漫錄》，是在其晚年「追憶三十年來所見所聞，可驚可愕之事，聊記十一，或觸前塵，或發舊恨」的心情下寫作的（《自序》）。雖是虛構人物情節，但往往有事實根據，即如卷三《薊素秋》的故事，敘述廣東人到上海做買賣，在那裏娶妾，遇到戰亂，攜眷屬回歸故鄉，實際上反映了近代廣東人到上海經商及太平天國運動波及上海地區，粵人返里避難的歷史，對研究粵滬兩地關係史不無參考意義。這些文學作品反映了社會生活，閱讀它，可以幫助我們加深對歷史的認識。清代較成功的長短篇小說，都能在一定程度上起到這個作用。

圖畫與小說一樣通過藝術形象表現社會生活，其中可作史學研究參考的，是描繪某些歷史事件、人物、園林的作品。如王翬、楊晉等繪製的《康熙南巡圖》。王翬是常熟人，生崇禎五年（一六三二），卒康熙五十六年（一七一七），康熙南巡路過其家鄉，耳聞目睹其事。康熙三十年（一六九一）命繪南巡圖，他以布衣應召，供奉內廷，擔任總設計師，康熙很滿意他的工作㊴。全圖十二卷，絹本，各卷皆高六七·八釐米，長短不一，最長的二、六〇〇餘釐米，短的也有一、五〇〇

㊳《紅樓夢》庚辰本。

㊴《國朝先正事略》卷三十四《王石谷先生事略》。

多釐米。描繪的是康熙二十八年（一六八九）第二次南巡的全過程，始於康熙自北京起程，最南到紹興，折回南京，止於返抵北京。其第九卷畫面是康熙從杭州出發，渡錢塘江，到紹興祭大禹陵的情景，第十卷繪南巡歸途自句容至江寧的景況，第十一卷緊接上卷畫面，自江寧出發，經儀徵，到鎮江，駐蹕金山寺的歷程。全圖畫面，反映南巡歷史事件，巡幸儀式，接駕盛況，文藝表演，以及大江南北農村城市風貌，自然環境，船舶交通，城鄉建築，名勝古蹟。該圖有五卷藏在故宮博物院㊵。郎世寧的《馬術圖》也是一個歷史畫卷。乾隆十八年（一七六三），準噶爾部達瓦齊與訥默庫濟爾噶勒混戰於北疆，居於額爾齊斯河的杜爾伯特臺吉車淩、車淩烏巴爾、車淩蒙克怕受擾害，率部東徙歸附清朝，次年夏天，乾隆在避暑山莊接見三車淩，封他們爲親王、郡王、貝勒，賜宴萬樹園，欣賞火戲和馬術表演。後兩年，他們跟隨清軍，在平定達瓦齊、阿睦爾撒拉叛亂中立有功勛。避暑山莊史的接待，是乾隆處理與杜爾伯特關係的政策的體現。《馬術圖》就是以繪畫藝術反映這個政策的。郎世寧是義大利人，康熙間來到中國，爲宮廷畫家。《馬術圖》長四·二五五米，寬二·二五米，描繪乾隆和杜爾伯特首領觀看馬術表演，畫面的東部是乾隆及其侍臣騎馬觀賞，北部偏東是杜爾伯特首領數十人，前排者穿著清朝補服，西、南部是馬術表演者的獻藝。這幅圖除突出乾隆外，就是給杜爾伯特首領以顯著地位。看這個歷史畫卷，可以加深對乾隆少數民族政策的理解。康熙建立避暑山莊，中有三十六景，康熙作詩三十六首，一一詠之，左都御史揆叙爲作注和

㊵參閱聶崇正、楊新：《〈康熙南巡圖〉的繪製》，《紫禁城》第四期。

跋，於五十一年（一七一二）成《御製避暑山莊詩》，每首詩後附有內務府司庫沈瑜的繪圖，畫出每一處景致及其特點，詩、畫對觀，可以了解康熙其人，更是研究避暑山莊史的資料。與此書同類性質的《圓明園詩圖》，係乾隆作詩，鄂爾泰、張廷玉等作注，鴻臚寺序班孫祜、沈源繪圖四十幅，寫該園四十景。這是圓明園史的珍貴資料。由於園林已毀，它的圖畫對於復原該園就更有意義。它有內府本，光緒十三年（一八八七）天津石印書屋摹勒本。清代有個人傳記的圖畫，《鴻雪因緣圖記》即爲其一，它有三集六卷，二四〇幅圖和同樣數量的記文。記爲滿人麟慶所寫，畫是他請人配製，描繪他的經歷。麟慶生於乾隆五十六年（一七九一），卒於道光二十六年（一八四六），進士出身，歷官內閣中書、河南按察史、貴州布政使、湖北巡撫、署兩江總督，圖畫記錄他仕宦所經的江河巨川，旅遊的古蹟名勝，部分地表現出當時江山面貌。他所去之處，有的今已不存，如收藏《四庫全書》的揚州的文匯閣，只可從中窺其一二了。該書由北京古籍出版社於一九八四年梓刻。

戲曲集中，凡屬歷史題材，對清史研究會有一定參考價值。孔尚任的《桃花扇》就是一例。這個傳奇通過侯方域、李香君的戀愛故事，反映南明福王政權的衰亡史。作者對於福王政治作過很多調查，閱讀有關載籍，訪問有關人物，掌握了大量的真實資料，用於他的戲曲中。誠如他在《凡例》中所說：「朝政得失，文人聚散，皆確考時地，全無假借。至於兒女鍾情，賓客解嘲，雖稍有點染，亦非烏有子虛之比。」就是說作者力圖在作品中反映弘光朝政的實況。他的創作目的是總結明朝和福王政權覆滅原因，故在《小引》中講：「《桃花扇》一劇，皆南朝新事，父老猶有存者，場上歌舞，局外指點，知三百年之基業，隳於何人，敗於何事，消於何年，歇於何地，不獨令觀者感慨涕零，亦可懲創人心，爲末世之一救矣。」觀其書，適可見弘光朝内部，朋黨對立，權奸當道，軍閥内訌，正人遭殃，一定程度上再現了弘光朝的歷史。讀之有裨於對南明史的認識。

寶卷是寺院中「俗講」發展成的一種説唱藝術的底本，僧侶和佛徒演講寶卷，稱爲「宣卷」。清代白蓮教、羅教、弘陽教、聞香教等民間秘密宗教，均以寶卷爲宗教經卷，所以它被清朝政府視爲異端，禁止流行。清代傳播較廣的寶卷，有《古佛天真考記龍華寶經》、《明證地獄寶卷》、《混元紅陽顯性結果經》、《普明如來無爲了義寶卷》、《三義護國佑民伏魔功案寶卷》，等。寶卷從明朝萬曆年間到民國初年一直有印行，因是祕密流傳的，收藏者少，後世所存不多。嘉道間，黄育楩任鉅鹿知縣、滄州知府，這些地方祕密宗教活動頻繁，他就將民間所藏明末以來流播的白蓮教經卷六十八種和未入經卷而習用的口頭宣傳教義中的一些詞語作了擇錄，加以駁難，成《破邪詳辨》三卷，《續刻》一卷，《又續》一卷，《三續》一卷。保存了寶卷中的某些内容。社會科學院歷史所清史研究室編的《清史資料》第三輯予以披露，便於讀者閱覽。據喻松青的調查，現存白蓮教經卷大約百餘種，且多殘缺不全㊶。李世瑜編《寶卷宗錄》，介紹七百七十四種寶卷，該書於一九六一年中華書局上海編輯所出版。

㊶《關於明清時期民間秘密宗教研究的幾點意見》，《清史研究通訊》一九八三年第一期。

第五節　關於清史的演義

演義，是所謂歷史小説，多半是章回體的，它與筆記小説不同，也與歷史演義以外的小説不一樣。演義，多富有故事情節，有藝術性，一般能吸引較多讀者，比容納較多資料的史籍，比科學性很强的歷史著作，有時還要引起讀者的興趣，它能不能提供史料？對這個問題，本書似乎也應當有所論及。還是通過幾部演義來説明吧。

蔡東藩著《清史演義》，成於一九一六年，上海會文堂新記書局印行，一九八〇年江蘇人民出版社重印。蔡是歷史學家和演義作者，不滿於當時用宮闈傳聞，「横肆譏議」清朝歷史的狀況，主張實事求是地編寫演義，自云「幾經搜討，幾經考證，巨政同期核實，瑣錄亦必求真」㊷。終將清朝自開國至滅亡的一代歷史，寫成一百回的演義。蔡氏儘管態度嚴肅，但叙事亦有真有假，即如第二十回叙董鄂妃事，即以其爲「南中漢人，被擄北去，没入宮中」，受順治寵幸，基本上是按董鄂妃即董小宛的謬説寫的，當然不合實際。第三十七回寫香妃事，全據俗傳，還拉上和珅從中牽合乾隆與香妃關係，純係子虛烏有之事。

這部書尚且如此，等而之下者那堪細説，燕北老人於一九一九年作《滿清十三朝宮闈秘史》，

㊷《清史演義·自序》。

自稱幼年在京聽宮中蘇拉閒談，集爲資料，陳鶴煒爲之作序說：「搜訪既確，去取尤嚴，無一字不有來歷，即無一字不加斟酌，褒貶悉本原文，異同間或並列。」純係溢美之詞。該書虛擬甚多，其講帝后生活，諸如康熙娶姑之類，意在說滿人野蠻落後，不重人倫。孫劍秋撰《呂四娘演義》，寫呂四娘爲祖（呂留良）、父（呂葆中）報仇，進宮刺殺雍正，取了人頭回鄉祭奠。書賈廣告說：「書中可驚可駭之事跡和本領，都是實錄。」此之謂「實錄」，同其本意不啻相去十萬八千里。薛月樓《清宮故事》，十二卷，原載《新天津報》，以慈禧爲中心線索，講宮中故事和滿人風俗，如謂京中漢人給滿人編了八句曲兒：「樹小房新畫不古，此人定是內務府。話大禮長見錢急，此人必是外八旗。架鷹玩狗下茶館，花完錢糧白瞪眼，訛人設賭拆廟宇，宗室覺羅不講理。」七峰樵道人的《七峰遺編》，順治五年（一六四八）成書，六十回，敘述清軍佔領常熟過程和當地紳民反抗鬥爭。墅西遺叟的《過墟志感》，成於康熙十五年（一六七六），敘清軍入常熟擄走黃亮妻劉氏，後成豫親王多鐸側福晉。以上二書均收入《虞陽說苑》。

歷史演義不能當史料讀，但卻能起傳播某些歷史知識的作用。筆者認爲初學歷史的人不妨讀一點演義，它至少可以告訴一些人物和歷史事件的名稱，對閱讀史書是不無好處的，此其一；其二，知道某些流傳於社會的違背歷史真實的觀點來於何處，有利於去作澄清工作。當然，這種閱覽必須防止先入爲主，防止記憶差錯，以假亂真。

第十二章 有關清史的類書、叢書和圖書目錄

載籍浩繁，無從悉知，更讀不甚讀；載籍散亂，尋覓不便，甚或無從閱覽。爲克服這些困難，需要對書籍進行整理，因之叢書、類書、工具書、圖書目錄應運而生。清史浩如煙海的圖籍，清代及民國以來學術界對之稍有整理，類書、叢書、圖書目錄有所問世。

第一節 類書和史料摘編

類書，是採集各種圖書的資料，按反映事物的性質分類編輯成書。它可以分爲兩種，一是類輯各種事物的資料成爲一書，具有百科性質，一是專輯一事物的資料，即是單科性的，但以前一種爲多。最早出現的是曹魏時期編輯的《皇覽》，至唐宋有較大發展，產生《藝文類聚》、《太平廣記》等名著，到明初輯成我國古代最大的類書《永樂大典》，可惜已幾乎全部亡佚。清代官私所輯類書，據《清史稿藝文志及補編》著錄，有一四六部，一萬三千八百餘卷。又據吳楓的《中國古典

文獻學》所講，六朝至清末，類書約有六百餘部，散失外，今存二百種左右①，是則今所存者大部分是清人勞動成果了。類書匯集資料，可用作工具書備查檢，也可作資料書閱覽。

清代的類書，以《古今圖書集成》最爲著稱，它有一萬卷，是我國今存最大的類書。此書肇端於學者陳夢雷，他於康熙後期侍誠親王允祉，編書三千餘卷，康熙書寫「松高枝葉茂，鶴老羽毛新」聯句賜之②。繼於誠邸諸人續輯。雍正嗣位，以陳氏黨惡允祉，流放遼陽，派户部尚書蔣廷錫督修，至雍正四年（一七二六）成，據雍正講，蔣廷錫等「釐定三千餘卷，增删數十萬言」③。賜名「御製」，而蔣等上成書表則云「欽定」，都是指康熙裁定而言。此書應是康熙時期基本修成，雍正間略事删改定稿。全書分編、典、部三級類目，爲六編、三十二典、六千一百零九部，其編、典目錄爲：

曆象編：乾象典，歲功典，曆法典，庶征典；

方輿編：坤輿典，職方典，山川典，邊裔典；

明倫編：皇極典，宫闈典，官常典，家範典，交誼典，氏族典，人事典，閨媛典；

博物編：藝術典，神異典，禽蟲典，草木典；

---

①齊魯書社一九八二年版，一三二頁。

②《耆獻類徵初編》卷一一六，陳壽祺撰傳。

③《古今圖書集成·序》。

理學編：經籍典，學行典，文學典，字學典；

經濟編：選舉典，銓衡典，食貨典，禮儀典，樂律典，戎政典，詳刑典，考工典。

其六編，以天文爲先，地理次之，再次則人倫、博物、思想和文化，最後是典章制度。於人間事及自然界無所不包。其部之下，有的又分項目。每部分量不一，少的不及一卷，多或至數百數十卷。每部叙事，依時間順序，一條條分陳，每條先書資料出處，次書摘錄的文字，叙事起於上古，止於康熙朝。王利器在《中華書局、巴蜀書社出版〈古今圖書集成〉的意義和貢獻》④一文中對「集成」作了高度評價，說它「具有廣博的知識性，格致的科學性」，其輯錄文獻，「左右採獲，中外不遺，今古俱陳，圖文並茂，實爲中國第一部大百科全書。」此書在編輯上的科學，表現之一是不再按古人以韻分類的成法，而採取以事分類法，即依資料所反映的事物內容作歸類編輯。李宗鄴在《中國歷史要籍簡介》中講到它的價值，謂其分類詳細，編排系統，因之便於查考；材料豐富，《邊裔典》、《閨媛典》、《食貨典》、《考工典》尤足珍視，《經籍典》對於史學研究參考價值大⑤，是有道理的。筆者認爲，它對於清史研究的意義，一是提供一部分清史資料，如《職方典》卷六七六蘇州府部嘉定縣志的下述資料，就是很難得的：

> 嘉民十室九空，然刁而健訟，其風大半起於田土。夫時值有貴賤，歲月有遠近，賤價而添，年

---

④《人民日報》海外版，一九八六年五月十八日。

⑤上海古籍出版社一九八二年版，四七三—四七五頁。

近而贖，亦恒情也。乃有田價每畝貴至六七兩，歲月遠至二三十年者，在時值每畝不及二三兩，一種刁徒嚇訴求添，動以侵佔為名，甚之揑稱人命，一詞在官，草野愚民其家立破。但使得主不願添者，止許回贖，則刁風自戢，此亦息訟之大端也。

一是它因匯集歷代有關資料，閱之可見到前代的情況，便於作縱貫的研究。《古今圖書集成》於雍正間由武英殿印出銅活字本六十四部，每部裝訂五千册，匯爲五一〇套，別有目錄四十卷，分裝二十册，聚爲二帙⑥。乾隆間毀銅活字鑄錢，遂不能續印，迨至十九世紀末之後，得到多次印刷機會。一八八八年上海圖書集成局出版排印本；一八九四年上海同文書局出版石印本一百部，並附《考證》，一九三四上海中華書局推出影印本，分裝八百册；臺灣藝文印書館印成精裝七十九册行世；臺北文星書店影印本，一九六四年問世；一九八六年北京中華書局與巴蜀書社聯合出版影印本，題陳夢雷編纂、蔣廷錫校訂，附錄杜仲湘等編製的多種索引，即經緯目錄、部名索引、圖表索引、人物傳記索引、職方典彙考索引、禽蟲草木二典釋名索引、筆畫檢字，合裝一册，考證一册，正文和目錄八十册，總計八十二册。

補充《古今圖書集成》的類書已有問世。楊家駱主編《古今圖書集成續編初稿》，臺北鼎文書局於一九七七年開始出版，筆者所見有《選舉典》、《官常典》、《歲功典》、《經籍典》、《食貨典》等。《選舉典》從《清史稿·選舉志》、光緒《大清會典事例》卷三三九——四〇六、齊如

⑥張廷玉《澄懷園語》卷三。

山《中國的科名》、朱汝珍《詞林輯略》、嚴懋功《清代館選分韻彙編》、盛朗西《中國書院制度》等書中選材，影印，精裝三冊。《官常典》取材於《清史稿·職官志》、《欽定歷代職官表》、光緒《大清會典》、《清朝續文獻通考·憲政考》等書，影印，二冊。《食貨典》，即《中國經濟史料·清代編》，選材於《清史稿·食貨志》、《清實錄》經濟史料，分類編輯，類別爲：總類；農工（耕荒，屯田，圈地，農産，蠶桑，農林及漁業，其他）；畜牧；手工業（銅鉛鼓鑄，冶鐵，採煤等）；近代工業；交通；商業及利息；對外貿易附外貿的收入；財政；賦稅；鹽務；漕運。楊氏並作長篇識語。該書爲補《古今圖書集成》而作，純取清史資料，雖編選較粗糙，但對清史研究者提供了利用的方便。

陳元龍編著《格致鏡原》。作者官正詹事，康熙四十三年（一七〇四）歸養浙江原籍，在范纘、黃之雋等幫助下完成此書。共一百卷，分三十類，爲乾象、坤輿、身體、冠服、宮室、飲食、布帛、舟車、朝制、珍寶、文具、武備、禮器、樂器、耕織器物、日用器物、居處器物、香奩器物、玩戲器物、穀、蔬、木、草、花、果、鳥、獸、水族、昆蟲。每類下又區爲若干目，如冠服類屬目有：

冠：總論，歷代冠制，婦女冠，外國冠，仙道冠；

冕：總論，歷代冕制；

弁；

巾；

幞頭：附帩頭，帕頭；

幘；

帢：附帢，接䍦；冪䍦；

笠；

衣：總論，歷代衣制，法服，諸衣名類，雨衣，婦人衣，仙釋道衣；

裘：古人裘；

袍：總論，名類；

襖：戰襖；

衫：汗衫，襦，附袖；

半臂；

帔；

帶：總論，歷代帶制；

佩：總論，古人佩，附彩縷，觽，剛卯；

韠；

裳：古人裙；

褌；

襪：總論，附膝褲，裹脚；

履：總論，古人履，屨，舃，鞋，屩；

靴；

屐；附諸服飾。

該書一項一項地羅列人類社會和自然界萬物的資料，加以考訂，說明其原委。每引一種古籍，注明資料出處，偶有遺忘，亦必交待這是某人所說的話。它有雍正十三年（一七三五）刻本，光緒間石印本。

王初桐輯《奩史》，一百卷，成於嘉慶初年。編者自稱讀古籍近萬種，從三千種中輯錄有關婦女的文字，仿《太平御覽》體例，分類編排。其分門、類爲：

夫婦門：夫婦，夫，妻，喪妻，寡婦，附錄；

婚姻門：婚姻、嫁娶，媒，擇，緣，婚禮，附錄；

統系門：后，太后，女主，妃，內職，宮人，公主，駙馬，太子妃，王妃，外命婦；

眷屬門：母，保傅乳母，祖母諸母外祖母，女，姪女孫女姪孫女外孫女，女婿，姊妹，姑，姑婦，娣姒姑嫂叔嫂弟婦，親戚；

妾婢門：妾，婢；

娼妓門：妓，妓居，妓家稱謂，娼家魔術，落籍，從良，出家；

肢體門：體，頭面屬，四肢，肌骨心魂類，汗淚類，附錄；

容貌門：容色，態度，舉止，肖行；

性情門：性情，德，凶德，不妒，七情；

蠶織門：女工，蠶織；

針織門：針線，教刺繡之變；

井臼門：操作；

文墨門：學術，書籍，著作，詩，文，書法，鐫刻，畫，紙墨筆硯，印；

幹略門：勇武，武具；

技藝門；

音樂門：音樂，樂器，歌舞；

姓名門；

事為門：事為，歲節，風懷；

誕育門：孕，孕之異，產，雙生，產之異，產儀；

術業門：三姑六婆；

衣裳門：衣，下服；

冠帶門：冠，帶；

襪履門；

釵釧門：首飾，插花，耳環，臂環，指環；

梳妝門：梳，梳具，沐，沐具，妝，妝具；

脂粉門；

宮室門：宮室，居處，冢墓；

床第門：床帳，被褥，席枕；

飲食門：飯食，飲食，餚，食之異，菜，果，煙，藥；

器用門：器，舟車；

綺羅門；

珠寶門：珠玉，金銀，錢財；

蘭麝門：香，香器；

花木門：花，木，竹，草；

禽蟲門：鳥，獸，蟲；

仙佛門：仙，仙經，虬仙，神，鬼，妖，信佛，佛經，觀音。

該書羅列從上古到清代的資料，對研究女子和家庭史，甚便於檢索。

《皇朝政典類纂》，席裕福等編輯，光緒二十九年（一九〇三）成，上海圖書集成局鑄印，臺灣文海出版社收入《近代中國史料叢刊續編》，為第八十八輯，分裝十冊。席裕福認為當時的政治家應當講經世之學，而這種學問不是迎合時尚的空談，「必通知天下之大勢，貫串當代之故實，自根流葉，循源達委，由中逮外，相消相引，參驗稽決而併匯於一途」⑦。所以從當代諸家著作中鉤稽政治經濟方面的資料，匯爲一編。他所取材的書籍有歷朝聖訓，清三通，清一統志，各種則例，《東華錄》，諸家文集，筆記，各種方略，與各國條約。全書五百卷，一千餘萬言，反映清朝開國至光緒間歷史。取分類匯編法，總類有：田賦，户役，水利，漕運，錢幣，鹽法，征榷，市易，礦政，倉庫，國用，選舉，學校，職官，禮，樂，兵，刑，象緯，方輿，郵政，外交。下分細目，如户役類分户口丁中，八旗户口，秀女，奴婢，職役諸目；職官類分官制，封爵，在京文武官，直省文武官，土官，附僧道官，勛官，封階，祿秩，官品等目。它資料豐富，分類清楚，便於檢索，但不注明所錄資料的成書時間，使讀者不易明瞭該資料反映清代什麼時期的事情，如田賦類錄《賦役全書》資料，不交待何時修的《賦役全書》，因此講的賦役數字，讀者無從知曉那一年代的，因而使它的使用價值大爲縮小。

《清稗類鈔》，編輯者徐珂「從賢豪長者遊，習聞掌故」，平日閱讀筆記、書報，輒作摘抄，有所見聞亦隨筆記錄，遂將它們匯纂爲書，一九一六年底告成。全書三百多萬字，一事一條，計有一萬三千五百餘條，分編爲九十二類。類目爲：時令，氣候，地理，名勝，宮苑，第宅，園林，祠廟，帝德，恩遇，巡幸，宮闈，朝貢，外藩，閹寺，外交，禮制，度支，屯漕，教育，考試，兵刑，戰爭，武略，獄訟，吏治，爵秩，幕僚，薦舉，知遇，隱逸，諫諍，箴規，譏諷，詼諧，種

⑦《皇朝政典類纂·序》。

族，宗教，婚姻，門閥，名字（附字號），稱謂，風俗，方言，農商，工藝，孝友，忠義，敬信，義俠，技勇，正直，貞烈，謙謹，廉儉，狷介，豪侈，才辯，明智，雅量，異稟，容止，情感，疾病，喪祭，師友，會黨，著述，性理，經術，文學，藝術，鑒賞，方伎，迷信，方外，賭博，音樂，戲劇，優伶，倡妓，胥役，奴婢，盜賊，棍騙，乞丐，動物，植物，礦物，物品，舟車，服飾，飲食。它分類細緻，將清朝一代各種制度、各種職業人員的活動都包括進來。每類之中叙事以年次爲先後。它提供的事實多，且便於檢查，但出於筆記者多，不實成分大，更兼材料蕪雜，精湛不足，遠不能反映清朝一代的典章制度。它於一九一七年由商務印書館印行，分裝四十八册。中華書局於一九八四年開始重印，分裝十三册，已於一九八六年出齊。

《古今筆記精華》，上海古今圖書局編輯，一九一五年出版。編者從漢魏至明清的五六百種筆記和其他體裁的書籍中採摘資料，每條説明一事、一人、一理，分類匯集成書。類目爲史談，事原，古蹟附遊記，風俗，諺語，方言，豪傑，文士，神童，美人，妓女，優伶，方技，文藝，武術，音樂，美術，趣事，歌謠，仙佛，鬼怪，草木，禽獸附蟲魚，瑣聞，共二十四類，各爲一卷。每條資料，注明原書，所選資料，較有意義，且因克服筆記分類不清的毛病，便於讀者檢閲。它自詡爲「精華」，不無一定道理。唯錄有方志圖書資料，不純爲筆記的，在體例上講不算嚴整。

《通商條約類纂》，三十五卷，徐宗亮等編輯，一八八六年成書，一八九八年北洋石印官書局印行，文海出版社收入《近代中國外交史資料叢刊》，影印，分裝十册。所收文獻以條約章程爲主，奏頒章程、通行成案亦行收入。文獻形成時間上自康熙二十八年（一六八九），下迄光緒十一年（一八八五），分總類和吏、户、禮、兵、刑、工各類，計七類十七門。徐氏的編纂適應官方外交活動的需要，故李鴻章爲作序文。今日研究中外關係史，較易從中獲取簽約過程和條約内容的資料，爲進一步研究創造條件。

徐編問世不久，光緒帝命各省纂輯同類文獻，以便頒給州縣參考，湖南道員蔡乃煌等乃輯成《約章分類輯要》，三十八卷，一九〇〇年湖南商務局刊刻，文海出版社亦收入《近代中國外交史資料叢刊》。分十三門二十九類，其門爲訂約、交際、傳教、口岸商務、内地商務、禁令、獄訟、佣工、疆界、租建、行船、路礦、電線，附郵政章程，賽會章程，另有四表七圖。

《清朝野史大觀》，小横香室主人編，中華書局一九三六年出版，一九八一年上海書店重梓。取材於官書、方志、文集、筆記史料和小説，計一四〇種，將所輯資料分爲五輯，即清宫遺文、清朝史料、清人逸事、清朝藝苑、清代述異，每類一册，共五册。

類書的編纂，至近幾十年有個大發展，或者説有所衍化，形成文摘匯編體。類書按内容採編資料，其構架隨内容而定，而其内容並未能完全按照事物性質作科學的分類，或者説作的分類比較粗糙，即以《古今圖書集成》而言，其經濟編中下屬八典，唯食貨、考工二典屬之合理，其他選舉、銓衡、禮儀、樂津、戎政、詳刑六典不應在其列，從總體設計看可以大大斟酌。又如《清稗類鈔》，分出九十二類，缺乏歸總，顯得分散。這種分類，皆因對歷史事物的認識尚需提高所致，如《古今圖書集成》强調天命天理觀念，故將《曆象》置於首編，把人際關係規範的内容命名爲「明倫編」。現代人對歷史的認識比前人有了提高和深化，而且也有時代的烙印，再編類書，出現兩個特點，一是題材相對過去「集成」式的要少，也就是說類書搞得多，研究的問題方面多，題目相應縮小；二是與第一點相聯繫，類書的結構較前合理，具體細緻，章節目清晰，研究者若加工這種構架下的資料，幾乎可以形成專著。事實上，有的文摘匯編，就是編輯者專題研究的副產品，是他們爲專題研究蒐集的史料的編排成果。因此，筆者認爲與其說這種圖籍是類書，無寧說是文摘匯編更好。文摘匯編既提供專題史料，又給讀者以提綱式的啓發，對讀者具有這種雙重功用，當是讀者樂意於閱覽的。下面介紹近三十年問世的幾部清史資料文摘匯編，以見筆者所說不誤。

《中國通史參考資料·古代部分》第八冊《封建社會（七）—清（鴉片戰爭前）》，鄭天挺主編，中華書局一九六六年棗梨。「通史參考資料」，係翦伯贊、鄭天挺主編，按斷代分冊出版，供大學歷史系本科生學習使用，鴉片戰爭前清代冊是全書的一部分。該冊編者從一一一種圖籍摘出資料，分六節編排，爲一「清代多民族統一國家的鞏固和發展」，二「清代封建統治的加强」，三「清代社會經濟的發展」，四「各族人民的反封建鬥爭」，五「清代文化的成就」。它的框架細膩，多到五級目，如三清代社會經濟的發展，其下（三）商業的發展，再下二對外貿易，次爲(1)行商和外洋，再次甲行商，乙外商，每條資料之尾，注明其來源。翦氏、鄭氏主編之通史參考資料的《近代部分》由龔書鐸主編，選錄反映一八四〇年——一九一九年歷史的文獻，依近代史上幾個大問題分類，編入的是節選文章，與清代部分的摘錄資料方法有所不同。

《康雍乾時期城鄉勞動人民反抗鬥爭資料》，人大清史所、檔案系合編，一九七九年中華書局出版。選材於檔案史料，兼及方志、文集、官書，分章、節、目、子目、細目五級編排資料，其提綱反映編者的觀點，摘錄於下：概述；第一章「農民的反抗鬥爭」，第一節「抗租和爭田」，第二節「反克扣工錢」，第三節「奪糧」，第四節「抗糧與反科派」；第二章「奴婢制度及奴婢反抗鬥爭」；第三章「手工業勞動者和城鎮商民的反抗鬥爭」；第四章「農民起義和農民戰爭」。

《清代地租剝削形態》、《清代土地佔有關係與佃農反抗鬥爭》，一史館與社科院歷史所合編，中華書局分別梓行於一九八二年、一九八八年。編輯者從一史館藏檔內閣全宗乾隆朝刑科題本中選錄資料，編輯《乾隆刑科題本租佃關係史料》，這裏說的是其中的兩種。前書共收題本三九九件，分地租（勞役租、實物租、貨幣租）、押租制、永佃制、轉租、額外剝削、其他六類，每類依檔案形成時間順序編排。後書收入史料二七九件，其中土地買賣、典當類二十六件，大土地佔有十二件，佃農要求減租及反對增租十二件，反對逼租二十五件，反對奪佃九件，其他十二件。

《明清徽商資料選編》，張海鵬、王廷元主編，黃山書社一九八五年出版。民諺「無徽不成鎮」，徽商無往不至，在清代商業史上，以及社會生活、文化藝術等方面都有不小的影響，此書匯編徽商史料，有便利讀者之功。取材於二百三十餘種各類體裁的歷史文獻，其中家規、族譜近百種，此類書不易蒐求，可知編者用力之勤。提綱甚詳明，錄於下：

第一章　明清時期的徽州社會

第一節　自然環境

第二節　風俗習慣

第二章　徽商資本的來源與積累

看這個綱目，以爲這是一部學術專著，表明編者把摘錄的資料進行消化之後才作出編排，對讀者自不乏其啓發性。

《明清蘇州農村經濟資料》，洪煥椿編，江蘇古籍出版社一九八八年槧刻。清代蘇州地區史是一熱題目，此書編輯的學術意義顯而易見了。編者從方志、官書、文集、筆記、檔案、契約、簿冊，廣收資料，類編爲八章，章目爲：一「自然環境和人口增減」，二「土地資料和佔有形態」，三「糧食生產和經濟作物」，四「多種經營和副業生產」，五「農村市鎮和物資交流」，六「農業災害和水利建設」，七「田賦徵派和南糧北運」，八「租佃關係和農民生活」。洪氏爲方志學專家，平生勤於蒐集資料，此書爲其辛勞結晶，而獻給讀者的則是經過精心分類的寶貴資料。

《嘉興府城鎮經濟史料類纂》，浙江社科院歷史所、經濟所、嘉興市圖書館編印於一九八五年。《湖州府城鎮經濟史料類纂》，陳學文編輯，一九八九年刻印。太湖之濱的嘉、湖二府，與前述蘇州一樣，在清代是經濟發達地區，它的城鎮經濟史值得認真研究。陳氏等蒐集二府自上古迄於一九一一年的經濟史資料，分爲文獻資料與碑刻資料甲乙二編。甲編按府、縣爲單位分編資料，府縣下一般又分成九或十類，即一「建置」，二「規模」，三「人口」，四「物產」，五「交通運輸」，六「手工業和工業」，七「商業貿易」，八「賦稅」，九「社會組織」，十「其他」。二書雖不專爲清史研究匯集資料，然其中所收錄的仍以清代文獻爲多，故仍是清代區域經濟史的良好的資料匯編。

《中國近代手工業史資料》（一八四〇—一九四九），彭澤益編，爲中科院經濟所中國近代經濟史參考資料叢刊第四種，一九五七年三聯書店初版，一九六二年中華書局增訂版，四卷四冊。彭氏根據近代社會經濟歷史變化的趨勢，劃分爲六個發展階段：(1)十七世紀後半期至十九世紀三十年代，(2)十九世紀四十—六十年代，(3)十九世紀七十—九十年代，(4)十九世紀末至第一次世界大戰，(5)二十世紀二十—三十年代，(6)二十世紀三十年代末至四十年代末。據此，將所掌握的資料編輯爲六編，編下再分章、目、子目。編、章、目均反映編者的學術觀點，如第一編「十七世紀後半期和十九世紀四十年代前中國封建社會手工業者匠籍身份的解放與手工業資本主義生產的起點」，第一章「十七世紀三十年代以來中國封建社會手工業的生產技術水平」，一「明清以來中國手工業的生產技術水平」，二「中國手工業的技術成就」，三「中國手工業生產技術的保密與傳播」；第四章「清代手工業商品生產和資本主義生產的起點」，一「手工業商品生產的發展和商業資本對小生產者的控制活動示例」，二「各地各業中的大作坊和手工工場的經營情況」。以此認識而編排一條條資料，並註明來源。彭氏又製作了許多圖表，物化了一些研究成果在內，讀者可以按目索驥，獲取資料。

《中國近代農業史資料》，李文治編，三聯書店一九五七年出版。此書性質與價值，對讀者的作用，與前述彭編相近，唯內容一是手工業一是農業的區別。

《孔府檔案選編》，社科院近代史所民國史研究室與曲府文管會合編，中華書局一九八二年印行。主要選錄檔案，兼收文獻和碑刻資料。材料依反映的歷史問題分爲七類，即七章，下設節、目、子目，如第二章「孔府的土地與户人」，其下第七節「孔府的佃户與廟户」，一「佃户」，1.「欽撥佃户」，2.「屯田佃户分爲實在户與寄莊户」，3.「佃户負擔」，4.「佃户對孔府的依附關係」；二「廟户」，1.「廟户的來源及其職責」，2.「廟户負擔」，3.「廟户對孔府的依附關係」。每條資料註明出處。這個選編分類較細，爲孔府史研究初步選擇了史料，對讀者自會有益。

《清代的旗地》，人大清史所、檔案系合編，中華書局一九八九年梓行。選材於檔案及各種文獻，分七章，在章、節、目下實以資料，並書明來源。圈地是清初五大弊政之一，它所形成的旗地，以及後來旗地的買賣、管理是一個社會問題。該書把有關資料作了歸類，讀者查找較爲便利。如第一章「旗地的形成」，第一節「圈占」，一「有關圈地的諭令」，二「圈地情況」，三「撥捕」；第二節「投充」，一「對投充的規定和議論」，二「投充情況」；第三節「因圈占和投充引起的各種問題」，一「社會的動盪不安」，二「對行政管理和賦稅的影響」。初步形成圈地史的提綱。

臺北中央研究院近代史研究所於一九五七年至一九九一年編印中國近代史資料彙編，計十三種，含清末及民初的史料，其關於清史專門問題的列表於下：

書名	分冊書名	反映歷史時代	精裝冊數	出版年代
海陸檔	購買船砲 福州船廠 機器局 電線 鐵路	一八六一—一九一一	九	一九五七
礦務檔		一八六五—一九一一	八	一九六〇
中法越南交涉檔		一八七五—一九一一	七	一九六二
道光咸豐兩朝籌辦夷務始末補遺		一八四二—一八六一	一	一九六六
四國新檔		一八五〇—一八六三	四	一九六六
中美關係史料	嘉慶道光咸豐朝 同治朝 光緒朝		八	一九六八—一九九〇
近代中國對西方列强認識資料匯編		一八二一—一九一一	十	一九七二—一九九〇
清季中日韓關係史料		一八六四—一九一一	十一	一九七二
教務教案檔		一八六〇—一九一一	二十一	一九七四—一九八一
膠澳專檔		一八九七—一九一二	一	一九九一
保薦人才、西學、練兵		一八七七—一九一三	一	一九九一

第二節　叢書史料

叢書是匯集兩種以上著作，依照一定體例編輯的圖籍。因其所選內容的差別，有兩種類型。綜合性的，包含各學科的書籍。專類性的，其中又可分斷代的，專刻一個朝代的著述；地域的，合刻一個地方人的作品；專人的，匯集一個人的各種著作⑧；專門學問的，合刻關於某一種學科的書。叢書編輯者往往對所收書籍作出說明，棗梨時可能對原作進行刪節，或只收錄一小部分。叢書將零散作品匯於一處，保存了書籍，也便於讀者觀覽，是保存史料的好方法，但有刪削的就不能使讀者見到原貌，減少了它的使用價值。叢書起源於南宋俞鼎孫、俞經編的《儒學警悟》，明代叢書出現的多了起來，清代更盛，其代表作就是《四庫全書》。

乾隆三十八年（一七七三）開館從事《四庫全書》的編輯工作，至四十七年（一七八二）基本完成，參加編輯和抄寫的人員多達四千一百餘人。編選過程中，搜集圖書下了很大力量。所收的圖籍有五個來源：一爲各省徵集採購的書，叫「採進本」；二爲藏書家進呈的，曰「進獻本」；三爲宮中藏的舊刻本和抄本，稱「內府本」；四是清朝敕修的官書，名「敕撰本」；五是從《永樂大典》輯佚的，是爲「永樂大典本」。實際主持這項工作的是紀昀，學者陸費墀、陸錫熊、戴震、邵

⑧這就是全集，本書在第六章文集部分已接觸到，這裏不再涉及。

晉涵、王念孫、姚鼐、翁方綱、周永年等做了大量的整理工作。編輯中，他們根據清朝控制思想文化的政策，對一些古籍作了篡改，禁毀。對保存的書籍，依照經、史、子、集四部分類法進行分類，故書成命名《四庫全書》。它共收進先秦至乾隆間的圖書三、四六一種，七九、三三七卷，分裝三六、三五八册。它先後抄成七部，加上底本計爲八部，分藏於七處：皇宫文淵閣，圓明園文源閣，盛京故宫文溯閣，承德避暑山莊文津閣，鎮江金山寺文宗閣，揚州大觀堂文匯閣，杭州聖因寺文瀾閣。每閣一部。前四處爲内廷四閣，或稱「北四閣」，後三處則爲「南三閣」，或稱「江浙三閣」。文津閣備皇帝閱覽，南三閣則供江浙士人披讀。《四庫全書》的編輯，保存和整理了圖書，總結了我國古代豐富文化典籍遺產。在整理方法上，輯佚、校勘、目錄諸方面，對後世學術界有較大影響，這是它的積極意義。編輯中篡改、删削、毁禁書籍，多達三千餘種，與所收書相等，這是對古代文獻的一種破壞，同時對經濟、科技類及反映民衆生活的圖書注意不夠，是它的消極影響和缺失。應該説它是清朝國力强盛、經濟發展和强化思想文化統治的産物。它的七部抄本，後來毁壞了三部半，今存三部半，一在北京，一在蘭州，一在臺北，半部在杭州，不過它已由後人補齊，所以今天實有四部。同時七部書中，由於抄寫時的疏忽及抄後的局部修改，因而在文字上有少量的出入。

《四庫全書》當時没有印本，但是乾隆間於其中選擇尤其精好的抄錄一萬二千卷，一式二分，一藏大内摛藻堂稱《摛藻堂四庫全書薈要》，一藏圓明園味腴書屋。乾隆間，武英殿修書處陸續印刷一部分宋元版書及其他書藉，計一三八種，稱爲《武英殿聚珍版叢書》，後來浙江、福建、江西等省翻刻，流傳較廣。其中有孔毓圻的《幸魯盛典》，金簡的《欽定武英殿聚珍版程式》等書。

《四庫全書》的出版，是出版史上的一件大事，而它由商務印書館完成。其中經歷了曲曲折折的五個階段。始於一九一九年中國學者金粱、葉恭綽和法國學者作了努力，一九二四年商務印書館作出影印計劃，未果，一九二七年張學良擬在東北影印，亦未能實現。商務印書館鑒於一次出版全書不能實現，而其中罕見之珍本實爲圖書市場的需要，乃決定出版其中的一部分，於一九三三年—一九三五年，據文淵閣藏本影印了一小部分，名爲《四庫全書珍本初集》，收書二三一種，一、九六〇册。一九六九年臺灣商務印書館重予印行，並於一九七〇年—一九八二年出版續集，先後印出十二集及別輯一集，共收原書一、八七八種，一五九七六册，種數占《四庫全書》百分之五十四强，册數占百分之四十四弱，總之占近半數。在印製「珍本」的末期，臺灣商務印書館籌劃影印「全書」，經過幾年的努力，於一九八六年將《四庫全書》全部印完。它以文淵閣《四庫全書》爲底本影印，增收武英殿刊本《四庫全書總目提要》，文淵閣抄本《四庫全書簡明目錄》及《四庫全書考證》，影印時加編頁碼，書明影印本的×册×頁，以備編製索引。全書十六開本精裝一、五〇〇册，其中「總目提要」五册，「簡明目錄」一册，經部二三六册，史部四五二册，子部三六七册，集部四三五册，「考證」四册。另編印《景印文淵閣四庫全書目錄，附文淵閣四庫全書分架圖》一册，刊有印製全書主持人張連生的《景印文淵閣四庫全書後記》一文。《景印文淵閣四庫全書目錄》、「總目提要」和「簡明目錄」均附有《書名及著者姓名索引》，係四角號碼和筆畫兩種，亦由該館編製。《四庫全書》問世二百年，本世紀籌印六十多年後，終於以原貌與讀者見面，爲讀者的利用提供了極大的方便，使這部國之瑰寶更好地發揮作用，有利於中華傳統文化的傳播。

《四庫全書》以外，清代以及民國以來還有一批較好的含有清人作品在內的叢書：

《知不足齋叢書》，乾隆間鮑廷博輯，鮑志祖續輯，計三十集，選收唐代至清代的各類圖書二百零七種，中有清人劉體仁的《七頌堂識小錄》，釋道濟的《苦瓜和尚畫語錄》，笪重光的《畫筌》，汪輝祖的《佐治藥言》及《續》，翁廣平的《余姚兩孝子萬里尋親記》等。它有乾隆、道光，一九二一年上海古書流通處三種刻本。爲叢書中的佼佼者。

《藝海珠塵》，乾隆中吳省蘭輯，道光中錢熙祚增輯，當時有刊本，分十集，收書二百十七種，經史子集四部書均有。清人毛奇齡的《大小宗通繹》和《昏禮辨證》，王澐的《雲間第宅志》，董潮的《東皋雜鈔》，李蘭善的《方圓闡幽》，路順德的《治蠱新方》皆在內。

《岱南閣叢書》，孫星衍輯，收集編者所注釋的古籍和他自己的著作。有乾隆間蘭陵孫氏刊本，一九二四年上海博古齋影印本。

《借月山房匯鈔》，張海鵬輯，基本上收明清人著作，全部一三五種，分十六集。有吳省蘭的《皇上七旬萬壽千字文》，吳偉業的《復社紀事》，馮一鵬的《塞外雜識》，錢良擇的《出塞紀略》，蔣伊的《蔣氏家訓》，嚴有禧的《漱華隨筆》，吳喬的《圍爐詩話》，釋普恩、立法等的《峨嵋槍法》。它有嘉慶中虞山張氏刻本，一九二〇年上海博古齋影印本。道光三年，陳璜從中選擇一部分，成《澤古齋重鈔》，分爲十二集出版。

《粵雅堂叢書》，伍崇曜輯，三十集，收有清人李介的《天香閣隨筆》，翁方綱的《石洲詩話》，洪亮吉的《北江詩話》，錢謙益的《絳雲樓書目》，王懋竑的《朱子年譜》，郁永河的《采硫日記》，郎廷極的《盛飲編》，張穆的《顧亭林先生年譜》，黃宗羲的《南雷文定前集》、《後集》、《三集》、《詩歷》和《世譜》，程恩澤的《程侍郎遺集》等。它有道光及光緒間南海伍氏刻本。《史學叢書》，有光緒二十五年（一八九九）文瀾書局本，二十八年（一九○二）上海煥文書局本，光緒間上海點石齋石印本，專輯清人校補正史的圖書，計四十三種。

《畿輔叢書》，王灝輯，光緒五年（一八七九）定州王氏謙德堂刊本，收歷代河北人的著作或注釋，共一百七十種，其中有一部分是流傳很少的圖書，特別是匯刻了清人顏元、李塨、尹會一、孫奇逢、崔述等人的全集，魏裔介、魏象樞、王源、陳儀、朱筠、舒位、朱珪、方履籛等人的文集。

《畿輔河道水利叢書》，吳邦慶輯，道光四年（一八二四）益津吳氏刊印，匯輯明清兩代人關於直隸水利的圖籍八種，中有允祥的《怡賢親王疏鈔》。

《上海掌故叢書》第一集，上海通社輯，一九三六年排印，主要收清代上海人的著作，有《閱世編》、《滬城備考》、《木棉譜》、《水蜜桃譜》、《淞南樂府》、《滬城歲事衢歌》、《夷患備嘗記》、《紅亂紀事》、《覺夢錄》、《臬林小史》、《星周紀事》等。

《四部叢刊》，張元濟等輯，商務印書館於一九二二年、一九二九年、一九三六年三次印刷，分經史子集四部，在集部收有顧炎武、黃宗羲、王夫之、錢謙益、吳偉業、王士禛、汪琬、朱彝尊、陳維崧、查慎行、方苞、厲鶚、戴震、全祖望、洪亮吉、孫星衍、盧文弨、錢大昕、汪中、阮元、惲敬、龔自珍、張惠言、曾國藩等人的詩文集。《續編》，一九三四年印行，收有嘉慶《大清一統志》，彭孫貽的《茗齋集》。《三編》，一九三五—一九三六年出版。臺灣商務印書館梓行縮印本，初、續、三編，共五百五十六册。

《四部備要》，中華書局輯，一九三六年付梓，亦分經史子集四部，收有《聖武記》、《國朝先正事略》、《中興將帥別傳》、《吾學錄初編》、《文史通義》、《二十二史劄記》、以及清人別集多種，有一部分與《四部叢刊》相重。

《國學基本叢書》，始由上海商務印書館編輯出版，臺灣商務印書館繼之，收書四百種，甲種本二、三八〇册，乙種本一、六三七册。

《小方壺齋輿地叢鈔》，王錫祺輯，正編十二帙，補編十二帙，再補編十二帙，由上海著易堂分別於光緒十七年（一八九一年）、二十年（一八九四）、二十三年（一八九七）出版，專收清人關於中國和外國歷史地理、遊記、風土記、邊疆史地的著作，兼有外國人關於中國及世界各國史地的述作。

《皇朝藩屬輿地叢書》，浦×輯，光緒二十九年（一九〇三）金匱浦氏靜寄東軒石印，分六集，收有清人邊疆史地著作二十一種，爲薩英額的《吉林外記》、西清的《黑龍江外紀》、許景澄的《帕米爾圖說》、曹道杰的《東北邊疆輯要》、薛福成的《滇緬劃界圖說》、佚名的《平定羅刹方略》等書。

《近代中國史料叢刊》、《續輯》、《三編》，沈雲龍主編，臺北文海出版社印行。初編於一九六六年—一九七三年問世，影印精裝一千册；「續輯」在一九七四年—一九八二年印刷，九三〇册；「三編」於一九八六年、一九八七年兩年出版一九三册，總計已出二、一六三册，洋洋大觀，包攬了清朝後期歷史的重要圖籍。編者對常見書和稀見書，依其史料價值，概行收錄，反映清代前期歷史的著作亦多所收進，爲清史和近代史研究者提供很大方便。如政書類的奏議，初編選印了不少，有《彭剛直公（玉麐）奏稿》、《林文忠公政書》、《靳文襄公（輔）奏疏》、《郭侍郎（嵩燾）奏疏》、《李肅毅伯奏議》等。三編印了一批近代史上名人的年譜，有左宗棠、岑毓英、胡林翼、曾國藩、曾國荃、汪康年、王慶雲、康有爲、張之洞等人的，而張廷玉、段光清等年譜在初編即印刷了。所收文集、筆記甚多，像《方望溪先生文集》、《澄懷園文存》、《湯文正公（潛庵）全集》、《陶文毅公集》、《朱九江先生集》、《皇朝瑣屑錄》、《陶廬雜憶》、《春在堂隨筆》、《清秘述聞》等，皆可在初稿中找到。政書如光緒《大清會典》、《爵秩全覽》、《牧令須知》、《欽定六部處分則例》、《校邠廬抗議》等，史書如《聖武記》、《欽定滿洲源流考》、《清朝開國方略》、《清皇室四譜》、《清朝武功紀盛》、《大義覺迷錄》、《平定回疆剿平逆匪方略》等，中外關係的《使琉球記》、《英使謁見乾隆紀實》、《琉球入學聞見錄》、《籌辦夷務始末》、《國朝通商始末》等，經濟方面的《江南製造局》、《皇朝掌故匯編》、《石渠餘記》、《鹺政備覽》等，民間社會的《近代秘密社會史料》、《中國邦會三百年革命史》、《中國基督教史綱》、《天主教傳入中國概觀》等等。一編在手，省卻讀者多少尋覓之勞，真是功在史學界。

《中國方略叢書》，成文出版社印行。方略之書，在清朝修輯時有的付梓了，有的未刻，但總起來看印刷數量不大，流傳不廣，讀者利用不便，因此成文出版社的影印是做了一件好事。該書已出二輯，第一輯於一九六八年問世，收書二十四種，分裝一二〇册，二輯在一九七〇年出版。所收之書，除筆者在第十章方略節表中所列的以「方略」命名的圖籍之外，尚有《平叛記》、《東南紀事》、《西南紀事》、《洪經略奏對筆記》、《皇朝藩部要略》、《保甲書輯要》、《團練事宜》、《湘軍志》、《湘軍記》、《湖南苗防屯政考》、《浙東籌防錄》、《戡靖教匪述編》、《襄陽兵事略》等書。

《中國方志叢書》，亦爲成文出版社影印，一九六六年—一九八五年製作，十六開本精裝。編者意圖精選善本刊印，範圍包括府縣方志和叙述，地方上一事一物的專志，如《瀘水志》、《廬山志》，也即通常所說的地方史志，範圍廣闊。採取分地區編輯的辦法，以民國年間行政區劃命名，每一種史志爲一個編號，分量大的書，可以分裝爲數冊，但只有一個編號，共收有二、〇三五種史志，其所收各地區方志的數量列表於下。

地區	種數	舉例
西部地方	三八	回疆志、新疆小志
東北地方	四一	復縣志、呼蘭府志
塞北地方	四二	朔方備乘圖說、科布多事宜
華南地方	二八四	光緒廣州府志、續遵義府志
臺灣地方	三三二	高著臺灣府志、臺灣事情
華中地方	七三四	靈壁縣志、揚州叢刊
華北地方	五六四	東牟城守紀略、光緒東鹿縣志、蘭州府志
總計	二〇三五	

《中國邊疆叢書》，李毓澍主編，文海出版社影印，第一輯收書三十種，六十年代刊行。收有《西寧衛新志》、《察哈爾通志》、楊增新《補過齋文牘》、《西藏志》、《東三省政略》等書。

《清代傳記叢刊》，周駿富編，臺北明文書局一九八六年出版，收傳記類圖書一五〇種，附錄十七種，共計一六七種，分裝二〇二册，另有周氏所編索引一册。所收之書，分五個方面，即學林、名人、遺逸、藝林及綜錄五類。在一六七種書中，梁章矩的《國朝臣工言行記》、林景忠的《國朝忠義私淑錄》爲孤本書，與常見的《國朝漢學師承記》等匯爲一編，皆有利於讀者尋求。

《清代稿本百種匯刊》，臺北文海出版社印行，收有孫奇逢的《周易卜卦解》、鄭慶崧的《鄭氏事實》、周鼎調的《嘉定周氏宗譜》、翁方綱的《復出齋文稿》、官修《南巡盛典稿存》等稿本書。

《中國佛寺志》叢書，杜潔祥主編，高志彬解題，明文書局一九八〇年影印，精裝五十册，收有古代寺志數十種，其中屬於清人編寫的甚多，如清人撰著的杭州名寺廟志，就有：《武林靈隱寺志》、《增修雲林寺志》、《雲林寺續志》、《雲居聖水寺志》、《虎跑定慧寺志》、《雲棲紀事》、《大昭慶律寺志》、《淨慈寺志》、《鳳凰山聖果寺志》、《武林理安寺志》等。本書第五章已提出重視寺志資料的問題，這裏試舉一例以昭之。杭世駿的《武林理安寺志》卷一《恩寵》講到康熙與理安寺的關係，禪師玉林琇與順治的關係，卷五《性音傳》說到性音與雍正的瓜葛。性音爲理安寺法嗣，而爲北京柏林寺住持，因其本寺頽廢，發願重修，通過與雍親王（雍正）交遊，轉奏康熙，康熙乃發帑金爲之修葺，置齋田，並賜御書「理安寺」匾額。由此可知僧衲與清朝皇帝的密切往還，以及清帝的重視佛教。《中國佛寺志》的出版，爲研究者提供了利用的方便，功在梵宇和學術界。

《臺灣文獻叢刊》，周憲文主編，臺灣銀行經濟研究室編印，一九五七年—一九七二年陸續印行，共出書三〇九種，五九五册。初意選印清代有關臺灣的私人著述，提供關於臺灣的史地風俗人情等社會資料，而編印的結果，擴大到與臺灣有關的文獻。時間上自明季至一九四五年。編者特別重視臺灣與大陸的一體關係，正如吳幅員在《刊印臺灣文獻史料叢刊提要贅言》中所說的：「臺灣之於大陸，不論從地緣以至血緣，都屬一體，……此在臺灣歷史文化上所留的記錄與遺蹟，斑斑可考。」在三〇九種書中，有臺灣史專書，如《臺灣府志》、《平臺紀略》；有與臺灣史事有聯繫的，如《明季南略》；有明清政事要事的，如《弘光實錄抄》；有截選匯編專取臺灣史事的，如《清季臺灣洋務史料》、《清會典臺灣事例》；有新編輯的，如《清代琉球紀錄集輯》。吳幅員撰《臺灣文獻史料三〇九種提要》，對叢刊所收之書一一作了介紹。

《近代中國外交史資料叢刊》，文海出版社印行，計三編三十種，第一、二編爲清代部分，第三編爲民國部分。

《明清史料匯編》，沈雲龍選輯，文海出版社於一九六七年—一九七三年印刷，九集，每集約十册，選材側重於反映明清之際的歷史和遺民的著作，如夏允彝、夏完淳父子的《幸存錄》、《續幸存錄》，王秀楚的《揚州十日記》，計六奇的《金壇獄案》，民國人編的《洪承疇章奏文册匯輯》，董康輯《獄審制度第一編》，葉鳳毛的《内閣小識》、《清太廟紀略》等。

《清人別集叢刊》，上海古籍出版社於一九七八年—一九八〇年影印，分平裝、線裝、精裝數種，所印刷的著作有：曹寅的《楝亭集》、周亮工的《賴古堂集》、納蘭性德的《通志堂集》、朱鶴齡的《愚庵小集》、方文的《嵞山集》、孫枝蔚的《溉堂集》、金人瑞的《沈吟樓詩選》、劉獻庭的《廣陽詩集》、陳夢雷的《閒止高堂集鈔》、朱彝尊的《騰笑集》，金農的《冬心先生集》、汪懋麟的《百尺梧桐閣集》、《百尺梧桐閣遺稿》，顧汧的《鳳池園集》等。「叢刊」剛問世時，因人們不甚習慣於讀影印書和它的較平裝書爲高的書價，銷售不佳，書店廉價處理，文史兩業的研究者競相往購，筆者也購得三種。十年後之今日，影印書大增，人們習慣了，那種書價更能接受了，書的命運不完全在其本身，而要看整個社會環境。如今回憶那次「叢刊」的處理，亦可謂爲書林的軼事。

《明清善本小說叢刊初編》，臺北天一出版社一九八五年影印，筆者所見有十八輯之多，每輯所收小說品種數量不等，多的二十五種，少的三、五種，共計二三〇種。

關於筆記的、方志的叢書，在本書有關章節中作過說明，這裏不贅。近年出版的叢書甚多，人們戲稱爲叢書熱，也有重複出版的現象，一部書被收入不同的叢書中，然而不管怎麼說，它的讀者省卻了許多蒐索的繁勞，是好事。因此讀者宜隨時留意叢書的出版，才能獲得利用之便。

還有一種叢書，專門匯刻行世的叢書，這就是《叢書集成初編》。它由商務印書館編輯出版。

編輯者原計劃於宋元明清叢書中選擇一百部，收書四、一〇七種，分四千冊出版。其編選原則是以實用與罕見爲主，以供社會需要和圖書孤本的流傳。在選定的一百部叢書中，清朝最多，達七十一種。它於一九三五—一九三七年印行了三、四六七種，因抗日戰爭爆發而中斷，在尚待出版的約一千種書中，已有六四三種製成紙型。一九八二年中華書局已徵得商務印書館同意，決定重印已出版的三千多種，隨後安排未梓部分的印刷。《叢書集成》收錄的範圍廣泛，內容豐富，分總類、哲學、宗教、社會科學、語文學、自然科學、應用科學、藝術、文學、史地等十大類，下分五四一項。它包含常用的古籍，爲讀者提供了實用而方便的條件。欲了解這部叢書的情況，有上海古籍書店編印的《叢書集成初編目錄》，可供參考。

閱讀和利用叢書，有一部很好的工具書——《中國叢書綜錄》，可資借助。它由上海圖書館編輯，中華書局一九五九年印行。著錄古典文獻叢書二、七九七種，從各方面予以說明。它分成三部分，即第一冊《總目分類目錄》，逐一著錄所收叢書的編者、版本、子目，附《全國主要圖書館收藏情況表》，反映各種叢書在北京圖書館、北京大學圖書館等四十一家大型圖書館收藏的情形，以便讀者借閱。第二冊爲《子目分類目錄》，以叢書所輯各書爲單位，注明圖書名稱、作者和所屬叢書名稱。它表明所錄叢書內含三八、八九一種著作。它採用經史子集四部分類法，下係爲類、屬，它的編排和命名，力求反映圖書內容的性質，以便讀者按需要到各部類中尋找讀物。如史部內分：正史類；別史類；編年類；紀事本末類；雜史類：事實之屬，瑣記之屬；載記類；史表類；史鈔類；史評類：義法之屬，議論之屬，考訂之屬，詠史之屬；傳記類：通錄之屬（歷代、郡邑、域外、家乘、姓名、人表），雜錄之屬（日記、瑣記）；政書類：通制之屬，儀制之屬（典禮、雜禮、專志），職官之屬（官制、官箴），邦計之屬（通紀、營田、賦稅、貿易、俸餉、漕運、鹽法、貨幣、户籍、權量、荒政），邦交之屬、軍政之屬（兵制、馬政、保甲團練、江防海防、邊政），刑法之屬（刑制、律例、檢驗、治獄、判牘），考工之屬（營造、雜志），掌故瑣記之屬，詔令之屬，奏議之屬，公牘之屬。此外還有時令類、地理類、目錄類、金石類，不具列屬目。可見其分類細緻實用。第三册爲《子目書名索引》和《子目著者索引》，此爲備檢索第二册之用，在讀者只知著者姓名或書名的一個條件下，可以通過這兩種索引，在第二册中查到它收在何種叢書中，是何性質的圖書，或者明瞭它未爲叢書匯集的情況。這是一部迄今最完備的全國性叢書綜錄。三册各有其用，極便於讀者在叢書中檢尋書目和向圖書館借閱，是一部實用價值很高的目錄學工具書。它自問世後深受讀者歡迎，近由上海古籍出版社用中華書局舊版重印，並對原版的一些錯誤作了訂正。

《中國近代現代叢書目錄暨索引》。上海圖書館編。將該館所藏一九〇二年—一九四九年出版的中文叢書，除去線裝古籍部分，以及叢書集成、四部叢刊等七種已見《中國叢書綜錄》著錄的以外，對五、五四九種叢書，三〇、九四〇種圖書進行著錄，分「正編」和「索引」兩部分，「正編」有總目、叢書書名首字索引、叢書出版年表；「索引」分爲子目書名索引、子目著者索引。「正編」由該館於一九七七年印刷，全一册，「索引」印於一九八二年，上下兩册。

第三節　圖書目錄

目錄學書籍本身是專著，在我們這裏卻可以當作工具書，利用來查詢圖書，了解其最基本的情況，以之爲線索決定看什麼書，或到什麼地方尋找這種書。

清代最重要的目錄圖籍，也是我國古代最大的書目，是《四庫全書總目》。紀昀等在編輯《四庫全書》時，按照乾隆的要求，對萬餘種的存書（收入《四庫全書》的）、存目（有書，但未收入《四庫全書》）一一作出提要，敘述它的作者、卷數、版本源流、內容梗概和得失。他們作得較認真，每一篇寫成之後，都由紀昀改定。紀昀也以「一生精力，備注於四庫提要及目錄」⑨。乾隆四十七年（一七八二）把它們滙編在一起，初步形成《四庫全書總目》，至五十四年（一七八九）寫定。包括存書三、四六一種，存目六、七九三種，共一〇、二五四種圖書提要⑩，分爲二百卷。分類一如《四庫全書》，經史子集四大類，每一大類又分若干小類，其中比較複雜的再細分子目。其類目爲：

⑨《國朝先正事略》卷二十《紀文達公事略》。

⑩此統計數字，據中華書局一九六五年印行的《四庫全書總目》的《出版說明》。

經部：易類；書類；詩類；禮類：周禮，儀禮、禮記等；春秋類；孝經類；五經總義類；四書類；樂類；小學類：訓詁，字書，韻書。

史部：正史類；編年類；紀事本末類；別史類；雜史類；詔令奏議類；傳記類：聖賢，名人，總錄等；史鈔類；載記類；時令類；地理類：總志，都會郡縣，河渠等；職官類：官制，官箴；政書類：通制，典禮，邦計等；目錄類：經籍，金石；史評類。

子部：儒家類；兵家類；法家類；農家類；醫家類；天文算法類；術數類：數學，占侯，相宅相墓等；藝術類：書畫，琴譜，篆刻等；譜錄類：器物，食譜，草木鳥獸蟲魚；雜家類：雜學，雜考，雜說；類書類；小說家類：雜事，異聞，瑣語等；釋家類；道家類。

集部：楚辭類；別集類；總集類；詩文評類；詞曲類：詞集，詞選，詞話等。

每一大類、小類的前面有小序，說明這一類圖書的源流以及作這樣分類的原因。每一類中又分存書、存目兩種，先敘存書，次及存目。提要對該書基本要素寫得比較準確，評價亦較公允。但這樣大部頭的目錄書，著錄起來，錯誤還是不少的。它有多種印本：乾隆五十四年（一七八九）武英殿本；六十年（一七九五）浙江杭州官刻本；一九六五年中華書局據浙江本校訂印刷，附錄《四庫抽毀書提要》、《四庫未收書提要》、《四庫全書總目校記》和《四庫全書總目書名及著者姓名索引》；一九三三年商務印書館萬有文庫本，題爲《四庫全書總目提要》。一九八五年臺灣商務印書館影印《四庫全書》，將之收入影印。

《總目》浩繁，爲檢閱方便，四庫館臣刪除存目的提要，將著錄的各書，亦只存作者、及其生存的朝年卷數及要旨的數語概述，於乾隆四十七年（一七八二）作成《四庫全書簡明目錄》，四十九年（一七八四）杭州官刻，一九六四年中華書局上海編輯所重印。臺灣商務印書館影印《四庫全書》，亦行收入。

《總目》及《簡明目錄》問世後，引起學人對版本目錄研究的更大興趣。道光時邵懿辰作《四庫全書簡明目錄標注》，二十卷，附錄一卷，它有一九一一年邵氏精刻本，一九五九年中華書局上海編輯所影印本，一九七九年上海古籍書店重印本。莫友芝又在邵書基礎上，撰成《郘亭知見傳本書目》，十六卷，有宣統元年（一九〇九）北京鉛印本。近世學者余嘉錫作《四庫提要辨證》，二十四卷，一九五八年科學出版社印行，一九八〇年中華書局重印。胡玉縉撰《四庫全書總目提要補正》，一九六四年中華書局梓刻。余、胡之作，對《總目》批謬摘妄，並作某些補充，皆可作讀《總目》的參考。

《四庫全書總目》所介紹的，只有一部分是清人的作品，或關於清史的著作。據黃本驥的《皇朝經籍志》⑪的說明，見於《四庫全書總目》的清人著述，存書七一五部，存目二、一四二部，總共二、八五七部，占全部存書、存目的四分之一以上，分量是相當大的。而且所著錄的都是重要典籍，如《皇清開國方略》，清朝前期幾個皇帝的《聖訓》，雍正的《上諭內閣》，張勇的《張壯襄奏疏》，郭琇的《華野疏稿》，田文鏡的《撫豫宣化錄》，康熙《御定月令輯要》，圖理琛的《異

⑪六卷，有道光二十七年（一八二七）《三長物齋叢書》本。

域錄》，俞森的《荒政叢書》、《八旗通志初集》、《大清律例》，王士禛的《琉球入太學始末》、《國朝謚法考》，康熙《御批通鑑綱目》等。所以研究清史資料，仍然離不開《總目》。

阮元撰《四庫未收書目提要》。阮元搜集《四庫全書總目》未收之書一百七十多種，請人抄寫，並仿紀昀辦法，一一作出提要，於嘉慶十二年（一八〇七）進呈，書貯於宮中，名《宛委別藏》。道光二年（一八二二）阮元子阮福將之匯爲《四庫未收書提要》，收於《揅經室外集》。光緒間，傅以禮爲之編成《四庫未收書目提要》，五卷，商務印書館於一九五五年梓行。

《續修四庫全書提要》。《四庫全書》之收書不全，《四庫全書總目》隨之而亦不能完善，到清末就有官員建議續修，但清朝末世的衰象已不可能再做這樣文化上的盛事。及至本世紀二十年代中，日本成立東方文化事業總委員會，準備利用退還庚子賠款作經費，與中國學者合作，續編四庫全部總目，設立北平人文科學研究所和上海自然科學研究所，柯劭忞、服部宇之吉主持其事。一九三一年擬出「續修四庫全書總目提要」目錄二萬七千餘條，邀請學者分頭撰寫提要，一時名家學者數十人參預其事，撰寫稿件，至一九四二年寫出三萬一千餘篇，約一千五百萬字。北平人文科學研究所將這些稿子分批油印或打印，並寄往日本東方文化研究所。一九四二年日本方面因太平洋戰爭經費緊張，停止工作，抗戰勝利後，沈兼士代表中國接收全部文稿。一九七二年臺灣商務印書館將收藏於日本東方文化研究所的油印稿整理出版，題名《續修四庫全書提要》，所收書爲一萬零八百種，是已撰成篇的三分之一，很不完整。當時撰寫的原稿今藏北京科學院圖書館，科學院圖書館已對原稿作了整理，將由北京中華書局梓刻。這部書所介紹的圖籍多是在乾隆以後至二十世紀三十年代之間形成的，其中有相當數量的地方志。該書的再一個特點是對《四庫全書》所漏收的書和被毀禁的書作出提要，從而彌補了《四庫全書》的缺失，同時反映乾隆以後我國學術研究的發展和圖書保存的概貌。對於清史的研究者更有意義，因爲它所介紹的書籍多是研究中必須參考的。

孫殿起撰輯《販書偶記》，是繼《四庫全書總目》之後的大型目錄書。作者在北京開設通學齋書店，販賣古書，歷時數十年，本身勤於學習，將過眼之書加以著錄，匯而成册，並以販賣取名。他著錄的原則，據其手定《略例》所說：凡《四庫全書總目》已著錄的不再登錄外，見則記之，但若卷數、版本與《總目》有不同的，亦加採集，非單行本不錄，叢書中已收的，若係初刻單行本，或者抽印本，仍然著錄。所以著錄還是相當廣泛的。凡著錄之書，寫明作者姓名、籍貫、卷數、刊刻年代、書籍別名，若遇卷數、版本有異同，作者需要考訂，載籍内容有待説明的，亦間或注出。全書二十卷，分類同於「四庫」。該書初刊於一九三六年，次由中華書局上海編輯所於一九五九年重印，一九八二年上海古籍出版社發行新一版，附有雷夢水輯的《〈販書偶記〉正誤並補遺》，糾正了它的一些誤失。該書附有《書名著者名四角號碼綜合索引》，以備檢索著錄的書名、作者。此書所著錄的大多爲清人述作，所以對於清史的研究，更具使用價值。孫殿起在初次棗梨之後，陸續寫出新的書目筆記六千多條，由他的助手雷夢水爲之編成《販書偶記續編》二十卷，一九八〇年上海古籍書店刊印。它一仍原編體例，是清人著作總目性質的目錄書。

《清史稿藝文志及補編》附索引，中華書局一九八二年出版，全二册。《清史稿·藝文志》由章鈺、吳士鑒、朱師轍等編就。他們基本採取《四庫全書總目》的分類，分經、史、子、集四部，唯在子目上有個別調整。《藝文志》共著錄圖籍九、六三三種，當然有很多的清人著述没有收容進去。爲了彌補這個缺陷，武作成輯成《補編》，進行了大量增補，經部添收的圖書一、二六七種，史部三、四四二種，子部一、八三五種，集部三、八九四種，共爲一〇、四三八種，比起原志還略有增加。武著的分類全同於原志，惟增加了一些子目，如農家類增「農藝之屬」、「蠶桑之屬」二目，小說類添「筆記之屬」、「章回演義之屬」、「彈詞之屬」三目。細目的增加，除表明著錄的書籍加多，更是分類趨於科學的表現。著錄的格式同於原志，即說明作品的書名、卷數和作者，然而都没有著明版本。中華書局把「藝文志」和「補編」印在一起，省卻讀者翻檢之勞，又作有書名和作者姓名索引，檢索更便，還附有范希曾、蠡舟、張爾田、馬太玄等人評論《清史稿·藝文志》的文章，加上該書局編輯部的《出版說明》，致使此書也可以說是「藝文志」的評論集了。清人著述太豐富了，即使「藝文志」和「補編」所收集的，也不全面，遺漏的還很多，所以它們還不是清人著述總目。儘管如此，重要的基本的典籍是具備了，它們是了解清代著作的重要參考書。正因此，筆者在研治清代史料學中，以其爲不可或缺的參考資料。

據報導，彭國棟編著《重修清史藝文志》，在《清史稿·藝文志》九、六三三種基礎上，增補八、四二六種，達到一八、〇五九種，成就顯著。此書由臺灣商務印書館於一九八六年出版。王紹曾等不滿足於藝文志及武氏、彭氏的補充，進行《清史稿藝文志拾遺》的編著，廣泛搜集清人著述的目錄，光抄卡片已達五萬張，他們表示在編排上要革新，在經史子集四部之外，增設叢書部，二級目中加專史類，對三級目要作較大調整和增加；著錄方法也要改變，如加註版本、書目來源、書名異同⑫。這些設想是令人興奮的，盼編者能如願成功，「拾遺」早日問世。

以上數種之外，值得注意的尚有張之洞的《書目答問》，四卷。著者任四川學政時，回答初學者的問題：要讀那些基本書，選擇什麼樣的版本，故而開列了二千餘部書目，並以此命名。體例與「四庫」大同小異，因著錄較少，在細目上多有合併。它著錄書名、卷數、作者和刊本。版本以精良和易求爲原則，故多注善本和通行本。它所著錄的書，十分之三四爲《四庫全書總目》所無，就是相同的，在版本上也大多不一樣。它對於清人的著作多所採錄，間有未出版的，也附錄其書名，以示提倡閱讀。它還列有《古今人著述合刻叢書》、《國朝一人著述合刻叢書》，是《四庫全書總目》所沒有的。書成於光緒元年（一八七五），次年刊印。該書附錄《國朝著述諸家姓名》，分經學、史學、理學、經學史學兼理學、小學、文選學、算學、校刊學、金石學、古文、駢體文、詩、詞、經濟諸家，實以人名（包括字號·籍貫），無異於對清代學人作一分類。《書目答問》以其簡單明確提供清代及其以前的古代重要載籍的書單，對清史的初學者有參考價值。范希曾爲之作增補校注，成《書目答問補正》，一九六三年中華書局印行。

《古籍書目》（一九四九年十月—一九七六年十二月），國家出版社版本圖書館編，中華書局

---

⑫《我們是怎樣編纂〈清史稿藝文志拾遺〉的》，《古藉整理出版情況簡報》第二三六期，一九九〇年十二月二十日。

一九八〇年印刷。所著錄古籍，包括一九一九年以前著作，一九一九年以後學者對前人著作加工整理或摘錄、選編成書者，古籍今譯、新註及選本。分類著錄，類別爲綜合、學術思想、歷史、文化教育、語言文字、文學藝術、農書、醫藥、其他科技書。在一九四九年十月－一九七六年十二月出版的清史史料著作，向此書查找較爲方便，故其雖爲歷代古籍目錄，但讀清史者也盡可利用。

《華僑華人史書刊目錄》，鄭民等編，中國展望出版社一九八四年梓刻。收入華僑華人史書刊目錄三千餘種，分中、西、日文三部分。書目由北京、上海、廣東等四十七家圖書館藏書目錄匯編而成。

李慈銘著《越縵堂讀書記》。《越縵堂日記》中有大量的讀書札記，由雲龍將之摘錄出來，商務印書館又把它按照新的分類法，分爲哲學思想、政治、社會經濟、歷史、地理、科學技術、軍事、語言文字、文學、藝術、宗教、綜合參考和札記等十二類，輯成《越縵堂讀書記》，於一九五九年槧刻，一九六三年中華書局重印，全二册。李慈銘所記大多爲清人著作，因是札記，對所讀的每一部書，有什麼感受就寫什麼，没有一定規格，但多少可使讀者對該書有所了解，也可以把它當作清代目錄學的書籍使用。

《增訂晚明史籍考》，謝國楨編著，一九三一年初版，題名《晚明史籍考》，一九六四年中華書局上海編輯所重梓，改今名，一九八一年上海古籍出版社再版。幾次印刷，反映作者不斷增補完善的過程。該書介紹反映明萬曆至清康熙前期歷史的圖籍。全書二十四卷，以書籍記載的歷史內容和時間分編，卷一紹述有明一代的史乘的通紀，卷二、三萬曆至崇禎，卷四、五黨社，卷六、七農民起義，卷八甲申乙酉之際，卷九至十二南明史乘，卷十三鄭氏始末，卷十四抗清義師，卷十五清初三藩，卷十六史獄，卷十七、十八傳記，卷十九、廿文集題跋，卷廿一、廿二雜記，卷廿三明季史料叢刻及書目，卷廿四宮詞詩話小說傳奇，附錄綜合索引。謝氏不僅著錄史籍目錄學上的基本要素，並對一些史書的產生原委、內容和價值作出說明，給予讀者比目錄學要多得多的知識。南明史專家柳亞子評論說：「要知道南明史料的大概情形，看了這部書，也可以按籍而稽，事半功倍了。」可謂定評。

《明季史料題跋》，朱希祖著，一九六一年中華書局出版。朱氏對六十八部明清之際著述作了題跋，對學者利用這些著作的史料及選擇版本，甚有益處。

陳恭祿著《中國近代史資料概述》。一九六三年成書，中華書局於一九八二年梓行。作者重點介紹道光朝以降的清史史料，採取每一種類史料作綜合說明的辦法，如關於外交史料，專列一節敘述三朝《籌辦夷務始末》、《清季外交史料》、《清代外交史料》等書。又依文體分類，紹述史籍，分出公文檔案、書札、日記及回憶錄、正史等類。作者尤其注意近代出現的特有形式的史料，如報紙、電報的史料價值，有引導後學之功。

李正中編著《中國近代史資料研究與介紹》，天津人民出版社一九九〇年出版，分上下兩編，上編介紹各種體裁的史書的史料價值，下編介紹近代史上各大事件的主要史料。

第十三章

外國人記載和收藏的中國清史資料

清朝時期，在外國產生了許多關於清朝的史料。它的形成有多種原因和途徑：一是各國政府的文書，即與中國有外交往來的各國政府制訂的對中國政策的文件，以及所保存的清朝方面所給予的文獻。二是各國來華官員所形成的私人檔案中涉及中國事務的，如日記、書信關於中國內容的部分。三是傳教士在華活動形成的文書，如給教會、友人的報告、書信和著作。四是商人在華活動的記錄，其對商務往來情況的報告，對該國政府，官員的書面建議。五是來華的留學生、旅遊者記錄和叙述他們的觀感。六是近代西方殖民主義者對我國進行侵略時，奪走清朝的文書檔案，而保存至今的。外國人來華帶回的中文材料，書籍用到他們的著述中。七是不一定到過中國的外國人，利用其本國人或他國人的書面材料，寫出涉及到清朝歷史的著作，其中含有大量的史料。八是清朝人到外國去，該國人記錄其事。由於這些方式，在世界許多國家保存了有關清代中國歷史的檔案文書和著作。它們被收藏在各國檔案館、博物館、圖書館以及私人的公司裏。這些文獻由於多數出自外國人之手，他們從各種角度觀察中國，用不同的文化傳統、習慣認識中國，記錄了清代中國的一些情況，成爲研究清史的不可忽視的重要史料。這些文獻，筆者限於自身條件和客觀因素接觸甚少，不能作系統的、稍微詳細的說明，現只能就所見所聞及其他學者有關紹述，在這一章裏作瑣碎的簡單的交代。

第一節　朝鮮史籍中的清史資料

自清太宗時期起，朝鮮即成爲清朝的屬國，兩國交往極其頻繁，朝鮮每年都要在元旦、冬至、萬壽節派遣使臣到清朝祝賀，還有許多臨時性的使節來華。清朝在皇帝即位、立后、帝后崩逝等重大事務時，在册立朝鮮國王、王妃時，都派遣使臣到朝鮮宣詔。朝鮮史官要記載清使的言行及接待情形，使華官員寫出報告，同時注意從中國購買情報和書籍。這種交往，就使得朝鮮具有了反映清史的大量資料，其中最著名的是：

《李朝實錄》。李朝建於一三九二年，止於一九一〇年，基本上與中國的明清兩朝相始終。它的纂修實錄制度也多同於中國。它對於清朝的事情關注，多所記述，凡雙方使節往返，從清朝得的情報，對清朝政局的分析都作了記載，就清史研究來説，它提供了後金、清朝本身及它們與明朝、與蒙古族、與沙皇俄國、與朝鮮的關係史資料。其中有許多爲中國史書所不載，如肅宗十四年（康熙二十七年，一六八八）四月甲辰條：「冬至使東平君杭等回還，上引見，問彼中事，副使任相元曰：太極撻子（按指厄魯特蒙古）叛逆，域中不安，故太后（指孝莊文皇后）之死，秘不發喪，而太極〔撻〕子雖叛，不至於兩軍交鋒，則似不必以此秘喪，而所聞則如是。上曰：太極〔撻〕子兵力强盛，故胡皇於其入覲時畏不能出見云。彼勢如是，則天下終未定其安靜矣。杭曰：黃臺吉兵勢大盛，建國號之說，頗行於彼中矣。相元曰：文治五年之說，稍稍傳播云矣」①。這時準噶爾部有其政權形成，紀年，清朝對他頗爲謹慎，並有某種畏懼心理。這是清朝官修史書所不願承認的事情。《李朝實錄》的資料，在某些方面真實性較高，因爲它不像清朝的官修史書和臣下著作時有顧忌、少曲筆，所以不見於中國載籍的，而卻著於該書中，但是它的真實性也不是絕對的，如本書第一章第四節說過的，也應是審慎地分析。當然它的利用價值是主要的，筆者撰寫《朝鮮大報壇述論》②一文，敘說作爲清朝附屬國的朝鮮國王建立崇祀明朝皇帝的祭壇的規制、指導思想以及國王崇拜明朝蔑視清朝的活動，所利用的資料，基本上選摘自《李朝實錄》，換句話說，沒有這部著作的豐富的史料，筆者是不可能撰寫這篇文章的。《李朝實錄》有幾個版本，最早的影印本，是漢城帝國大學法學部於一九三二年印就的，一九五三年日本學習院東洋文化研究所復行印製，但以上兩個本子均缺純宗、高宗實錄，一九五九年中國和朝鮮科學院合作影印所缺部分，使它成爲完本。六十年代日本學習院重加印行。《李朝實錄》卷帙浩繁，全閱不易。吳晗閱覽時，把其中「涉及中國、朝鮮和朝鮮與建州、建州與明朝的史料」③，輯錄成《朝鮮李朝實錄中的中國史料》一書，三

①日本學習院東洋文化研究所一九六四年刊本第三十九册，六三一頁。

②《韓國學報》第十期，一九九一年，臺北韓國研究學會編。

③《讀史札記》，三聯書店一九五六年版，四十頁。

百五十萬字，中華書局於一九八〇年出版，分裝十二册，可以大大節省讀者的翻檢之勞。但是也有關於中國史料而未摘出的，所以，若時間允許，還是以讀原著爲好。

《中韓關係史料輯要》，臺灣珪庭出版社匯編，一九七八年以來陸續出版。它編輯朝鮮人有關明清兩朝事情的載籍。收有《同文匯考》，這是朝鮮禮曹判書鄭昌順等奉國王之命於一七八七年編成的書。朝鮮承文院藏貯外交文書，鄭昌順把那些文書分類編纂，成《原編》七十九卷，內分封典、哀禮、進賀、陳慰、問安、節使、陳奏、表箋式、請求、錫賚、蠲幣、飭諭、曆書、日月蝕食、交易、疆界、犯越、別還、漂民、榷征、軍務、賻恤、倭情、雜令等二十五類，收錄仁祖至正宗（即清順治至乾隆五十二年）間的文件。《別編》四卷，《補編》十卷，內含《使臣別單》、《事大文書式》、《詔敕錄》、《迎敕儀飾》。《附編》三十六卷，爲與日本關係文書，共一二九卷，分裝三十二册。佚名的《陽九記事》、石之衍的《南漢日記》，均敘清太宗對朝鮮戰爭事。《京畿支敕定例》、《海西支敕定例》，均記敕使往來儀注，使費。《覆勘圖門談錄》、《土門勘界事實》、《勘界使問答》，反映一八八五—一八八七年間，清朝代表秦漢與朝鮮代表李重復疆界談判的事件。

《燕行錄選集》，成功館大學大東文化研究所選輯，錄朝鮮使臣到清朝的見聞。《皇朝遺民傳》，七卷，原爲抄本，未署作者。魏建功在漢城講學，於書肆得之，攜回北平，考証出該書當成於乾隆嘉慶之際，一九三六年北京大學影印出版，孟森爲作序文，斷定該書出自朝鮮人之手。該書引用圖籍八十九種，多爲清朝人著作，亦有朝鮮人作品，如《同文匯考》、《通文館志》、《國朝寳鑑別編》等。所作傳記皆明末清初堅持反清立場的人，有明宗室、學者、和尚、義士。謝國楨指出它著錄明末遺民姓氏至數百人，有中土所未詳考，可知其價值④。

《大明遺民史》，韓國馮榮燮編於一九八九年，明義會出版。這裏說的大明遺民，指明清之際流落朝鮮的華人及其後裔，這部書是反映清朝時期華人在朝鮮的歷史，以及他們與中朝關係的關係史。該書係資料匯編性質，多收錄前人著述，分兩卷，上卷爲關於中朝的帝系、抗倭援朝、清朝滅亡朝鮮、南明史，朝鮮對亡明的紀念活動；下卷匯輯有關遺民的各種著述的原文，前述《皇朝遺民傳》即全文收錄。所收《康世爵自述》，南九萬撰康世爵傳、崔昌大撰康世爵墓志銘，李東都撰康世爵傳後叙，後一篇除外的三篇，爲中國社科院歷史所何齡修於吉林市康潤在家藏的《通州康氏世譜》中發現，並把它披露在《清史資料》第一輯（中華書局一九八〇年）中，中韓兩國研究者不約而同發現同一史料，可見《大明遺民史》的編著在匯集材料上下了功夫，爲研究遺民史史料做出貢獻。

《臨朐馮氏族譜》，明清之際山東臨朐人馮三仕隨同在清朝爲質子的朝鮮鳳林大君到朝鮮，後裔留居不回，但保持中華傳統文明，不只一次撰修家譜。一八三五年馮憲祖怕忘本而修譜。一八六四年、一九三六年、一九六〇年、一九七三年該家族先後多次續修，並與故國原籍臨朐聯繫，希望獲得家族歷史資料。其譜體例與中國內地族譜略同，有譜序、世系源流圖、先墓位置圖、行列字

④《晚明史籍考》，頁七六三。

表、源編（馮三仕先人世系），流編（馮三仕後裔世系）。

綜上所述，朝鮮人的記載，不僅對清朝時期中朝關係史，還對清朝歷史本身提供資料。

第二節 日本載籍中的清史資料

十九世紀下半期以後，日本政府侵略中國暴行的頻發，形成與中國有關的文書自然很多，本世紀從中國搶去大量圖書文獻，也購買了一大批，二戰後雖歸還中國一部分，但關於清史資料，日本人著作的，或保存的中國人作品仍多，這裏主要介紹有關清朝前期歷史的幾種文獻。

《韃靼漂流記》。一六四四年夏天，日本商人國田兵右衛門、宇野與三郎等在海上遇颶風，漂流到中國東北，其中十五人被送到北京，受到款待，次年冬天離京，經朝鮮回國，他們於一六四六年八月記下此行的經過。作者們根據親身見聞，記錄了中國人民尤其是滿人的生活和風俗習慣，如記食物、吃飯方式、物價、穿著打扮、過節、廟會、主僕關係、對待俘虜的政策。還寫了清初諸王與政治的關係，南明漢人剃髮對清朝的臣服。提供清朝入關之際的一些情況。它有劉星昌譯本，載於遼寧大學歷史系一九七九年出版的《清初史料叢刊》。

間宮林藏著《東韃紀行》。作者於一八〇八年兩次到庫頁島，一次還到了黑龍江下游，依據見聞，作成此書。記叙了該地區的鄂倫春、費雅喀、山旦、赫哲等族人的生產、生活和貿易，當地的官衙及其同清朝中央政府的隸屬關係、該書証實黑龍江下游及庫頁島是清朝的領土。該書有一九七四年商務印書館的印本，由黑龍江日報及黑龍江社科所翻譯。

《華夷變態》。日本德川幕府向赴日的中國和南洋各國的商人、船員收集關於清朝的情報，由幕府的鴻文學士林恕、鳳岡父子編纂，成於一六七四年，藏於秘府，至一九五八年才由東洋文庫印行。日本人以明朝爲華夏，清朝爲夷虜，該書記明清易代及其後八十年間事，故名。全書五卷，收錄中國的敕諭、咨文、檄文、時務論策等，有的文獻，如《李賊（自成）覆史軍門書》、《吳三桂檄》、《朱成功獻日本書》、《鄭錦舍檄文》、何倩的《大明論》、林上珍的《清朝有國說》等，極難見到，史料價值較高⑤。

東京東洋文庫藏有大量的滿文，蒙古文書籍，其中有成著、有檔案，檔案中有諭旨、奏摺、傳記和家譜，如被稱作「世管佐領執照」的有四件，兩件是黑龍江地區世管佐領的，兩件爲盛京新滿洲佐領的，均爲雍正與乾隆初年所發。家譜和傳記是官員襲爵時上報的材料。它們和「執照」反映滿洲八旗及世職的承襲狀況。鑲紅旗滿洲都統衙門的檔案——鑲紅旗檔，是一七二三年至一九二五年間形成的，有二四〇〇餘件，藏在東洋文庫，這部分中的雍正初年的檔案，能夠說明都統衙門設立的過程。表明這批滿文檔案有其史料價值。美國N. Poppe爲它製作了目錄，題曰《東洋文庫滿蒙文書籍目錄》，一九六四年印行，因不完善，一九八一年松村潤爲作補充，於《史林》第二十七號公布⑥。

⑤參閱謝國楨：《增訂晚明史籍考》，上海古籍出版社一九八一年版，九九二—九九五頁。
⑥據神田信夫《東洋文庫收藏的滿文檔案》編寫，該文收入《明清檔案與歷史研究》。

《豐利船日記備查》，陳吉人撰，記錄中國商船豐利號在咸豐初年從浙江起航，到日本長崎貿易，及返航的歷史。留下了研究中日民間貿易和商船經營管理的資料。它只有線裝抄本，藏於日本東京都立中央圖書館。日本松浦章對它作了研究，著文《中國商船的航海日誌》，附錄《日記備查》的節文，馮佐哲譯成中文，刊登於杜文凱編的《清代西人見聞錄》⑦。

據《晚明史籍考》著錄，日人撰寫的反映明末清初歷史的著作有：川口長孺的《臺灣鄭氏紀事》三卷；丸山正彥的《臺灣開創鄭成功》一卷，有張鑄六中譯本；日人佚名的《明清鬥記》十卷。

下面介紹幾部日本學者編輯的目錄書，以見日本對中國近代史文獻的收藏。東洋文庫近代中國研究會編：《東洋文庫所藏近代中國關係圖書分類目錄》，日文部分於一九七三年出版，中文部分在一九七六年印刷，各二冊。山根幸夫編《近代日中關係文獻目錄》，東京燎原書店一九七九年印行。

第三節　西方人著述中的清史資料

近代西方殖民主義者在侵華活動中形成一批文獻記錄，又從中國强奪一批檔案資料，皆爲研究

⑦人民大學出版社一九八五年版。

清史和中外關係的重要史料。

一、西方關於清代中國的檔案

我們先了解西方當代學者在近代史研究中利用史料的情況，就可知西方藏有大量的關於清代中國的文書檔案。滿傑羅著《神奇的國土——在華耶穌會士的適應與中國學之緣起》一書（斯圖加特一九八五），研究十七世紀來華傳教士對中國宗教、語言、歷史、哲學、科技文化的態度，引用大量的西文原始材料，來源於法國雷漢諾威普尼茨檔案館，義大利阿普斯多里卡和梵蒂岡圖書館。衛思韓著《胡椒、大炮與談判》（劍橋大學一九七四）叙述早期中荷關係史，所依據的是荷蘭東印度公司的原始檔案材料。又撰《使者與幻覺》（哈佛大學一九八四），寫康熙初年葡、荷各兩次遣使來華的歷史，應用了葡、荷文原始文獻。斯賓塞作《胡的歷史》（紐約一九八八），寫雍正間胡姓中國天主教徒被洪若翰帶到法國及其後的種種不幸遭遇，他是發掘西文資料寫成的。羅曼主編《東西交流——一五八二年至一七七三年耶穌會士在中國》（芝加哥一九八八），第三部分是對耶穌會士的中著西譯的研究⑧。佐佐木正哉撰《咸豐三年廈門小刀會叛亂》一文，利用了英國檔案館藏的《外交部檔案》（F·O）⑨。這些研究成果表明，英、法、德、義、荷、葡等國均有涉及清代中國歷史的大量西文文書。其收藏簡況是：

⑧參閱黃谷《國外近年來明清中外關係研究》，見《中國史研究動態》一九九一年九期。

⑨中譯文收入《清代西人見聞錄》。

英國國家檔案館，大英博物館收藏豐富的有關清代中國的文獻資料，其中有屬於一八三九年以前東印度公司遺物，多爲該公司駐廣州代理人與中國行商、粵海關監督的公文、信函，大部分爲中文稿，寫作時間是一七九三年—一八三九年。有中國的《邸報》，中有嘉慶朝三冊，道光以後的較多。邸報凡有諭旨必錄，比清歷朝實錄的載筆豐富，如一八三六年朱樽等反對鴉片煙的奏摺，久被史家認爲失傳，然在大英博物館所藏的邸報中就有摘錄。英國外交部的檔案收藏在國家檔案館——公共檔案館的外交全宗中，第二三三號、六八二號、九三一號就是主要由清朝檔案構成的。第十七號是外交部給駐華公使函件及公使報告，第二二八號是領事與公使間文書。六八二號有中文檔案二萬份，其中一、九五四份，由美國哈佛大學東亞研究中心龐百騰於一九七五年編輯並出版了《清代廣東省檔案指南》一書，而且由這部分檔案形成九三一號。這些檔案是第二次鴉片戰爭中，英國侵略者搶走的廣東各衙門檔案，它包括的內容有一七六五至一八五七年清朝中央和地方行政管理，一八一〇年至一八五七年清政府對外關係和對外貿易，一八三一年至一八五七年中國人民反政府的鬥爭，兩廣總督葉名琛公私文書等，還有廣東衙門編印的《督撫憲轅報》、福建撫院編的《福建稟報》等文獻。在二三三號中有一份內容豐富的《京報》。英國海軍是侵華戰爭的工具之一，它的檔案也有關於中國史事，其編號Adm.1 Adm. 116 即是。陸軍部檔案中編號W.O.32和W.O.106，殖民地部檔案中編號C.O.129，皆然。還有一些駐華使節的私人文書保留下來了，如璞鼎查文書藏在英國檔案館，巴夏禮及威妥瑪文書保存在劍橋大學圖書館。上述文書，有的被整理編目，公布於世，如黃宇和編《英國國家檔案館所藏鴉片戰爭時期中英外交文件提要》，一九八三年牛津大學刊印⑩。

德國的有關清代中國歷史的檔案，原東德中央檔案館藏有「德國駐華大使館兩個全宗，四千餘卷，第一個全宗係一八七一年以前的文件，第二個全宗是一八七一—一九四五年文書。海德堡分館藏檔對外貿易類，有「關於處於中國膠州灣的德國保護區的文件」兩卷六百餘條，記錄德國膠澳租界和山東勢力範圍事務⑪。

美國國家檔案館、斯坦福大學檔案館等處，藏有一八四四年《望廈條約》中文本、十九世紀中國政府文書。一八一九年成立於廣州的旗昌洋行的檔案有三千九百件與中國有關，一八一九年—一八四〇年間的在華商務函件，反映英美航業競爭和鴉片貿易。簽訂望廈條約的駐華公使Caleb Cushing的檔案有三十五盒，爲有關使華的備忘錄、草稿、摘要、公函。一八五八年簽定天津條約的美國特使William Reed檔案中有一八五七—一八六〇的函件，還有一八五七年四月—一八五九年三月日記兩册，記載他在中國的活動。美駐華公使Ansou Burlingame，後來代表清朝遊説歐美，他的檔案，記錄遊説活動。傳教士FranciD. Gamewell一九〇〇—一九〇六年在中國，這期間的函件、照

---

⑩參閱黃宇和：《英國所藏有關中國近代史檔案簡介》，見《歷史檔案與歷史研究》；黃光域，《第二次鴉片戰爭時英軍所掠廣州各官衙檔案的下落》，見《歷史研究》一九八〇年第三期；徐文：《英國公共檔案館所藏的中文檔案》，見《歷史檔案》一九八一年第二期。

⑪漢·克·施蒂西勤：《民主德國檔案館藏德中關係史的部分檔案》，見《歷史檔案》一九八八年二期。

片、剪報、備忘錄，反映傳教及義和團活動。Sarch Churchill 於一九〇〇年三月至十一月遊歷日本、中國，日記中有義和團的事情。Willys Reggles Peck（佩克）於一九〇六－一九二六年爲駐華領事，其檔案有中國內政外交的內容⑫。

法國檔案館藏有英法聯軍侵略中國的檔案，主要是由法國人形成的文件⑬。

丹麥國家檔案館存有清代的中文手稿甚多，僅目錄就有一百五六十頁⑭。

荷蘭人的檔案文獻，涉及明末及清代歷史的，據《晚明史籍考》轉述幾種。《巴城日誌全部》三十一卷，逐年紀錄荷蘭東印度公司在亞洲的活動。《決議書全部》十卷，按年記錄荷蘭東印度公司的決議文件。《樊瞿思報告書》，荷人樊瞿思在十七世紀五十年代寫給荷蘭東印度公司的報告。《荷蘭東印度公司與中國往來文件集》。這些檔案、圖書反映明末清初中荷關係、鄭成功經營臺灣的歷史。

二、傳教士關於中國的著述

十七、十八世紀有大批的傳教士來華，他們都是文化人，多具有較豐富的漢學知識，他們用中

⑫參閱居蜜：《西文手稿檔案中有關中國的史料》，《歷史檔案與歷史研究》；直言：《美國一些部門收藏我國歷史檔案的情況》，見《歷史檔案》一九八四年第三期。

⑬參閱郁宗成：《法國檔案館有關英法聯軍侵略中國的史料》，見《歷史檔案》一九八三年第一期。

⑭參閱《汪敬虞和戴逸關於搜集整理清史資料的通信》，見《清史研究通訊》一九八三年第二期。

文、西文著述，向西方介紹中國社會、歷史、文化，翻譯中國作品，也向中國介紹西方。他們的述作，含有豐富的清史資料，其中有中譯本的爲：

白晉著《康熙帝傳》。作者是法國傳教士，一六五六年生，一六八八年晉見康熙，在清廷供職，一七三〇年死於北京。一六九三年曾回國，向路易十四寫了一份秘密報告，即成此書。作者敘述了康熙的才能、性格和作爲，皇子教育，中俄尼布楚條約的簽訂，平定三藩之亂，統一臺灣，對西洋人的態度。他的記敘雖不無誇張失實之處，但基本上是符合實際的。中國史書諱言遊獵，因爲這是自古以來被認爲是國君荒淫的表現，康熙愛打獵、捕魚，中國文獻用巡幸掩蓋過去，而白晉的書記載清清楚楚。他以西方人的觀點看待這些事情，不像中國人的一味指斥。這本書有馬緒祥譯本，載《清史資料》第一輯。

《張誠日記》。張誠是與白晉同時來華的法國傳教士，供奉內廷，爲音樂教師，一六八九年作爲譯員隨同清朝代表團赴尼布楚，參加中俄邊界談判。行間作有日記。起於一六八九年六月十三日，迄於一六九〇年五月七日。當時作爲書札，寄往巴黎發表。中譯本由陳霞飛據英文版翻譯，商務印書館於一九七三年出版。此書記載尼布楚條約的簽訂，清朝使團來回所經過地方的情形，耶穌會士在內廷供職的情況，康熙第一次親征噶爾丹，爲研究這段歷史提供了參考資料。上述張誠日記是其北行的第二次日記，他還有第一、三、四次旅行日記，第一次係一六八八年五月二十九日—一六八九年六月十二日之間日記，第二次與之銜接，第三次爲一六九一年五月九日—九月十五日的，接續第二次，第四次是一六九二年九月八日—十月二十二日。內容涉及清朝與俄國談判及康熙參加多倫會盟。第一、三、四次日記分別由劉曉明、張寶劍、王大維譯出，刊登於《清史資料》第五輯（中華書局一九八四年版）。

與張誠同爲清朝使團譯員的葡萄牙傳教士徐日升（一六四五—一七〇八），同張誠有相似的在華經歷，他也作有尼布楚定約時的日記。一九五九年，約瑟夫·塞比斯著《耶穌會士徐日升關於中俄尼布楚談判的日記》一書，除以《導論》分析與該日記內容有關的問題，公布了徐日升的日記，可把它與張誠日記結合閱讀。該書中譯本由王立人翻譯，一九七三年商務印書館出版。

《巴函選譯》。巴多明（一六六五—一七四一）是法國傳教士，於一六九八年來華，服務於清廷，受沙皇俄國收買，在中俄恰克圖條約簽訂過程中，向俄國出賣清朝情報。他寫了許多信札給西歐，反映耶穌會士在華傳教、中國教徒及朝政的情形，上海《聖心報》選擇一部分，於一九一一年四月至一九一六年十月披載。陳垣利用其資料及其他文獻，寫出《雍乾間奉天主教之宗室》一文，並謂《巴函選譯》「述蘇努諸子事甚詳，可補漢文史料之闕」⑮。

樊國樑著《燕京開教略》。作者爲北京主教，以法文寫《北京考略》一書，「專記北京軼事，而於中國歷代之興亡，民情之變遷等事，亦莫不旁涉一二」⑯。以中國尚無教會史，遂從中摘出有關內容，譯成漢文，名《燕京開教略》，由救世堂於一九〇五年印刷。全書分上中下三卷，中、下

⑮《陳垣學術論集》第一集，一四九頁。

⑯《燕京開教略·序》。

兩卷敍清時的傳教及清朝對教會的政策，如永曆朱由榔母親、妻子、兒子信教事、康熙的反對教皇格肋門德十一世在華傳教方針，雍正的驅逐傳教士，義大利傳教士郎世寧的繪畫與乾隆的賞識等。含有一些資料，但失實之處頗多。

傳教士關於中國的作品，尤其值得注意的是《耶穌會傳教士關於國外傳教的有教誨性的和有趣的書簡集》（《耶穌會士書簡集》），它收錄十七世紀末到十八世紀末在世界各地傳教的耶穌會士書信，而以法人爲主，它於一七〇二—一七七六年在巴黎出版了三十四卷，一七八〇—一七八三年巴黎又印了二十六卷的新版，其中第十六—二十四卷爲有關中國的書信集，二十五—二十六卷是關於中國和印度的書簡，可見關於中國的內容至爲豐富。日本學者石田干之助和後藤末雄把這一部分譯成日文，取名《耶穌會士中國書簡集》，其第一卷已於一九七〇年由平凡社出版。它的資料價值，小林太市郎認爲：它「關於中國的報告，直接而生動地描寫了當時即清朝初期的宮廷、政治、社會、文物、民俗、工藝以及一切其他情況，這種大量的敍述和見聞，是在中國（本國）的書信所不能見到的。耶穌會士們關於中國的報告，不僅是近代東西文明交涉的最主要、最廣泛的記錄，而且成了研究近代中國的主要的取之不盡的寶庫」⑰。正因爲有這樣大的價值，中外學者都主張把這些書簡重新出版，一九七七年法國德爾尼發出「緊急出版《耶穌會士書簡集》中有關中國的書信」

---

⑰《中國思想與法國》，轉引自矢澤利彥：《日支本〈耶穌會士中國書簡集〉解說》，載《中國史研究動態》一九八〇年第六期，艾廉瑩譯文。

的呼籲⑱。謝國楨在一九八一說它是值得翻譯出版的⑲。

傳教士衛匡國的《韃靼戰記》，南懷仁的《韃靼旅行記》，張廣成的《對大韃靼的歷史考察概述》，德斯得利的《準噶爾貴族侵擾西藏目擊記》等文中譯本，收在杜文凱編輯的《清代西人見聞錄》中。

馬禮遜撰《中國一覽》。老馬禮遜（Robert Morrison），一八〇七年來華，一八三四年死在中國。一八二四年一度回英國，在牛津、劍橋開設中文講座，著《中國一覽》，據說共寫出介紹中國文化、歷史書籍十四種，一八二〇年前後作《華英字典》，一八三三年在澳門出版《雜文編》，又創辦、倡辦《廣東紀錄報》、《中國叢報》，他的夫人在他死後爲其寫了傳記（*Memoirs of Life and Labours of Robert Morrison. D.D. By Mrs. R. Morrison*），一八三九年倫敦出版。他的兒子小馬禮遜（John Robert Morrison），是東印度公司中文秘書，著《中國商務指南》一書，一八三三年出版。老馬禮遜是中國的倫敦會教會的創始人，傳播中西雙方文化，小馬禮遜是簽訂江寧條約的譯員，他們父子夫婦的著作，對十九世紀上半葉中西文化交流史和鴉片戰爭史的研究均有史料價值。

晏瑪太撰《太平軍紀事》，羅孝全作《小刀會首領劉麗川訪問記》、《洪秀全革命之真象》。他們以親身經歷，記述太平天國和上海小刀會運動。這些文章由簡又文譯出，被收進中國近代史資

⑱見《中國史研究動態》一九八〇年第六期，耿升譯文。
⑲《耶穌會士利馬竇、巴多明等在中國》，《紫禁城》第六期。

料叢刊第二種《太平天國》第六冊。

關於天主教在華的歷史資料，有《天主教東傳文獻》一書可資利用，它由臺北學生書局於一九八二年出版，爲《中國史學叢書》之一種。

傳教士在中國散發的宣傳品，也有史料價值，需要注意，如美國傳教士於十九世紀七十年代散發的《辨孝論》，抨擊中國人的祖先崇拜。

西方傳教士的著述，以及據此而形成的作品，可以彌補中國資料的某些缺略，也可以映証中國資料的真僞，但它們有一個共同性的毛病，就是往往誇大傳教士的作用，誇大他們對中國皇帝的影響，這是要在利用這類資料時詳加辨別的。

三、西方人的歷史紀錄和史學專著

揆一等撰《被遺誤的臺灣》（《被忽視的臺灣》），一六七五年出版於阿姆斯特丹。揆一爲荷蘭臺灣總督，被鄭成功所戰敗，回國後遭譴責，寫此書推卸他失敗的責任，但是書中反映了鄭成功收復臺灣的過程。它除荷蘭文本外，有英、日文譯本⑳。

牛霍夫撰《奉使中國日記》。牛霍夫於一六五五年爲荷蘭使節到中國，日記錄其事，並涉及江南地區的社會經濟和民情㉑。

---

⑳參閱《晚明史籍考》。

㉑參閱同上書。

魏特著《湯若望傳》。湯若望（一五九一——一六六六），德意志人，一六二二年來中國傳教，參予明朝政府的修訂曆法，清初爲欽天監監正。在西方，他被認爲是傳教士中的傑出者。魏特亦德國人，得長期在中國的傳教士學者路易·望·海的幫助，閱讀了大量的中國史料，又利用來華傳教士的函牘、著作、手稿二千餘件。於一九三三年寫成《湯若望傳》。全書十四章，從傳主的家世、童年寫起，中經求學，入耶穌會，到澳門，到西安傳教，參與《崇禎曆書》修製和西洋大炮的鑄造，向順治講道，爲清朝製曆法，與楊光先的論爭，直至死亡，並記敘了後世對他的毀譽。由於作者的史料來源比較豐富，因而容納了較多的原始資料。陳垣作《湯若望與木陳忞》一文，比較此二人，即常就魏特之書的資料和觀點發出議論，如龔鼎孳作《湯（若望）先生七十壽序》，說他「最後直陳萬世之大計，更爲舉朝所難言。」陳垣就此寫道：「今讀魏特先生書，知龔氏此文，無一語無來歷，皆可以魏氏書注出之。所謂最後直陳萬世大計者，指康熙之立而言。當議立嗣時，順治曾使人詢若望意見。若望以康熙曾出痘，力主之，遂一言而定。」陳垣就此評論說：「吾嘗謂湯若望之於清世祖，猶魏徵之於唐太宗，觀魏特生先書而益信」㉒。對魏特著作所提供的資料很重視。事實上，這部著作最吸引清史研究者的，就是它敘述順治與湯若望關係的那一部分的資料。該書中譯本由楊丙辰於三十年代譯出，一九四九年商務印書館梓行。

馬戛爾尼的《乾隆英使朝覲記》，劉半農譯；濮蘭德·白克好司的《慈禧外紀》、《清室外

㉒《陳垣學術論文集》第一集，五〇二頁。

紀》，朴笛南·姆威爾的《庚子使團被圍記》，皆由陳冷汰、陳詒先翻譯；卡爾的《慈禧寫照記》，陳震譯，均收入《清外史叢刊》，中華書局一九一七年槧刻。所叙清史，或缺少第一手資料，或與事實不合，僅可作參考。

福斯特著《在華五十年》，記叙美國傳教士克勞福德在中國傳教的活動和見聞，該書第十一章叙述其到太平天國轄區蘇州及路過南京的情況，有張廣學譯文，發表在《清代西人見聞錄》裏。

第四節　俄文著作中的清史資料

沙俄政府與清朝政府的交往比其他西方國家早，先後訂立尼布楚條約、恰克圖條約，早在雍正年間東正教就在北京設立了常設機構，商人不斷地進入北京貿易，所以俄國官員、教士、商人都有關於中國的文書，俄國官方也有一大批。如俄羅斯對外政策檔案館亞洲圖書館全宗，包含了大量關於清代中國的史料。又如俄國報紙《公報》（一七〇三—一七二七年出版）、《聖彼得堡公報》（一七二八—一七四〇年出版）載有關於康熙雍正間中國消息、事件、歐洲與中國的關係，俄國與中國的關係，如記叙對準噶爾部的戰爭，平定藏人阿爾布巴之亂，雍正間赴俄使團的活動，中俄貿易以及清朝對西方傳教士的態度㉓。下面僅就中國社會科學院近代史研究所著作的《沙俄侵華史》

㉓參閱斯拉斯特尼特娃《俄國第一份報紙中有關中國情況的記載》，見《世界史研究動態》一九九一年十一期。

第一卷（人民出版社一九七六年出版）、第二卷（一九七八年版）所附《俄文參考書名譯漢表》，選擇一部分俄人所著有關清史資料的書目於下：

巴德瑪耶夫：《俄國與中國》，一九〇五年彼得堡出版。

班蒂什—卡緬斯基：《一六一九—一七九二年俄中外交資料匯編》，一八八二年喀山出版。

瓦·巴·瓦西里耶夫：《中國的發現》，一九〇〇年彼得堡出版。

維謝洛夫斯基：《北京俄國傳教士團史料》，一九〇五年彼得堡出版。

格·爾：《十九世紀三十至五十年代北京傳教士團和俄國貿易》，蘇聯《紅檔》雜誌，一九三二年第五十三卷。

戈魯勃佐夫：《阿爾巴津古城史》，一九〇二年布拉戈維申斯克（海蘭泡）出版。

岡索維奇：《阿穆爾邊區史》，一九一四年布拉戈維申斯克（海蘭泡）出版。

格魯茲捷夫：《阿穆爾》，一九〇〇年彼得堡出版。

達維多夫：《滿洲和蒙古東北部的殖民》，一九一一年符拉迪沃斯托克（海參崴）出版。

卡扎寧：《義杰斯與勃蘭德使華記（一六九二—一六九五）》，一九六七年莫斯科出版。

廓索維慈：《中國人及其文化》，一八九八年彼得堡出版。

柯爾薩克：《俄中通商歷史統計概覽》，一八五七年喀山出版。

馬克：《黑龍江旅行記》，一八五九年彼得堡出版。

馬爾堅斯：《俄國與中國》，一八八一年彼得堡出版。

俄國外交部編：《俄中條約集（一六八九—一八八一）》，一八八九年彼得堡出版。
波茲德聶耶夫：《蒙古與蒙古人》，第一、二卷，一八九二—一八九三年彼得堡出版。
薩多夫尼科夫：《我們的新土地發現者（西伯利亞殖民史話一五八一—一七一二）》，一九〇五年莫斯科出版。
帝俄地方自治會編：《黑龍江地區》，一九〇九年莫斯科出版。
齊赫文斯基主編：《十七世紀俄中關係文件集》，第一卷，一九六九年莫斯科出版，第二卷，一九七二年版。
特魯塞維奇：《俄中通使與通商關係》，一八八二年莫斯科出版。
阿爾謝尼耶夫：《烏蘇里地區的中國人》，一九一四年巴哈羅夫斯克（伯力）出版。
布克斯蓋夫登：《一八六〇年北京條約》，一九〇二年旅順出版。

附錄一 清史專題史料基本書目

〔說明〕

正文中對各種體裁的清史資料進行了介紹，簡單交待了它們的史料價值，讀者如果研究某一具體的清史問題，自可從各類體裁載籍中去選擇，但其散在各章節，檢索費時，因而不揣淺陋作專題分類書目，以便讀者參考。這個書目的製作，考慮了以下因素：

(1)清朝一代歷史，事情太繁，一一立題，勢所不能；有的事情很重要，如攤丁入畝制度的實行，但又缺乏專著，不可能立題；如果只從社會歷史大的方面（如經濟、文化）考慮，具體的然而又很重大的制度、事件又會表現不出來。這種種因素決定，要以社會歷史大的方面和重大事件、重要制度爲立題原則，是以擬定了十九個專題。

(2)每一個專題之下，包括兩方面內容：一是開列基本書目；一是介紹有關的某一類型的書，一般不羅列書名。

(3)所著錄的書，相當部分是正文各章介紹過的，也有新出現的。爲避免重複，除書寫目錄學所要求的書名、卷數、作者、版本之外，不再作其他說明。

(4)有的重要史籍，內容廣泛，涉及多方面歷史問題，因此不憚其煩，在相關的專題中，均視需要而重複著錄。這是爲每一個專題資料完整性著眼的。

(5)外國人的有關著述，無論是資料性的，抑或論述性的，凡有中譯本的，亦在收列範圍之內，其無中譯本者，酌量著錄。

(6)各書所注版本，爲便於讀者尋找，一般注最新版和通行本。

(7)本書目包含三大部分，即通論、各種制度和重大歷史事件，並依此次序編排，唯道光以降重大事件未作書目，請讀者見諒。

一、清代通史

《清歷朝實錄》（清實錄），正文四、三六三卷，清朝官修。一九八六年—一九八七年中華書局影印本，一九六四年臺北華文書局影印本。宣統政紀四十三卷，有與清實錄合印本。

《東華錄》，三十二卷，蔣良騏，一九八〇年中華書局點校本。

《東華錄》，六二四卷，王先謙，光緒十年（一八八四）上海廣百宋齋校印本。

《清歷朝起居注》，清歷朝官修，原書藏中國第一歷史檔案館和臺北故宮博物院，一九八四年中華書局刊《康熙起居注》。一九八三年—一九八八年臺北聯合報文化基金會國學文獻館刊《清代起居注册·咸豐朝》及「同治朝」「光緒朝」三朝部分。

《清史稿》，五二九卷，趙爾巽等，一九七七年中華書局標點本。

《清史》，五五〇卷，張其昀等改編《清史稿》成此書，臺北國防研究院一九六一年刊。

《聖武記》，十四卷，魏源，一九八四年中華書局標點本。

《清朝文獻通考》，三〇〇卷，清官修，本世紀三十年代商務印書館「十通」本。

《清朝通典》，一〇〇卷，清官修，本世紀三十年代商務印書館「十通」本。

《清朝通志》，一二六卷，清官修，本世紀三十年代商務印書館「十通」本。

《清朝續文獻通考》，四〇〇卷，劉錦藻，本世紀三十年代商務印書館「十通」本。

《清會典》，《會典則例》，《會典事例》，《會典圖》，清朝歷次所修，詳見第三章有關部分。一九九一年中華書局本。

《皇朝經世文編》，一二〇卷，賀長齡、魏源編，上海廣百宋齋校印本；《皇朝經世文續編》，一二〇卷，葛士濬編，一八八八年上海圖書集成局本；《皇朝經世文三編》，八十卷，陳忠倚編，一九〇二年上海書局本。

《皇清奏議》，六十八卷，續編四卷，清朝官修，羅振玉一九三六年刊印。

《清稗類鈔》，四十八卷，徐珂，一九八四年至一九八六年中華書局版。

《清史紀事本末》，八十卷，黃鴻壽，一九一五年上海文明書局。

《朝鮮李朝實錄中的中國史料》，十二册，吳晗輯，一九八〇年中華書局。

《明清史料》，十編一〇〇册，中央研究院史語所編，一九三〇—一九七五年商務印書館（戊編起臺北商務印書館印刷），八十年代中華書局翻印本。

《中國通史參考資料》，古代部分第八册，鄭天挺等，一九六六年中華書局。近代部分，龔書鐸主編，中華書局本。

《明清史資料》，二册，鄭天挺等，一九八〇—一九八一年天津人民出版社。

《清代檔案史料叢編》，一—十四輯，中國第一歷史檔案館編，一九七八年起由中華書局陸續出版，不定期。

《清史資料》，一—七輯，中國社會科學院歷史研究清史研究室編，一九八〇年起中華書局陸續出版，不定期。

二、職官、兵、刑、禮樂等制度

《清朝文獻通考》，《清朝通典》，《清朝通志》，《清朝續文獻通考》，其中禮、謚法、器服、樂、職官、選舉、刑法、兵制等有關部分。

《清會典》，《會典則例》，《會典事例》，《會典圖》，清朝歷次所修，詳見第三章。

《清史稿》中的《禮志》、《樂志》、《輿服志》、《選舉志》、《職官志》、《兵志》、《刑法志》等。

《大清一統志》，清朝歷次所修，詳見第五章。

刊本。

《皇朝掌故匯編》，《內外篇》，張壽鏞等，求實書社。

《皇朝政典類纂》，五〇〇卷，席裕福等，光緒二十九年（一九〇三）成書，上海圖書集成局刊本。

《清稗類鈔》，詳見前。

《十朝聖訓》，清朝歷代官修，詳見第十一章。

《吾學錄初編》，二十四卷，吳榮光，同治九年（一八七〇）江蘇書局。

《吏部則例》，清朝歷次官修，詳見第三章。

《樞垣紀略》，二十八卷，梁章鉅，光緒元年（一八七五）刊。

《內閣小識》，一卷，附內閣故事，葉鳳毛，玉簡齋叢書本。

《中樞政考》，清朝歷次官修，詳見第三章。

《八旗通志初集》，二五〇卷，鄂爾泰等，一九八五年東北師範大學出版社。

《大清律集解附例》，三十卷，圖一卷，總集六卷，朱軾等，雍正五年（一七二七）殿本。

《大清律例》，四十七卷，乾隆官修，嘉慶間殿本。

《大清律例按語》，一〇四卷，清官修，海山仙館叢書本。

《大清律例新增統纂集成》，四十卷，沈之奇等，同治十二年（一八七三）刊。

《駁案匯編》，全士潮、朱梅臣等編，一八八三年刊。

《大清刑律》（《現行刑律》），沈家本等，一九一一年刊。

《讀例存疑》，五十四卷，薛允升，光緒三十一年（一九○五）北京刊。

《大清通禮》，五十卷，《續纂大清通禮》，五十四卷，清官修，光緒九年（一八八三）江蘇書局。

《皇朝禮儀圖式》，二十八卷，乾隆二十四年（一七五九）敕撰，官刻。

《禮部則例》，清朝歷次官修，詳見第三章。

《國朝宮史》（《清宮史》），三十六卷，于敏中等，一九八七年北京古籍出版社。

《國朝宮史續編》（《清宮史續編》），一○○卷，清官修，一九三二年故宮博物院圖書館刊。

《佐治藥言》、《續佐治藥言》，汪輝祖，知不足齋叢書本。

《清代六部成語詞典》，李鵬年等，一九九○年天津人民出版社。

《湖南省例成案》，清刻本。

《鹿洲公案》，藍鼎元，收入鹿洲全集，一七三二年刊。

《雍正朝漢文硃批奏摺匯編》，一史館編，江蘇古籍出版社一九八九年—一九九一年影印。

《永憲錄》，四卷，續編，蕭奭，一九五九年中華書局。

筆記類圖書涉及甚多，如：

《簷曝雜記》，六卷，趙翼，一九八二年中華書局。

《竹葉亭雜記》，八卷，姚元之，一九八二年中華書局。

《槐廳載筆》，二十卷，法式善，乾隆五十三年（一七八八）刊。
《茶餘客話》，二十二卷，阮葵生，一九五九年中華書局。
《聽雨叢談》，十二卷，福格，一九五九年中華書局。
《嘯亭雜錄》，十卷，續五卷，昭槤，一九八〇年中華書局。
《養吉齋叢錄》，二十六卷，餘錄十卷，吳振棫，一九八三年北京古籍出版社。
《舊典備徵》，朱彭壽，中華書局一九八二年。
諸家奏議，諸家文集，亦有涉及者，茲不列舉。

三、經濟制度

《清朝文獻通考》，《清朝通典》，《清朝通志》，《清朝續文獻通考》，其中田賦、錢幣、户口、職役、征榷、市糴、土貢、國用等部分。
《清史稿》中《食貨》、《河渠》、《交通》等志。
《皇朝政典類纂》，詳見前。
《皇朝經世文編》，詳見前。
《切問齋文鈔》，三十卷，陸燿，道光五年（一八二五）刊。
《清實錄經濟資料輯要》，南開大學歷史系輯，一九五九年中華書局。
《安吳四種》，三十六卷，包世臣，道光二十四年（一八四四）南京仙游閣刊；臺北文海出版社《近代中國史料叢刊》。

《賦役全書》，清朝歷次官修，詳見第三章。

《户部則例》，清朝歷次官修，詳見第三章。

《户部漕運全書》，清朝歷次官修，詳見第三章。

《兩淮鹽法志》，六十卷，佶山等，同治九年（一八七〇）淮南書局。

《粤海關志》，三十卷，道光間刊。

《續纂淮關統志》，十四卷，李如枚，嘉慶十一年（一八〇六）淮關衙刻。

《石渠餘紀》（熙朝紀政），六卷，王慶雲，光緒二十七年（一九〇一）上海天章書局。

《中國近代手工業史資料（一八四〇—一九四九）》，彭澤益輯，一九六二年中華書局。

《中國近代農業史資料》，李文治輯，一九五七年三聯書店。

《清實錄經濟史料（順治—嘉慶朝）》，《農業編》，陳振漢等輯，北京大學出版社一九八四年。

《大清歷朝實錄東北史料》，王綱輯，電子科技大學出版社一九九一年。

《明清蘇州農村經濟資料》，洪煥椿輯，一九八八年江蘇古籍出版社。

《嘉興府城鎮經濟史料類纂》，《湖州府城鎮經濟史料類纂》，陳學文等編印。

《清代乾嘉道巴縣檔案選編》，四川大學歷史系、四川省檔案館合編，一九八九年四川大學出版社。

《自貢鹽業契約檔案選輯》，吳天穎等，中國社會科學出版社一九八五年。

《閩南契約文書》，廈門大學歷史所編，一九九〇年《中國社會經濟史研究》增刊。

《明清徽商資料選編》，張海鵬等，一九八五年黄山書社。

《明清佛山碑刻文獻經濟資料》，廣東社科院歷史所編，廣東人民出版社一九八七年。

奏章類圖籍，如《靳文襄公奏疏》，卷八，靳輔，清刻本。

《方志類圖書》，多有食貨一門，富有史料價值。種類繁多，從略。

筆記類載籍涉及者亦多，列一二種：

《廣東新語》，二十八卷，屈大均，中華書局一九八五年。

《閱世編》，十卷，葉夢珠，一九八一年上海古籍出版社點校本。

檔案中的經濟資料至爲豐富，有公布的資料匯編，利用較便，如：

《清代地租剝削形態》（乾隆刑科題本租佃關係史料之一），中國第一歷史檔案館、中國社科院歷史所輯，一九八二年中華書局，《清代土地佔有關係與佃農反抗鬥爭》，編輯者同前，一九八八年中華書局。

《孔府檔案選編》，二册，中國社科院近代史所民國史研究室、曲阜文管會編，一九八二年中華書局。

《清代的礦業》，二册，中國人民大學清史所、檔案系中國政治制度史教研室編，一九八三年中華書局。

碑刻資料匯編，有數種，史料價值皆高：

《江蘇省明清以來碑刻資料選集》，一九五九年三聯書店。

《蘇州明清工商業碑刻資料》，蘇州博物館、南京大學歷史系編。

《明清以來北京工商會館碑刻選編》，李華輯，一九八〇年文物出版社。

《上海碑刻資料選輯》，上海博物館圖書資料室編，一九八〇年上海人民出版社。

《臺灣公藏古文書影本》，六輯，七十二册。

土地、房屋買賣和典當契約文書，債券和租佃契約等文書，散藏各處，詳見第十一章。

四、生產與生產力

這部分書目，與前列經濟制度，後面將寫的科學文化兩部分，會有所重複，鑒於這個問題的重要性，特立專題。

《清朝文獻通考》，《清朝通典》，《清朝通志》，《清朝續文獻通考》，有關食貨部分，詳見前。

《清史稿·食貨志》，詳見前。

《皇朝政典類纂》，詳見前。

《清實錄經濟資料輯要》，詳見前。

《皇朝經世文編》，詳見前。

《安吳四種》。詳見前。

方志圖書多有農業生產資料，有的兼有手工業生產資料。

筆記中有一些書籍記敘了農業和手工業生產。

文集、譜牒之中，亦有少量關於農業、手工業的生產資料。

《沈氏農書》，張履祥輯補，一九五六年中華書局。

《授時通考》，弘晝等，一九六五年中華書局。

《農學合編》，十五卷，楊鞏，一九五六年中華書局。

《營田輯要》，四卷，首一卷，黃輔辰，同治三年（一八六四）刊。

《木棉譜》，一卷，褚華，上海掌故叢書本。

《棉業圖說》，八卷，農工商部官撰，宣統三年（一九一一）官刻。

《柞蠶三書》，韓夢周等，一九八三年農業出版社。

《煙草譜》，八卷，陳琮，嘉慶間刊。

《景德鎮陶錄》，十卷，藍浦，嘉慶十五年（一八一〇）翼經堂刊。

《陶說》，六卷，朱琰，乾隆四十七年（一七八二）金匱愼思堂刊。

《浙江磚錄》，四卷，圖一卷，馮登府，道光十六年（一八三六）刊。

《清代地震檔案史料》，明清檔案館編，一九五九年中華書局。

《清代海河、灤河洪澇檔案史料》，水利電力部研究院編，一九八一年中華書局。

《有關玉米、蕃薯在我國傳播的資料》，郭松義等，清史資料第七輯，一九八九年。

五、科舉教育制度

《學政全書》，八十卷，官修，乾隆朝。

《科場條例》，六十卷，敕修，光緒朝。

《奏定學堂章程》，敕修，光緒朝。

《欽頒磨勘簡明條例》，二卷，官修。

《登科紀考》，三十卷，徐松。

《國朝貢舉考略》，三卷，黃崇簡。

《鶴徵錄》，八卷，李集等；《鶴徵後錄》，十二卷，李富孫；兩書合刻漾葭老屋本。

《詞科掌錄、餘話》，杭世駿，原刻本。

《康熙己未詞科錄》，十二卷，秦瀛，一八〇七年世恩堂本。

《族譜家訓選粹》，聯合報文化基金會國學文獻館選印。

《恒産瑣言》，《聰訓齋語》，張英，收入《篤素堂集》。

《治家格言》，朱柏廬，收入《朱柏廬先生全集》。

六、科學、文化、思想

這裏包括自然科學及技術，社會科學，由於一些學科同有傑出貢獻的學者相聯繫，故而又涉及到一些人物的傳記。

《清朝文獻通考》，《清朝通典》，《清朝通志》，《清朝續文獻通考》，有關部分，詳見前。

《清史稿》《天文志》、《時憲志》、《藝術傳》、《疇人傳》、《儒林傳》、《文苑傳》，詳見前。

《皇朝經世文編》，詳見前。

《疇人傳》，四十六卷，阮元；《續疇人傳》，六卷，羅士琳，《疇人傳三編》，七卷，諸可寶。一九三五年商務印書館出版合編本，題《疇人傳》。

《律曆淵源》，一〇〇卷，康熙敕撰，殿本。

《曉庵新法》，六卷，《曉庵雜著》，一卷，《曆法表》，三卷，王錫闡，清刻本。

《曆學疑問》，三卷；《疑問補》，二卷；《曆學駢枝》，四卷；《曆學問答》，一卷，梅文鼎，清刻本。

《割圜密律捷法》，四卷，明安圖，道光十九年（一八三九）石梁岑氏刻。

《醫林改錯》，二卷，王清任，光緒五年（一八七九）掃葉山房重刻。

《醫宗金鑑》，九十卷，乾隆間鄂爾泰等奉敕撰，官刻。
《勉學堂針灸集成》，四卷，光緒五年（一八七九）刊。
《大清一統志》，清朝歷次官修，詳見第五章。
《皇朝一統輿地全圖》，八冊，董祐誠，道光十二年（一八三二）陽湖李氏辨志書塾刊。
《關中金石記》，八卷，畢源，乾隆四十六年（一七八一）經訓堂刊。
《士禮居藏書題跋記》，六卷，黃丕烈，光緒十年（一八八四）潘氏滂喜齋刊。
《四庫全書總目》，二〇〇卷，紀昀等，一九六五年中華書局。
《書目答問》，四卷，張之洞，光緒二年（一八七六）四川刊。
《鄭堂讀書記》，周中孚，一九五九年商務印書館。
《越縵堂讀書記》，李慈銘著，由雲龍輯，一九六三年中華書局。
《黃梨洲文集》，黃宗羲，一九五五年中華書局。
《明夷待訪錄》，黃宗羲，一九五七年中華書局。
《顧亭林詩文集》，顧炎武，一九五九年中華書局。
《王船山詩文集》，王夫之，一九六二年中華書局。
《潛書》，唐甄，一九六三年中華書局。
《顏李師承記》，九卷，附《習齋語要》二卷，《恕谷語要》二卷，徐世昌編，約民國初年刻。

《方望溪先生集》，方苞，萬有文庫本。
《潛研堂集》，錢大昕，一九三六年商務印書館。
《戴震集》，戴震，一九八〇年上海古籍出版社。
《聊齋誌異》，蒲松齡，一九六二年上海古籍出版社。
《儒林外史》，吳敬梓，一九六二年人民文學出版社。
《紅樓夢》，曹雪芹，一九五七年人民文學出版社，中國藝術研究院紅樓夢研究所校注，一九八二年人民文學出版社。
《桃花扇》，孔尚任，一九五九年人民文學出版社。
《清詩鐸》（《國朝詩鐸》），張應昌，一九五九年中華書局。
《揚州八怪史料》，顧麟文輯。一九六〇年上海人民出版社。
《古譜纂例》，黃任恒，一九〇三年廣州刊。
《清儒學案》，八十卷，徐世昌，一九五九年中華書局木版線裝。
《國朝學案小識》（《清學案小識》），十四卷，唐鑒，中華書局四部備要本。
《國朝漢學師承記》，八卷，江藩，中華書局四部備要本。
《清代燕都梨園史料》，十二册，張江裁，一九三四年北平遂雅齋刊。
各種釋氏語錄，詳見第十一章。
《清代毀禁書目並補遺》，姚覲之，一九五七年商務印書館。

《清代禁書知見錄》，孫殿起，一九五七年商務印書館。

七、社會生活

《清朝文獻通考》，《清朝通典》，《清朝通志》，《清史續文獻通考》有關部分，詳見前。

《清會典》，《會典則例》，《會典事例》，《會典圖》，清朝歷次所修，詳見第三章。

《清史稿·禮志》、《樂志》，詳見前。

《大清通禮》，詳見前。

《皇朝禮儀圖式》，詳見前。

《禮部則例》，詳見第三章。

《清稗類鈔》，詳見前。

《清宮史》，《清宮史續編》，詳見第三章。

《皇朝政典類纂》，詳見前。

《古今筆記精華》，一九一五年上海古今圖書局編輯出版。

《吾學錄初編》，詳見前。

《皇朝謚法考》，五卷，鮑康，光緒十七年（一八九一）刊。

《皇朝瑣屑錄》，四十四卷，鍾琦，光緒二十三年（一八九七）刊。

《欽定滿洲祭神祭天典禮》，六卷，滿文，乾隆中譯成漢文四卷，滿文本藏清華大學圖書館。

《五種遺規》，陳宏謀，一八六三年楚北崇文書局本。
《中國族譜研究》，羅香林，一九七一年香港中國學社。
《宗譜的研究》（《中國宗譜研究》），多賀秋五郎，本世紀六十年代，八十年代。
《荒政舉要》，三卷，戴曼卿，一八九四年重刊本。
《閩臺關係族譜資料》，莊爲璣等，福建人民出版社，一九八五年。
筆記遊記類中此種書較多，如：
《鄉言解頤》，李光庭，一九八二年中華書局。
《竹葉亭雜記》，詳見前。
《履園叢話》，詳見前。
《問俗錄》，六卷，陳韶盛，一九八三年書目文獻出版社。
《郎潛紀聞》，初、二、三、四筆，陳康祺，中華書局刊。
《養吉齋叢錄》，詳見前。
《揚州畫舫錄》，李斗，一九六〇年中華書局。
《清嘉錄》，十二卷，顧祿，一九八六年上海古籍出版社。
《淞南夢影錄》，四卷，畹香留夢主人，筆記小說大觀本。
《閱世編》，詳見前。
《茶餘客話》，詳見前。

地方志多有風俗一卷，內容甚豐富；風土志資料亦多，茲舉數例：

《錫金識小錄》，十二卷，黃卬，一九三〇年刊。

《深州風土記》，二十二卷，表五卷，吳汝綸，光緒間刊。

《帝京歲時紀勝》，潘榮陛，一九六一年北京出版社。

《燕京歲時記》，富察敦崇，一九六一年北京出版社。

《中國地方志民俗資料匯編》，丁世良等，一九八九年書目文獻出版社。

《月令輯要》，二十四卷，圖說一卷，康熙五十四年（一七一五）李光地等奉敕撰，官刻。

譜牒中的宗規、家訓、祠堂祭祀、墳塋制度的文字，都是這方面的資料，內容生動。

八、邊疆民族政策

《聖武記》，詳見前。

《皇朝武功紀盛》，四卷，趙翼，一七九二年刊。

《皇朝藩部要略》（《藩部要略》），十八卷，表四卷，祁韻士，一八八四年刊及文海出版社中國邊疆叢書本。

《朔方備乘》，八十卷，何秋濤，一八八一年刊及中國邊疆叢書本。

《滿文土爾扈特檔案譯編》，社科院民族所、新疆社科所合譯，一九八八年民族出版社。

《清代理藩院資料輯錄》，社科院中國邊疆史地研究中心編，一九八五年全國圖書館文獻縮微中心出版。

《蒙古遊牧記》，十六卷，張穆，同治六年（一八六七）刊，中國邊疆叢書本。

《西域圖志》，九十二卷，劉統勛等，官刻及中國邊疆叢書本。

《衛藏通志》，十六卷，一九八二年西藏人民出版社本及中國邊疆叢書本。

《清實錄達斡爾、鄂溫克、鄂倫春、赫哲史料摘抄》，内蒙古少數民族歷史調查組等輯，一九六二年内蒙古人民出版社。

《清實錄貴州資料輯要》，中央民族所等輯，一九六四年貴州人民出版社。

《清實錄》—藏族歷史資料匯編，西藏民族學院歷史系編，一九八一年刊。

《清内府一統輿地秘圖》（《皇輿全圖》），康熙間官繪，一九二一年瀋陽故宮博物院印。

《清乾隆内府輿圖》，乾隆間官繪，一九三二年故宮博物院。

《清朝文獻通考》和《清朝續文獻通考》中的《四裔門》。

《清史稿》中的《土司傳》、《藩部傳》及有關人物傳。

《蒙古王公功績表傳》。

檔案中的有關文獻，如中國第一歷史檔案館館藏民族事務類檔案。

方志類中邊疆地區的方志。

九、滿族政策

《八旗則例》（《欽定八旗則例》），十二卷，楊西成等，一七四二年武英殿刊。

《八旗通志初集》，二五〇卷，鄂爾泰等，一九六八年臺北學生書局本及一九八五年東北師範大學出版社本。

《八旗滿州氏族通譜》，八十卷，弘晝等，一九九〇年遼瀋書社影印本。

滿族家譜，如馬延喜《馬佳氏族譜》。

《杭州八旗駐防營志略》，二十五卷，張大昌，一八九四年浙江書局。

《荊州駐防八旗志》，十六卷，希元等，一八七九年荊州將軍署刊。

《駐粵八旗志》，二十四卷，長善，一八七九年刊。

《清代的旗地》，人民大學清史所、檔案系合編，一九八九年中華書局。

《清雍正朝鑲紅旗檔》，劉厚生，東北師範大學出版社一九八五年。

《雍乾兩朝鑲紅旗檔》，關嘉祿，遼寧人民出版社一九八七年。

《清史滿語詞典》，商鴻逵等，上海古籍出版社一九九〇年。

《遼賓塔滿族家祭》，姜相順等，一九九一年遼寧民族出版社。

東北地區的方志，如《吉林外紀》、《吉林通志》。

十、對外關係（包括與耶穌會士關係）

《清朝文獻通考》，《清朝續文獻通考》，有關部分，詳見前。

《清史稿》、《邦交志》、《屬國傳》，詳見前。

檔案中的有關文獻，其匯輯成帙公布的，如：

《康熙與羅馬使節關係文書》，故宮博物院編，一九三二年刊。

《清朝外交史料》（嘉慶、道光朝），十冊，故宮博物院編，一九三三年刊。

《清代中俄關係檔案史料選編》，第一編，中國第一歷史檔案館編，一九八一年中華書局；第三編，故宮明清檔案部編，一九八〇年刊。

《清季教務教案檔》，六輯十九冊，中研院近代史所編，一九七四—一九八〇年印。

《籌辦夷務始末》，道光朝八十卷，文慶等修，咸豐朝八十卷，賈楨等修，同治朝一〇〇卷，寶鋆等修，近代中國史料叢刊本。

《清季外交史料》，二四三卷，王彥威、王亮，近代中國史料叢刊本。

檔案之外的專著或有關著作：

《異域錄》，二卷，圖理琛，叢書集成初編本。

《朔方備乘》，詳見前。

《鴉片事略》，二卷，李圭，光緒二十一年（一八九五）海寧州刊。

《中國古籍中有關菲律賓資料匯編》，中山大學東南亞歷史研究所編，一九八〇年中華書局。

《近代中國對西方及列强認識資料匯編》，胡秋原等，中研院近代史所一九七二年刊。

《約章分類輯要》，三十八卷，蔡乃煌等，文海出版社近代中國外交史資料叢刊本。

《通商務約類纂》，三十五卷，徐宗亮等，近代中國外交史資料叢刊本。

《華工出國史料選編》，陳翰笙等，中華書局一九八〇—一九八五年。

《清實錄朝鮮史料摘編》，李澍田等，長白叢書第五集，吉林文史出版社一九九一年。

《清代琉球紀錄集輯》、《續輯》，臺北大通書局出版臺灣文獻史料叢刊本。

《護送越南貢使日記》，馬先登，同治間關中馬氏敦倫堂叢刊本。

《近代中國外交史資料叢刊》，文海出版社。

《海錄注》，謝清高口述，楊炳南筆錄，馮承鈞注釋，一九五五年中華書局。

《中外舊約章匯編》，第一册，王鐵崖編，一九五七年三聯書店。

《各國立約始末記》，三十卷，陸元鼎，光緒三十二年（一九〇六）刊。

《安南紀略》，三十二卷，乾隆五十六年（一七九一）敕撰，官刻。

《廓爾喀紀略》，五十四卷，乾隆六十年（一七九五）敕撰，官刻。

《國朝柔遠記》（《國朝通商始末記》），二十卷，王之春，光緒十七年（一八九一）刊。

外國人的資料：

《李朝實錄》，朝鮮官修，一九六七年日本學習院東洋文化研究所刊。

《同文匯考》，朝鮮鄭昌順等，臺灣珪庭出版社《中韓關係史料輯要》本。
《中韓關係史料輯要》，臺灣珪庭出版社一九七八年。
《皇明遺民傳》，朝鮮人作，一九三六年北京大學影印。
《大明遺民史》，馮榮燮，一九八九年明義會出版。
《韃靼漂遊記》，一六四四年（順治元年）日本國田兵右門等著，劉星昌等譯，一九七九年遼寧大學歷史系印行清初史料叢刊第十二種。
《張誠日記》，〔法國〕張誠著，陳霞飛譯，一九七三年商務印書館。
《湯若望傳》，〔德國〕魏特著，楊丙辰譯，一九四九年商務印書館。
《乾隆英使朝覲記》，〔英國〕馬戛爾尼著，劉半農譯，收入一九一七年中華書局梓印的清外史叢刊。
《俄國駐北京傳道團史料》，第一册，尼·伊·維謝諾夫斯基編，北京第二外國語學院俄語組譯，一九七八年商務印書館。
《耶穌會傳教士關於國外傳教的有教誨性的和有趣的書簡集》（《耶穌會士書簡集》），三十四卷，一七〇二—一七七六年巴黎出版，二十六卷，一七八〇—一七八三年巴黎出版。
《耶穌會士中國書簡集》，日本石田干之助、後藤末雄譯《耶穌會士書簡集》中有關中國的資料，第一卷，一九七〇年平凡社出版。
《燕京開教略》，樊國樑，光緒三十一年（一九〇五）北京救世堂印。

十一、人物傳記

在各種事物中都有人的活動，在一些問題中就涉及到傳記書目，這裏作爲專題，是以人物活動爲主考慮的。人物太多，不能一一列出書目，因此就傳記類型作簡單著錄。

《清史列傳》，詳見前。

《國史列傳》，詳見前。

《清史稿列傳》部分，詳見前。

《國朝耆獻類徵初編》，詳見前。

《滿漢名臣傳》，八十卷，清國史館撰稿，乾隆末嘉慶初刻印。

《國史逆臣傳》，四卷，乾隆敕纂。

《國史貳臣傳》，七卷，乾隆官修。

《碑傳集》，詳見前。

《續碑傳集》，八十六卷，繆荃孫輯，宣統間江楚編譯書局刊。

《碑傳集補》，六十卷，集外文一卷，閔爾昌輯，一九三一年燕京大學國學研究所印。

《清代碑傳合集》，上海古籍出版社一九八八年。

《國朝先正事略》，詳見前。

《國朝學案小識》，詳見前。

《國朝漢學師承記》，詳見前。

《清儒學案》，詳見前。

《八旗滿洲氏族通譜》，八十卷，弘晝等，一九九〇年遼瀋書社。

《清列朝后妃傳稿》，二卷，張爾田，一九二八年刊。

《愛新覺羅宗譜》，八冊，金松喬等編，一九三八年奉天愛新覺羅修譜處刊。

《宗室王公功績表傳》，十二卷，乾隆四十六年（一七八一）敕撰，官刻。

《蒙古王公功績表傳》，十二卷，乾隆四十四年（一七七九）敕撰，官刻。

《軍機題名》，吳孝銘，道光三十年（一八五〇）刊。

《初月樓聞見錄》，十卷，續錄十卷，吳德旋，上海文明書局。

《鶴徵錄》，八卷，李集等；後錄，十二卷，李富孫等，嘉慶十六年（一八一一）漾葭老屋本。

《清代學者畫像初集》，葉衍蘭，二集，葉恭綽，一九八七年上海古籍出版社合刊，題名《清代學者像傳合集》。

《國朝詩人徵略》，初編六十卷，二編六十四卷，張維屏，道光二十二年（一八四二）序本。

《清代閨閣詩人徵略》，十卷，補遺一卷，施淑儀編，一九二二年崇明女子師範講習所刊。

《疇人傳》，詳見前。

《清人年譜》，不下千種，不具列。

清人文集、宗譜、筆記、方志，多有人物傳記，量富，不具列。

《北京圖書館館藏中國歷代石刻拓本匯編》，該館金石組編，一九八八—一九九〇年中州古籍出版社。

《皇父攝政王起居注》（《多爾袞攝政日記》），一九三五年北平故宮博物院。

《康熙帝傳》，白晉著，馬緒祥譯，載《清史資料》第一輯。

《哲布尊丹巴傳》，中國邊疆史地叢刊本。

《龔自珍研究資料集》，孫文光等，黃山書社一九八四年。

《我的前半生》，愛新覺羅·溥儀，一九七七年中華書局。

十二、地方史

這個題目大，書籍多，不能就某一個地方羅列書目，而只舉圖書類型。

各種地方志。

各種家譜。

各地方的檔案、契據、碑刻。

諸家文集中的地方史資料。

筆記中的地方史資料。

政書中的有關圖籍，如各地的賦役全書。

史籍巨著中的有關部分，如《清史稿》的《地理志》、《土司傳》、《藩部傳》。

大型史書中關於地方史資料的匯編，如臺灣銀行經濟研究室輯，《清史稿臺灣資料集輯》，一九六八年出版。

地方史籍中專題資料匯集，如上海市文管會編，《上海地方志物產資料匯輯》，一九六一年中華書局印行。

關於地方歷史的專門載籍，如李程儒輯：《江蘇山陽收租全案》，在《清史資料》第二輯披露。

地方文物資料匯刻，如《臺灣公藏古文書影本》。

邊疆史地的著述。

叢書中輿地方面的，如王錫祺輯：《小方壺齋輿地叢鈔》，上海著易堂一八九一——一八九七刊。

叢書中以地域爲編選原則的，如王灝輯：《畿輔叢書》，光緒五年（一八七九）定州王氏謙德堂刊。吳邦慶輯：《畿輔河道水利叢書》，道光四年（一八二四）益津吳氏刊；周憲文主編，《臺灣文獻叢刊》，一九五七——一九七二年臺灣銀行經濟研究室印。

十三、清朝開國史

《滿洲實錄》（《太祖實錄戰圖》），八卷，官修，中華書局清實錄本。

《清太祖高皇帝實錄》，十卷，官修，清歷朝實錄本。

《清太祖努爾哈赤實錄》，崇德間官修，一九三一年故宮博物院刊。

《清太宗文皇帝實錄》，六十五卷，官修，清歷朝實錄本。

《清太宗實錄稿本》，二卷，順治九年（一六五二）官修，原書藏北京圖書館。一九七八年遼寧大學歷史系以清初史料叢刊第三種印刷。

《滿文老檔》，太祖朝八十一册，太宗朝九十九册，原書藏臺北故宮博物院。有漢譯本，金梁等譯，題名《滿洲老檔秘錄》，十卷，二册，一九二九年刊，只爲全文一小部分；《故宮周刊》於二四五—二五九期（一九三三—一九三五年）登載一部分，題名《漢譯滿洲老檔拾零》；一九七八年遼大歷史系印刷《重譯滿文老檔·太祖朝》，作爲《清初史料叢刊》第一種。日本神田信夫等譯《滿文老檔》，一九五五—一九六三年出版。周遠廉等譯注《滿文老檔》，中華書局一九九〇年。

《舊滿洲檔》（《滿文舊檔》），原件藏臺北。日譯本題名《舊滿洲檔》，爲東洋文庫叢刊第十八種；遼寧大學歷史系據日譯本翻爲漢文，題作《漢譯滿文舊檔》，一九七九年印刷。關嘉祿等譯《天聰九年檔》，一九八七年天津古籍出版社。遼寧大學歷史系譯印《滿文舊檔》，實即《天聰九年檔》。一九六九年臺北故宮博物院印《舊滿洲檔》，廣祿等譯《舊滿洲檔譯注》。

《皇朝開國方略》，三十二卷，卷首一卷，阿桂等奉敕撰，光緒十三年（一八八七）上海廣百宋齋刻。

《滿洲源流考》，二十卷，乾隆四十二年（一七七七）阿桂等奉敕撰，官刻。

《崇德三年滿文檔案譯編》，季永海，遼瀋書社一九八八年。
《聖武記》，詳見前。
《明實錄》中的有關部分，南京國學圖書館影印本。
《明經世文編》，陳子龍等，影印本。
《建州考》，一卷，陳繼儒，寶顏堂秘笈本。
《山中聞見錄》，十一卷，彭孫貽，玉簡齋叢書本。
《按遼疏稿》，六卷，熊廷弼，明廣陵汪氏刻本。
《袁督師遺集》，一卷，附錄一卷，袁崇煥，滄海叢書本。
《九邊圖說》，明朝兵部編，玄覽堂叢書本。
《明清史料》，詳見前。
《朝鮮李朝實錄中的中國資料》，詳見前。
《柵中日記》，《建州聞見錄》，均朝鮮李民寏撰，遼寧省圖書館藏有抄本。
《燃藜室記述》，正編三十二卷，續編七卷，別集十九卷，朝鮮李肯翊編，遼寧圖書館有藏本。
《陽九記事》，朝鮮佚名，一九八〇年臺北珪庭出版社中韓關係史料輯要之六。

十四、清朝統一與抗清鬥爭

《清世祖章皇帝實錄》，清歷朝實錄本。
《清聖祖仁皇帝實錄》，清歷朝實錄本。
《聖武記》，詳見前。
《清史列傳》，詳見前。
《滿漢名臣傳》，詳見前。
《清史稿》有關部分，詳見前。
《陽九述略》，一卷，朱之瑜，舜水遺書本。
《耆獻類徵初編》，詳見前。
《碑傳集》，詳見前。
《皇清奏議》，詳見前。
《欽定國史貳臣傳》，十二卷，乾隆敕撰，北京琉璃廠半松居士印本。
《多爾袞攝政日記》，故宮文獻館一九三五年刊。
《順治元年內外官署奏疏》，北京大學研究所國學門編，一九三二年北京大學印。
《清初農民起義史料輯錄》，詳見前。
《明季南略》，十八卷，計六奇，萬有文庫本。

《聖安本紀（聖安紀事）》，顧炎武，明季稗史匯編本。
《行朝錄》，六卷，黃宗羲，梨洲遺書本。
《南疆逸史》，五十六卷，溫睿臨，中華書局。
《小腆紀傳》，六十五卷，補遺五卷，徐鼒，一九五八年中華書局。
《小腆紀年附考》，徐鼒，一九五七年中華書局。
《國壽錄》，四卷，查繼佐，一九五九年中華書局。
《續明史紀事本末》，十八卷，倪在田，光緒二十九年（一九〇三）刊。
《魯紀年》，二卷；海外痛哭記，一卷，黃宗羲梨洲遺書本。
《弘光實錄抄》，左藏室史臣，痛史本。
《三藩紀事本末》，四卷，楊陸榮，借月山房叢書本。
《嘉定縣乙酉紀事》，一卷，吳子素，痛史本。
《大明遺民史》，詳見前。
《清詩紀事初編》，鄧之誠，一九八四年上海古籍出版社。
《明清史料》，十編，中研院史語所編，商務印書館原版，中華書局翻印。
《獨漉堂集》，陳恭尹，清刻本。

十五、臺灣鄭氏與清朝統一臺灣

《延平二王遺集》，一卷，鄭成功、鄭經，玄覽堂叢書續集本。

《先王實錄校注》，楊英著，陳碧笙校注，一九八一年福建人民出版社。

《賜姓始末》，一卷，黃宗羲，明季稗史匯編本。

《閩頌匯編奏疏》六卷，文告四卷，附錄不分卷，姚啓聖，康熙間刊。

《平閩紀》，十三卷，楊捷，康熙十八年（一六七九）刊。

《清初莆變小乘》，《熙朝莆靖小紀》，陳鴻，《清史資料》第一輯。

《聖武記》，詳見前。

《臺灣通史》，三十六卷，連橫，商務印書館。

《靖海記》（《靖海紀事》），二卷，施琅，康熙間刻。

《粵閩巡視紀略》，八卷，杜臻，康熙間刊。

《鄭成功收復臺灣史料選編》，廈門大學歷史系編，一九六二年福建人民出版社。

《皇朝武功紀盛》，詳見前。

《清世祖章皇帝實錄》，詳見前。

《清聖祖仁皇帝實錄》，詳見前。

《臺灣外紀》，詳見前。

《鄭成功滿文檔案史料選譯》，一史館滿文部，廈門大學臺灣研究所，福建人民出版社一九八七年。
《鄭成功檔案史料選輯》，一史館、廈大合編，福建人民出版社一九八五年。
《明清史料》，詳見前。

十六、三藩之亂

《平定三逆方略》，六十卷，勒德洪等，康熙間刊。
《國史逆臣傳》，詳見前。
《四王合傳》，一卷，不著撰人，荊駝逸史本。
《清三藩史料》，六册，故宮博物院文獻館編，一九三二年刊。
《吳三桂紀略》，一卷，不著撰人，辛巳叢編本。
《吳逆取亡錄》，一卷，蒼弁山樵，說庫本。
《平定耿逆記》，一卷，李之芳，荊駝逸史本。
《平南敬親王尚可喜事實册》，一卷，不著撰人，史料叢刊初編本。
《清世祖章皇帝實錄》，清歷朝實錄本。
《清聖祖仁皇帝實錄》，清歷朝實錄本。
《清史列傳》，詳見前。

《滿漢名臣傳》，詳見前。

《清史稿列傳》，詳見前。

《聖武記》，詳見前。

十七、康雍乾時期文字獄

《清代文字獄檔》，八冊，故宮博物院文獻館編，一九三六年刊。一九八三年上海古籍書店影印。

《莊氏史案本末》，節庵，一九八三年上海古籍書店影印。

《莊氏史案考》，一卷，周延年，民國間刊。

《大獄記》，黃人，說庫本。

《秋思草堂遺集老父雲遊始末》，一卷，陸莘，古學匯刊本。

《記桐城方戴兩家書案》，一卷，不著撰人，古學匯刊本。

《南山集》，十四卷，補遺二卷，年譜一卷，戴名世，光緒二十八年（一九〇二）重刊。

《呂晚村先生文集》，八卷，附行略一卷，呂留良，約同治八年（一八六九）刊。

《大義覺迷錄》，清世宗，清史資料第四輯。

《讀書堂西征隨筆》，汪景祺，故宮博物院文獻館整理，一九三六年京城印刷局。

《翁山文外》，十六卷，屈大均，宣統二年（一九一〇）國學扶輪社印。

《沈歸愚詩文全集》，沈德潛，乾隆十八年—二十二年（一七五三—一七五七）教忠堂刊。

《謝梅莊先生遺集》，八卷，謝濟世，一九〇八年刊。

十八、統一蒙藏地區和少數民族事件

《聖武記》，詳見前。

《皇朝武功紀盛》，詳見前。

《親征平定朔漠方略》（《親征朔漠方略》），四十八卷，溫達等，一七〇八年官刻及中國方略叢書本。

《平定準噶爾方略》前編五十四卷，正編八十五卷，續編三十三卷，傅恒等，中國方略叢書本。

《平定兩金川方略》，一五二卷，阿桂等，中國方略叢書本。

《蘭州紀略》，二十卷，乾隆敕修。

《石峰堡紀略》，二十卷，乾隆官纂。

《平定回疆剿捦逆裔方略》，八十卷，曹振鏞等。

《平定陝甘新疆回匪方略》，三二〇卷，奕訢等。一八九六年刊。

《平定雲南回匪方略》，五十卷，光緒敕修。

《平定貴州苗匪紀略》，四十卷，奕訢等，一八九六年刊。

《欽定平苗紀略》，五十二卷，首四卷，鄂輝等，嘉慶刻本。

《苗防備覽》，二十二卷，嚴如熤，一八四三年重刊。
《皇朝藩部要略》，詳見前。
《朔方備乘》，詳見前。
《西域圖志》，詳見前。
《衛藏通志》，詳見前。
《中國邊疆史地資料叢刊》，所收著述，見第五章第六節。
《中國邊疆叢書》，所收著作，文海出版社。
《新疆鄉土志》四十四種，馬大正等編。

十九、秘密結社和清中葉民眾運動

《聖武記》，詳見前。
《清初農民起義資料輯錄》，謝國禎輯，一九五六年新知識出版社。
《康雍乾時期城鄉人民反抗鬥爭資料》，中國人民大學清史所、檔案系中國政治制度史研究室，一九七九年中華書局。
《臺灣紀略》，七十卷，乾隆五十三年（一七八八）敕修，官刻。
《欽定剿捕臨清逆匪紀略》（《臨清紀略》），十六卷，于敏中等，乾隆四十二年（一七七七）官刻。

《清中期五省白蓮教起義資料》，中國社科院歷史所資料室、清史室編，一九八一年江蘇人民出版社。

《戡靖教匪述編》，十二卷，石香村居士，道光六年（一八二六）刊。

《平定三省邪匪方略》前編三六一卷，續編三十六卷，附編十二卷，慶桂等，約嘉慶間刊。

《川湖陝白蓮教起義資料輯錄》，蔣維明輯，一九八〇年四川人民出版社。

《靖逆記》，六卷，盛大士（蘭簃外史），嘉慶間刊。

《金鄉紀事》，四卷，首一卷，吳堦，嘉慶間刊。

《天地會》，中國第一歷史檔案館、中國人民大學清史所輯，一九八一年人民出版社。

《破邪詳辯》，三卷，續刻一卷，又續一卷，三續一卷，黃育楩，收入《清史資料》第三輯。

《清代臺灣農民起義史料選編》，一九八三年福建人民出版社。

《近代秘密社會史料》，蕭一山，一九八六年岳麓書社版，近代中國史料叢刊本。

《三省邊防備覽》，嚴如熤，十四卷，一八二二年刊，十八卷，一八三九年刊，一九八九年中華書局重刊。

《三省教匪紀略》，四十三卷，托津等，嘉慶間刊。

《平定教匪紀事》，一卷，勒保，嘉慶間刊。

《清代土地占有關係與佃農反抗鬥爭》，詳見前。

《清代農民戰爭史資料選編》，人大歷史系、一史館合編，人民大學出版社一九八四年。

附錄二

清代檔案史料書刊目錄

清代檔案資料對清史研究的重大意義已如前述，爲讀者利用它的方便，特作此目錄。

本目錄收錄清朝滅亡後到一九九一年六月出版的有清一代歷史檔案的書藉和刊物。有的書刊雜載清代檔案和其它體裁的歷史文獻，則視其匯集檔案資料的多寡決定取捨。本處只以公布檔案資料的書刊爲限，關於整理清代檔案方法、過程的著作概未收入。

本目錄係據上述原則，請南開大學歷史系常建華副教授製作，由筆者閱定。限於條件，羅列不全，請未著錄者見諒。

書刊名稱	冊、卷	編輯者	出版者	出版年代
史料叢刊初編	一〇	羅振玉	旅順庫籍整理處	一九二四
清九朝京省報銷册目錄		北京大學明清資料整理會	北京大學	一九二五
掌故叢編	一〇	故宮掌故部	和記印刷局	一九二八—一九二九
清代帝后像	四	故宮博物院	京華印書局	一九二九
交泰殿寶譜	一	故宮博物院	故宮印刷所	一九二九
籌辦夷務始末（道光・咸豐・同治三朝）	一三〇	故宮博物院	故宮抄本影印	一九三〇
雍正硃批諭旨不錄奏摺總目	一	故宮文獻館	故宮印刷所	一九三〇
嘉慶三年太上皇起居注	四	北京大學		一九三〇
清代軍機處檔案及附錄		故宮文獻館	故宮印刷所	一九三〇
史料旬刊	四〇	故宮文獻館	京華印書局	一九三〇—一九三一
文獻叢編	四六	故宮文獻館	故宮印刷所	一九三〇—一九四二
明清史料（甲—癸編）	一〇〇	中央研究院史語所	商務印書館	一九三〇—一九七五
明清史料（戊—癸編）	十二	中央研究院史語所	中華書局	一九八七
順治元年內外官署奏疏		北京大學、中研院史語所		一九三一

清三藩史料	六	故宮博物院	故宮印刷所	一九三一
清軍機處檔案目錄	一	故宮文獻館	故宮博物院	一九三一
清代文字獄檔	八	故宮文獻館	北平研究院	一九三一
	二	故宮文獻館	上海書店	一九八六
清太祖努爾哈赤實錄	一	故宮文獻館	京華印書局	一九三一
朝鮮迎接都監都廳儀軌	一	故宮博物院	故宮抄本影印	一九三二
清光緒朝中日交涉史料	四十四	故宮博物院		一九三二
康熙與羅馬使節關係文書	一	故宮博物院		一九三二
清太祖武皇帝努爾哈赤實錄	一	故宮文獻館	故宮印刷所	一九三二
朝鮮國王來書	一	故宮博物院		一九三三
清代外交史料（嘉慶、道光朝）	一〇	故宮博物院		一九三三
清宣統朝中日交涉史料	三	故宮博物院		一九三三
太平天國文書	一	故宮博物院	故宮印刷所	一九三三
清光緒朝中法交涉史料	一一	故宮文獻館	故宮印刷所	一九三三
重整內閣大庫殘本書影	一	故宮博物院	故宮印刷所	一九三三

書刊名稱	冊、卷	編輯者	出版者	出版年代
滿文老檔秘錄	一	金梁	自刊	一九三三
內閣大庫舊檔目		方蘇生	中研院史語所	一九三三
清升平署存檔事例漫鈔	一	周明泰		一九三三
廣西沿邊各營駐防中越邊界對汛法屯距界遠近圖	一軸	故宮文獻館	故宮印刷所	一九三四
文獻館現存清代實錄總目	一	故宮文獻館	故宮印刷所	一九三四
大庫史料目錄		羅振玉	自刊	一九三四
清史料拾零		羅振玉	自刊	一九三四
國朝史料拾零	二	羅福頤	旅順庫籍整理處	一九三四
清季外交史料（光緒、宣統朝）	二六九	王彥威、王亮	北平該書整理處	一九三四
	五	王彥威、王亮	書目文獻出版社	一九八七
太祖高皇帝實錄稿本三種		羅振玉		一九三五
多爾袞攝政日記附司道職名冊	一	故宮文獻館	故宮印刷所	一九三五
史料叢編二集	八	羅振玉	故宮文獻館	一九三五

名教罪人	一	故宮文獻館	故宮印刷所	
清內閣庫貯舊檔輯刊		故宮文獻館	故宮印刷所	一九三五
碎金	一	故宮文獻館	故宮影印	一九三五
升平署岔曲	一	故宮文獻館	故宮印刷所	一九三五
清乾隆內府輿圖（銅版地圖）	一匣一〇八頁	故宮文獻館	故宮影印	一九三五
歷代功臣像	二一幅	故宮文獻館	故宮印刷所	一九三五
清內閣庫貯舊檔輯刊	六	方蘇生	故宮文獻館	一九三五
史料叢編	二十六	羅福頤	旅順庫籍整理處	一九三五
大庫舊檔整理處史料滙目	二十一	羅福頤	旅順庫籍整理處	一九三六
內閣大庫現存清代漢文黃册目錄	一	故宮文獻館	故宮印刷所	一九三六
清內務府造辦處輿圖房圖目初編	一	故宮文獻館	故宮印刷所	一九三六
清季各國照會目錄	四	故宮文獻館	故宮印刷所	一九三六
阿濟格略明事件之滿文木牌		故宮文獻館	故宮印刷所	一九三六

書刊名稱	冊、卷	編輯者	出版者	出版年代
內閣大庫書檔舊目補		方蘇生	商務印書館	一九三六
讀書堂西征隨筆	一	故宮文獻館	京城印書局	一九三六
故宮俄文史料（清康熙間俄國來文原稿）		故宮文獻館北大文科所、史語所	北大法商學院、印刷所	一九三六
乾隆朝京城全圖坊巷宮殿考	一	故宮文獻館、北大、史語所	故宮印刷所	
清季教案史料	二	同右	故宮印刷所	一九三七
洪承疇章奏文册匯輯		北大研究院	商務印書館	一九三七
蘇州織造李煦奏摺	一	故宮文獻館、北大、史語所	故宮印刷所	一九三七
升平署月令承應戲	一	故宮文獻館	故宮印刷所	一九三七
盛京崇謨閣滿文老檔譯本		文口詳述、金毓黻錄		一九四二
順治年間檔			滿洲圖書館籌備處	一九四三
清代漢文黃册聯合目錄	一	故宮文獻館、北大、史語所	北大印刷所擷華永記印書局	一九四七
明清內閣大庫史料第一輯	一	金毓黻	瀋陽東北圖書館	一九四九

帝國主義與中國海關	十五	中國近代經濟史資料叢編委員會	科學出版社、中華書局	一九五二—一九六五
明末農民起義史料	一	鄭天挺等	開明書店	一九五四
中法戰爭	七	故宮檔案館、近代史所、北大等	新知識出版社	一九五五
辛亥革命	八	故宮檔案館、中國科學院歷史三所、北京歷史博物館等	上海人民出版社	一九五七
海防檔	精九 平十七	中央研究院近代史所	中研院近代史所	一九五七
吳煦檔案中的太平天國史料選輯	一	靜吾、仲丁	三聯書店	一九五八
明清檔案存真	三	李光濤等	中央研究院史語所	一九五九—一九七五
義和團檔案史料	二	明清檔案館	中華書局	一九五九
清代地震檔案史料	一	明清檔案館	中華書局	一九五九
戊戌變法檔案史料	一	明清檔案館	中華書局	一九五九
宋景詩檔案史料	一	明清檔案館	中華書局	一九五九

書刊名稱	冊、卷	編輯者	出版者	出版年代
十九世紀美國侵華檔案史料選輯	二	朱士嘉	中華書局	一九五九
礦務檔	八	中央研究院近代史所	精華印書館	一九六〇
中法越南交涉檔	七	中央研究院近代史所	中研院近代史所	一九六二
洋務運動	八	近代史所、故宮明清檔案部	上海人民出版社	一九六二
籌辦夷務始末（道光朝）	六	齊思和	中華書局	一九六四
四國新檔（俄、英、法、美）	四	中央研究院近代史所	中研院近代史所	一九六六
道光、咸豐兩朝籌辦夷務始末補遺	一	中央研究院近代史所	中研院近代史所	一九六六
籌辦夷務始末選輯補編	一	臺灣銀行	臺灣銀行	一九六七
中美關係史料	三	中央研究院近代史所	中研院近代史所	一九六八
滿洲秘檔選輯		臺灣銀行	臺灣銀行	一九六八
故宮文獻		臺北故宮博物院		一九六九
舊滿洲檔	十	臺北故宮博物院		一九六九

劉銘傳撫臺前後檔案	一	馮用等	臺灣銀行	一九六九
清太祖朝老滿文原檔	二	廣祿等	中研院史語所	一九七〇—一九七二
袁世凱奏摺專輯	八	臺北故宮博物院	臺北故宮博物院	一九七〇
年羹堯奏摺	三	臺北故宮博物院		一九七一
清季中日韓關係史料	十一	中央研究院近代史所	中研院近代史所	一九七二
宮中檔光緒朝奏摺	二十六	臺北故宮博物院	臺北故宮博物院	一九七三—一九七五
關於江寧織造曹家檔案史料	一	明清檔案部	中華書局	一九七五
李煦奏摺	一	明清檔案部	中華書局	一九七六
宮中檔康熙朝奏摺	九	臺北故宮博物院		一九七六
宮中檔雍正朝奏摺	三十二	臺北故宮博物院		一九七七—一九八〇
孫文成奏摺	一	莊吉發	文史哲出版社	一九七八
清代檔案史料叢編	十四	前四冊爲明清檔案部，後爲中國第一歷史檔案館	中華書局	一九七八—一九九〇
第二次鴉片戰爭	六	齊思和等	上海人民出版社	一九七八—一九七九
重譯滿文老檔（太祖朝）	三	遼寧大學歷史系		一九七八
漢譯滿文舊檔	一	遼寧大學歷史系		一九七九

書刊名稱	冊、卷	編輯者	出版者	出版年代
明代遼東殘檔選編	一	遼寧大學歷史系		一九七九
康雍乾時期城鄉人民反抗鬥爭資料	二	人大清史所、人大檔案系	中華書局	一九七九
籌辦夷務始末（咸豐朝）	八		中華書局	一九七九
清末籌辦立憲檔案史料	二	故宮明清檔案部	中華書局	一九七九
清代中俄關係檔案史料選編（三、一）	三、二	第三編爲明清檔案部，第一編爲一史館	中華書局	一九七九，一九八一
辛亥革命前後（盛宣懷檔案資料選輯之一）	一	陳旭麓等	上海人民出版社	一九七九
清季教務教案檔	二十一	中央研究院近代史所		一九八〇
曲阜孔府檔案史料選編	二四	曲阜文管會、中國社會科學院歷史所等	齊魯書社	一九八〇—一九八五
山東義和團案卷	二	社科院近代史所	社會科學出版社	一九八〇
天地會	七	中國第一歷史檔案館、中國人民大學清史所	中國人民大學出版社	一九八〇—一九八八
四川保路運動檔案選編	一	四川檔案館	四川人民出版社	一九八一

華工出國史料匯編	十輯	陳翰笙主編	中華書局	一九八〇—一九八五
清代海河、灤河洪澇檔案史料	一	水電部研究院	中華書局	一九八一
東北義和團檔案史料	一	遼寧社科院	遼寧人民出版社	一九八一
清代吉林檔案史料選編	四	吉林檔案館、吉林社科院		一九八一—一九八二
歷史檔案	四十四	中國第一歷史檔案館、第二歷史檔案館	《歷史檔案》雜誌社	一九八一—一九九一
清中期五省白蓮教起義資料	五	社科院歷史所	江蘇人民出版社	一九八一—一九八二
湖北開採煤礦總局、荊門礦務總局（盛檔之二）		陳旭麓等	上海人民出版社	一九八一
甲午中日戰爭（盛檔之三）	二	陳旭麓等	上海人民出版社	一九八二
孔府檔案選編	二	中國社科院近代史所、曲阜文管會	中華書局	一九八二
慈禧、光緒醫方選議	一	陳可冀	中華書局	一九八二
太平天國文獻史料集	一	中國社科院近代史所	社會科學出版社	一九八二
清代地租剝削形態	二	中國第一歷史檔案館、社科院歷史所	中華書局	一九八二
宮中檔乾隆朝奏摺	六十	臺北故宮博物院	臺北故宮博物院	一九八二

書刊名稱	冊、卷	編輯者	出版者	出版年代
廷寄	一	臺灣文獻委員會		
清代的礦業	二	中國人民大學清史所、檔案系	中華書局	一九八三
康熙統一臺灣檔案史料選輯	一	廈門大學臺灣研究所	福建人民出版社	一九八三
吳煦檔案選編	七	南京太平天國歷史博物館	江蘇人民出版社	一九八三—一九八四
籌筆偶存	一	中國社科院近代史所、中國第一歷史檔案館	社會科學出版社	一九八三
清代起居注册（咸豐朝）	五十七	沈兆霖等奉敕撰	聯合報文化基金會國學文獻館	一九八三
清代起居注册（同治期）	四十三	桂清楊等奉敕撰	同右	一九八三
清代準噶爾史料初編	一	莊吉發譯註	文史哲出版社	一九八三
康熙朝漢文硃批奏摺匯編	八	中國第一歷史檔案館	檔案出版社	一九八四—一九八五
清代農民戰爭史資料選編（一、六）	三、一	中國人民大學歷史系、中國第一歷史檔案館	中國人民大學出版社	一九八四、一九九〇
雍正朝滿漢合璧奏摺校注第一輯		莊吉發	文史哲出版社	一九八四

康熙起居注	三	中國第一歷史檔案館	中華書局	一九八四
三姓副都統衙門滿文檔案譯編	一	遼寧省檔案館等	遼瀋書社	一九八四
臺灣林爽文起義資料選編	一	劉如仲、苗學孟	福建人民出版社	一九八四
趙爾豐川邊奏牘	一	吳豐培	四川民族出版社	一九八四
秘笈錄存	一	中國社會科學院近代史研究所等編	中國社會科學出版社	一九八四
太平軍北伐資料選編	一	張守常	齊魯書社	一九八四
忠義軍抗俄戰爭檔案史料	一	遼寧省檔案館、遼寧社會科學院歷史研究所	遼瀋書社	一九八四
盛京刑部原檔（清太宗崇德三年至崇德四年）	一	中國人民大學清史研究所、中國第一歷史檔案館	群衆出版社	一九八五
自貢鹽業契約檔案選輯（一七三二—一九四九）	一	自貢市檔案館會	中國社會科學出版社	一九八五
鄭成功檔案史料選輯	一	中國第一歷史檔案館輯編部、廈門大學臺灣研究所	福建人民出版社	一九八五
四川教案與義和拳檔案	一	四川省檔案館	四川人民出版社	一九八五

書刊名稱	冊、卷	編輯者	出版者	出版年代
辛亥革命前十年間民變檔案史料	二	中國第一歷史檔案館、北京師範大學歷史系	中華書局	一九八五
清雍正朝鑲紅旗檔	一	劉厚生譯	東北師大出版社	一九八五
鑲紅旗檔	一	劉厚生譯，薛虹、栗振復校	東北師大出版社	一九八六
孫中山藏檔選編	一	黃彥、李伯新	中華書局	一九八六
清代黑龍江歷史檔案選編（光緒元年—十五年）	二	中國第一歷史檔案館滿文部、黑龍江省社科院歷史所	黑龍江人民出版社	一九八六
雍乾兩朝鑲紅旗檔	一	關嘉錄譯，佟永功校	遼寧人民出版社	一九八七
天聰九年檔	一	關嘉錄、佟永功、關照宏	天津古籍出版社	一九八七
鄭成功滿文檔案史料選譯（清代臺灣檔案史料叢刊）	一	廈門大學臺灣研究所、中國第一歷史檔案館編輯部主編，中國第一歷史檔案館滿文部選譯	福建人民出版社	一九八七
袁世凱奏議	三	天津圖書館、天津社科院歷史所	天津古籍出版社	一九八七
鴉片戰爭檔案史料	一	中國第一歷史檔案館	上海人民出版社	一九八七

左宗棠未刊奏摺	一	《左宗棠全集》整理組	岳麓書社	一九八七
滿文土爾扈特檔案譯編	一	中國社會科學院民族研究所民族史研究室，中國第一歷史檔案館滿文部	民族出版社	一九八八
清代珠江韓江洪澇檔案史料	一	水力電力部水管司等	中華書局	一九八八
清代土地占有關係與佃農抗租鬥爭	二	中國第一歷史檔案館、中國社會科學院歷史研究所	中華書局	一九八八
崇德三年滿文檔案譯編	一	季永海、劉景憲	遼瀋書社	一九八八
清末川滇邊務檔案史料	三	四川省民族研究所	中華書局	一九八九
清代的旗地	三	中國人民大學清史所、檔案系	中華書局	一九八九
清代乾嘉道巴縣檔案選編（上）	一	四川大學歷史系、四川省檔案館	四川大學出版社	一九八九
中國第一歷史檔案館館藏清代硃批奏摺財政類目錄（第一分冊：田賦）	一	中國第一歷史檔案館	中國財政經濟出版社	一九九〇

書刊名稱	冊、卷	編輯者	出版者	出版年代
義和團檔案史料續編：一八九六年六月—一九〇一年二月	一	中國第一歷史檔案館編輯部	中華書局	一九九〇
近代康區檔案資料選編	一	四川省檔案館、四川民族研究所	四川大學出版社	一九九〇
中國海關密檔：赫德、金登干函電匯編（一八七四—一九〇七）	二	陳霞飛	中華書局	一九九〇
清政府鎮壓太平天國檔案史料	二	俞炳坤主編	光明日報出版社	一九九〇
滿文老檔	二	中國第一歷史檔案館、社科院歷史所	中華書局	一九九〇
雍正朝漢文硃批奏摺匯編	四十	中國第一歷史檔案館編、江蘇金陵古籍刻印社整理	江蘇古籍出版社	一九九一
圓明園	二	中國第一歷史檔案館	上海古籍出版社	一九九一
乾隆朝上諭檔	十八	同右	檔案出版社	一九九一

後記

我在當助教時就愛在南開大學圖書館書庫讀書，因讀的線裝書較多，需要更換的也勤，借出來閱覽，就不如在庫裏看的方便，好在那時助教、研究生可以進庫，就給了我很多便利，從而使我對書庫產生了特殊感情。十年動亂中，一個偶然的機會，我進了庫房，頓時感到精神一振，撫摸著一架架的圖書，像見到心愛的寶物，翻開它，閱讀它，怡然自得，宛如進入另一世界。現在雖年齡漸增，但我仍然樂於把書取到書庫一個旮旯的桌子上翻檢。這算什麼習慣不去管它，我慶幸有這樣的圖書館，同時深深地感謝著圖書館閱覽股的先生們。我記得唐山地震那年的冬天和次年的春天，圖書館還在地震棚辦公，但不僅允許我進樓查索線裝書目，管理員先生還進入被震損的書庫給我取書。這樣的事怎能不銘感五內呢？我就是在這種情況下讀了一點書，寫出這個不像樣子的東西。如果說它還有一點可取的地方，就是我看過書中提到的一部分著作，故而能夠把它們加以綜核和說明。因此在它行將問世之時，我首先想到圖書館和在那裏工作的先生們。

我的心情也是不安的，究竟什麼是清史史料學，我並不很清楚，怎能寫出成熟的東西。再說我讀的書畢竟太少了，有的書没有經眼而僅根據他人介紹去作敘說就難免出錯；即使讀過的書，也很難盡確當，比如圖書的梓刻年代，古籍往往不注明，通檢全書後作出的判斷也可能是不對的。「錯誤在所難免」，我是確有體會，但決不以此原諒自己，我懇請讀者對本書提出寶貴的意見。南開大學歷史系杜家驥、李緒柏等先生在看到我的講義後就提了許多建議，今特誌此，以表謝意。我真誠地期待著讀者的幫助。

著　者

一九八四年八月十二日

新版後記

本書於二月中旬修訂訖，交臺灣商務印書館梓行。迨九月筆者到臺北參加學術研討會，得以到中央研究院歷史語言研究所、近代史研究所、中山人文研究所、臺北故宮博物院、國史館、聯合報國學文獻館、歷史月刊社、臺灣大學、政治大學、中央圖書館暨漢字研究中心參觀、座談，得到一批贈書，進一步瞭解臺灣學術界對清代文獻、檔案的研究整理情況，感到他們對中華文化遺產作了精心的保護和整理出版，其對清史研究頗能提供利用之便，筆者因而適當地增寫了有關的內容，希望這些信息能對清史研究者、愛好者有所裨益。

著　者

一九九二年十月二日

二十三畫

二十四畫

十九畫

二十畫

二十一畫

二十二畫

書名及作者筆畫索引

說明：

⑴爲檢索本書介紹的有關清史史料的著述、工具書及其編著者，製作此索引。

⑵大型圖書的主持人，雖不一定是編纂者，亦作索引。

⑶清史史籍整理者，亦在作者的著錄範圍。

⑷書名索引中包含俗稱，如清三通，起居注之類。

⑸本書提到的著述、作者而與清史史料學無關係的，概不作索引。

⑹有的與清史史料有關，本書也提到，但未作卷數、版本等方面說明的，也不列人本索引，如清歷朝修纂的各種則例，不再一朝朝地分別作出索引。

⑺本索引所列作者純係個人著述家，若爲研究單位、出版單位，則不作索引。

⑻外文史籍及其作者未譯出漢名的，不作索引。

⑼凡在本書一個段落中屢次出現的書名、人名，只註明始見頁碼，而在別的段落有新內容介紹的，則另加註。

⑽本索引將書名、著者混合排編，按筆畫順序排列。

一　畫

二　畫

三　畫

四　畫

五　畫

六 畫

七　畫

八　畫

九　畫

十　畫

十一畫

十二畫

十三畫

十四畫

十五畫

十六畫

十七畫

十八畫

清史史料學／馮爾康著. --初版. --臺北市
：臺灣商務, 1993[民82]
面； 公分
含索引
ISBN 957-05-0789-6(平裝)

1. 中國-史料-清(1644-1912)

650 82007161

清史史料學

定價新臺幣四二〇元

著作者 馮爾康
責任編輯 雷成敏
封面設計 王文騏
校對者 余芝光 楊俊峯
發行人 張連生
出版者 印刷所 臺灣商務印書館股份有限公司
臺北市10036重慶南路一段三十七號
電話：(〇二)三一一六一一八
傳真：(〇二)三七一〇二七四
郵政劃撥：〇〇〇〇一六五－一號
出版事業登記證：局版臺業字第〇八三六號

•一九九三年十一月初版第一次印刷

ISBN 957-05-0789-6(平裝) c 35597